中国参与世界遗产建制之研究

李俊融◎著

The Study of China's Participating in the World Heritage Regime

中国社会科学出版社

图书在版编目（CIP）数据

中国参与世界遗产建制之研究／李俊融著．—北京：中国社会科学出版社，2015.7

ISBN 978-7-5161-6472-3

Ⅰ.①中…　Ⅱ.①李…　Ⅲ.①文化遗产-国际合作-研究-中国
Ⅳ.①K203

中国版本图书馆CIP数据核字（2015）第152569号

出 版 人　赵剑英
责任编辑　任　明
责任校对　石春梅
责任印制　何　艳

出　　版　中国社会科学出版社
社　　址　北京鼓楼西大街甲158号
邮　　编　100720
网　　址　http：//www.csspw.cn
发 行 部　010-84083685
门 市 部　010-84029450
经　　销　新华书店及其他书店

印刷装订　北京市兴怀印刷厂
版　　次　2015年7月第1版
印　　次　2015年7月第1次印刷

开　　本　710×1000　1/16
印　　张　20.5
插　　页　2
字　　数　346千字
定　　价　68.00元

凡购买中国社会科学出版社图书，如有质量问题请与本社营销中心联系调换
电话：010-84083683

序

张　晓

李俊融博士的书稿《中国参与世界遗产建制研究》终于付梓，这不仅是李博士本人的一大幸事，也是中国自然文化遗产事业的幸事。改革开放以来，中国的遗产保护经历了几个里程碑式的大事件：1985 年，中国成为《保护世界文化与自然遗产公约》缔约国之一；1987 年，长城等 6 个遗产地被列入《世界遗产名录》；1991 年，中国当选为世界遗产委员会成员；截至 2013 年，中国已有 45 个遗产地列入《世界遗产名录》，其中：世界文化遗产 28 处、文化景观 3 处、世界自然遗产 10 处、世界文化与自然混合遗产 4 处。无论从世界遗产的数量，还是世界遗产的类别论，数字表明，目前，中国已经成为仅次于意大利（49 处）的世界遗产大国。

世界遗产是“全球文化建设和环境保护的重要组成部分，对全世界人民精神和社会文化生活的构建，对保持人类文化多样化、生态多样性和促进世界各国、各民族之间的相互尊重和理解，对历史人文环境、自然演变的科学印迹和优美自然景观的保护与延续，进而对人类文明和社会的可持续发展，都具有无可替代的意义和作用”。遗产资源之所以要进行世界性保护，是因为它们遭到了破坏，而它们是不可再生的。由于人类生存对于自然环境的依赖，工业文明以前的自然资源开发相对于今天要温和许多。伴随着世界人口的增加、工业化和城市化的进程加快、不可再生资源（石油、煤炭等）的过度消耗、可再生资源（水、森林等）缺少保护的滥用，遗产资源也面临着来自自然、人类社会经济活动影响等多种威胁。《保护世界文化与自然遗产公约》旨在保护那些具有“突出普遍价值”的遗产地，《世界遗产名录》确定了哪些是具有突出普遍价值的遗产资源，并因此给予特别的公开承认、责成所属缔约国政府给予特别的保护。这些世界范围内的典型遗产资源，代表着世界遗产的多样性，具有重要的教育内涵。20 世纪七十年代，在资本盛行、金钱至上的国际社会，能够缔结《保护世界文化与自然遗产公约》、成立世界遗产委员会，彰显出人类社会对工业文明副作用的反思，是由工业文明迈向生态文明的进步，对于全球未来的可持续发展意义十分重大。

世界遗产虽然是新的概念（1972 年联合国教科文组织通过《保护世界文化与自然遗产公约》，1976 年成立政府间合作机构“世界遗产委员会”），但是名山大川、神山圣水、风景名胜、园林等遗产资源保护制度在中国已经绵延数千年。因此，作为具有几千年历史的文明古国、作为具有数量与质量都堪称无以伦比的遗产大国，中国理所应当地对世界的遗产资源保护的建章立业贡献与其名号相称的理论与经验，并且应当树立遗产资源保护当之无愧的典范。

中国政府对中国世界遗产的认识定位是无疑是很高的，明显地超越了经济及商业的考虑，例如：2002 年文化部等国家 9 部委《关于加强和改善世界遗产保护管理工作的意见》指出，“保护和保存世界遗产，是一个国家法治健全、社会安定和民族团结、文明进步的标志。保护好我国的世界遗产，是对广大人民群众进行爱国主义教育和优秀传统文化教育的需要，是国家生态环境建设和可持续发展的需要，关系到我国人民特别是子孙后代的生存环境和生活质量，关系到国家与社会的整体利益和长远利益，也关系到国家与民族的国际形象”。

但是，值得注意的是，我国至今未建立综合的、针对自然文化遗产保护体系的法律，各类遗产保护区域，分属不同部门管理，已有的一些法规带有强烈的部门色彩，而且也很不完善。由此造成的名称重叠、部门分割、经济利益至上等引发了遗产资源保护的许多严重问题，累积形成了对遗产资源的开发性破坏。自上世纪九十年代以来，我国一些世界遗产地普遍存在重旅游开发及经营、轻资源保护与管理，有的地方甚至发展到以旅游经营压倒保护管理、以旅游经营代替保护管理的地步，其终极表现是：将遗产资源（以门票经营权为体现）作为上市公司的经营项目，彻底推向市场进行经营。在这一背景下，部分遗产地管理机构事实上被弱化、虚化，直至丧失了管理、监管的功能；进而便是不断变更、突破保护规划，大量增加开发性建设项目，破坏遗产地的原真性和完整性。

实际上，旅游是遗产“资源属于人民，为人民所享有”的最好诠释和载体，“旅游业是促进世界遗产全面保护和有效利用的重要方式”。问题的关键在于旅游活动能带来经济收益，而在利益驱动下，旅游经营有可能突破或背离遗产资源保护的原则，直至损害遗产资源，因此，不论在何种经济体制下，旅游经营活动需要法律法规的约束和规范，这是一个国家宏观资源管理的常识逻辑。按照资源保护与利用的行为先后逻辑，在遗产资源利用法（如《旅游法》）之前，应先行出台遗产资源保护法律。否则，没有保护管理规定，无法保证资源的可持续利用；没有严格的执法，利用行为必然会因无约束的不断膨胀而最终酿成资源破坏。然而，令人痛心的是，面对已经颁布并开始执行的《旅游法》，我国的遗产资源保护法至今仍然缺位。遗产资源保护立法大大落后于资源利用立法，这不仅有违常识，而且不利于生态文明全局建设、不利于遗产资源的长期保护，损害我国的国际形象。

李俊融博士的专著，以中国大陆之外的视角，将中国各地申报、列入世界遗产名录的成绩与和平发展、和平崛起相联系，提升到让国际社会认识了解中国的高度；将中国遗产资源保护制度的管理经验、教训与两岸交流、合作相联系，充分体现出一位台湾学者的政治远见与胸怀。

李博士的讨论提醒我们，遗产资源保护不能闭关自守，制度建设不仅需要超越部门，还要超越空间，以开放、包容、接纳的态度学习、借鉴他人已经成熟的理论与实践经验，站在前人的肩膀上，登高远望，尽量避免因为贪婪、短视等人类本性，致使我们在遗产资源保护方面的不智和屡犯错误。

近些年，越来越多的遗产资源保护学者，也许是出于多重利益的考虑，将关注点移至资源利用方面，慨叹！然而，毕竟“江山代有才人出”，可喜！期盼更多的年轻学者，如李俊融君，对遗产资源这样的公共资源，直面问题，拿出科学的精神和勇气去探索保护的真谛。毕竟，遗产资源是属于我们的，也是属于你们年轻人的；归根到底，是属于我们的后代的，保护好它们，是我们共同的责任。

2015 年 10 月

序

林碧炤（政治大学副校长）

在大学担任教职三十余年，遇见的聪颖学生很多，天才横溢者亦不在少数，毕竟政治大学在台湾，称得上是数一数二的顶尖学府，英才群聚理所当然。不过研究型的学生却没有想象中那么容易出现，这是因为从事学术研究除了聪慧过人之外，尚须有其他条件配合，先决条件是分析论理能力，可以将看似毫无章法的事物，井井有条地整理成旁人足以信服的文字。第二项条件，必须具备坚忍毅力，投入时间和精神，从枯燥的庞杂资料中梳理出一定轨迹。第三项条件则得拥有创新力，将旁人从未想过的事物，抑或容易忽略的枝微末节，以意想不到的方式，连结成一套系统性论述。言人所不能言、忍人所不能忍与见人所不能见这三项条件，如能备其二，通常就会是个表现不错的研究生，至于三项条件都具备者，可谓极佳的学术研究人才，而俊融君就是其中的一个。

俊融君自大学本科就开始从我学习国际关系，硕士班与博士班的论文也都由我指导，不仅如此，他的姐姐静宜（亦为政治大学博士）、姐夫连正世（上海财经大学博士）皆是我在政大外交系亲自教过的学生，且后来又有长时间共事的机会，我与他们全家的关系可谓极为深厚，我对他有相当的了解。于是当他告诉我，想将中国大陆的世界遗产当成博士论文的研究主题时，虽然我知道这个课题恐怕存在一定的难度，但仍欣然答应与另位指导教授魏艾主任共同协助他早日完成论文。

我之所以同意俊融君，除了信任他的论理能力、毅力与创新力，最重要的是对他的选题十分嘉许。我一直教育学生，在从事论文研究与撰写时，最忌讳盲从流行。也就是说，对于已经有许多人进行过的研究课题，不必再浪费研究心力，除非发现新的层次与面向，又或者觅得充分论证资料足可推翻前人的研究结果，否则一味尾随在他人之后亦步亦趋，乃至于拾人牙慧，都没有太大的意义。因之能否撰写出一份质量并济的学位论文，研究题材与论证架构的选定，就显得十分的重要。

选择中国大陆的世界遗产作为主题，我认为就是一个崭新且极富趣味的研究题材。但俊融君必须面对几项困难。首先是数量众多甚至缺乏系统的庞杂资料，由于这是一个旁人尚未触及的新兴研究领域，在没有前人研究成果得以引述依循的情形下，所有的资讯都要由他自己吸收整理成可信的资料，这对研究人员的毅力而言，是一个极大的挑战。但难度更高的则是如何运用合适的理论，组建合宜的架构，来完成令人信服的论述。俊融君在此发挥他所擅长的创新力，在新的研究领域中，以既有的国际关系理论建构出立意新颖的周延诠释。他一方面运用学界熟悉的现实主义、自由主义与建构主义国际关系理论，分析中国参与《世界遗产公约》的过程与影响，另一方面又延伸说明中国大陆的“和平与发展”、“和谐社会”与“和谐世界”政策与此的必然性和关连性，清晰的文字、完整的架构，翔实的论理，让这本论文无论在质或量上都相当成熟，更具备一定的前瞻性，不但以充分的数据预测未来的发展，也为未来的更深入研究探寻一条可行的路径。

世界遗产建制是由联合国教育科学暨文化组织依 1972 年通过的《世界遗产公约》所建立的国际合作建制，鼓励各签约国将所辖领土内符合条件的文化与自然遗产地申请列入《世界遗产名录》，并配合相关国际政府间组织与非政府组织协力运作，寻求各国政府与人民齐力合作，通过制度化的运作来支持与保护世界遗产。截至目前，全球已经有 190 个国家签署批准加入公约，成为全球最完整的文化历史场域与自然环境之保护及管理体系。缔约国最重要的义务当然是认同并尽力保护公约列入的文化与自然处所，而最主要的权利则是申报适当的处所成为世界遗产。随着各国参与的意愿越来越高，迄今列入《世界遗产名录》的遗产地已高达 981 处，而竞逐世界遗产的任务也就越来越困难。

中国大陆于世界遗产建制的参与起步较晚，1985 年始加入《世界遗产公约》，1987 年才有第一处世界遗产，但之后突飞猛进，尤其是自 2003 年起连续 11 年，每年都有新增世界遗产上榜，经年累月努力的成果，先是超德赶法，继而在今年终于挤下西班牙，以总数 45 处成为全球世界遗产数量仅次于意大利的第二多国家。中国大陆在整个世界遗产建制的重要性与影响力不言可喻。俊融君这本论文最重要的贡献，是让我们可以从中理解一个文明理念如何从无到有，再成为关键性力量的发展过程，为中国大陆自改革开放以来，融入全球体制的进展，提供了一个崭新的视野与圆满的答案。

回顾世界遗产建制发展的历程，《公约》虽创建于20世纪70年代，但发扬光大则直接受益于90年代冷战结束，地球村成形，世界经济蓬勃起飞，国际交流扩大的结果。然而，世界遗产虽已是各国共同遵行的全球理念，但是加入《世界遗产公约》的国家在地理、民族、语言、宗教和气候等环境条件上不尽相同，造就的历史风土习惯和文化艺术表现亦有多样的面貌，此外文化和自然遗产经常在种族冲突、宗教对立、领土纷争与战争动乱中备受破坏，因之建立国际和平的稳定环境就成为保护世界遗产的重要工作之一。不幸的是，国际经济自2008年遭金融海啸重创以来，至今迟未完全恢复，导致各国财政规模缩减，观光旅次低迷，财团资助递降，对各地世界遗产的保护管理工作造成相当冲击。因此，如何因应国际政治、经济和社会情势的持续变化，将是世界遗产未来的重要课题之一。

为了有效达成保护与管理世界遗产的目标，对于世界遗产进行相关研究也就越发重要。无论从理论或实务来看，世界遗产并非单一学科，而是涵盖诸多领域的综合学门，包括历史学、政治学、社会学、宗教学、语言学、民族学、经济学、国际关系学、教育学、艺术学、文化学、建筑学、地理学、景观学、生物学、生态学、环保学等，均可从世界遗产的相关资料中找到研究主题，成为有趣而且极富时代意义的研究项目，可说是取之不尽、用之不竭的研究素材。

在世界遗产研究日益成为显学之际，欧美日已有许多国家的大学都已开设世界遗产课程与配合实施专题研究，至于研究机构更是在各国政府扶助下逐渐普遍设立。有鉴于此，政治大学于2004年曾设立世界遗产研究中心，希望结合校内外相关人才开拓此一新兴学术领域，朝研究、交流、咨询、教育四项主要工作方向积极努力，以肩负起国际与国内、政府与民间、学界与社会等各方面的桥梁为目标而自许。后因校内研究资源整并，目前这方面的研究工作已转移至两岸政经研究中心继续推展。由于两岸学术合作愈见密切，我们期待两岸学者在世界遗产领域的合作也能得到更进一步的发展，让世界遗产的研究能持续发扬光大。我也相信，俊融君博士论文得到中国社会科学出版社的支持能在北京出版，将是一个好的开始，学者在这片领域的协同努力亦将更为深广，这不但是俊融君之幸，也是两岸学界之幸。

2015年10月

序

魏　艾（政治大学两岸政经研究中心主任）

俊融君的博士论文即将出版，身为他的指导教授，深为欢喜。

回想当时，俊融君与我讨论博士论文的研究方向时，他提及想将中国大陆的世界遗产当成主题，即使我觉得这个领域极富意义与开创性，但我也劝他或可再仔细思考，不急着作决定。我所持的主要原因有三：首先，是新生的课题如果还处在持续的动态发展中，更易的机会极大，当下看来重要的题目，过些时候由于主客观因素改变，很可能完全失去价值。其次，是新兴的研究对象，既然处在勃发阶段，其变迁速度极快，但又受限于资讯传播渠道尚未通畅，导致常会出现资讯庞杂混乱，然而资料却又不太容易搜齐等现实困难。最后，博士论文的提出，除了要求资料齐备、文字严谨、结构完整之外，更重要的是必须能对过去的情况作详尽的解释，对现在的事态作可信的说明，更要对未来的发展作有效的预测。对于中国大陆的世界遗产进行研究，能否在质与量上都达到博士论文的要求，不免为俊融君感到些许的忧心。

然而，俊融君的内心其实有更深的感触。他认为有关中国大陆现况的研究，在台湾通常集中在政治、经济与社会诸领域，尽管这些都非常重要，但一来研究者众，能研究的题目几乎都有人在进行，可以再发掘的主题越来越有限；再者，政治、经济与社会的研究大半各自为政，似乎欠缺一套更具说服力的结构，将这些不同的面向加以统整诠释。他之所以将中国大陆的世界遗产当成研究课题，目的是希望能运用文化与思维彼此交融相互影响的概念，让中国大陆近年来的迅速发展，得出另一条不同途径的合理答案。这个说法打动了我。于是我与另一位指导教授林副校长，同意让俊融君放手去进行。

接下来的几年间，俊融君奔波在两岸之间搜集有关世界遗产的资料，有几次是我带着他亲自拜访中国大陆的研究单位，更多时候是他自己主动往来穿梭洽询相关资讯，在当时条件尚不成熟的情况下，资料的交流颇为不易，历尽的艰难辛苦也就可想而知。不过随着俊融君一章又一章的论文初稿缴卷，我原先的担忧和不安逐渐消散，取而代之的是欣慰和宽心。正如同我一路从俊融君硕士班、博士班看着他学习及成长所观察到的，他对研究的热诚与对课题的专注，突破了主客观环境上显见的种种限制，交出一本质量俱佳的博士论文。我与林副校长审阅后，无异议地将其提请论文考试委员会进行答辩，最后不出所料，在七位担任口试委员的教授高度赞赏下，以优越的成绩高分通过，成为台湾第一本以探讨世界遗产为主题的博士论文。

从那以后，世界遗产在中国大陆，不但没有消退的迹象，反而更加蓬勃发展，2013 年的世界遗产总数已经达到 45 处，仅次于意大利成为全球世界遗产数量第二多的国家。这让我最初对以此为博士论文所抱持的的第一个忧心原因也随之烟消云散，不但印证了俊融君拥有极为良好的观察眼光与预测能力，同时也保证了他的博士论文足以历久弥新，经得起时间考验，确然有可观之处。

当然，由于世界遗产光环过甚，在炙手可热的情形下，除了预期的效益及成果，也似乎难免会造成种种难以称得上正常的现象。从学术研究的角度来看，纵然世界遗产涉及的层次与面向颇多，但基于个人的学术专业，我更看重的是世界遗产从提出申请到审查登录成功后，有关财政收支与经济发展等关连性问题。

申请世界遗产成功，通常会为地方带来巨大的经济效益，这应是中国大陆各地前仆后继投入申遗的主要因素。最明显的例子，是 1997 年列入世界遗产的山西平遥古城，1998 年门票收入从申报前的 18 万元（人民币，以下同）一跃提升至 500 多万元，翻了近 30 倍。再如云南丽江古城在被列为世界遗产后，于 2000 年其游客多达 258 万人次，旅游综合收入高达 13.44 亿元，几占整个丽江国民生产总值的一半。而 2007 年成为世界遗产的云南石林，2012 年的全年游客更超过 335 万人次，旅游综合收入超过 30 亿元，较之其在申遗工作启动前每年的游客还不达百万人，相差何止千里。

但是也有负面的例证，譬如与云南石林同时以“中国南方喀斯特”为名共同申报成为世界遗产的贵州荔波，据悉县政府却因申遗背负 2 亿余元的高额债务，而接下来十年内，还需再投入 6.3 亿多元用于遗产地保护，然而当地的年度预算原仅 2.86 亿元的规模，根本无法支应。又如 2010 年列入《世界遗产名录》的广东丹霞山、湖南崀山、贵州赤水等六个“丹霞地貌”，据称为“申遗”花费的资金总额高达十几亿元，其中仅崀山所在的新宁县一地就贷款承担了4.5亿，然该县的年财政收入仅2亿元，年旅游营收亦仅450万元，如何应付收支平衡成为重大的难题。

同样值得探究的，还有申遗成功后景点门票必涨的奇特现象及其效应。申遗的目的总是隐藏著当地政府对于政绩和经济利益的追逐，然而提高票价是否真能提高财政收入与带动地方经济发展，却始终处于不确定的状态。再以云南石林为例，据统计其门票收入占景区总收入的九成以上，但门票收入大半要用于人员薪津和公用支出，再加上对旅游相关企业的补助，最后上缴给政府的营收事实上已打了严重折扣，亦导致最应分配使用的遗产资源保护和景区维护经费所剩无几。这似乎并非特例，反而已是中国大陆各景区普遍的扭曲现象。

以上所提及的每一项问题，乃至于每一处世界遗产地本身，都具有丰富的探究价值，无不是可以再行深入加以研究的课题。就我所知，目前在台湾政经研究领域，以中国大陆的世界遗产作为学位论文主题正在撰写中的博硕士生，至少有两位，一位以软实力理论探讨中国大陆的世界遗产发展，另一位则将对云南哈尼梯田申遗成功进行个案分析；其他学术领域对于世界遗产的研究，亦所在多有。这些后进学者，或多或少皆受到俊融君此本论文的启迪，作为老师的我极感宽慰。而这也是我要再度期勉俊融君，虽说他对世界遗产的热情始终未有稍减，不时在课堂、杂志和电视上传播理念，但更希望的是他秉持所学，发挥知识最大的能量，结合各领域志同道合的研究者，将这些相关的课题继续深耕，未来持续朝科际整合研究的方向推展，积沙成塔，众志成城，当可开创一条崭新的学术康庄大道。果真如此，实属至幸。

2015年10月

目　录

第一章　绪论

第一节　研究主旨与动机

共同生存于地球的人类，不分种族、地域、国家和民族都一直共同拥有两份珍贵的遗产——其中之一是天然造化的自然环境，另一是人类缔造的文化遗址。但随着近现代政治社会剧变和经济工商发展，人为破坏与自然灾害对这两项遗产的破坏却日趋严重。

为了唤起各国政府和人民对上述遗产的重视，强化遗产的保护与管理，联合国教育科学暨文化组织（UNESCO，以下简称联合国教科文组织）于1972年11月在第17届大会上通过了《保护世界文化和自然遗产公约》（*Convention Concerning the Protection of the World Cultural and Natural Heritage*，以下简称《世界遗产公约》），明确定义具有“突出的普遍价值”（Outstanding Universal Value）的世界文化和自然等两项遗产要件，鼓励各签约国将所辖领土内符合条件的遗产地申请列入《世界遗产名录》（The World Heritage List），并规定相关的积极维护措施，配合相关的国际政府间组织与非政府组织协力运作，共同组成建制体系，寻求世界各国政府与人民齐力合作，以支持并永久保护珍贵的“世界遗产”。

由于成为“世界遗产”之后，具有多面性的实质功效，除了足以大幅提升当地的国际知名度外，在政治方面可宣扬国家能力，提高国际整体能见度；在经济方面可因观光资源开发，带动相关产业发展；在财政方面可因国际援助和旅客增长而有丰富营收；在社会方面可提升公民意识，追求更高的文明水准；在文化方面则可增加对民族情感的认同，有助全民意志的凝聚，并且可达到教育百姓，提升国民素质的目的；在生态环境上则可召唤民众保护意识，促进人类与环境平衡的永续发展。因此各缔约国无不努力将国境内符合要件的文化遗迹、建物和自然环境、保护区等处所提名申请列入《世界遗产名录》，所以《世界遗产名录》中的名单因此逐年增加，世界遗产建制更成为联合国教科文组织最具成效的国际运作体系。

中国大陆并非《世界遗产公约》最早的缔约国，事实上中国大陆虽早已于1971年取得联合国中的中国代表权而同时成为联合国教科文组织的会员国，但迟至1985年才正式通过加入《世界遗产公约》。然而在短短二十余年间，已成为最积极参与世界遗产建制体系的国家之一，不但登录在《世界遗产名录》中的世界遗产地高达35处，在数量上仅次于意大利和西班牙，居全球第三位。而且对于公约建制体系内的相关机构，无论是依照《世界遗产公约》所组成的缔约国大会、世界遗产委员会，或是在建制体系中的相关协力咨询国际组织，都积极主动参与并支持其历次活动。同时在国内方面，为了贯彻世界遗产的理念，除了有关法令制度的革新外，也参照"世界遗产"制度，开始规划建立"国家遗产"制度，推动"文化遗产日"，以及鼓励与世界遗产有关的各项活动等。在政府与民间团体的大力宣扬，加上"世界遗产"本身就具有多方潜在利益的驱动下，于是近几年终于在中国大陆各地掀起一片世界遗产热潮。

这一波至今仍未有稍歇的世界遗产热潮，当然与中国大陆的国力大幅提升有关。如同前述，"世界遗产"有政治、经济、社会、文化和环保等实质效果，对中国大陆的政府与人民来说，"世界遗产"能创造立即而明显的多方利益，因此具有足够的动力驱策相关各界共同参与。但"世界遗产"无疑是一个完全外来的观念，如何能在短时间内于中国大陆各地引起热潮，让各级政府和各种组织团体乃至一般百姓皆趋之若鹜，是一个值得深入探讨的研究主题。事实上，"世界遗产"的迅速发展，与中国大陆官方的支持密不可分。特别是自改革开放以来，中国大陆在战略观与对外政策上都逐渐发生重大演变，从一贯主张的"斗争与对抗"思维，正式走进"和平与发展"为战略观主轴的时代。由中国大陆第四代领导人正式提出"和谐世界"与"和谐社会"两项政策，以"和谐"为名，期望将对外与对内政策互相连接，相辅相成，以利中国大陆后续的多方面发展与国力成长。在此特殊的背景下，中国大陆成功参与世界遗产建制的经验，对于期待崛起成为世界性大国的中国大陆也就格外具有意义，其间的关联与影响颇值加以探究，并作为中国大陆在其他国际组织参与上之对照参考，进而对中国大陆的国际参与行为做出解释和预测。

同时，既然世界遗产建制乃是源自国际公约所发展出来的国际体系，那么研究中国大陆在其间的参与行为，也就和国际关系和国家行为等相关理论有极密切的关系。在此前提下，关于中国大陆参与世界遗产建制的研究议题，如果能以国际关系的主要理论来进行分析，也应是极为合宜的研究途径。

依据国际关系现实主义和自由主义的理性思维，以及相关的政治经济研析架构，对于中国大陆何以积极参与世界遗产建制皆能提出颇具信服力的观点。不过晚近新兴起的建构主义理论，在解释中国大陆参与世界遗产建制这个议题上，可能更具独到的论据意义。由于在联合国教科文组织全力推动下所创造出来的世界遗产建制，其实与其他以政治或经济为宗旨的国际组织，在本质上存在相当大的差异。而且“世界遗产”的概念源于对文化与社会环境的关怀，将原本以民族与国家疆界为限制的文化与自然场域，通过扩大认同的方式，让这些地域成为全球人类共有的瑰宝，且在实践上也是由少数秉持信念的精英发起后，经过各造合作努力，并通过认同与利益相互结合的方式，才逐渐为更多人所认可，而发展到现今如此兴盛的体系规模。就其整个发展过程来看，可说与强调国际关系中的社会互动与文化影响力，认为国家的利益是通过国际社会相互作用所建构的，并注意到国家在行为上的“认同”与“利益”作用关键性的建构主义理论，在观照重点上不谋而合。

况且中国大陆在参与《世界遗产公约》时程较为落后的情况下，现竟能成为全世界第三大的世界遗产地登录国，有关其所经历的发展过程及其与国际社会中各行为体的互动经过，还有来自国际环境的诸般影响因素与相互建构关系，如果能以建构主义理论为主体，加上理性主义理论的分析共同来进行论证，无疑将更具说服力而且也更具意义。

第二节 研究背景分析与文献探讨

“世界遗产”的概念，指的是一种超越国家、民族、文化、宗教与地理界线的人类共有资产，认为其不仅仅是个别国家或民族所拥有的财产，更被视为全体人类无可取代的共同瑰宝。为了将这些伟大的文明遗迹和美丽的自然环境传承后世，联合国教科文组织根据《世界遗产公约》的规定成立缔约国大会、世界遗产委员会和世界遗产中心等主要建制，并通过国际权威组织如国际古迹遗址理事会（International Council of Mounments and Sites，ICOMOS）、国际自然保育联盟（The World Conservation Union，IUCN）、国际文物保护与修护研究中心（International Centre for the Study of the Preservation Restoration of Cultural Property，ICCROM）等作为专业鉴定、评估、审查、监测和教育等工作的协力咨询国际组织，逐年审议各签约国请求列入《世界遗产名录》的提名申报案件。而各缔约国除了具有提名申报并请求国际齐力保护管理辖内世界遗产地等权利外，同时也有"竭尽全力了解并保护本国领土内之世界遗产"、"了解并协助保护其他国家领土内之世界遗产为整个国际社会责任"、"通过教育和宣传计划等一切适当手段努力增强本国人民对世界遗产的赞赏与尊重"等义务。

《世界遗产公约》通过以后，提供了一个在文化、政治、法律、管理与财务等各方面的永久性国际合作建制体系。而经过联合国教科文组织等国际机构的积极努力，在唤醒全球人类对共有珍稀遗产地的重视与保护意识的主要诉求下，通过定期报告、列管监测与财务技术援助等方式，严格要求各缔约国依照规定履行相关权利义务，经由国际协力合作，全力妥善保护和管理"世界遗产"。截至2007年9月，全球已经有184个国家签署批准加入公约，成为世界上最通行也最完整的遗产保护及管理法令规章与建制体系。① 而经过历年来所召开的31次世界遗产委员会决议，至2007年为止共有141个缔约国所辖的851处遗产地列入《世界遗产名录》，其中包括660处文化遗产、166处自然遗产、25处文化与自然双重遗产。②

然而《世界遗产公约》本来的真正目的，并非仅以每年新增《世界遗产名录》中的世界遗产地登录件数为已足。更重要的意义，是致力要求各国政府和人民都能共同保存和保护这些珍稀的处所，避免遭受天灾人祸的威胁和危害，成为世世代代都能永久流传的珍贵遗产。另一方面，"世界遗产"是通过《世界遗产公约》所建立起来的国际性建制体系，加上登录《世界遗产名录》的国家在地理、民族、语言、宗教和气候等环境条件上不尽相同，造就的历史风土习惯和文化艺术表现亦有多样的面貌，此外文化和自然遗产经常在种族冲突、宗教对立和国家纷争中备受威胁，因此尊重不同文化的差异，体会多元文化的价值，以及建立国际和平的稳定环境，也成为保护"世界遗产"工作中的重要目标。

但毋庸讳言，"世界遗产"乃是一个全然人为构建出来的概念，包括其定义、标准、规则与程序等，全部都是经由《世界遗产公约》以及后续的行为实践所缔造，并通过国际间政府与非政府组织、国家乃至个人之

① World Heritage Centre，http：//whc. unesco. org/en/statesparties/.

② World Heritage Centre，http：//whc. unesco. org/en/list/.

间活动的相互影响，创造出“世界遗产”独特的价值性与荣耀性，因此难免让世界遗产地多少带有宣扬国家威望与民族文化优越性的意味。事实上“世界遗产”如今的盛况，其实早已超乎成立当初的设想，联合国教科文组织在制定《世界遗产公约》之初，原先只希望将世界上 50 个最具全球价值与特殊代表性的名胜古迹列为世界遗产。但未料近年来，由于经济快速发展，都市化扩张与文化休闲的日益普及，各国乃至各地，莫不寄望在其统辖领土或区域中拥有世界遗产地，借此宣传文化与环保政绩，并发展观光旅游产业，吸引后续带来的可观经济利益。通过各界出于不同目的之关爱及推展，于是“世界遗产”俨然成为一个文化和环保政策成果展现、时尚旅游流行风潮乃至观光品牌的代表。① 这些情形可说与“世界遗产”的宗旨大异其趣，但由于能协助推动相关遗产地保护和管理工作的推展，联合国教科文组织虽未便鼓励各会员国进行此类宣传，却也只能默认此趋势的发展。

不过，由于登录《世界遗产名录》的遗产地数量成长过于快速，总数超过 850 处的世界遗产地，无论在监督、管理或执行国际援助上都造成相当的困难。此外，现有的世界遗产地仍以文化遗产居多，自然遗产数量偏少；加上地域分布上也以欧洲北美地区超过半数最多，其他地区则有待继续推广强化。所以世界遗产建制也已在法令制度等各方面持续创新，包括推动“全球策略”（Global Strategy），希望能进一步增强世界遗产类型与分布地域的均衡，期望能更为符合“世界遗产”应具有的突出价值性与普遍代表性。②

“世界遗产”数量位居全球第三的中国大陆，由于幅员辽阔，自然环境资源多样化，加上数千年来的文化传承与文明发展，其实本来就应有得天独厚的条件在《世界遗产名录》中名列前茅。然而在中国传统中，却从无保存古建筑和古迹的风俗习惯，从历史上来看，无论统治者改朝换代，仕宦位列高官，或民间商贾经营有成，最重要的工作皆是大兴土木，弃旧从新，希冀以全新的建筑来宣扬声威。加上历代天灾人祸不断，毁坏的古建筑和古迹远比残留的多，尤以清朝末年至民国以来战事连绵，屡遭内乱和强权入侵，因此除少数重要古建筑和古迹幸运地受到有限的保护之外，大部分的古建筑和古迹则遭受轻重不同程度的破坏与毁损，甚至就此

---

① 林志宏：《古代丝路遗址》，《中时晚报》（台北）2005 年 10 月 19 日，4 版。

② World Heritage Centre，http：//whc. unesco. org/en/globalstrategy/.

消逝无踪。

1949年以后，对于古建筑和古迹多少存有“封建主义残留”的偏见，无论是基于计划经济与城市发展的建设需要，又或是出于意识形态背景，对于古建筑维护与古迹保存不甚热心，甚至对代表旧中国历史残留的传统古建筑与古迹采敌视态度。特别是“文化大革命”中主张“破四旧”，在当政者支持下，各地“红卫兵”肆无忌惮地破坏古建筑和古迹，造成难以弥补的空前损失。而在改革开放之后，面临的则又是另一种毁坏问题，由于一切以经济建设为中心，在法令不健全，且缺乏有效保护规划措施的情况下，残留的古建筑和古迹又被蒙昧无知、仅强调发展优先的官民共同破坏殆尽。

而在另一方面，由于自清代乾嘉后，中国人口急速增长，尤以中共建国之后，出于当局的鼓励，使人口成长严重失控，从总数4亿上升到十多亿。而在无任何规划配套措施，以及可利用资源有限的情况下，农林垦殖及渔牧地域面积大幅扩张，工矿资源亦胡乱开发。而在改革开放后，工业化与城市化的快速发展更助长了此一趋势。竭泽而渔的结果，也让自然环境惨遭严重的侵夺与任意的破坏，成了永远难以恢复的损失和遗憾。

直到中国大陆于1985年加入《世界遗产公约》，情况才悄然发生微妙的变化。当1987年包括“长城”、“紫禁城”、“秦始皇陵及兵马俑”、“莫高窟”、“泰山”和“周口店北京人遗址”等6处中国历代名胜古迹与遗址，首次被列入《世界遗产名录》，成为举世皆知的“世界遗产”之后，这六处古迹与遗址的知名度从此跃上国际舞台，一个崭新的概念顿时转变了中国大陆各界原有的行为与观念。一方面“世界遗产”可望带来逐年暴增的国际观光与旅游收入，让中国大陆各地政府在钦羡之余，也找到一条创收大道；另一方面“世界遗产”也扩大了人民的视野及认同，鼓励了各界对“世界遗产”活动的关注及参与，在种种因素影响下，于是掀起一阵已历数年未衰且愈发狂热的世界遗产热潮。迄2007年，中国大陆除已拥有35处世界遗产地外，也已是最积极参与世界遗产建制的国家之一。

就2007年现有的世界遗产地类型来看，在中国大陆35处“世界遗产”中，分别有文化遗产25处，自然遗产6处，文化与自然双重遗产4处。其中仍以文化遗产占大多数，其自然遗产的比重略低于全球的自然遗产比率，但双重遗产的比率则远高于全球（中国大陆的文化/自然/双重遗产类型比为 71.4% ：17.2% ：11.4%；全球的类型比则为 77% ：20% ：3%）。另就目前在数量上居前 10 名的国家而言，名列第三位的中国大陆在以欧洲文明区域居绝对优势的情况下，竟能超越许多西方国家，表现显得相当醒目，亦显示其参与世界遗产建制确实已取得突出的成果。

然而，从刻意轻视破坏到主动保存维护，在态度和行为上的不同，其间相差何止千里。中国大陆之所以会有这样 180 度的转变，无可否认的，在世界遗产热潮的背后，首先是经济利益的驱使，特别是“世界遗产”的名号能为地方带来可观的旅游人潮；其次是国力宣扬与民族自尊的驱动，文化认同的作用能为中国大陆提升中的大国地位带来相应的威望；另外还有法令制度的变迁，亦有助于古建筑和古迹保存与自然环境保护的工作推展；其他的原因，则包括社会的变迁发展，国内白领阶层逐渐形成，观光休闲成为生活的重要项目；以及环境保护议题在经过环境发展失衡后弊病丛生，逐渐受到各界重视等。种种因素让人们愿意多了解并参与“世界遗产”概念的相关规划与推展。特别在中国大陆的“和平与发展”战略观以及“和谐世界”与“和谐社会”政策的带动下，“世界遗产”的发展由于具有多方面的实质利益而特别受到官方鼓励，因此在各地都积极投入，此亦为世界遗产热潮的主因之一 。

不过以上这些原因，也只是整个影响环节中的一部分，如果将这些国内因素放在更宏观的系统架构中来看，其实还有源于国际的外部推力，包括国际政治互动、跨国经贸活动、多元文化交流、环境保护运动以及世界遗产推展行动等，这些来自改革开放后，中国大陆与国际进行接轨之后的交流互动，无疑都影响了中国大陆内部的观念转变与决策选择，并在中国大陆参与世界遗产建制的过程中，起着推波助澜的重要作用。

其次，就相关文献方面来探讨，关于国际关系的理论，主要来自西方学界的分析讨论文献。但因相关理论至今始终甚少触及中国大陆的“和平与发展”战略观、“和谐世界”与“和谐社会”政策、“世界遗产”活动的相关研究，因而本研究仍必须以中国大陆的相关著作为主，同时参酌国际关系理论的解释进行对照分析，并期盼能对“和平与发展”战略观、“和谐世界”与“和谐社会”政策的发展，以及与中国大陆参与世界遗产建制的关联性做出适切的说明。

另关于中国大陆参与世界遗产建制方面的讨论文献，则是本研究的主轴。惟“世界遗产”自 20 世纪 70 年代发展至今虽已超过 30 年，但其概念原本较着重于实务面的执行，即希望《世界遗产公约》签约国提报“世界遗产”，并与国际机构和专家学者合作，对遗产地进行有效的保护及管理。因此除了在联合国教科文组织相关机构体制、各国中央政府与学界之外，原本并未广为一般人所熟知。直到冷战结束后，集团对抗与世界大战的阴影逐渐消散，有关全球化与多元文化的探讨，带动了对于“世界遗产”的体认和了解，而新兴国家陆续加入《世界遗产公约》，以及电脑科技一日千里，资讯流通急速扩增，皆促使“世界遗产”的观念逐渐为普罗大众所熟悉，“世界遗产”的相关研究和论著也才陆续出现。这个情况在突然跃登为世界遗产地大国的中国大陆尤为明显，约在近几年内，有关“世界遗产”的论文著作，虽未达汗牛充栋的程度，但确实已举目可见，不过其中仍以世界遗产地相关的观光旅游、历史沿革、典故介绍为主，对“世界遗产”理念的学理进行深入探讨研析的专门著作还不算多。

以下仅就目前有关“世界遗产”学理，特别是有关中国大陆“世界遗产”发展的论述及研究中较为突出的专作，简要进行回顾与讨论。

（一）Graeme Aplin. *Heritage：Identification，Conservation and management*. London：Oxford University Press，2002.

该书为澳洲学者艾波林的专著，涉及层面颇为广泛。除了对“世界遗产”本质、意涵和各方面的价值有所讨论外，也侧重遗产管理层面的问题分析，对于不同形态的遗产如何保存管理，也有深入的探讨。而且分别对澳大利亚、英国、法国、意大利、西班牙、爱尔兰、美国、泰国、中国大陆等地的遗产管理架构加以介绍。不也认为各地人民因为对于遗产认知确有不同，遗产的管理与发展仍需要加强教育，增进民众了解及认同，才能确保遗产持续受到良好的保护。该书架构完整，不过在各国遗产管理介绍方面，除澳大利亚外，其他各国则略显简约，且如作者坦言，其取材皆来自英文资料，因此对于非英语系国家的相关资讯，仍有不足。

（二）Leon Pressouyre. *The World Heritage Convention，Twenty Years Later*. Paris：UNESCO Publishing，1996.

该书是对于《世界遗产公约》执行成果的探讨专著，对公约实施以及后续经过实践逐渐完备的建制体系，关于其国际法效力与法定运行架构方面，有完整的分析和说明，对于“世界遗产”的评定规则、标准和施行成效，以及在公约建制体系内的各国际政府间与非政府组织所扮演的角色，亦有深入讨论。不过由于该书出版在10年前，关于公约建制的晚近以来的重大发展，仍有待参考近年资料加以补充。

（三）World Heritage Center, *World Heritage Series n°12-The State of World Heritage in the Asia-Pacific Region* 2003. Paris: UNESCO-WHC, 2004.

该书是联合国教科文组织世界遗产中心对于亚太地区登录于《世界遗产名录》的遗产地所在国执行《世界遗产公约》的评析专著，书中对于亚太地区在世界遗产立法、保护、管理等各方面进行综合分析，特别注重于“世界遗产”在亚太地区的威胁与危机，进而提出展望与解决因应建议。在实务面上，该书亦强调教育、资讯流通与新科技的重要性，并呼吁善用合作伙伴的资源。由于该书列为世界遗产中心的官方重要报告，权威性不容置疑。但或许也因为要降低争议，所以该书针对个别国家的管理缺失和直接批判较少，而以亚太地区的一般性评论为多。另外，世界遗产中心还有一系列的报告专著，亦值得在相关研究时参考。

（四）刘红婴、王健民，《世界遗产概论》，北京：中国旅游出版社2003年版。

该书是有关“世界遗产”概念的一般论述，对于“世界遗产”的缘由、发展，以及类型、标准和申报，还有危机与保护，以清晰的说明加以介绍，让读者能有普遍性的了解。不过其内容着重于现有世界遗产地之概况描述，对于学理层面的探讨不够深入，甚至付诸阙如，在遗产地比较分析上亦有所不足，较属于基本的入门参考书。类似的基本书籍还有：

郭万平：《世界自然与文化遗产》，杭州：浙江大学出版社2006年版。

刘红婴：《世界遗产精神》，北京：华夏出版社2006年版。

晁华山：《世界遗产》，北京：北京大学出版社2004年版。

张习明：《世界遗产学概论》，台北五股：万人出版社2004年版。

古田阳久著，王慧贞、蔡世蓉译：《世界遗产Q&A：世界遗产基础知识》，台北：“中华民国”文化台湾发展协会、“行政院”文化建设委员会，2003年。

傅朝卿等：《世界遗产进阶学习手册——2004年文建会世界遗产进阶研习营》，台北：“行政院”文化建设委员会，2004年。

从这些书全在近两三年内方才出版，也可看出“世界遗产”在海峡两岸，皆为近几年逐渐发展出来的风潮。

（五）罗佳明：《中国世界遗产管理体系研究》，上海：复旦大学出版社 2004 年版。

该书是从管理学理论的角度出发，应用系统论的架构，分析中国大陆“世界遗产”发展的框架与内外环境影响因素，并在研究后主张保护与利用并重的协调战略，认其应为中国大陆“世界遗产”管理的重要趋势。作者并以 1996 年列入“世界遗产名录”的四川“峨眉山——乐山大佛”作为实例进行学理论证，以印证其提出的见解。该书在理论探究上，以管理学理论为主，与其他以遗产管理实务与保护政策理念为主的书有所区隔，并能举实例见证论点，颇具新意。但其保护与利用并重的协调战略，目前仅止于理论面的论述，而实务面二者孰轻孰重在各国皆已争论多年，恐非短期内由一项战略说明就能解决。

（六）张晓、郑玉歆主编：《中国自然文化遗产管理》，北京：社会科学文献出版社 2001 年版。

郑玉歆、郑易生编：《自然文化遗产管理——中外理论与实践》，北京：社会科学文献出版社 2003 年版。

徐嵩龄、张晓明、章建刚：《文化遗产保护与经营——中国实践与理论进展》，北京：社会科学文献出版社 2003 年版。

张晓主编：《加强规制——中国自然文化遗产资源保护管理与利用》，北京：社会科学文献出版社 2006 年版。

这四本书系中国社会科学院就“世界遗产”相关的主题，前三本是由 2000 年至 2002 年所举办的国际研讨会论文汇集编印出版而成，三场研讨会分别是 2000 年“转型时期人类文化自然遗产管理”研讨会，2001 年“改进中国自然文化遗产资源管理”研讨会，2002 年“文化遗产的保护与经营”研讨会。第四本则是针对中国大陆遗产地保护管理之研究专著。这些书所收入者皆为与遗产管理保护有关的国内外论文，在理论与实务两方面的探讨分量相当，问题也颇为深入，除了列举中国大陆的发展实证外，并包括各国在遗产管理和保护的相关理论和经验论述。因为属于研讨会或综合论文集，不免有议题过于宽泛而难以集中焦点的通病，但在世界遗产相关专著中仍颇具参考价值。

（七）顾军、苑利：《文化遗产报告——世界文化遗产保护运动的理论与实际》，北京：社会科学文献出版社 2005 年版。

该书针对世界各国在文化遗产的保护法令制度与经验，以及所面临的问题及解决倡议等，依照国别分别论述，包括意大利、美国、日本、韩国、中国大陆及台湾等，说明的颇为详尽。不过该书侧重事实描述，并无相关学理分析，但对于了解各国文化遗产保护问题，确能达到互相比较参照的目的。

（八）吴晓勤：《世界文化遗产——皖南古村落规划保护方案保护方法研究》，北京：中国建筑工业出版社2002年版。

该书是2000年列入“世界遗产名录”的“皖南古村落——西递和宏村”，在申报“世界遗产”过程中的个案报告。从申报前村落的情况和问题，提出的规划保护与环境整治，到申报方法乃至全部所需要的申报文本，乃至后续必须执行的持续管理维护规划等资料，搜罗齐备。虽然仅是单一世界遗产地的个案说明分析，但对于要了解申报“世界遗产”的整个程序与相关必要规划及文件等条件，极具价值。

（九）陶伟：《中国“世界遗产”的可持续旅游发展研究》，北京：中国旅游出版社2001年版。

该书是作者的中国科学院地理研究所博士论文，于修改后印行。研究内容侧重的是在“世界遗产”旅游热潮中，如何进行有效规范以达到“可持续旅游”发展的目的。其将中国大陆现有的各处“世界遗产”，分别归纳成古城镇、园林；宫殿、祭坛、寺庙；陵墓、遗址、长城；以及山岳等四类型，分别探究其旅游价值与旅游管理之道，并分析各地“世界遗产”的旅游发展问题且提出对策。虽然其研究主题是旅游管理，但对于中国大陆现有的“世界遗产”因逐年暴增的旅游观光所受到的威胁危害与因应方案，仍有深入分析。

（十）林森昌：《联合国教科文组织推动世界遗产公约之研究》，硕士学位论文，中兴大学国际政治研究所，2004年。

该论文是从联合国教科文组织的角度，分析其推展“世界遗产”行动的背景和策略，对于世界遗产建制体系的运作与发展过程，也有翔实的说明。惟整个论文偏重事实描述，问题与理论的分析着墨较少。特别是对于“世界遗产”所面临的难处和困境，虽有讨论，但相较之下篇幅并不多。另国内与“世界遗产”有关的学位论文，迄今为止尚少，目前还有下列两论文在进行相关研究时亦值得参阅。

王明慧：《我国世界遗产法制建立之研究》，硕士学位论文，海洋大学海洋法律研究所，2003年。

侯沛芸：《世界遗产推广教育策略研拟之研究》，硕士学位论文，台湾大学地理环境资源学研究所，2004 年。

第三节　研究途径、方法与架构

一　研究途径与架构

本研究尝试利用“系统理论”来协助建立架构，并以“国际关系建构主义与理性主义理论”来作为分析途径。

（一）系统理论

本研究主要参采系统理论建立研究架构。系统理论的研究认为人类社会中的组织机构，无论团体或个人活动都是一组互动行为的概念，且为其他的社会系统所包围，虽有边界作为区分，但却暴露在环境下而深受其影响。也就是说，所有的团体或个人活动都是一个开放的系统，与其所处的环境具有紧密的互动关系，它的变项和运作程序乃是从环境获得输入项（inputs），经过系统自身的转化（conversion）后，成为具体的输出项（outputs）送回到环境中，并经由输出项对环境的影响，重新回馈（feedback）而再度输入系统之中。

中国大陆参与世界遗产建制体系的过程，虽然牵涉的因素与范围都颇为广泛，不过应可区分为内部环境和国际环境两个同时运行的双重系统，其中的内部环境系统为小系统，又属于国际环境大系统当中的一个重要环节，成为在大系统中处理国际环境输入项并产出输出项的转化项。

在小系统的国内环境系统方面，输入项包括“制度变迁”、“政治和社会发展”、“经济利益”、“文化认同”与“环境保护议题”等，一方面经过“决策体系”的吸收、认知及转化，另一方面在“和平与发展”战略观、“和谐世界”与“和谐社会”政策的需要下，输出成为“规划及推动参选”世界遗产地的结果，这个结果又回馈过来对输入项的各项因素造成冲击，并且继续在系统中形成新的输入项，且又再次影响决策的转化。必须说明的是，此处的决策体系并不以党政主管机关为限，而是涵盖进行宣扬、协力运作或推动支持参选世界遗产地行动的政府、遗产地管理单位、非政府组织、研究机构和大学院校，特别是有决策能力及政策影响力的个人等，其相关的行为与互动过程，皆可纳入此处的决策体系。

另在大系统的国际环境系统上，包括“国际政治互动”、“跨国经贸活动”、“多元文化交流”、“环境保护运动”与“世界遗产相关行动”等，皆属于本系统的输入项，这些因素进入先前的中国大陆内部环境系统中，影响该系统内部的输入、转化、输出和回馈等过程，并且在小系统中完成转化程序后，又产出“参与世界遗产建制体系”的输出结果，这个输出结果不但会回馈输入项的诸因素而产生新的输入、转化及输出过程，同时并与小系统的中国大陆内部环境系统亦有相互影响、相互建构的作用。这样一个循环不息运作的双重系统，基本上就是本研究的主要架构，兹整理如图 1-1。

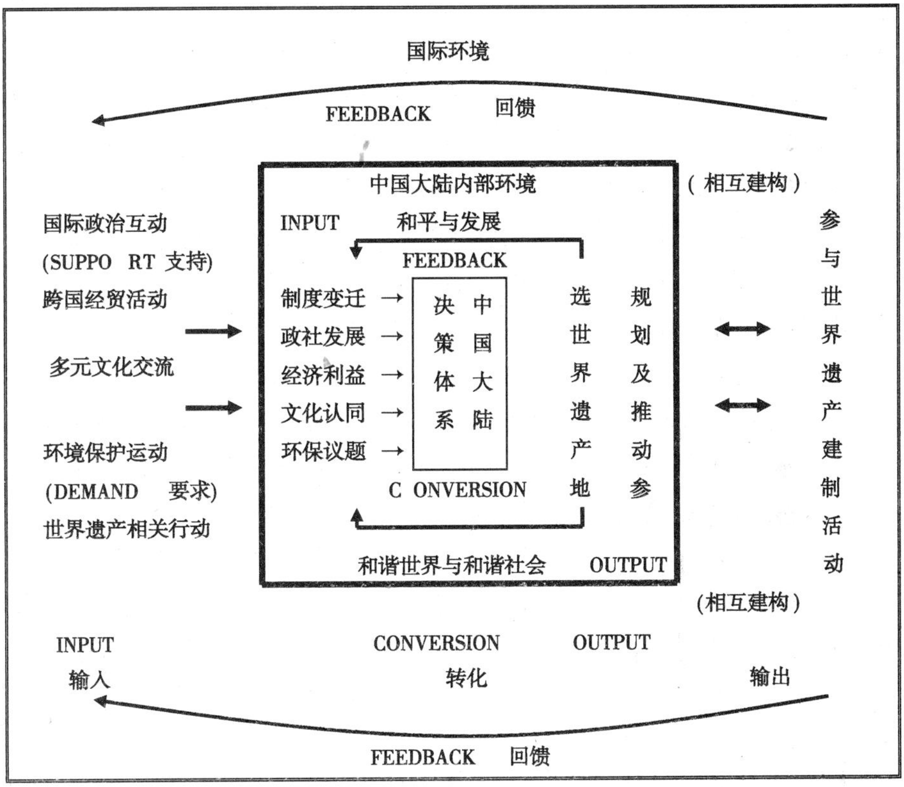

图 1-1　研究系统架构图

（二）国际关系建构主义与理性主义理论

本书将运用国际关系中的相关理论，包括建构主义与理性主义等理论作为研究途径。在国际关系的各主要理论中，国际关系建构主义理论系起源于 20 世纪 80 年代末期，并且在 90 年代逐渐完备而受到瞩目，目前已成为足以和新现实主义和新自由主义（二者又合称为理性主义）鼎立的国际关系重要理论之一。

建构主义理论与强调理性思维及政治经济层面影响的新现实主义与新自由主义，在本质上有所不同，建构主义系借用来自社会学的理论概念，主张世界是被演绎再现的而非仅被实证的，也就是人们会通过其社会文化背景与经验工具再现他们所理解和观察的世界；并且强调社会与文化因素在国际关系互动中具有关键影响力，认为国家的利益是通过社会相互作用建构而成的，而文化则不但影响国家行为，更影响国家的认同。建构主义理论的重要学者温特更是看重国家在行为实践上的“认同”与“利益”作用，他阐明了国际间的文化关系与社会互动将构建出认同和利益，而通过渐进式合作的国际努力，可望将认同与利益相互结合，并将“利己的认同”转变成“集体的认同”，让国家与国际关系中的其他行为体能因而建立更积极互利的认同与利益关系。

理性主义则一直是国际关系理论中的主要研究典范，主要论点通常着重行为体的理性行为及其互动进程与结果，在历经几次辩论与整合后，至今的发展系以新现实主义与新自由主义两大学派为主轴。其中心术语是国家、利益、权力、安全、结构、制度等，而主要理论模型则包括国家利益与权力理论、均势理论、博弈论、合作论、相互依存论、国际机制论等。

从中国大陆参与世界遗产建制的过程和经验来看，除了理性选择的权力与利益考虑动因所发挥的作用外，通过与世界遗产建制体系中的其他行为体的相互影响，包括与其他国家、国际政府间组织、非政府组织乃至具意见代表性的团体与个人等之交往互动所形成的社会与文化影响力，在参与及互动上与其他各种可能产生的互相建构过程，以及是否可能造成认同与利益作用并改变原先的关系结果，都将是本研究利用建构主义与理性主义理论所要进行验证的重点。

二 研究方法

本书以文献分析法为主要的研究方法，另辅之以比较分析法和历史研究法等。从现存的档案、文献和各类出版物等资料，经过详细检阅、综合归纳、分析、比较的方式，配合运用国际关系建构理论的观点，来解释中国大陆参与世界遗产建制的运作过程与影响因素，并期望能借此更深入了解中国大陆与国际社会之间的接轨与互动行为模式。

至于研究资料的来源，将有如下几项：

（一）国内外有关世界遗产建制与相关机构活动等之研究著作。

（二）国内外关于国际关系理性主义之相关理论著作。

（三）国内外关于国际关系建构主义之相关理论著作。

（四）国内外有关中国大陆“和平与发展”战略观、“和谐世界”与“和谐社会”政策等之研究论著。

（五）国内外探讨分析涵盖中国大陆世界遗产地在内的文化认同、古迹保存、古建筑维护、环境保护、旅游资源与永续发展等之研究专文专著。

（六）中国大陆有关之法令规定、政策指示、宣示与主要领导人之言论资料等。

（七）曾参与中国大陆世界遗产建制活动工作者的经验建议和兴革意见。

（八）中国大陆主要传播媒体关于世界遗产建制与活动的重要报道与评论。

三 预期之研究发现与相关界定

本书希望能经过客观研究及讨论分析后，回答下列问题：

（一）中国大陆战略观的演变及其对中国大陆国际参与的影响。

（二）“和平与发展”战略观与“和谐世界”与“和谐社会”政策之间的关联性为何。

（三）理性主义与建构主义对中国大陆“和平与发展”战略观以及涵盖世界遗产建制在内的国际参与行为之分析比较。

（四）世界遗产建制的发展历程与发展难题及其可行的解决之道。

（五）中国大陆如何参与世界遗产建制和其发展优劣势、前景与趋势为何。

（六）影响中国大陆世界遗产热潮的国内环境影响因素为何。

（七）中国大陆参与世界遗产建制的国际环境因素为何。

（八）中国大陆参与世界遗产建制对“和平与发展”战略观、“和谐世界”与“和谐社会”政策的意义为何。

另需要先予明确加以界定的是，本书研究的范围将仅限于联合国教科文组织 1972 年 11 月所通过的《保护世界文化和自然遗产公约》中所规范的“文化遗产”、“自然遗产”和“文化与自然双重遗产”三种类型（含公约建制中有时被单独标示的“文化景观”一类）保护管理工作所组成的国际建制，并不及于另一种性质不一样却常被混淆的“人类口头和非物质遗产代表作”（Masterpieces of the Oral and Intangible Heritage of Humanity）。后者是联合国教科文组织针对人类文化精神遗产，在90年代后期开始着手推动的另一项评选与保护措施，自2001年起每两年公布一批，并在2003年10月另外通过《保护非物质文化遗产公约》（*Convention for the Safeguarding of the Intangible Cultural Heritage*），规定其相关的保护程序与评定标准。① 这两项公约所规范保护的对象，一为具实体形貌的遗产，另一为无实体样貌的文化承传，虽然两者亦具互相补充的用意，且经常被外界不明就里笼统地泛称为“世界遗产”，但其实二者在性质上完全不同，现行的规范管理建制体系也不一样。虽然本研究在必要时仍会论及“口头和非物质文化遗产”相关的问题，但在讨论分析时并未将其列为研究主题和研究标的。

其次，本研究综合采用国际关系中的建构主义和理性主义理论的观点来进行论证，来自社会学概念的建构主义理论与源自政治学、经济学的理性主义目前都仍在持续发展中，建构主义所强调的重点放在社会互动产生的相互建构过程，与现实主义和自由主义的关注面向在根本上有所不同。依照不同关注面向进行研究，自然有不同的结果，也一定各有其基本的限制，因此建构主义与新现实主义、新自由主义相较，当中并无孰是孰非的问题。而且建构主义理论所发展出来的支派不少，不同的学者在强调重点和见解判断上亦有差异，本研究在讨论建构主义时主要选择以其中的重要学者亚历山大·温特的主张及论点作为分析研讨时的论据，与建构主义理论其他学者的论点相较，亦无孰轻孰重的问题。另在提及新现实主义和新自由主义的任何论点时情况亦然。这也必须先作说明。

再者，本研究在研究中国大陆参与世界遗产建制时，着重于“和平与发展”战略观、“和谐世界”与“和谐社会”政策推展与“世界遗产”发展间的相互关系，亦即以较为宏观的角度来看待中国大陆参与国际建制的议题，因此对于中国大陆于特定组织或会议的个别行为表现着墨较少，

① 目前联合国教科文组织对于全球的“口头和非物质文化遗产代表作”已公布三批，中国大陆申报入选的有昆曲（2001年）、古琴（2003年）、新疆维吾尔木卡姆艺术及与蒙古国共同申报的蒙古长调民歌（2005年）等四项。

对于不同地方发展“世界遗产”的差异性与个别遗产地的具体保护作为亦无法一一论述，更未能对现存所有的世界遗产地的保护管理进行全面对照比较，此或当在日后进行世界遗产地个案研究时再作为深入探讨的重点。

然而本研究主要是从现存的档案、文献和各类出版品中进行归纳、分析，在过程中难免会牵涉到资料搜集不易与事实无法全部还原等限制与困难。主要包括中国大陆的“世界遗产”的管理机关颇为复杂，依业务划分各有不同体制。如中国联合国教科文组织全国委员会由教育部主管、文化遗产由国家文物局主管、自然遗产和双重遗产由建设部主管（另口头与非物质遗产由文化部主管）等。管理体制重叠，权责不明，业务分工仍待整合，加上各管理机关体系之消息来源不一，常有资讯混淆等事情发生，或者因业务需要不同，公布资讯所强调的重点亦有差别，对于相关资料之取得和整理，难免构成相当程度的困扰。

此外，中国大陆由于在诸多利益驱动下的申遗热潮方兴未艾，除各省市地方政府列为重点工作外，旅游观光业和出版业也以此广为号召吸引游客，因此目前坊间相关的官方与民间出版物非常之多。但资讯泛滥的结果，一方面出现互相引证，人云亦云却存在不少缺漏的情况，另一方面若干不用心的出版物也常有不加查证、错误百出的情形，因此在文件资料之比对整理方面，本书尽力考证明辨，避免不必要的错误发生。然挂一漏万，恐在所难免，自当引为惕厉，供后续研究改进之参考。

第二章　世界遗产建制之发展沿革

第一节　联合国教科文组织的运作体系

联合国教育科学及文化组织（United Nations Educational Scientific and Cultural Organization）简称为联合国教科文组织（UNESCO），是联合国经济暨社会理事会所辖的16个专门机构之一。始自1942年，正值第二次世界大战席卷全球之际，同盟国中的欧洲各国政府在英国召开一次同盟国教育部长会议，主要目的是希望能在恢复和平后立即重建各国教育体系。此一设想吸引了更多国家的赞同和参与。于是在1945年10月24日《联合国宪章》通过的次月1日，就根据同盟国教育部长会议的提议，复于伦敦召开一次以成立一个教育及文化组织为目标的联合国会议（ECO/CONF），共有44个国家派遣代表出席此次会议。会中在法国和英国的联合推动下，决议成立一个以建立和平文化为宗旨的组织。按照当时的设想，这个新的组织应当致力于改变人类根本思想，以防止新的世界大战再次爆发。而在11月16日会议结束时，与会国家中有37国同意并签署了《联合国教育、科学及文化组织组织法》（以下简称《教科文组织法》）。①

1946年，《教科文组织法》获得包括南非、沙特阿拉伯、澳大利亚、巴西、加拿大、中国、丹麦、埃及、美国、法国、希腊、印度、黎巴嫩、墨西哥、挪威、新西兰、多米尼加、英国、捷克斯洛伐克和土耳其等20个国家的批准而正式生效。同年11月19日至12月10日，来自30个国家的政府代表在巴黎参加教科文组织大会的第一届会议，决定将总部设在巴黎，联合国教科文组织于焉诞生，并同时被纳入联合国的专门机构。②

从法定宗旨来看，联合国教科文组织是希望“通过教育、科学及文化来促进各国间之合作，对和平与安全做出贡献，以增进对正义、法治及

---

① UNESCO，http：//portal. unesco. org/en/ev. php - URL_ ID = 6207&URL_ DO = DO_TOPIC&URL_ SECTION = 201. html。

② 李东燕：《联合国》，社会科学文献出版社2005年版，第103页。

联合国宪章所确认之世界人民不分种族、性别、语言或宗教均享人权之基本尊重”。[1] 这是第二次世界大战的惨痛教训带给各国的省思。不过，联合国教科文组织却非完全是第二次世界大战后的产物。如追根溯源，至少还有三个更早设立的机构与它有关。其一是 1922 年成立于日内瓦的国际智能合作委员会（The International Committee of Intellectual Co-operation，CICI）；其二是国际智能合作委员会的执行机构，1925 年设于巴黎的国际智能合作研究所（International Institute of Intellectual Co-operation，IICI）：这两个机构均在 1946 年联合国教科文组织成立时并入。其三是国际教育局（International Bureau of Education，IBE），1925 年成立于日内瓦，至 1969 年也纳为教科文组织秘书处辖下的机构，但仍享有独特的法定地位。[2]

此三个机构原本的职能皆和思想交流与知识普及有关，而从这些机构的性质，亦可推知联合国教科文组织希冀达成国际和平与安全目标的主要方式，即是在全球各地增进知识和教育普及。除此之外，联合国教科文组织追求国际和平与安全的另一个主要方式，则是促进不同文化和文明之间的相互尊重与交流。经由这两种方式，希望通过知识和教育普及，能消除各地人民的蒙昧无知，避免遭到野心家的欺瞒和利用；而促进文明间的尊重和交流，则能减少不同民族间之误解及猜忌。

因此，在《教科文组织法》前言中，即明白指出“战争起源于人之思想，故务需于人之思想中筑起保卫和平之屏障”；认为“人类自有史以来，对彼此习俗和生活缺乏了解，始终为世界各民族间猜疑与不信任之普遍原因，使彼此间之分歧最终爆发为战争”；且“文化之广泛传播以及为争取正义、自由与和平对人类进行之教育，为维护人类尊严不可缺少之举措”；然而“和平若全然以政府间之政治、经济举措为基础，则不能确保世界人民对其一致、持久而又真诚之支持。为使其免遭失败，和平尚必须奠基于人类理性与道德上之团结”；因此“各签约国秉人皆享有充分与平等受教育机会之信念，秉不受限制地寻求客观真理以及自由交流思想与知识之信念”；所以决心创建教科文组织，“通过世界人民间教育、科学及文化联系，促进实现联合国组织据以建立并为其宪章所宣告之国际和平与

---

① 参见《联合国教育、科学及文化组织组织法》第 I 条。

② UNESCO，http：//portal. unesco. org/en/ev. php - URL_ ID = 6207&URL_ DO = DO_ TOPIC&URL_ SECTION = 201. html.

人类共同福利之宗旨”。[①]

由于身为联合国的专门机构，因此教科文组织也是各国政府讨论教育、科学及文化相关议题的最高国际组织。至2007年10月，共有193个会员国和6个准会员加入联合国教科文组织。[②] 依照《教科文组织法》第II条规定，教科文组织的会员国资格条件有二：第一，凡联合国的成员国均当然有成为教科文组织会员之权利。第二，非联合国会员国，凡符合按组织法批准的、教科文组织与联合国组织间之协定中所列之条件者，并经教科文组织执行局推荐，大会三分之二表决通过后，亦可被接纳为会员。至于准会员之资格，则是凡对其国际关系不自行承担责任之领土或领土群，由为其承担国际关系责任之会员国或其他当局代为申请，经大会参加表决之会员国三分之二多数通过后，可成为准会员。[③]

但会员国或准会员资格并非永远有效，有两种情况将会失去资格：第一种，是遭联合国终止权利或开除而同时失去教科文组织会员国身份之情况；如原系以联合国成员资格加入教科文组织之会员国，当联合国中止其联合国会员权利与资格时，在联合国组织请求下，教科文组织亦应中止其在教科文组织内之权利与特权。此外，凡经联合国开除之会员，即当然终止其教科文组织之会员资格。第二种情况，则是自行退出而失去资格，教科文组织任何会员国或准会员，在经通知总干事后可退出教科文组织，并在发出通知后次年12月31日生效。如南非在1956年、美国在1984年、英国和新加坡在1985年都曾自行退出教科文组织。不过由于此种情形是自愿性的退出，因此退出的成员国在联合国席次未变的前提下，仍可随时再行加入，所以南非、美国、英国和新加坡等国在近年内又陆续重回教科文组织成为会员国。[④]

联合国教科文组织主要的组成机构有三：

---

① 参见《联合国教育、科学及文化组织组织法》前言。

② UNESCO，http：//erc. unesco. org/portal/UNESCOMemberStates. asp？language = en.

③ 目前联合国教科文组织6个准会员分别是中国澳门、托克劳（新西兰代管）、荷属阿鲁巴岛、英属维京群岛、英属开曼群岛和荷属安第列斯群岛。

④ UNESCO，http：//portal. unesco. org/en/ev. php - URL_ ID = 14606&URL_ DO = DO_ TOPIC&URL_ SECTION =201. html. 南非在1994年、英国在1997年、美国在2003年、新加坡在2007年重回教科文组织。

一　大会（General Conference）

由全体会员国所组成，是联合国教科文组织的最高权力机构，每2年召开一次会议，特殊情况时亦可召集临时大会。大会主要负责审理教科文组织的计划和预算，决定工作纲领和政策，讨论总干事工作报告，选举执行局委员，任命总干事，接纳新会员国和准会员，以及审议和通过国际公约、建议、宣言等准则性文件。在准则性文件的可否上，建议案由二分之一会员国通过即可，但公约的制订则需经三分之二会员国同意。[①]

二　执行局（Executive Board）

由大会经选举产生58名会员国担任委员所组成，并在大会闭会期间代行大会职权，每年至少召开3次会议。执行局之主要工作是准备大会议事与监督大会召开期程，就秘书处拟议之工作计划和预算向大会提出建议，确认大会各项决议有效施行，以及向大会推荐总干事等。执行局下设5个委员会，分别是计划与对外关系（Programme and External Relations）委员会、财务与行政（Finance and Administrative）委员会、特别（Special）委员会、国际非政府组织（International Non-Governmental Organizations）委员会和公约与建议案（Conventions and Recommendations）委员会。[②] 执行局委员国采六区分配名额的方式选举产生，任期4年，每2年改选半数，得连选连任；并由委员国中互相推选主席1名、副主席6名，以及5个委员会的主委，共12个国家担任常务委员，任期为2年。而为有效行使职权，依据《教科文组织法》第V.2条规定，执行局委员国各应指定一名代表，并应由熟谙教科文组织主管领域并具有执行职务和行政经验能力者出任，且此名代表须任满执行局委员之任期。因此委员国均会派遣适当人员代表国家参选并担任委员国之实际职务执行，如中国大陆即于2005年10月派教育部副部长章新胜竞选执行局主席并获当选。[③] 另2005—2007年的执行局委员国之分区组成情况，如表2－1。

---

① 梁西：《国际组织法》，志一出版社1996年版，第390页。

② 张习明：《世界遗产学概论》，万人出版社2004年版，第8页。

③ UNESCO，http：//portal. unesco. org/TEMPLATE/pdf/composition_ 2005_ 2007_ en. pdf.

表 2-1 联合国教科文组织执行局委员国（2005—2007 年）

分区	执行局委员国（任期）	分区	执行局委员国（任期）
第Ⅰ区 9席	加拿大（2007） 英国（2009） 法国（2007） 美国（2007，副主席） 意大利（2007） 卢森堡（2009） 挪威（2009） 葡萄牙（2009） 瑞士（2007）	第Ⅱ区 7席	亚塞拜疆（2009） 捷克（2007，副主席） 匈牙利（2007） 立陶宛（2009） 俄罗斯（2007） 塞尔维亚（2009） 斯洛文尼亚（2007）
第Ⅲ区 10席	巴拿马（2009） 圣文森（2009） 巴西（2009） 乌拉圭（2007，副主席） 哥伦比亚（2009） 委内瑞拉（2007） 厄瓜多尔（2007） 危地马拉（2007） 墨西哥（2009） 圣基茨和尼维斯（2009）	第Ⅳ区 12席	阿富汗（2007） 日本（2009） 孟加拉国（2007） 尼泊尔（2009） 柬埔寨（2007） 巴基斯坦（2007） 斐济（2009） 斯里兰卡（2007） 印度（2009） 泰国（2009，副主席） 中国（2009，主席） 印尼（2007）
第Ⅴ（a）区 14席	贝宁（2009） 莫里西斯（2007） 喀麦隆（2007，副主席） 马里（2007） 佛德角（2007） 阿及利亚（2009） 刚果（2007） 纳米比亚（2007） 民主刚果（2009） 南非（2009） 伊索比亚（2009） 多哥（2009） 加纳（2007） 乌干达（2009）	第Ⅴ（b）区 6席	阿尔及利亚（2009） 巴林（2007） 埃及（2009） 黎巴嫩（2009，副主席） 摩洛哥（2007） 也门（2007）

资料来源：http：//portal. unesco. org/TEMPLATE/pdf/electoral_ group2005_ 2007_ en. pdf.

执行局委员的分区选举，系依照《教科文组织法》第Ⅴ.3 条“应照顾文化之多样性与地理分配之均衡”的规定办理。而从实际的分区情况，可观察到联合国教科文组织确实在地域平衡和尊重文化多元化两方面尽力调和。以现行分区来说，西欧北美国家为第Ⅰ区，东欧国家为第Ⅱ区，拉丁美洲为国家第Ⅲ区，亚洲太平洋国家为第Ⅳ区、非洲国家为第Ⅴ（a）区、阿拉伯国家为第Ⅴ（b）区，不但在地域分配上希望达到全球参与的目的，避免委员国过度集中在某一地域，另在文化分殊上也兼顾文化多样性，让不同文明都有对话交流的机会。同时联合国教科文组织自成立以来，确实未偏袒发达国家凭恃权力肆意而为，反而特意彰显发展中国家也保有同等的参与机会。此种兼顾弱势地域和弱势文化的平等参与精神，也让强国在联合国教科文组织中的影响力大为减弱，这或许也是美国和英国曾经一度退出教科文组织的部分原因之一。另值得一提的是，中国大陆自

1997 年 11 月首度当选为执行局委员国后,[①] 不但一直连任迄今，且在 2005 年更上层楼当选执行局主席国，似可看出随着中国大陆的国力提升，其对联合国教科文组织的重视程度也有增无减。

三　秘书处（Secretariat）

是联合国教科文组织的常设机构，负责执行大会批准之计划和预算，落实大会决议及执行局决定，向大会提出工作报告及其他须经审议事项，进行计划与预算规划等。最高行政首长为总干事（Director-general），由执行局推荐并经大会选举产生，任期 6 年，连选得连任一次。除总干事外，另设副总干事、助理总干事若干人，助理总干事分别主管教育（Education）、自然科学（Natural Sciences）、社会及人文科学（Social and Human Sciences）、文化（Culture）、资讯及传播（Communication and Information）、行政（Administration）、对外关系与合作（External Relations and Cooperation）等部门，工作人员则是招聘自世界各地的国际公职人员，截至 2007 年 1 月，工作人员总数约为 2100 人，来自 170 多个国家，其中约有三分之二的人员在总部工作，另 700 多人则派在总部以外的 58 个办事处工作。[②] 总部外办公室之功能，主要在统合区域范围内的协调和交流工作，近年来其重要性日益增加。例如教科文组织北京办事处，1984 年成立之初仅是科学及技术驻华办事处，但经过 20 年以来，业务范围和管辖区域逐渐扩增，目前已将朝鲜、韩国、蒙古、日本和中国大陆等 5 个国家均纳入业务涵盖范围，区域内总人口数达全球四分之一，除了根据地区特性推动教科文组织的活动之外，并负责整合东亚地区各国的意见和需要，回报教科文组织研议以纳入后续相关计划的参考。[③]

有关联合国教科文组织常设机构的详细架构，则如图 2－1 所示。

除了这些常设机构，联合国教科文组织还与各国政府以及其他不同类型的组织机构进行紧密合作及联系，包括：174 个会员国在教科文组织巴黎总部设有常驻代表团；335 个非政府组织与教科文组织建立正式合作关

---

① 李东燕：《联合国》，第 103 页。

② UNESCO，http：//portal. unesco. org/en/ev. php－URL_ ID＝3976&URL_ DO＝DO_ TOPIC&URL_ SECTION＝201. html.

③ 杜晓帆：《联合国教科文组织与中国的文化遗产保护》，中国文化年鉴编辑委员会编《中国文化遗产年鉴 2006》，文物出版社 2006 年版，第 25 页。

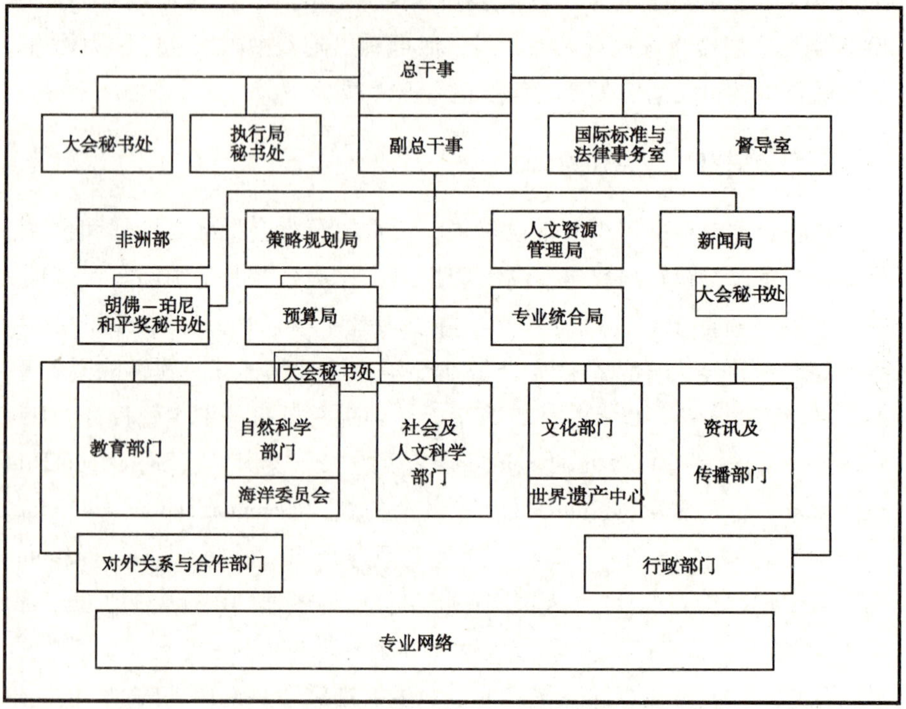

图 2－1　联合国教科文组织常设机构架构图

系；40 位国际知名人士自愿担任教科文组织的亲善大使，协助宣传其使命和代言相关活动计划；580 所各国大学院校与教科文组织协力进行高等教育与研究发展工作；300 个奉行永续发展和社会责任原则的公司和组织在全世界与教科文组织展开合作；3600 个认同教科文组织宗旨的协会和俱乐部在各地推动基层教科文活动；7900 个与教科文组织直接联系的学校专责培养青年的宽容、同情心和国际谅解精神。另在教科文组织倡导下，已成立 100 个以上的咨询委员会、国际委员会和政府间理事会，专事协调和研议特定的任务或问题。同时还运用种不同的专业网络协助教科文组推展其职责。①

此外，各会员国均在国内成立全国委员会，负责其领土范围内的教科文事务协调工作，统合国内相关机关组织，推动与教科文组织相关的倡议和活动。以中国大陆为例，中国联合国教科文组织全国委员会（简称教

① UNESCO，http：//portal. unesco. org/en/ev. php－URL_ ID＝3975&URL_ DO＝DO_ TOPIC&URL_ SECTION＝201. html.

科文全委会）成立于1978年，由教育部统筹主管，一方面代表政府与联合国教科文组织直接联系合作，另一方面则整合国内相关单位业务，协调并协助中央与地方政府参与教科文组织相关的国际活动。教科文全委会主任依例由教育部副职兼任，另由外交部、科技部、文化部、中国科学院、中国社会科学院等主管业务副首长兼副主任，目前共有29个部委和机构列名参与，教科文全委会下并设有秘书处，亦由教育部统辖，负责处理有关的日常业务。①

虽然业务量复杂，横纵两向的组织机构工作网络极为庞大，但联合国教科文组织的主要业务重心仍置于五大领域，分别是教育、自然科学、社会及人文科学、文化、资讯及传播，这五大领域目前是公认有助于达成联合国教科文组织宗旨和使命的基本工作。

根据现正执行的《2002--2007中期战略》阐述，联合国教科文组织的自我定位乃是“根据三大战略任务，通过教育、科学、文化和传播对全球化时代的和平和人类发展做出贡献”。三大战略任务即是：②

（一）制订和促进建立在共同认可的价值观念基础上的普遍性原则和准则，以迎接教育、科学、文化和传播等领域正在出现的挑战，维护和加强“共同的公有财富”。

（二）通过承认和维护多样性及尊重人权，促进多元化。

（三）通过提供平等进入新兴“知识社会”的机会，培养能力和分享知识，促进能力的提高和对新兴知识社会的参与。

由此可知，教育、科学（包括自然科学和社会人文科学）、文化和传播（包括资讯及传播）等领域，一方面与建立普世价值有关，另一方面也和前述联合国教科文组织追求国际和平与安全的两个主要方式——促进不同文化和文明之间的相互尊重和交流，以及增进知识和教育普及有重大关联。因此在可预见的未来，五大领域仍将是联合国教科文组织一贯的业务工作重点。

为了贯彻推动这些重点业务工作，联合国教科文组织在秘书处下辖的七大部门中，就有5个部门属于分别管理教育、自然科学、社会及人文科

---

①《中国联合国教科文组织全国委员会》，中国世界遗产年鉴编撰委员会编《中国世界遗产年鉴2004》，中华书局2004年版，第277页。

② 联合国教科文组织：《2002—2007中期战略》（中文版），联合国教育、科学及文化组织2002年版，第5页。

学、文化、资讯及传播的专业部门，就相关的专业领域研拟工作计划并据以执行，分别由1名助理总干事直接主管，并负责推动相关工作。以文化部门为例，在主管文化部门之助理总干事下，分设文化资产（Cultural Heritage）组、创意与文化工艺（Creativity and Cultural Industries）组、文化政策与文化交流（Cultural Policies and Intercultural Dialogue）组和世界遗产中心（UNESCO World Heritage Centre）等4个专业单位，并由执行办公室负责各单位业务之统合协调。[①] 其单位设置架构如图2-2。

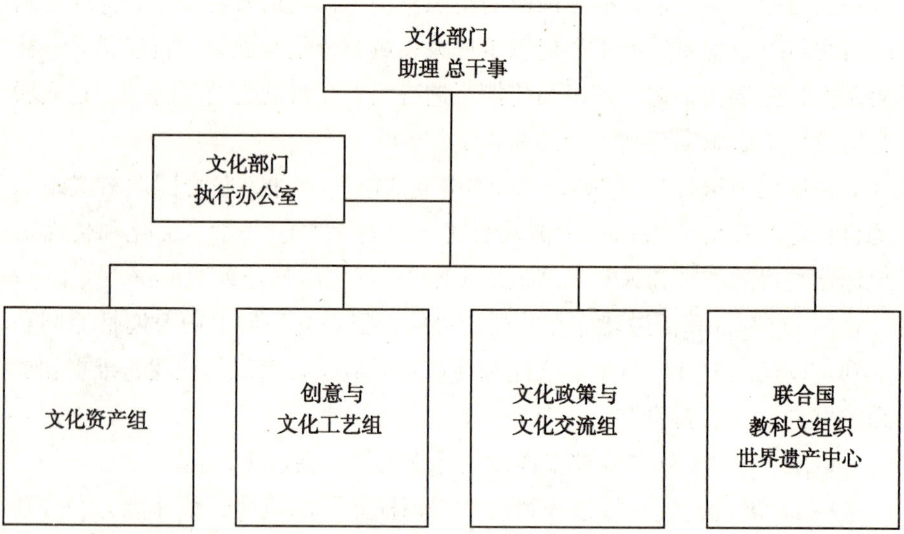

图2-2 联合国教科文组织文化部门单位架构图

从上图可看出，联合国教科文组织在文化领域的努力重点，不但一贯强调各地的文化资产保存，也鼓励保护传统文化工艺及创作崭新的艺术形式，更主张不同文化之间应多方交流对话；当然文化部门还有一项重要的工作，就是主管《世界遗产公约》的公约秘书处——世界遗产中心，负责推动“世界遗产”相关工作的进行。

而在实际工作目标上，依据《2002—2007中期战略》，文化领域目前的主要战略目标包括：[②]

（一）促进制订和实施文化领域的准则性文件：包括《世界遗产公约》和《保护非物质文化遗产公约》的监督执行，鼓励加入关于保护水

① UNESCO，http：//www. unesco. org/orgchart/en/ORG_ vis_ files/ORG_ vis_ frames. htm.

② 联合国教科文组织：《2002—2007中期战略》，第37—43页。

下遗产的公约，并提出各种其他建议案交联合国教科文组织大会讨论等。

（二）保护文化多样性和促进不同文化和文明之间的对话：包括保护涵盖世界遗产和非物质遗产在内的文化多样性，通过跨区域合作和活动促成各种文化和文明直接对话，鼓励不同文化和民族和谐互动以达成多元化的目标。

（三）通过能力建设和知识共享来增强文化与发展之间的联系：包括加强世界遗产保护过程中之宣传、持续发展的旅游开发及社区协力保护工作，促进手工业发展，加强少数民族、弱势族群参与决策的能力和地位。

以上文化领域的三大项战略目标，在内容上均将“世界遗产”保护和管理列为工作重点。可知《世界遗产公约》与相关的“世界遗产”活动，在联合国教科文组织的文化领域中位居重要地位。原因除了《世界遗产公约》是目前在政府间唯一同时涵盖文化遗址和自然环境保护的完整公约体系外，也因“世界遗产”从申报、评估、审议到登录等一系列活动能带来许多附加价值，因此全球各国普遍积极参与，而成为联合国教科文组织最成功的工作项目之一。所以教科文组织自然希望能持续保持这项成功经验，并且再积极推广到其他方面，让其他工作项目亦能建立类似的建制架构，以促进相关业务的推广成效。

总之，联合国教科文组织通过直属机构、协力组织团体和合作网络，广纳各国政府、国际组织、非政府组织、公司企业、教育单位与各种非营利事业机构的人力物力，在教育、自然科学、社会及人文科学、文化、资讯及传播等五大领域尽心费力。其目标无非是希望通过全球参与，达成不同文化和文明之间的相互尊重和交流，以及增进知识和教育普及等两项主要目的，最终实现世界永久和平与共同安全的伟大理想。

第二节　《保护世界文化和自然遗产公约》之成立背景与发展

论及“世界遗产”与《世界遗产公约》，一般都会推及联合国教科文组织于20世纪60年代开始在埃及所进行的“阿布辛拜勒计划”（Abu Simbel Project）。但事实上，遗产保护的概念并非始于现代，尤其是以文物为主的文化遗产部分，早在19世纪就有不少有识之士曾提议全人类共同财产的观念，并提出交战各方应当极力保护文化遗产的请求。1813年英国哈利法克斯的某次法院判决中主张“艺术和科学不能被认为是个别民族的财产，而是属于全人类财产和共同利益”。[①] 法国文豪雨果（Victor Hugo）在1861年撰文指责英法联军焚毁圆明园一事时，亦曾评述圆明园已具有人类共同财产的价值，他写道：“这座大如城市的建筑群乃是世世代代的结晶，它为谁而建？自是为了各国人民。因为经过岁月淬炼所创造出来的一切，当属于全体人类。”[②] 更为知名者则为国际红十字会创办人亨利·杜兰（Henry Dunant），他获得俄国沙皇挹注，在1874年于比利时召开一次为期一个月的布鲁塞尔会议，呼吁各国展开保护文化遗产的工作，减少战争对文化遗产的破坏。杜兰的努力衍生后来在1899年和1907年于荷兰海牙两度召开的国际和平大会，最终并促成了《海牙第九号公约》（The Hague Convention No. Ⅸ）的诞生，公约内容主要在公布海军岸轰攻击时应避开的建筑物之特殊标记符号，并将保护范围从医院、宗教地、慈善机构延伸到其他历史纪念物等文化遗产。[③]

1922年，联合国教科文组织前身之一的国际智能合作委员会举行第一次会议，会中亦曾达成一项共识，敦请各会员国应促进彼此间之了解和合作，以达成维护文化和人类遗产的目标。[④] 而1931年于雅典召开的第一届国际历史文化纪念物建筑师与技师会议（International Congress of Architects and Technicians of Historic Monuments）则通过《雅典宪章》（*The Atherns Charter*），针对文化遗产重要组成部分的历史场所和文物的修护达成7项主要决议，被习称为“修护宪章”（Carta del Restauro）。[⑤] 在同一段时间，当时的国际联盟也曾多次提倡通过国际合作方式，来保护人类共有遗产。[⑥]

部分地域性文化遗产的保护进程则发展得较快，泛美联盟（Pan-American Union）在尼古拉斯·罗里奇（Nicholas Roerich）的研议下，于

---

① 渥尔夫刚·魏智通主编：《国际法》，吴越、毛晓飞译，法律出版社2002年版，第690页。

② 伯纳·布立赛原著：《1860：圆明园大劫难》，高发明等译，浙江古籍出版社2005年版，第382页。

③ 张习明：《世界遗产学概论》，第7页。

④ 王明慧：《我国世界遗产法制建立之研究》，“国立”海洋大学海洋法律研究所硕士论文，2003年，第18页。

⑤ 傅朝卿：《国际历史保存及古迹维护：宪章·宣言·决议文·建议文》，台南：“国立”文化资产保存研究中心筹备处，2002年，第10页。

⑥ 刘红婴、王健民：《世界遗产概论》，旅游出版社2003年版，第7页。

1935 年在华盛顿通过一项以保护艺术、科学机构和历史纪念物为宗旨的协定，俗称“罗里奇协定”，这项协定曾获得包括美国在内的多数美洲国家批准，也是史上第一次专以文化遗产保护为目的之国际合作协定。[①]

在第二次世界大战期间，虽然战火延烧四大洲，战争规模和影响范围空前巨大，造成前所未有的破坏，但同盟国和轴心国交战双方却都曾发生珍惜固有历史遗产，宁愿放弃军事抵抗的奇特举动。法国政府于 1940 年 6 月德国发动全面攻法后，主动宣布巴黎为不设防城市，并在德军入侵前一天将部队全部撤出巴黎。[②] 敌对方的意大利政府则在 1943 年宣布罗马、佛罗伦萨和威尼斯为开放城市，坚决表示这三座城市不会驻防军队及储备军事物资，避免盟军攻击。[③] 这些举措都让这几座保有许多珍贵文化资产的大城市，在战争中能幸免于战火的严重破坏，不能不说是人类文明史上的一次进步。

随着联合国教科文组织在战后成立，国际合作保护遗产的概念又得到继续发扬光大的机会。1948 年联合国教科文组织首先推展一项保护世界“不可移动”文化遗产的工作项目，并对设立国际基金以进行“全世界具重要性遗迹”保护和恢复工作一事，促请国际讨论。[④] 而经历第二次世界大战中的惨痛教训，则亦使各国改变态度，愿意关注在武装冲突中如何保护属于人类文明共有成就的文化遗产等问题。因此在联合国教科文组织努力下，终于促成各会员国于 1954 年 5 月在海牙通过《武装冲突情况下保护文化财产公约》（*The Convention for the Protection of Cultural Property in the Event of Armed Conflict*），又称为“1954 年海牙公约”（The 1954 Hague Convention）。公约中指出：“文化遗产的保存对于全世界各民族具有重大意义。”并认为“对任何民族文化财产的损害即是对全人类文化遗产的损害，因为每一民族对世界文化皆作有其贡献”。[⑤] 在这项公约中，已认同每一个民族的文化财产对世界整体文化皆具特殊意义，所以不容在任何形式的武装冲突中加以损害。这个公约虽仅是针对武装冲突中的消极保护，但却象征跨国进行遗产保护的概念终于迈出实质的一大步。

---

① 张习明：《世界遗产学概论》，第 8 页。

② 王捷等主编：《第二次世界大战大辞典》，华夏出版社 2004 年版，第 163 页。

③ 同上书，第 771 页。

④ 蔡守秋、常纪文编：《国际环境法学》，法律出版社 2004 年版，第 232 页。

⑤ 《武装冲突情况下保护文化财产公约》，http://www.chinacov.com:5002/classify.asp?id=314&cate=39&page=1。

不过真正落实跨国遗产保护的首次具体行动，还是“阿布辛拜勒计划”。尽管战时跨国保护遗产的概念已为大部分国家所重视，但在1960年代以前，仍普遍认为某国境内的遗产，即使被公认具有世界级的历史文化价值，但基本上仍属该国主权管辖范围，因此除了武装冲突引发危险的情况外，平时应由所在地国家对此遗产负完全的保护和管理之责。

但是一次偶发的行动，竟彻底翻转了这个固有观念。1959年埃及和苏丹出于急迫而共同向联合国教科文组织提交一份紧急报告，请求协助保护尼罗河流域的努比亚遗址和相关文物。原来埃及政府为了发展经济、消除水患，并发挥水力发电效益，决定在尼罗河南部水域的阿斯旺地区兴建大水坝，水坝形成的浩瀚集水区将淹没从阿布辛拜勒到菲莱之间的努比亚遗址。1960年3月，时任联合国教科文组织总干事的维托里诺·佛罗尼斯（Vittorino Veronese）发出紧急呼吁，请求全世界各国政府、组织、公私基金会乃至所有个人，为保护努比亚遗址提供技术援助和财政资助，这就是迄今仍被再三颂扬的“阿布辛拜勒计划”。[①]

联合国教科文组织的呼吁，出乎意料地得到超过50个国家的回应，来自各国和国际组织的国际捐款达到8000万美元，保护努比亚遗址的行动也因此顺利展开。[②] 整个计划首先通过40多个各国支援的考古团队共同努力，在1971年水坝完工前的4至8年间，已陆续清整出20多座古代建筑遗址。但整个计划最震撼人心者，莫过于阿布辛拜勒的拉美西斯二世（Ramesses Ⅱ）神庙和娜菲塔莉（Nefertari）神庙切割重建工程，以及菲莱（Philae）神庙建筑群的迁移工程。从1962年开始前后持续18年的时间，工作人员将阿布辛拜勒两座庞大的神庙切割成1050块重达20—30吨的石块，运到集水区上方比原址高200米的山崖上重新组合建造；[③] 腓莱神庙建筑群则由原来地势较低的岛屿迁移到地势较高的另一座岛上重建。[④] 最后终于将这些超过3000年历史的神庙建筑从升高的尼罗河水中抢救回来，至今仍能完整地保存在世人眼前。

“阿布辛拜勒计划”的成功，让参与的国家意识到一个前所未有的思

① 杜晓帆：《联合国教科文组织与中国的文化遗产保护》，第25页。

② 刘红婴、王健民：《世界遗产概论》，第8页。

③ Lorna Oakes, *Temples and Sacred Sites of Ancient Egypt* (London: Anness Publishing Ltd., 2003), pp. 71—72.

④ 《埃及建筑》，李多译，山东美术出版社2002年版，第78页。

考方向，也就是通过国际之间的友好互助和团结合作，将有助于挽回全球许多地方正在不断消失的文化遗址。[①] 而对于联合国教科文组织来说，这次遗址拯救计划的成功也创造出一个全新的保护概念，亦即这些遗址既然具有全人类遗产的重要价值，因此不仅不应该在战火中受到破坏，更积极主动的做法应当是无论何时都要受到整个国际社会的关注和保护。因此在“阿布辛拜勒计划”之后，有许多国家也逐渐转变本国遗址的保护观念，希望亦能通过联合国教科文组织而得到国际援助。[②] 如 1966 年威尼斯遭受洪水侵袭后，联合国教科文组织再度发起一项拯救威尼斯的国际活动亦得到热烈回响，再次体现了通过国际合作，保护人类共同文化遗产的积极性和重要性。[③]

另一方面，联合国教科文组织已在 1962 年通过《关于保护景观遗址的风貌和特性的建议》，倡议对具有文化或美学意义，或者已成为典范的自然环境当中的自然、乡村、城市的景观，请求各国务须力予保护和恢复，这是首次将遗产保护的范围从文化层次扩充到自然环境层次。而 1964 年在威尼斯召开的第二届国际历史文化纪念物建筑师与技师会议，也通过了《威尼斯宪章》（The Venice Charter），除列举历史建筑保护的基本原则外，并将历史古迹的界定，从建筑物扩大到涵盖独特文明、具意义的发展或见证历史事件有关的城乡环境。这几项建议和决议，对于后来的“世界遗产”概念之诞生都具有启迪作用。[④] 同时 1965 年在华盛顿召开的“白宫会议”，更首先提议创设“世界遗产信托基金”，以募集国际资金的方式，有效促进国际合作以共同进行遗产保护的活动。[⑤]

经过几年的努力，1970 年联合国教科文组织第 16 届大会作出决议，认为应尽速就遗产保护相关问题制订一项国际公约，教科文组织因此和国际古迹遗址理事会共同研究并起草保护文化遗产的公约条文。而在同时间，美国政府也正和国际自然保育联盟合作拟议自然遗产保护的有关草案。但随着整套“世界遗产”概念逐渐成熟之后，正在拟议公约草案的相关方面，最后经协商同意将文化遗产与自然遗产一起纳入同一项国际法

① 刘红婴、王健民：《世界遗产概论》，第 9 页。
② 杜晓帆：《联合国教科文组织与中国的文化遗产保护》，第 25 页。
③ 吕舟：《世界遗产保护观念的发展与变化》，《中国世界遗产年鉴 2004》，第 63 页。
④ 傅朝卿：《国际历史保存及古迹维护：宪章 · 宣言 · 决议文 · 建议文》，第 21—22 页。
⑤ 杜晓帆：《联合国教科文组织与中国的文化遗产保护》，第 25 页。

律文件中，以强化其保护范围及成效。在1972年于斯德哥尔摩召开的联合国人类环境大会中，由以上相关组织和国家参与的工作小组共同建议，并经大会决定由联合国教科文组织整合后，正式将《保护世界文化和自然遗产公约》草案送交同一年的联合国教科文组织第17届大会上讨论且正式获得通过。①

回顾整个公约制订的历程和背景，“世界遗产”概念的发展及产生，并非在短时间内发生，而是经过数十年的努力，并且受到内在思想和外在经验等多方面因素的影响才渐收成果。相关原因归纳如下。

（一）思维的改变

1. 全人类文明共同遗产之价值观的提倡

遗产一般的定义是“被继承的事物”，对个人、家庭乃至个别民族和国家来说皆是如此。人类长久以来的观念，也因为个别民族和国家的遗产来自不同文化、文明与自然环境，所以明显具有地域性和差异性，很难在其他文化、文明与自然环境中找到完全相同的事物。这样的地域性和差异性造成个别民族和国家珍惜自有遗产，却可能对其他民族和国家的遗产轻视怠慢。在上一节的讨论中，曾提及联合国教科文组织追求国际和平与安全的两个主要方式之一，就是促进不同文化和文明之间的相互尊重与交流，以消除各民族间的猜疑与不信任，降低战争爆发的机会。但相互尊重和交流只是第一步，将原属个别民族和国家的文化、文明与自然环境等遗产提升到具全人类共有资产的国际价值，则是从思想上翻转固有观念的根本做法。当“世界遗产”的概念能够成立，对于这些来自不同文化、文明与自然环境的遗产，无论是文化性质或自然性质，因为其具有突出的普遍价值，所以应视为全人类共有的财富，全球各地所有的人类都能将这些遗产视为自身所在文化、文明与自然环境的参照物，也是自身之所以存在的见证。② 因此不分地域种族的人群都具有保护这些共有遗产的共同责任。所以在《世界遗产公约》的前言中，就特别提及公约制订的部分原因为“考虑到现有关于文化和自然财产的国际公约、建议和决议表明，保护不论属于哪国人民的这类罕见且无法替代的财产，对全世界人民都很重要”。因此认为，“考虑到部分文化或自然遗产具有突出的重要性，因

---

① 刘红婴、王健民：《世界遗产概论》，第9页。

② 联合国教科文组织编：《世界遗产与年轻人》，上海三联书店2001年版，第56页。

而需作为全人类世界遗产的一部分加以保护。”

2. 环境生态保护意识的高涨

近代以来，由于工业革命带来快速发展，在让人们享受繁荣与便利的同时，也引发一连串的社会和经济问题，特别是环境和生态问题，而埋下许多不安定因素。以美国的情况为例，在1860年时美国的全国工业产值尚不及英国的二分之一，但普遍利用机器产销的结果，让美国在1884年的工业产值首度超越农业产值，并在1890年跃升为全球工业产值的第一位。[①] 然而工业开发和机器运作导致土地、河流、森林、矿产等资源的浪费和滥用，且造成长期的环境污染和生态破坏，而成为永难弥补的损失。1886年《森林与河流》（*Forest and Stream*）主编乔治·格林纳（Geroge Bird Grinnel）不堪忍受工商发展危害鸟类生存，起身号召读者共同签署一份请愿书，请求各界勿再伤害鸟类，结果引起广大回响，后来更扩大成立美国第一个动物保护组织——如今闻名全美的奥杜邦鸟类保护协会（Audubon Society for the Protection of Birds）。约翰·缪尔（John Muir）则在1892年成立山岭俱乐部（Sierra Club），成为第一个致力于山区环境保护的团体，并进而在1901年出版《我们的国家公园》（*Our National Parks*）一书，宣扬国家公园的美景以号召美国民众参与保护山林的行动。[②]

进入20世纪，先前的破坏行动未曾稍歇，而新兴化学工业产品的开发及大量使用，更加剧美国各地环境和生态系统的严重破坏。尤其是杀虫剂和农药的滥用，直接危害人类、牲畜和野生动物的生存，导致许多索赔案件进入法庭争讼。在这种人人自危的气氛下，雷切尔·卡森（Rachel Carson）以抒情笔调指控环境污染及生态破坏问题的《寂静的春天》（*Silence Spring*）在1962年出版，出乎意料地受到美国民众极大的关注，仅在两年内就售出100万本，并在10年内被翻译成16国文字在世界各地出版。[③] 自然环境与生态体系保护的急迫性遂形成一股横扫全球的浪潮，也让遗产保护——尤其是自然遗产保护工作的必要性在20世纪60年代以后

---

① 张晓：《自然文化遗产的内涵和资源特殊性》，张晓、郑玉歆主编：《中国自然文化遗产资源管理》，社会科学文献出版社2001年版，第11页。

② 约翰·缪尔：《我们的国家公园》，郭名倞译，吉林人民出版社1999年版，第1—2页。

③ 亚历克斯·麦吉利夫雷：《改变世界的宣言：寂静的春天》，图娅译，三联书店2005年版，第9—11、43页。

日益彰显。

（二）现实的经验

1. 遗产破坏的威胁加剧

无论是文化遗产还是自然遗产，皆具有三项特性——时间性、不可再生性和不可替代性。文化遗产属于一定时代或历史年代的产物，具有一定的政治、经济、科技、文化或艺术内涵；自然遗产则是亘古以来经长期时间所累积形成的地景环境。而这些遗产，本身都有不同的背景，不同的样貌，其存在具有绝对的客观价值，既不可能由现代人类经由复制而产生，它们彼此之间也无法互相取代。① 因此“真实性”和“完整性”一直都是文化遗产和自然遗产的基本要求。然而这些遗产却无时无刻不处于越来越激烈的危害状态之中。遗产破坏的原因来自许多方面，综合来说可分为两大类。②

（1）骤然的损坏

A. 自然因素：地震、火山爆发、洪患、暴风雨、台风（飓风）、雷电、冰雹、海啸、潮水、火灾等。

B. 人为因素：

a. 群众行动：战争、暴乱、宗教狂热引发的破坏、非法盗掘、窃盗、城市发展、公共工程、土地开发、农业水利建设等。

b. 专业活动：调查测绘不落实、未经详尽规划的发掘、决策失当、缺少教育训练、资讯交流不足、安全管理失控、永续发展的观念欠缺等。

（2）长年累积的破坏

A. 自然因素：自然腐蚀、温度变异、盐碱酸蚀、空气和水源污染、自然火灾、细菌滋生、植物生长、粉尘、虫害、动物破坏、地球暖化等。

B. 人为因素：

a. 群众行动：长期忽略、观光旅游、人为磨损、震动、涂写、走私等。

b. 专业活动：政策错误、不合理展示、基础维护不足、保护措施不当等。

因此《世界遗产公约》前言中即明文请求各界“注意到文化遗产和

① “从国际公约规定观察物质和非物质文化遗产”，澳门文物网，http：//www. macaoheritage. net/Education。

② 刘红婴、王健民：《世界遗产概论》，第 191—192 页。

自然遗产越来越受到破坏的威胁，一方面因年久腐变所致，同时变化中的社会和经济条件使情况恶化，造成更加难以对付的损害或破坏现象”。并且“考虑到任何文化或自然遗产的坏变或丢失都有使全世界遗产枯竭的有害影响”。所以组成国际公约建制，集合国际力量加以保护就有绝对的正面意义。

2. 跨国集体合作保护遗产的必要性

国际间为文化遗产和自然遗产所进行的长期努力，已如前述。有的国家在保护工作上进展极速，但大部分国家则不然。比如美国，由于地大物博，资源丰富，加上人民颇有冒险进取的精神，容易接受新的思潮，保护观念的推展较为容易。不过即使如此，但要造成具体的政策改变，也还是需要很长的一段时间。类似“国家公园”的概念，虽源于1832年乔治·凯特林（George Catlin）对西部开发过程中保护印第安文明和野地环境的构思，但直至1872年，美国国会才批准第一座国家公园——“黄石国家公园”（Yellowstone National Park）成立，距凯特林动心起念，竟已是整整40年后了。[①] 然而黄石公园毕竟还是全球首座国家公园，足见其他国家的保护观念其实远落于美国之后，更不用说具体的保护措施需要耗费众多财力和人力才能进行，许多国家根本无此条件，如前述的埃及和苏丹。即便发达国家像意大利，在面对骤然发生的威尼斯水患之际，也都要请求国际即时援助，才能挽回许多珍贵的文物遗产。

联合国教科文组织经过“阿布辛拜勒计划”等成功经验的累积，深信通过设立一套行之久远的国际法制体系，促进各国保护遗产措施具体落实并进行相互交流，以及国际合作集体保护遗产工作的制度化，将更有助于挽救更多消失中的珍贵遗产。这也是《世界遗产公约》中前言所叙明，制订公约的其中两项原因——“考虑到国家一级保护这类遗产的工作往往不很完善，原因在于这项工作需要大量手段而列为保护物件的财产的所在国却不具备充足的经济、科学和技术力量”，以及“考虑到鉴于威胁这类遗产的新危险的规模和严重性，整个国际社会有责任通过提供集体性援助来参与保护具有突出的普遍价值的文化和自然遗产；这种援助尽管不能代替有关国家采取的行动，但将成为它的有效补充”。

《世界遗产公约》在1972年11月16日于联合国教科文组织第17届

---

① 杨锐：《国家公园与国家公园体系：美国经验教训的借鉴》，张晓、郑玉歆主编：《中国自然文化遗产资源管理》，第368页。

大会上获得通过后，美国国会在1973年7月批准，成为第一个加入公约的国家。公约则在1975年12月17日，当加入的国家超过《世界遗产公约》第33条所规定的“第二十份批准书、接受书或加入书交存之日的三个月之后生效”条件后，正式实施。联合国教科文组织也于1976年成立世界遗产委员会，世界遗产建制于焉开始运作。截至2007年9月，已有184个国家加入公约,[①] 成为一个从文化、政治、法律、管理与财务等各方面进行永久性国际合作保护全球人类遗产的体系。

保护世界文化遗产和自然遗产，是联合国教科文组织30余年来最具成效的制度化活动之一。《世界遗产公约》也是第一次尝试提供一整套国际合作保护遗产的永久性法律建制，以“世界遗产”的人类共同价值概念，超越政治界线和地理界限的藩篱限制，通过国际合作进行遗产保护。公约的基本目标在使全球各地人民都能意识到无论文化遗产或自然遗产都具有不可替代的最高价值，也是全体人类共有的财富。因此无论何时何地，人类在面对这些遗产之际，都要心存感念，一方面感激先前许多人的努力才让这些遗产延续至今，另一方面则更要尽力协助相关保护工作的进行，让这些遗产还能继续代代相传给我们的子孙。

第三节　世界遗产建制的组织体系与行为主体

经过多年努力，在形式上超越国家、民族、文化和宗教等有形政治界限和地理界线的限制，属于全世界人类集体所有的“世界遗产”，已成为各地普遍接受的共同价值与概念。而世界遗产建制顾名思义，也就是在国际公约架构下，经由各国政府间协力，并与其他国际组织及其他机构和个人合作所建立的国际性保护和管理人类共有遗产的组织体系。简言之，世界遗产建制就是为了妥善保护和管理“世界遗产”而存在的集合体。这个集合体系以《世界遗产公约》为中心，结合所有国家、国际组织、非政府组织和个人的力量，共同进行“世界遗产”的保护和管理工作。其组成关系如图2－3所示。

为何需要组织庞大的跨国力量来进行“世界遗产”的保护和管理工作，保护和管理力量的架构如何组成，以及相关行为体的权利和义务为

① WHC，UNESCO，http：//whc. unesco. org/en/statesparties/.

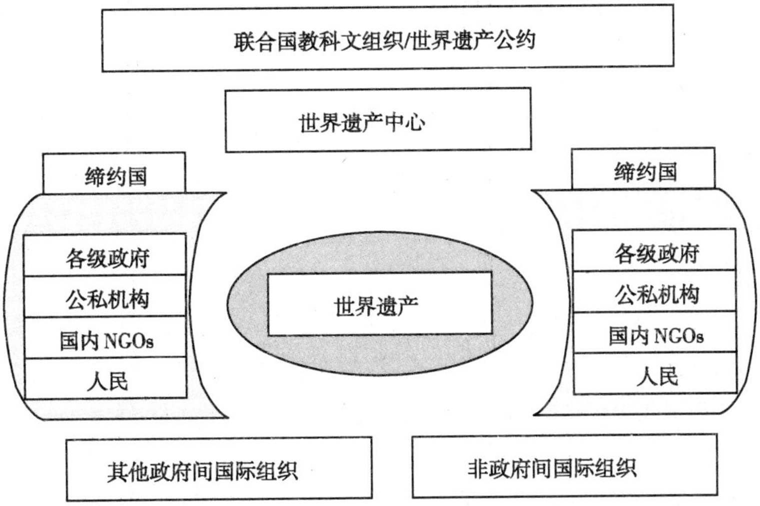

图2－3　世界遗产保护和管理工作集合体

何，这些都是了解国际遗产建制时将会触及的问题。但首先或应先确定“世界遗产”的价值何在，才能进一步体会国际合力保护和管理“世界遗产”的意义和真谛。

广义来说，“世界遗产”的原意指的是人类共有，具有突出普遍价值的有形资产，这些共有资产在范围上包括千古以来地球演化过程中留存迄今的自然环境，以及人类在文明演进历程中所创造出来的遗迹和纪念物。[①] 其概念有几项基本前提：[②]

（一）具有浓厚的文化与精神意义。“世界遗产”是经由长远历史发展演进的结果，无论是自然遗产或文化遗产，都保留生物和文明演化的痕迹，无法再生也无法复制，其景象及外观所具有的美感与妥适保有的真实性，对人类能产生精神鼓舞和意识凝聚作用，更是人类文明得以持续创造和发展的源泉。

（二）为人类文明发展到某一阶段后才有的产物。“世界遗产”的价值，是在人类社会和经济不断进步发展后才逐渐产生的体认，事实上在过往的历史中，已有更多珍贵的文明遗迹和自然景观早已因诸多原因而消逝。直到人类逐渐体会这些文化遗址和自然环境的可贵和价值，以及意识

① 张习明：《世界遗产学概论》，第36页。
② 罗佳明：《中国世界遗产管理体系研究》，复旦大学出版社2004年版，第7—9页。

到失去这些文化遗址和自然环境的遗憾和失落将无可弥补时，才有动机和意愿组织起来，进行有效的保护和管理工作。

（三）相关保护工作具有整体性与复杂性。文化遗产和自然遗产的价值都来自遗产内的全体资源组合，因此包括当中的有形和无形资源之整体性均不容切割，无论在资源利用或科学研究过程中都必须力保其完整性。同时遗产保护和管理过程中所可能牵涉的知识和技术范围极广，增加了保护和管理的困难度和复杂度，因此保护管理工作更需要跨界合力进行。

这几项前提，加上前一节曾讨论过的影响《世界遗产公约》诞生的几项内在思想和外在经验影响因素的共同催化，才促成“世界遗产”的概念逐步具体成形。而在构思者与推展者原来的期待中，这些属于人类所共有的资产，应具有如下几个特点：①

（1）遗产地虽仍位于某国领土内，但将不受国家的绝对主权约束。

（2）所有的人类不分地域和种族，对于各处遗产地都拥有参与的权利，国家则扮演代理所有人类进行遗产地管理的角色。

（3）遗产地的开发和利用都需受到国际遗产机构的监督和指导，而其利益也将由国际所共享。

（4）遗产地应绝对使用于和平用途。

（5）遗产地应开放给有益于人类福祉之各项科学研究使用。

因此，在原始的构想中，当某一处文化遗址或自然环境被列入“世界遗产名录”之后，其地位便将即刻成为人类所共有的资产，不再属于单一国家所有，其保护责任也将改由全体人类共同承担，所有的“世界遗产”应被视为一份整体名单，由国际建制协调相关保护和管理工作的进行，而不能再由个别国家任意加以处置或改变。

这些概念和构想，虽然后来少部分仍受限于多数国家对主权的坚持而折中处理，但大部分理念均获纳入后来施行的《世界遗产公约》条文中。按照公约建制创立者的设想，“世界遗产”的保护管理工作应同时运用国际和国内两套体系，以齐头并进的方式建立遗产保护和管理的双重架构。

在国际保护和管理体系上，主要将按照《世界遗产公约》相关规定展开各项工作，包括遗产申报、协力咨询国际组织之专业评估、遗产保护

① 张习明：《世界遗产学概论》，第37页。

标准、日常管理制度研订、遗产监测与通报、教育训练以及相关的国际合作等。因此各国在国际架构下，能借由参与建制的活动，进行广泛的遗产保护和管理跨国行动。①

在国内保护和管理体系上，联合国教科文组织通过《世界遗产公约》之际，也通过与公约同步实施的辅助文件《关于在国家一级保护文化和自然遗产的建议》，当中也要求各国需按同等规范对领土内的遗产地进行保护工作，内容包括遗产保护的国家政策标准、行政组织设立、具体保护措施（如科学技术、行政、法律、财政等政策措施）、教育和文化行动与国际合作准则等。因此除了国际协力的合作行动外，各国在国内层面的相关政策措施，也要配合国际规范在法令制度上改进遗产保护和管理工作。②

对于“世界遗产”而言，实行国际体系和国内体系的双重保护架构有绝对的必要，因为此二者相辅相成，缺一不可。如果仅有国际体系的保障规定却无法落实在国内体系保护工作上的规范与实践，则整套遗产保护架构将只是空洞的规范；反之，如果只靠国内体系实施保护工作，而缺乏国际体系在国际法制、资金和技术等具体事项的交流和援助，则遗产保护也将因力度不足而成效有限。

综论国际体系与国内体系的双重保护架构，其保护规范至少涵盖四个层次：第一个层次是公众自觉保护，即各地民众在面对遗产时的道德意识和行为态度，此也是遗产最直接的保障，使遗产不致遭受蓄意破坏。第二个层次是技术保护，应用不同的专业技术及各种学科成果对遗产进行保存和维护，使遗产能留存久远。第三个层次是行政保护，使用公权力加强检查、监督和进行处分等遗产管理工作，让遗产保护的效果更为强力而直接。第四个层次是法律保护，对遗产保护和管理建立明确的法律框架，建立遗产最根本的保障制度。以上四个层次皆是世界遗产建制的主要诉求。③

在整个国际和国内共同组成的双重保护架构中，最重要的依据仍是公约条文的具体规定，所以我们必须对《世界遗产公约》的文本作进一步

---

① 罗佳明：《中国世界遗产管理体系研究》，第 11 页。

② 上海交通大学世界遗产学研究交流中心主编：《世界文化与自然遗产手册》，上海科学技术文献出版社 2004 年版，第 17 页。

③ 刘红婴：《世界遗产精神》，华夏出版社 2006 年版，第 237—238 页。

分析。依照公约文本，共可区分为八大部分，并涵盖及规范六类参与对象。

八大部分与条文分配为：

（1）文化和自然遗产的定义（第1条至第3条）。

（2）文化和自然遗产的国家和国际保护（第4条至第7条）。

（3）保护世界文化和自然遗产政府间委员会（第8条至第14条）。

（4）保护世界文化和自然遗产基金（第15条至第18条）。

（5）国际援助的条件和安排（第19条至第26条）。

（6）教育计划（第27条至第28条）。

（7）报告（缔约国与委员会的报告义务，第29条）。

（8）最后条款（文本、加入与废除公约、公约修订与拘束力等，第30条至38条）。

六类参与对象的相关规范包括：

（1）遗产地方面，确定各遗产地类型、定义和列入《世界遗产名录》的程序要项。

（2）缔约国方面，规定各国在遗产保护和管理上的责任与义务。

（3）世界遗产委员会方面，明订其职能及保护、管理和援助世界遗产地的程序。

（4）世界遗产基金方面，解释其经费来源、管理和使用事项。

（5）协力咨询国际组织方面，明列相关之咨询国际组织与协力服务项目。

（6）公约秘书处（世界遗产中心），指定其协助世界遗产委员会之各项工作进行。

在六类参与对象之中，遗产地本身的类型、定义和申请程序与保护，以及相关协力咨询国际组织的合作事项等，因牵涉文化遗产和自然遗产的分类、申请和登录等整体作业流程，加上世界遗产中心的工作主要也与此相关，因而此三类对象将留待下一节再作详细讨论。以下则先就其他三类参与对象的规范，分别依据公约条文与有关规定先作探讨。

一 缔约国（States Parties）

联合国教科文组织的会员国均可无条件加入成为公约的缔约国，其加入的程序是公约应由各会员国根据各国宪法规定予以批准或接受，并将批准书或接受书交存联合国教科文组织总干事后才算完成程序。[①] 但如非属教科文组织会员国者，则先经该组织邀请后方能加入公约，并应向联合国教科文组织总干事交存一份加入书后，其加入始生效力。[②] 但无论以上开方式中的哪一种加入公约，公约将在这些国家交存其批准书、接受书或加入书的三个月之后才会正式生效。在退出公约的程序上，各缔约国均可随时通告废除本公约，并将废约通告以书面文件交存联合国教科文组织总干事，不过公约的废除将在总干事接到废约通告书一年后才会生效，而且在废约生效之前不影响退约国应承担的财政义务。[③]

一经完成缔约程序，每个缔约国都要发表书面声明，表明同意以下几个原则性事项：[④]

（1）同意妥善管理本国境内属于全人类共同所有的“世界遗产”。

（2）同意义务支援其他同时履行此项任务的国家。

（3）同意抱持如同对待人类其他事物一般的责任感来对待自然事物。

（4）同意授予其他缔约国依照公约评定本国履行义务状况的权利。

如就公约的条文规定来看，缔约国所具有的义务和权利则有如下几项：

（一）缔约国义务

1. 保护领土内“世界遗产”的义务

缔约国均须承认且保证本国领土内的文化和自然遗产的确定、保护、保存、展出和遗传后代，将由该国负主要责任；该国将为此目的而愿竭尽全力，最大限度地利用本国资源，必要时并利用所能获得的国际援助和合作，特别是财政、艺术、科学及技术方面的援助和合作，为遗产保护采取积极有效的措施。[⑤]

2. 共同协力保护其他国家领土内“世界遗产”的义务

对于所有的“世界遗产”，全体国际社会均有责任通过合作予以保护；而应有关国家的要求，缔约国并应帮助该国确定、保护、保存和展出文化和自然遗产，且不得故意采取任何可能损害其他缔约国领土内文化和

---

① 《世界遗产公约》第 31 条。
② 《世界遗产公约》第 32 条。
③ 《世界遗产公约》第 35 条。
④ 陶伟：《中国世界遗产的可持续旅游发展研究》，中国旅游出版社 2001 年版，第 3 页。
⑤ 《世界遗产公约》第 4 条、第 5 条。

自然遗产的措施。①

3. 提报领土内“世界遗产”的义务

各缔约国应尽力向世界遗产委员会递交一份关于本国领土内适于列入《世界遗产名录》的各种文化和自然遗产的清单。②

4. 向世界遗产基金纳款与协助募捐的义务

缔约国每两年需定期向世界遗产基金纳款，纳款金额为经联合国教科文组织大会所决定之各国纳款额百分比。惟此项义务可在交存批准书、接受书或加入书时，事先声明不受相关规定的约束。另缔约国应考虑或鼓励设立旨在为保护文化和自然遗产募捐的公私基金会或协会。同时应对世界遗产基金的国际募款运动给予援助和便利。③

5. 教育宣传“世界遗产”重要性的义务

缔约国应通过一切适当手段，特别是教育和宣传计划，努力增强本国人民对公约所确定的文化和自然遗产之赞赏和尊重，了解这些遗产所面临的威胁和危险，并体会根据公约所进行的相关活动之重要意义。④

6. 提交“世界遗产”定期报告的义务

依公约规定，缔约国应向联合国教科文组织大会递交报告，当中应提供有关为实行公约所通过的法律和行政规定以及采取的其他行动之情况，并详述在这方面所获得的经验。⑤ 同时依照世界遗产委员会订定的《实施世界遗产公约操作准则》（*Operational Guidelines for the Implementation of the World Heritage Convention*，以下简称《操作准则》），缔约国每六年必须通过世界遗产中心向世界遗产委员会提交关于执行公约情况的定期报告，内容需涵盖其领土内“世界遗产”的保护和管理状况。⑥

（二）缔约国权利

1. 确定和划分领土内遗产性质的权利

缔约国均可依照公约所订之文化遗产和自然遗产定义，先行确定和划

① 《世界遗产公约》第6条。

② 《世界遗产公约》第11条第1款。

③ 《世界遗产公约》第16条、第17条、第18条。

④ 《世界遗产公约》第27条。

⑤ 《世界遗产公约》第29条。

⑥ World Heritage Center, *Operational Guidelines for the Implementation of the World Heritage Convention* 2005（Paris：World Heritage Center，2005），p. 52.

分本国领土内的文化和自然遗产的属性。①

2. 参加缔约国大会并参选世界遗产委员会委员的权利

缔约国有权出席参加联合国教科文组织大会每两年一次的常会期间所同时召集的本公约缔约国大会（General Assembly），并具有参选缔约国大会应选出的世界遗产委员会之委员国的权利。②

3. 列入"世界遗产"的同意权与磋商权

世界遗产委员会决定将某地列入《世界遗产名录》前需征得有关国家的同意。另外，世界遗产委员会在拒绝某项要求列入《世界遗产名录》或《濒危世界遗产清单》的申请之前，应与该文化或自然遗产所在之缔约国磋商。③

4. 要求国际援助领土内遗产的权利

缔约国均可要求对本国领土内具有突出的普遍价值之文化或自然遗产给予国际援助；申请的目的是保证这些遗产得到保护、保存、展出或恢复。④

目前《世界遗产公约》的缔约国共有 184 国，遍及全球各地，历年加入情形兹分区统计如表 2－2。

表 2－2　　世界遗产公约缔约国历年统计表（1973—2007 年）　　单位：个

年度	非洲	阿拉伯	亚太	欧洲北美	拉丁美洲	合计	年度	非洲	阿拉伯	亚太	欧洲北美	拉丁美洲	合计
1973				1		1	1991	2	1	1	2	2	8
1974	3	4	1	1		9	1992			3	6		9
1975	1	4	1	3	1	10	1993			1	5		6
1976	1		1	3	1	6	1994			3			3
1977	3		1	1	3	8	1995	1		1	3	1	6
1978		2	1	3	2	8	1996				1		1
1979	1		1	1	3	6	1997	1		1	2	1	5
1980	2	1	1	1	2	7	1998	2		1		1	4
1981	1	2		1	1	5	1999	1			1		2

① 《世界遗产公约》第 3 条。

② 《世界遗产公约》第 8 条。

③ 《世界遗产公约》第 11 条第 3 款、第 6 段。

④ 《世界遗产公约》第 13 条、第 19 条。

续表

年度	非洲	阿拉伯	亚太	欧洲北美	拉丁美洲	合计	年度	非洲	阿拉伯	亚太	欧洲北美	拉丁美洲	合计
1982	6			2	1	9	2000	3		1			4
1983	1	1	1	2	3	8	2001	1	1	3	1		6
1984	1	1	1	1	1	5	2002	1	1	4	1	1	8
1985			2	2	1	5	2003	1				1	2
1986	1		1		1	3	2004			1			1
1987	4		3	1		8	2005	2				1	3
1988	1		2	3	1	7	2006	2			1		3
1989			1	1	1	3	2007						0
1990			2	1	2	5	总计	43	18	40	51	32	184

资料来源：World Heritage Centre，http：//whc. unesco. org/，作者自行统计。

二 世界遗产委员会（The World Heritage Committee）

世界遗产委员会是联合国教科文组织依据《世界遗产公约》所建立的政府间委员会，其目的就是落实执行保护具有突出的普遍价值的文化和自然遗产的具体工作，主要职权包括决定《世界遗产名录》或《濒危世界遗产清单》、通过世界遗产基金会预算、监测世界遗产保护情况、审查国际援助的申请等。①

世界遗产委员会系于1976年11月宣告成立，原由公约缔约国大会选出15个缔约国组成，但在超过40个国家加入公约之后已增至21个。② 世界遗产委员会的委员国职务在每两年随联合国教科文组织大会常会期间所同时召集的公约缔约国大会中经选举产生，任期为6年，每2年改选其中三分之一。③ 不过，为了确保委员国的代表性，让更多国家有机会参与委员会的运作，在历届缔约国大会的请求下，目前当选的大部分委员国皆自愿将任期减少为4年，④ 同时也不鼓励委员国在任期届满时寻求连任。⑤

① 古田阳久：《世界遗产Q&A》，王慧贞、蔡世蓉译，“行政院”文化建设委员会，2003年，第38页。

② 晁华山：《世界遗产》，北京大学出版社2004年版，第7页。

③ 张习明：《世界遗产学概论》，第17页。

④ World Heritage Centre，http：//whc. unesco. org/en/committeemembers/.

⑤ World Heritage Center，*Operational Guidelines for the Implementation of the World Heritage Convention* 2005，p. 5.

委员会原则上每年在不同国家召开一次会议，但经三分之二以上委员国提请时则得召开临时会议。[①] 而在每年的委员会会议中将会同时选出7名主席团（Bureau of the World Heritage Committee）[②] 成员，包括主席国1名、书记国1名和副主席国6名，任期均为1年，在一年任期中召开二次会议，主要工作是筹备委员会会议并拟议相关提案内容等。[③]

2007年现任的世界遗产委员会委员国之组成情况，如表2-3。

表2-3　世界遗产委员会委员国（2005—2007年）

委员国（任期）	委员国（任期）	委员国（任期）	委员国（任期）	委员国（任期）
贝宁（2007）	科威特（2007）	印度（2007）*	加拿大（2009）	智利（2007）
肯尼亚（2009）	摩洛哥（2009）	日本（2007）	以色列（2009）	古巴（2009）
马达加斯加（2009）	突尼斯（2009）	新西兰（2007）**	立陶宛（2007）	秘鲁（2009）
莫里西斯（2009）		韩国（2009）	荷兰（2007）	
			挪威（2007）	
			西班牙（2009）	
			美国（2009）	
非洲地区	阿拉伯地区	亚太地区	欧洲北美地区	拉丁美洲地区

说明：*除印度仍保留6年任期（2001—2007）外，其他所有国家皆自愿将任期减少为4年。

**新西兰为2006—2007年主席团主席国，其他同届主席团成员包括副主席国贝宁、摩洛哥、日本、挪威和古巴，以及书记国加拿大。

资料来源：World Heritage Centre，http：//whc.unesco.org/en/committeemembers/；http：//whc.unesco.org/en/bureau/。

公约中明文规定："委员会委员的选举须保证均衡地代表世界的不同地区和不同文化。"[④] 因此从现任委员会的成员国分布，可看出这种依照地域和文化均衡性，并参酌不同地域和文化之缔约国数目进行配额选举的方式。按现任委员国之最近一次选举为2005年所产生，依当年缔约国的分布地域为非洲地区41国、阿拉伯地区18国、亚太地区40国、欧洲北

① World Heritage Centre，http：//whc.unesco.org/en/committeeruless/。

② 岛内或译成"常务委员会"，但在实务上为避免与联合国教科文组织执行局之常务委员名称混淆，中国大陆以"主席团"为通称，本研究采之。

③ 刘红婴：《世界遗产精神》，第8页。

④ 《世界遗产公约》第8条第2款。

美地区 50 国、拉丁美洲 32 国，[①] 所以委员国之席次分配大致尚能符合各地区缔约国的数量。此外，主席团成员 7 国中，除主席国和书记国外，各地区均分配 1 名，亦是顾及地域和文化均衡性所刻意进行的安排。又 2007 年 10 间因部分委员国职期届满而经第 16 届缔约国大会改选结果，新任的世界遗产委员会委员国组成情况如表 2 - 3a。

表 2 - 3a　世界遗产委员会委员国（2007—2009 年）

委员国（任期）	委员国（任期）	委员国（任期）	委员国（任期）	委员国（任期）
肯尼亚（2009）	摩洛哥（2009）	韩国（2009）	加拿大（2009）	古巴（2009）
马达加斯加（2009）	突尼斯（2009）	澳大利亚（2011）	以色列（2009）	秘鲁（2009）
模里西斯（2009）	巴林（2011）	中国（2011）	西班牙（2009）	巴贝多（2011）
尼日利亚（2011）	约旦（2011）		美国（2009）	巴西（2011）
	埃及（2011）		瑞典（2011）	
非洲地区	阿拉伯地区	亚太地区	欧洲北美地区	拉丁美洲地区

说明：* 原依公约规定委员国任期为 6 年，惟所有现任国家皆自愿将任期减少为 4 年。

* * 加拿大为 2007—2008 年主席团主席国，其他同届主席团成员包括副主席国肯尼亚、突尼斯、韩国、以色列和秘鲁，以及书记国巴贝多。

资料来源：World Heritage Center，http：//whc. unesco. org/en/committeemembers/；http：//whc. unesco. org/en/bureau/。

世界遗产委员会自 1977 年举行第 1 届会议后，至今在全球各地所召集的历次会议，兹整理如表 2 - 4。

表 2 - 4　世界遗产委员会历届会议时地（1997—2007 年）

届别	会议地点	召开日期	届别	会议地点	召开日期
1	法国巴黎	1977. 06. 27—07. 01	19	德国柏林	1995. 12. 04—12. 09
2	美国华盛顿	1978. 09. 05—09. 08	20	墨西哥梅里达	1996. 12. 02—12. 07
3	埃及路克索	1979. 10. 22—10. 26	临会	法国巴黎	1997. 10. 29—10. 29
4	法国巴黎	1980. 09. 01—09. 05	21	意大利那不勒斯	1997. 12. 01—12. 06

① World Heritage Centre，http：//whc. unesco. org/en/statesparties/？ id = &region = &ordre = date_ adhesion.

续表

届别	会议地点	召开日期	届别	会议地点	召开日期
临会	法国巴黎	1981.09.10—09.11	22	日本京都	1998.11.30—12.05
5	澳洲悉尼	1981.10.26—10.30	临会	法国巴黎	1999.07.12—07.12
6	法国巴黎	1982.12.13—12.17	临会	法国巴黎	1999.10.30—10.30
7	意大利佛罗伦萨	1983.12.05—12.09	23	摩洛哥马拉喀什	1999.11.29—12.04
8	阿根廷布宜诺斯艾利斯	1984.10.29—11.02	24	澳大利亚凯恩斯	2000.12.27—12.30
9	法国巴黎	1985.12.02—12.06	临会	法国巴黎	2001.09.12—09.12
10	法国巴黎	1986.11.24—11.28	25	芬兰赫尔辛基	2001.12.11—12.16
11	法国巴黎	1987.12.07—12.11	26	匈牙利布达佩斯	2002.06.24—06.29
12	巴西巴西利亚	1988.12.05—12.09	临会	法国巴黎	2003.03.17—03.22
13	法国巴黎	1989.12.11—12.15	27	法国巴黎	2003.06.29—07.05
14	加拿大班夫	1990.12.07—12.12	28	中国苏州	2004.06.28—07.07
15	突尼斯迦太基	1991.12.09—12.13	临会	法国巴黎	2004.12.06—12.11
16	美国圣达菲	1992.12.07—12.14	29	南非德班	2005.07.10—07.18
17	哥伦比亚卡塔赫纳	1993.12.06—12.11	30	立陶宛维尔纽斯	2006.07.08—.07.16
18	泰国普吉	1994.12.12—12.17	31	新西兰基督城	2007.06.23—.07.02

资料来源：World Heritage Centre，http：//whc.unesco.org/en/186/；http：//whc.unesco.org/en/185/。

而世界遗产委员会的职权，依公约规定共有9项，分述如下：

（1）通过委员会本身的议事规则。①

（2）邀请公私组织或个人参加委员会会议，就具体问题进行磋商。②

（3）设立咨询机构以利履行其职能。③

（4）制订、更新和出版《世界遗产名录》，并决定其具体标准。④

（5）制订、更新和出版《濒危世界遗产清单》，并决定其具体标准。⑤

（6）接收并研究缔约国就领土内文化或自然遗产要求国际援助而递交的申请；并依照其重要性、必要性、迫切性以及申请国的资源能力，制

① 《世界遗产公约》第10条第1款。
② 《世界遗产公约》第10条第2款。
③ 《世界遗产公约》第10条第3款。
④ 《世界遗产公约》第11条第2款、第5款。
⑤ 《世界遗产公约》第11条第4款、第5款。

订国际援助活动的优先顺序。[①]

（7）管理审议并决定世界遗产基金之使用，并配合缔约国申请国际援助之案件加以拨款，[②] 并应多方设法增加这类资金。[③]

（8）向联合国教科文组织大会的每届常会递交活动报告。[④]

（9）和具有与本公约相近似目标的国际政府间组织和非政府组织合作，特别是国际文物保护与修复研究中心（罗马中心，ICCROM）、国际古迹遗址理事会（ICOMOS）及国际自然保育联盟（IUCN）。[⑤] 这三个组织各可派一名代表以咨询者身份出席委员会会议，其他组织于必要时亦同。[⑥]

为了具体执行《公约》，世界遗产委员会除了由联合国教科文组织秘书处下辖的世界遗产中心协助工作进行外，另并制订《实施世界遗产公约操作准则》作为“世界遗产”申报、保护和管理工作的具体规范，以更详尽的细节规定落实公约实施之有关事项，且视需要随时修订其内容以符实际。例如《公约》第29条所规定的缔约国定期报告，因条文内容简略，故第11届缔约国大会曾决议由世界遗产委员会订定有关定期报告的具体实施规定，授权其加强审查和反馈，以强化“世界遗产”的保护监测功能。因此在《操作准则》中便详载定期报告的目标和具体程序，明订其目标系为了评定已列入《世界遗产名录》的遗产仍保有世界级价值，让遗产地得以改进管理、减少危害，缔约国能修正世界遗产政策和保护规划，并进行地区性跨国合作，且让委员会和公约秘书处能了解缔约国之需要以改进相关措施。而在定期报告的具体程序上，则依规划由委员会按地区将相关缔约国之报告汇总，以逐年指定地区的方式，由区内之缔约国向委员会提交六年一次的定期报告予以审查，[⑦] 并经相关国际组织协力进行实地监测后提出建言报告，作为缔约国更正和改进的依据。当遗产地未受到适当处置和管理时，委员会也将会正式要求缔约国采取特别保护措

① 《世界遗产公约》第13条第1款至第4款。

② 《世界遗产公约》第20条至21条。

③ 《世界遗产公约》第13条第6款。

④ 《世界遗产公约》第29条第3款。

⑤ 《世界遗产公约》第13条第7款。

⑥ 《世界遗产公约》第8条第3款。

⑦ World Heritage Center, *Operational Guidelines for the Implementation of the World Heritage Convention* 2005, pp. 44—45.

施。[①] 此项定期报告审查已成为世界遗产委员会每年必须履行的重要职务之一。[②]

三 世界遗产基金（World Heritage Fund）

世界遗产基金是为了保障世界遗产保护和管理工作拥有固定的财源，而依据《世界遗产公约》的规定所设立的一项信托基金，分别设置于联合国所在地的纽约和联合国教科文组织所在地的巴黎。[③] 基金主要来源依规定应包括缔约国的义务捐款和自愿捐款，国际组织、公共和私人机构与个人之捐款或遗赠，基金利息、募捐所得和基金会本身的活动收入等。[④] 不过，其实际财源主要仍是来自缔约国义务捐款的百分比纳款额（并以各该国对联合国教科文组织的分担金额之1%为上限）和自愿捐款。

世界遗产基金每年协助保护世界遗产工作的例行支出规模约为400万美元，由世界遗产委员会负责基金管理工作，并根据缔约国各项申请计划请求的急迫性来决定其分配与用途，目前基金支出主要使用于五个方面：[⑤]

（1）期前预备协助支出（Preparatory assistance），包括世界遗产预备清单、提名名单、保护规划和管理计划的期前预备费用。

（2）训练协助支出（Training assistance），支援针对遗产地工作人员所进行的团体训练活动，个别研究工作者无法申请。

（3）技术合作支出（Technical cooperation），对管理计划和各层面的遗产保护活动提供专家与技术协助。

（4）紧急协助费用（Emergency assistance），对遭受天灾人祸破坏的遗产地提供紧急修复行动。

（5）推广教育宣传费用（Promotional and educational assistance），唤醒公众保护遗产意识并研究开发新教具和教材。

虽然世界遗产基金的例行支出费用与全球各地遗产保护和管理工作所需要的庞大资金相比，金额仍微不足道，但基金支出的作用主要在协助相

---

① "世界遗产的组织设立"，《中国世界遗产年鉴2004》，第369页。

② 古田阳久：《世界遗产Q&A》，王慧贞、蔡世蓉译，第72页。

③ 刘红婴：《世界遗产精神》，第9页。

④ 《世界遗产公约》第15条各款。

⑤ World Heritage Centre，http：//whc. unesco. org/en/109/.

关国家进行遗产管理的投资计划，而非负担全额经费。因为《世界遗产公约》第4条已明定“遗产的确定、保护、保存、展出和遗传后代，主要是有关国家的责任”。更重要的是，基金的拨用意在激励国际与国内社会对保护人类全体共有资产之概念的支持。以海地为其领土内唯一的世界遗产地——“圣苏西宫和拉梅尔斯遗址”（Sans Souci and Ramiers）所制定的一项预算规模为400万美元保护计划为例，海地因财政不足支应，而向世界遗产基金申请援助。世界遗产委员会经审定后同意由基金年度支出中拨款10万美元给海地政府，而联合国教科文组织和联合国开发计划署也因此分别同意捐助10万美元和120万美元，结果奥地利、加拿大、智利、法国、德国和荷兰等国亦纷纷跟进提供捐助和援助，因此保护工作得以顺利开展。[①] 这个过程就说明了世界遗产基金如何以有限的经费支出协助缔约国完成遗产地的保护和管理工作。

以上缔约国、世界遗产委员会及世界遗产基金等行为主体之组织体系，以及其与各相关机构间的相互关系，如图2-4所示。

就行为主体的观点而言，“世界遗产”的概念得以推广，实与先前所述的将原始构想折中处理有关。原来所构思的“世界遗产”是“人类共有的资产，将不受到遗产所在地国家的绝对主权约束，利益则由国际共享”之概念，与国家主权思维多所抵触，坦言之不太可能受到大部分国家的欢迎。即使“世界遗产”原来的构思大致是认为文化自然资源不反对国家依主权原则加以占有，但却也不应禁止同时由其他国家和人民一起共享。但按主权国家的普遍意识，无论领土、领海、领空皆是其国家主权的统辖范围，丝毫不容侵犯。事实上迄今在国际法上真正被明确定义为“人类共同资产”并被认可者，仅有《联合国海洋法公约》中所规定的公海海床及其地下资源，禁止任何国家据为己有，其利用也必须照顾全人类利益。[②] 而《世界遗产公约》虽在前言中提出“人类共同的世界遗产”之理念，但同时在公约文本中也明文规定国家应负主要保护责任的义务（第4条），并强调充分尊重遗产所在国的主权，仅在不使所在国法定财产权受损害的同时，承认这些遗产为世界遗产（第6条）。如果未经国家

① 晁华山：《世界遗产》，第9页。

② 渥尔夫刚·魏智通主编：《国际法》，吴越、毛晓飞译，法律出版社2002年版，第545页。

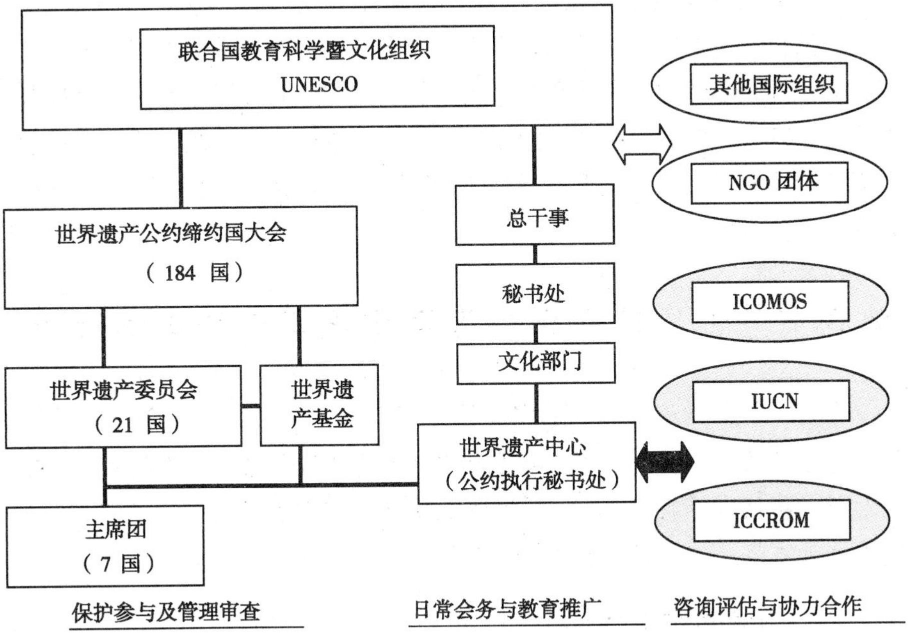

图 2－4　世界遗产建制架构图

同意，即使遗产地受重大威胁，世界遗产委员会也难以主动提供有效的援助。[①] 因之按照公约规定，并非这些遗产地的所有权已由国家转让给全世界，而只是这些遗产所具有的价值太高，其保护在国家主权不受影响且仍负主要责任的情况下，由国际来共同承担。[②] 这种折中处理方式虽然难令大部分“世界遗产”概念的推广人士感到满意，但却也由于采择此方法，反而让全球所有国家几乎都愿意加入公约，这也是始料未及的发展。

而就组织体系的角度来说，《世界遗产公约》建制是涵括国际体系和国内体系双重架构的遗产保护和管理体系，借由国际法与国内法的并行实施而确保“世界遗产”制度能行之久远。因此以公约本身为基础的国际法制和各缔约国的国内法例，有密切连动的相互关系。一方面，世界遗产法制概念的推展，是由若干对文化和自然遗产保护具多年经验的国家，在其国内法制已逐渐完备的基础上，将其经验推广到国际社会；另一方面，参加公约的基本要求，则是各缔约国也必须配合文化和自然遗产保护规

① 如 2001 年 3 月阿富汗神学士政权不顾国际反对以轰击方式摧毁巴米扬大佛，即是显例。
② 渥尔夫刚·魏智通主编：《国际法》，吴越、毛晓飞译，第 513 页。

则，将不合宜的国内法令制度予以修订和落实执行。所以“世界遗产”由一开始仅为少数国家的理念，进而扩及国际社会，让其他国家跟进，终于成为一项相当成功的文化和自然遗产保护建制。其发展不但广受全球各国注目，其成功经验也让联合国教科文组织备受鼓舞，因此目前除了持续世界遗产建制活动外，也积极将“世界遗产”实施经验继续扩展到其他方面的工作领域。

第四节　世界遗产之分类及登录要件和申请程序

在上一节中提及《世界遗产公约》涵盖规范六类参与对象，除了已经讨论过的缔约国、世界遗产委员会和世界遗产基金之外，还有另三类参与对象，包括世界遗产中心、协力咨询国际组织和登录《世界遗产名录》的遗产地本身。分别于本节再做详细分析。

一　世界遗产中心

依据《世界遗产公约》规定：世界遗产委员会应由联合国教科文组织总干事任命组成的一个秘书处协助工作。[①] 这项规定一直到1992年，当世界遗产地逐年增多至超过350处后才正式成立。公约秘书处设于联合国教科文组织秘书处所辖的文化部门，正式名称为世界遗产中心（World Heritage Centre），办公处所亦设于巴黎的联合国教科文组织总部。[②] 在联合国教科文组织的构想中，世界遗产中心主任即相当于世界遗产委员会的秘书长角色，必须与联合国教科文组织秘书处的其他部门协同合作，以及缔约国和协力咨询国际组织共同推展“世界遗产”的相关工作。[③]

世界遗产中心和联合国教科文组织秘书处的其他部门一样，皆由招聘自世界各地的国际公职人员所组成，其工作职掌依功能分为自然遗产与文化景观、文化遗产（当中又细分为非洲、阿拉伯、亚太、欧洲北美和拉丁美洲等小组）、青年世界遗产教育企划、出版、宣传、电子网络、网际

① 《世界遗产公约》第14条第1款。

② 刘红婴：《世界遗产精神》，第8页。

③ World Heritage Center, *Operational Guidelines for the Implementation of the World Heritage Convention* 2005, p. 7.

资讯等组别。[①]

按照《操作准则》的规定，世界遗产中心的具体工作任务为：[②]

（1）缔约国大会与世界遗产委员会会议的筹备工作。

（2）世界遗产委员会决定和缔约国大会决议之实施，以及执行成效报告。

（3）接受《世界遗产名录》的提名申请、登记及检查文件是否完备，并转交协力咨询国际组织审查。

（4）协同"全球策略"的研究和相关活动进行，以确保《世界遗产名录》的代表性、地域均衡性和信服力。

（5）缔约国定期报告和遗产监测的规划工作。

（6）国际援助的协力事项。

（7）动员预算外资源以协助世界遗产地的保护和管理工作的进行。

（8）协助各缔约国落实施行世界遗产委员会的各项方案和计划。

（9）传达相关资讯给各缔约国、协力咨询国际组织，并普及公众，以推广"世界遗产"和《世界遗产公约》。

世界遗产中心在"世界遗产"保护和管理工作中担任核心角色，因为缔约国大会和世界遗产委员会历次举行会议的时间和议程安排都相当有限，因此无论是公约具体执行事项、《世界遗产名录》提名审查、缔约国定期报告与监测、缔约国大会决议和世界遗产委员会决定、协力咨询国际组织建议事项，乃至"世界遗产"教育推广及日常事务的处理等，其间大部分烦琐的细节都有赖世界遗产中心的工作人员落实执行，因此在《世界遗产公约》的建制中乃是至为关键的重要业务单位。

二 协力咨询国际组织

随着"世界遗产"的概念逐渐普遍为各国所接受和欢迎，与"世界遗产"有关的国际组织也越来越多，同时因其中所涉及的议题与建筑、艺术、文化、工艺、环境保护、生态维护、动物保育等皆有密切相关，因此各种不同议题的国际政府间与非政府组织之参与也不少，在世界遗产建制中其活动力与各国政府相较不遑多让。但在这些国际组织中，与世界遗

① 古田阳久：《世界遗产 Q&A》，王慧贞、蔡世蓉译，第 44 页。

② World Heritage Center, *Operational Guidelines for the Implementation of the World Heritage Convention* 2005, pp. 7—8.

产委员会和世界遗产中心互动最多，地位也最重要者，则是被明文列入《世界遗产公约》的三大协力咨询组织，包括国际文物保护与修复研究中心（罗马中心）、国际古迹遗址理事会以及国际自然保护联盟。[①] 以下即针对这三个组织分别加以介绍。

（一）国际文物保护与修复研究中心

国际文物保护与修复研究中心（International Centre for the Study of the Preservation Restoration of Cultural Property，ICCROM）的性质是政府间国际组织，其宗旨是推动全球范围的所有类型文化遗产之保护工作，也是在国际文化领域上专事文化遗产保护相关研究的专门机构。1956 年在印度德里所举行的联合国教科文组织大会上，因各会员国对文化遗产保护关切日深，故经大会决议而设立本组织，总部设于罗马，所以又通称为“罗马中心”。[②] 其法定职能为从事文物研究、文献搜集、技术协助、教育训练和唤醒公众保护文物意识，以强化文化遗产保护工作之推行。[③] 截至 2007 年 1 月共有 119 个会员国。[④] 而自 1996 年以来，该组织展开全球各地的培训活动，并以创新的教材和研究方法为各界所著称。[⑤] 作为《世界遗产公约》的法定咨询组织，国际文物保护与修复研究中心的角色，主要是作为文化遗产训练工作的合作伙伴，担负世界文化遗产地的监测工作，针对缔约国的国际援助申请提供具体意见，以及在“世界遗产”保护工作之各项方案和计划上向世界遗产委员会提供专业技术建议等。[⑥] 此外在文化景观遗产地保护的相关问题上，与国际自然保护联盟也共同进行紧密合作。

（二）国际古迹遗址理事会

国际古迹遗址理事会（International Council of Mounments and Sites，

---

① 《世界遗产公约》第 8 条第 3 款、第 13 条第 7 款和第 14 条第 2 款。

② 古田阳久：《世界遗产 Q&A》，王慧贞、蔡世蓉译，第 63 页。

③ World Heritage Center，*Operational Guidelines for the Implementation of the World Heritage Convention* 2005，p. 9.

④ ICCROM，http：//www. iccrom. org/eng/00about _ en/00 _ 01govern _ en/memstates _ en. shtml.

⑤ 刘红婴：《世界遗产精神》，第 10 页。

⑥ World Heritage Center，*Operational Guidelines for the Implementation of the World Heritage Convention* 2005，p. 9.

ICOMOS)[1] 是设立于巴黎的国际非政府组织，以保存、修复人类文明遗址和建筑物等历史资产为主要目的，系依照 1964 年《威尼斯宪章》之决定而在 1965 年成立，至 2006 年底计有超过 110 个国家和 7000 位以上之各国大学院校、研究机构、政府机关和工程公司等机构单位就职的专门技术人员，通过该组织所构成的绵密网络，在建筑、都市计划、考古、历史、艺术、行政管理、古物维修等专业进行跨领域合作。[2] 其工作项目涵盖历史建筑和考古遗址的保护理论、方法和科技等层面的提升。与《世界遗产公约》相关的工作范围包括《世界遗产名录》提名申报地的专业评估，世界文化遗产地的监测，缔约国的国际援助申请案件之审查，提供“世界遗产”相关活动之支援等，[3] 而在文化和自然双重遗产及文化景观等类型的世界遗产地评估工作上，也和国际自然保护联盟密切配合。

（三）国际自然保护联盟

国际自然保护联盟（The World Conservation Union, IUCN）[4] 原名为 The International Union for the Conservation of Natural and Natural Resources, 因此简称 IUCN。虽然已在 1990 年改为现名，但简称仍维持不变。系于联合国教科文组织协助与支持下在 1948 年成立，总部设于瑞士格兰德（Gland），至 2006 年底共有来自 83 个以上国家，超过 1000 个机构、组织和团体的 1 万多名专业人员加入活动。[5] 其宗旨是保护自然环境，尤其是濒临绝灭物种保护、生物多样化维护、生态系统调查研究等，早年以发布濒临绝灭动植物的“红色名录”（Red Data Book）闻名于世。[6] 工作领域涵盖全球范围的各国政府、非政府组织和科学界，主要任务是影响、鼓励并协助国际社会参与保护自然界的完整性与多样性，并确保生态系统能予维持的前提下方可使用自然资源。在《世界遗产公约》中所扮演的角色，则包括《世界遗产名录》提名申报地的专业评估，世界自然遗产地的监

---

① 国内或另译为“国际文化纪念物与历史场所委员会”或“国际遗迹和遗址理事会”，本书择用《世界遗产公约》中文本之用法。

② ICOMOS, http://www.international.icomos.org/members.htm.

③ World Heritage Center, *Operational Guidelines for the Implementation of the World Heritage Convention* 2005, pp. 9—10.

④ 在《世界遗产公约》中文本之用法为旧名“国际自然及自然资源保护联盟”，另或译为“世界保育联盟”或“世界自然保护联盟”等。

⑤ IUCN, http://www.iucn.org/members/。

⑥ 古田阳久：《世界遗产 Q&A》，王慧贞、蔡世蓉译，第 63 页。

测，缔约国的国际援助申请案件之审查，提供“世界遗产”相关活动之支援等工作。①

另依照公约规定，其他与“世界遗产”有关的国际组织，无论是政府间国际组织或非政府国际组织的代表亦可以咨询者身份出席委员会会议。② 并与世界遗产委员会合作或协助其计划和专案之实施。甚至公私立机构或个人也可应前述三大协力咨询国际组织之邀请参与相关合作计划。③ 长期以来，经常与世界遗产委员会和世界遗产中心联系合作的其他国际组织不少，其中较活跃者包括世界遗产都市联盟（OWHC）、国际工业遗产保护委员会（TICCIH）、世界古迹纪念物基金（WMF）、国际文化与遗产研究中心（ICCHS）、世界环境保护监测中心（WCMC）、世界自然保护基金（WWF）和联合国环境规划署（UNEP）等。

三　世界遗产地

世界遗产地（World Heritage Site or World Heritage Property）系符合《世界遗产公约》定义和法定标准，具有突出的普遍价值的资产。在程序上则必须是由所在地之缔约国依照公约与相关规定之程序提名申报，经过专业评估且通过世界遗产委员会审议决定登录于《世界遗产名录》的文化或自然资产。依据公约本文规定，“世界遗产”可区分为两种类型，分别是文化遗产、自然遗产，但在实践上，则将同时符合文化遗产与自然遗产定义标准者列为第三种类型，即文化和自然双重遗产，后来又加入文化景观的概念，作为文化资产的一环。以上几种类型遗产的定义和标准分述如下。

（一）文化遗产

依据公约本文，文化遗产（Cultural Heritage）有三项定义：④

1. 文物：从历史、艺术或科学角度看具有突出的普遍价值的建筑物、碑雕和碑画，具有考古性质成分或结构、铭文、窟洞以及联合体。

2. 建筑群：从历史、艺术或科学角度看，在建筑式样、分布均匀或与环境景色结合方面，具有突出的普遍价值的单立或连接的建筑群。

---

① World Heritage Center, *Operational Guidelines for the Implementation of the World Heritage Convention* 2005, p. 10.

② 《世界遗产公约》第 8 条第 3 款。

③ 《世界遗产公约》第 13 条第 7 款。

④ 《世界遗产公约》第 1 条。

3. 遗址：从历史、审美、人种学或人类学角度看具有突出的普遍价值的人类工程或自然与人联合工程以及考古位置等地方。

但为了让这几项定义更为具体，在世界遗产委员会所订定的《操作准则》中，对于文化遗产的标准则做出更明确的规范，亦即文化遗产必须符合其中一项或多项标准，方有资格列入《世界遗产名录》（自然遗产亦同）。相关标准则依实际情况需要在修订《操作准则》时会同时做文字修正。而在2004年以前，文化遗产和自然遗产原列为不同条文，按照不同遗产类型各自独立运用。但自2005年起，为了审议时更易于操作，以及利于在不同遗产类型各项标准间相互引用，现行《操作准则》已将文化遗产和自然遗产的标准整合成同一条文十项标准，其中前六项为文化遗产之标准，后四项为自然遗产之标准。依新版《操作准则》之文化遗产六项标准为：①

（1）代表某项人类创造的智慧杰作。

（2）于特定时期内或世界特定文化区域内，在建筑或技术、纪念性艺术、城镇规划或景观设计等方面的发展，能展现人文价值变迁的重要影响力。

（3）能作为一种独特或至少特殊的现存或已消逝的文化传统或文明的具体见证。

（4）能作为人类历史中某重大意义时期的建筑物形式、建筑风格、科技组合或景观的突出范例。

（5）能作为人类传统居住地或土地使用、海洋使用的突出范例，并可代表一种或几种文化，特别是在不可逆且易遭伤害的变动影响下人类与环境的互动作为。

（6）与具有突出普遍重要意义的事件或生活传统、思想、信仰、文学艺术作品产生直接或实质的联系。（委员会认为本项标准应在同时适用其他项标准时才宜优先引用。）

（二）自然遗产（Natural Heritage）

按照公约规定，自然遗产的定义有三类：②

1. 从审美或科学角度看具有突出的普遍价值的由物质和生物结构或这类结构群组成的自然面貌。

---

① World Heritage Center, *Operational Guidelines for the Implementation of the World Heritage Convention* 2005, p. 19.

② 《世界遗产公约》第2条。

2. 从科学或保护角度看具有突出的普遍价值的地质和自然地理结构以及明确划为受威胁的动物和植物生境区。

3. 从科学、保护或自然美角度看具有突出的普遍价值的天然名胜或明确划分的自然区域。

同时2005年新版《操作准则》所列之后四项标准即自然遗产标准则为：①

（7）具有显著自然现象或具有特殊天然美景的区域，在美学上具有重要意义。

（8）代表地球历史的重要阶段，包括生命纪录、地形演变过程中的重要地质发展变化，或具有地形和地貌重要意义特征的突出范例。

（9）代表进化过程中的重要生态和生物过程、陆地、淡水海岸和海洋生态系统以及植物和动物物种的突出范例。

（10）在保护生物多样化方面具有最重要和显著意义的自然栖息地，其中应包括在科学或保育观点上具突出普遍价值的仍存活濒危物种。

（三）文化和自然双重遗产（Mixed Cultural and Natural Heritage）

同时符合公约第1条文化遗产和第2条自然遗产所列的部分或全部定义以及相关标准的遗产地，则可被登录为双重遗产。② 此类遗产不能视为仅是简单的由文化遗产和自然遗产相互叠加而成，而是具有更深的文明意涵，可谓人类从改造自然、运用自然，一直发展到与自然和谐相处的观念变化的重要代表性处所。③

（四）文化景观（Cultural Landscape）

文化景观属于公约第1条所定义的“自然与人联合工程”，亦即为“自然与人类的共同结晶”。意指能够代表人类社会和居住地在本身现实力量约制下，或者同时在自然环境所提供的条件限制中，以及经过外在和内在社会、经济、文化等力量推动，表现出在长久时间中所发生的变迁过程的处所。④ 其概念发展始于1992年第16届世界遗产委员会会议，该次

① World Heritage Center, *Operational Guidelines for the Implementation of the World Heritage Convention* 2005, p. 19.

② Ibid., pp. 13—14.

③ 刘红婴、王健民：《世界遗产概论》，第103—104页。

④ World Heritage Center, *Operational Guidelines for the Implementation of the World Heritage Convention* 2005, p. 14.

会议决定吸纳具有世界性意义的文化景观进入《世界遗产名录》，以丰富“世界遗产”的样貌和代表性，文化景观概念乃成为新的世界遗产地形式。[①] 不过在名录的实际分类上，目前并未将文化景观独立分离，仍按其适用定义和标准分别归入文化、自然或双重遗产类型中。而且文化景观在比较上与文化遗产和双重遗产有直接对比的关系，与自然遗产则只存在间接的联系，此即其名称上冠有文化之名的原因。[②]

文化景观包括三类：[③]

（1）由人类有意设计和建筑的景观，包括出于美学原因建造的园林和公园，经常（但非完全）与宗教或其他纪念性建筑或建筑群有所关联。

（2）有机发展出来的景观，最初形成于社会、经济、行政或者同时出自宗教需要，并通过与周围自然环境互相适应后发展为目前的形式。

（3）关联性文化景观，通过物质遗产展现出强烈的宗教特色、艺术或文化影响，而物质遗产本身的意义则居于次或较不彰显。

更重要的是，登录《世界遗产名录》的遗产地，依规定须符合“真实性”（Authenticity）和“完整性”（Integrity）两大原则。“真实性”概念最早出现于1964年《威尼斯宪章》中，在欧美国家逐渐得到认同后，终成为“世界遗产”的重要原则之一。[④] “真实性”主要是针对文化遗产的规范，要求遗产地必须保持其原始风貌，即使在整修时也需要运用可信和实在的知识和资源来维持其本来的模样，不得任意改变或重建。主要理由是因为文化间具有差异性，加以时空环境不同，而使所有的文化遗产地都具有独一无二的特殊风貌，都是不可替代的唯一资产，一旦消失就永无恢复之可能，因此保有其原来的文化特质显然极为必要。[⑤] “完整性”来自拉丁词根，表示尚未被人扰动过的原初状态（intact and original condition）。[⑥] 而在“世界遗产”的评定中，则是指纪录的完整和生态的完整，纪录的完整要求文化遗产和自然遗产都要让曾经发生的过往——包括历史痕迹和自身发

① 刘红婴：《世界遗产精神》，第16页。

② 陈来生：《世界遗产在中国》，长春出版社2006年版，第195页。

③ 郭万平：《世界自然与文化遗产》，浙江大学出版社2006年版，第7页。

④ 张成渝：《真实性与完整性是遗产保护的基本原则》，徐嵩龄、张晓明、章建刚编：《文化遗产的保护与经营——中国实践与理论进展》，社会科学文献出版社2003年版，第78页。

⑤ World Heritage Center, *Operational Guidelines for the Implementation of the World Heritage Convention* 2005, p. 21.

⑥ 张成渝：《真实性与完整性是遗产保护的基本原则》，第79页。

展历程有效呈现。生态的完整主要针对自然遗产，要求遗产地内部生态系统能达到平衡和永续发展的状态。为了保有“完整性”，遗产地设立“缓冲区”（buffer zone）就显得相当重要，缓冲区能使人类活动和遗产地之间可能发生的冲突有所舒缓，并减少遗产地的无谓损失。①

在世界遗产地的申报过程上，各个缔约国在加入公约后，需应公约建制要求提出本国领土内适于列入《世界遗产名录》的各种文化和自然遗产预备清单。② 预备清单内容主要为缔约国自认符合公约定义和具体标准，在未来几年内即将提名为“世界遗产”之具有突出的普遍价值的遗产处所。③而在正式提名申报之前，除了遗产地管理单位和国家主管机关外，缔约国需事先动员各级政府机关、学术机构、非政府组织和地方社群，尤其是当地居民共同参与提名准备工作。这也是世界遗产委员会的基本要求，因为经由相关各方参与，才能强化并保证遗产地永续维护的责任。

当缔约国准备妥当，将正式提名该遗产地参与登录《世界遗产名录》之审议时，则需依规定格式填写正式表报，内容包括遗产地范围界定、描述、登录价值评量、保护状态和影响因素、管理、监测、凭证附件等，由缔约国政府的主管机关签署后，将提名表报之纸本和电子档送交公约秘书处——世界遗产中心。④ 每年 9 月 30 日前各缔约国可先递交公约秘书处一份该国拟议提名之遗产地草案，公约秘书处则会在 11 月 15 日前回复并指正其疏漏或不足之处，由缔约国参考补正。但正式提名则可在全年中的任何时间提出，不过只有在提名表件完备，且在 2 月 1 日截止时间前送达者，才会在当轮次的提名处理程序周期中加以处理。一轮次的处理程序周期需要长达一年半以上的时间，其处理程序和时日管制，如表 2－5。

表 2－5　　登录《世界遗产名录》时程表

时日期限	进展程序	备考
前一年 9 月 30 日	公约秘书处收受缔约国递交拟议提名之遗产地草案。	
前一年 11 月 15 日	公约秘书处回复缔约国拟议提名之遗产地草案，并指出其疏漏之处，由缔约国参考补正。	

① 刘红婴：《世界遗产精神》，第 215 页。

② 《世界遗产公约》第 11 条第 1 款。

③ World Heritage Center, *Operational Guidelines for the Implementation of the World Heritage Convention* 2005, p. 17.

④ Ibid., pp. 29—33.

续表

时日期限	进展程序	备考
第一年 2月1日	提名之遗产地表件提交期限，俾使公约秘书处能送达相关协力咨询组织进行评估。 提名表件将于格林尼治标准时间17：00截止收件，如当日为周末，则提前至周五之格林尼治标准时间17：00截止。 逾时之提名表件将延至下一轮周期再作处理。	
第一年 2月1日 至3月1日	登记、查验提名表件完整性并转送相关协力咨询组织： 公约秘书处登记每件提名表件，函覆缔约国已收件无讹，并点清其附件。公约秘书处并应通知提名之缔约国该项提名是否已完备。 若提名未完备者，将不转送相关协力咨询组织进行评估，并建议缔约国考虑在隔年2月1日前备齐表件，以便在下一轮周期处理。 提名表件完备者则送交相关协力咨询组织进行评估。	
第一年 3月1日	公约秘书处通知缔约国提名表件完备与否之期限，包括其是否齐备和是否在2月1日前送达。	
第一年3月1日 至第二年5月	协力咨询组织进行评估。	
第二年 1月31日	进行评估期间，协力咨询组织如认有必要，得要求缔约国提供附加资料，但时程不得晚于第二年1月31日。	
第二年 3月31日	缔约国经公约秘书处转交协力咨询组织附加资料之期限。 附加资料需以同样件数之纸本和电子档送交公约秘书处。为避免造成新文本和旧文本之混淆，如附加资料对主要表件文本有所修正时，缔约国需提供修正版之原始文本，指出其修正之处，修正处必须清楚标明。电子档需与纸本同时附送。	
第二年世界遗产 委员会会议之6周前	协力咨询组织将评估结果报告和建议事项送交公约秘书处，并转送世界遗产委员会以及缔约国。	
第二年世界遗产委员会 年度会议之2天前	缔约国修正事实性之错误： 相关缔约国在世界遗产委员会会议开议之2天前，致函委员会主席并将副本抄送协力咨询组织，对协力咨询组织之提名评估结果，详述其所确认的事实性之错误。	
第二年世界遗产委员会 年度会议（6或7月）	世界遗产委员会审议提名并决定登录名单。	

续表

时日期限	进展程序	备考
世界遗产委员会年度会议结束之后	通告缔约国： 公约秘书处通告缔约国其提名已经世界遗产委员会审议并做出相关决定。 在世界遗产委员会决定同意登录世界遗产名录后，公约秘书处致函缔约国和遗产管理单位，请其提供该处被登录具突出意义的普遍价值之区域的地图（应注明适用之遗产标准）。	
世界遗产委员会年度会议结束之后	在世界遗产委员会年度会议后，公约秘书处发行更新之世界遗产名录。 获通过登录遗产地之提名缔约国，应出现在发行之名录中，且其国名前应出现如下标题："依照公约提出遗产地提名之缔约国"。	
世界遗产委员会年度会议结束之后1个月	公约秘书处将世界遗产委员会之完整会议决定纪录报告送达所有缔约国。	

资料来源：World Heritage Center, *Operational Guidelines for the Implementation of the World Heritage Convention* 2005, pp. 41—43.

在提名处理过程中，能否顺利登录《世界遗产名录》有两道主要关卡。第一道关卡是协力咨询国际组织对提名遗产地的评估结果，当相关表件和资料送交公约秘书处后，将会依申报遗产类型转交给相关的协力咨询国际组织进行专业评估，文化遗产由国际古迹遗址理事会执行，自然遗产由国际自然保育联盟进行，双重遗产则由两个组织联合评估，若属文化景观项目则由国际古迹遗址理事会在国际自然保育联盟提供意见下进行评估工作。

协力咨询国际组织会派出专家前往被提名的遗产地进行实地勘查，并依照公约定义和具体标准完成评估报告后，将个别遗产地的评估结果分成三类送回公约秘书处：

（一）无条件建议登录之遗产地。

（二）建议不予登录之遗产地。

（三）建议知会提名国补充资料或缓议之遗产地。①

这些评估结果将提交世界遗产委员会进行提名遗产地之实质审议并决定正式登录名单，这是第二道也是程序上最重要的关卡。世界遗产委员会将在每年6或7月所举行的年度会议中针对当次各国提名之个别遗产地做

① World Heritage Center, *Operational Guidelines for the Implementation of the World Heritage Convention* 2005, pp. 35—37.

出决定，决定有四类：

（1）决定列入《世界遗产名录》的遗产地。

（2）决定不予列入《世界遗产名录》。

（3）知会提名国补充资料的遗产地。

（4）缓议的遗产地。

除了被决定同意列入《世界遗产名录》的遗产地外，得到其他三类决定的遗产地将有不同命运。第二类决定“不予列入”的遗产地，除非另有新发现或新科学事证，否则将永不得再次提名申报。第三类“知会提名国补充资料”的遗产地，在依规定补充相关资料后，可即时进行专业评估并在评估同一年的世界遗产委员会加以审议，但此类遗产地在3年内不得另以新提名的方式重新提名申报。第四类“缓议”的遗产地，原因是认为需要更深入的研究和评量，或者缔约国仍需作若干实质性修正，这类遗产地可由缔约国重新提名申报，并按上开处理程序周期，由协力咨询国际组织进行近一年半的全程评估。①

不过，当世界遗产委员会在筹备期间或完成审议之前，提名遗产地的缔约国可随时通知公约秘书处撤回提名，而撤回的提名如要再次申报，则要依照上开处理程序周期以新提名方式重新进行。② 此方法一般是缔约国接获评估报告后已确知当次获得登录的可能性很低，为避免遭拒绝列入而完全丧失机会所采取的因应措施。

值得一提的是，在旧版的《操作准则》中曾规定，于协力咨询国际组织评估建议和世界遗产委员会审议决定的两道关卡间，本来还有世界遗产委员会主席团加以推荐的职能，主席团的推荐将会做成报告议案送交世界遗产委员会审查决定。③ 但2005年新版《操作准则》却已删除这项规定，完全略过主席团推荐的程序。然因主席团尚有安排委员会议程、拟议提案内容等实际上的职能，所以此项修正是否可能弱化主席团职权，仍有待观察。

整个遗产地由缔约国提名直到同意列入《世界遗产名录》的流程，依上述提名申报、评估建议到审议决定之过程，整理如图2－5。

---

① World Heritage Center, *Operational Guidelines for the Implementation of the World Heritage Convention* 2005, pp. 37—38.

② Ibid., p. 37.

③ 古田阳久：《世界遗产 Q&A》，王慧贞、蔡世蓉译，第60页。

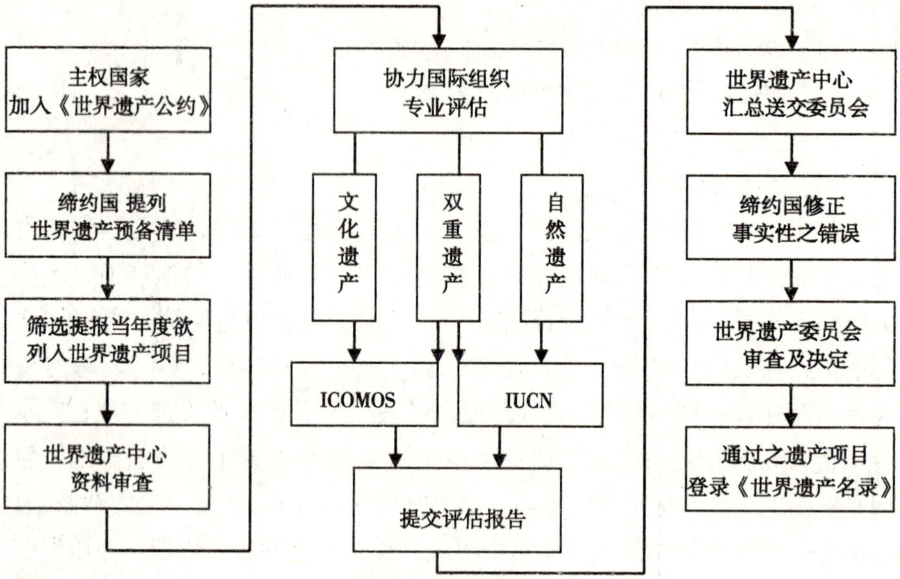

图 2－5 世界遗产提报审议流程图

至2007年为止，经过以上程序获得登录《世界遗产名录》的遗产地，共达851处，其中文化遗产660处、自然遗产166处、文化和自然双重遗产25处。其历年分类登录统计如表2－6，从表中似可看出其发展盛况及普受各国欢迎的程度。但在“世界遗产”概念和《世界遗产公约》推展过程中，也正因为广受欢迎而衍生若干方面的难题需要及时解决，此将在下一节续做探讨。

表 2－6 历年世界遗产登录数统计表（1978—2007年） 单位：处

年度	文化遗产	自然遗产	双重遗产	合计	年度	文化遗产	自然遗产	双重遗产	合计
1978	8	4	0	12	1993	29	4	0	33
1979	34	9	2	45	1994	21	7	0	28＊
1980	22	5	0	27＊	1995	23	6	0	29
1981	15	9	2	26	1996	30	5	2	37
1982	17	5	2	24	1997	38	7	1	46
1983	19	9	1	29	1998	27	3	0	30
1984	15	8	0	23	1999	35	11	2	48
1985	25	4	1	30	2000	50	10	1	61

续表

年度	文化遗产	自然遗产	双重遗产	合计	年度	文化遗产	自然遗产	双重遗产	合计
1986	23	5	1	29 *	2001	25	6	0	31
1987	32	7	2	41	2002	9	0	0	9
1988	19	5	3	27	2003	19	5	0	24
1989	4	2	1	7	2004	29	5	0	34
1990	11	2	3	16 *	2005	17	7	0	24
1991	16	6	0	22	2006	16	2	0	18
1992	16	4	0	20	2007	16	5(-1)	1	22(-1)

说明：* 登录统计数中已涵括登录后因扩展而被整并者；原登录数为 1980 年 28 处，1986 年 31 处，1990 年 17 处，1994 年 29 处。

资料来源：World Heritage Centre，http：//whc. unesco. org/，作者自行统计。

第五节　世界遗产建制发展的难题与策略趋势

《世界遗产公约》自签订生效三十余年来，已发展成一个广受全球普遍参与的文化和自然遗产保护建制，其所带来的广大效益和影响，也是公约草创之初始料未及的。不过由于各国基础条件不一，拥有的资源程度本有差距，且“世界遗产”的概念在各地推展的时间长短不同，目的和方法各异，还牵涉到当地价值观念、社会文化、管理制度和财政分配等许多更复杂的因素，因此参与世界遗产建制的影响范围和实际效益，在各国之间始终存在不小的落差，并面临着若干急需解决的难题。

在这许多难题中，部分出于不可抗力的自然因素，但更多来自人类社会的错误利用与破坏，其中负面效应较大者，至少包括如下五个方面。

（一）管理失当

包括只重申报不重保护，以及保护和开发孰重孰轻等，一直都是各国在世界遗产地管理上持续不断的争论。由于申报“世界遗产”能带来多方面的利益，特别是经济收益和声誉效益，让许多国家趋之若鹜，不惜动员各方力量以达成登录《世界遗产名录》的目的。[①] 然而不少国家在申报“世界遗产”之时，虽不惜投入人力物力进行规划及整治，却在成功列入

① 刘红婴、王健民：《世界遗产概论》，第 176 页。

名录后毫无管理意识，只因经济利益的驱使即大兴土木，自行破坏遗产地的原始样貌，完全漠视相关保护和保育工作的重要性，也摧毁了当地应保有的“真实性”和“完整性”原则。事实上，世界遗产地本应以保护为主，原仅在保护得当的前提下，方允许采取适度开放措施。但利益导向为主的遗产地管理方式却反客为主，无节制地滥用遗产地资源，除了造成过度开发、生态环境破坏等严重结果外，也混淆了“世界遗产”的定位和价值。因此管理不当，尤其是纵容商业开发就成了世界遗产地的主要威胁。[①] 例如美国“黄石国家公园”曾因上游地区矿产开采威胁遗产地生态环境，经美国环保团体致函世界遗产委员会告发，并在美国政府协助实地调查后，认为除了矿产开采之外，当地的地热、石油、天然气开采等商业行为亦已严重影响遗产地的“完整性”，终于在1995年被列入《濒危世界遗产清单》。此举迫使美国政府展开包括收购规划采矿的私人土地在内的多项工作，历经多年努力后，“黄石国家公园”才于2003年有条件地从濒危清单中除名。[②]

（二）旅游冲击

从80年代起，文化和自然旅游逐渐开始在世界各地风行，而随着收入和教育普遍提升，人口年龄结构改变，新的休闲方式普受重视，加上全球通信、旅游资讯与运输服务持续发达，以及家庭组成方式和妇女地位变化等，都让文化和自然旅游——特别是“世界遗产”的观光活动愈发兴盛。[③] 但对世界遗产地来说，文化和自然旅游无疑是一把双面刃：一方面虽为遗产地保护和管理工作带来前所未有的经济动能；另一方面，同样的经济动能与潜在的商业利益，却也可能扭曲遗产地的本质，危及其保护和管理工作。[④] 近几年来各地的“世界遗产”周边地带都普遍出现旅游设施过多、旅游人数无限制超量的现象，同时还有人工化、城市化、商业化等负面发展倾向。[⑤] 在旅游设施和游客人数无限量剧增的情形下，资源消耗和污染源必然随之扩增，破坏机会也同时加大，除将提高保护工作的难度

① 张习明：《世界遗产概论》，第52—53页。

② 刘红婴、王健民：《世界遗产概论》，第199页。

③ 保罗·伊格尔斯等：《保护区旅游规划与管理指南》，张朝枝、罗秋菊译，中国旅游出版社2005年版，第19—25页。

④ 叶庭芬：《历史保育与文化旅游间的策略联盟——由亚洲历史名城谈起》，见《2002年文建会文化论坛系列实录——世界遗产》，2003年，第110页。

⑤ 刘红婴、王健民：《世界遗产概论》，第193页。

外，对世界遗产地的有效管理也形成了重大挑战。[①] 例如 1992 年列入《濒危世界遗产清单》的柬埔寨“吴哥窟”（Angkor），原系因长年动乱和劫掠而遭破坏，虽由联合国教科文组织采取国际援助行动而稍有改善，结果在遗址内的古迹逐次修复后，却因声名鹊起而造成近年旅游人数大增，形成新的严重威胁。吴哥窟的全年游客人数从 1993 年的 7650 人发展到 2006 年超过 90 万人，预计到 2010 年时更将继续成长达每年 300 万人。联合国教科文组织认为此失控现象势必对当地古迹和环境造成超速度破坏。虽然吴哥窟管理当局有意采取控管游客人数的做法，但柬埔寨政府是否愿意放弃从到访吴哥窟的众多外国游客身上获取的庞大利益，使控管措施能否顺利实行难以乐观。[②]

（三）战乱波及

国家间不时爆发的战争，各地敌对团体的武装冲突，以及随之发生的劫掠及盗窃行为，皆使遗产地遭到池鱼之殃，其损害之大难以想象，通常酿成无法弥补的损失。例如刚果自 90 年代中期起即陷入无休止的内战，结果境内所有的 5 处世界遗产地，包括“维龙加国家公园”（Virunga National Park）、“加蓝巴国家公园”（Garamba National Park）、“欧卡皮鹿野生动物保护地”（Okapi Wildlife Reserve）、“卡胡兹—别加国家公园”（Kahuzi-Biega National Park）和“萨隆加国家公园”（Salonga National Park）等皆遭严重破坏，并于 1994—1999 年短短 5 年间全部列入《濒危世界遗产清单》。[③] 又如阿富汗巴米扬（Bamiyan）山谷中屹立达 1500 年的两尊大佛，于 2001 年在阿富汗内战中被塔利班（Taliban）蓄意以火炮轰击而全部摧毁，2003 年方被紧急登录《世界遗产名录》并同时列入《濒危世界遗产清单》。[④] 另如 2003 年英美联军进攻伊拉克，政权更迭之际导致全国混乱，盗窃行为遍起，伊拉克国家博物馆多达 17 万件馆藏文物全数被抢被毁，无数遗址亦同受劫难而倾颓毁坏甚至已灰飞烟灭，因此世界遗产基金会在 2005 年宣告将伊拉克全境 1 万多处遗址一起列为濒危遗产的观察名单，此也为该会历次观察名单发布以来，将全国范围均列入

---

① 张习明：《世界遗产概论》，第 53 页。

② “游客人数大增 吴哥窟受损严重”，柬埔寨《星洲日报》2007 年 3 月 11 日，http://news.sinchew-i.com/cam/content.phtml? sec=845&sdate=&artid=200703111871.

③ World Heritage Centre, http://whc.unesco.org/en/danger.

④ 郭万平：《世界自然与文化遗产》，第 121—122 页。

濒危观察的首例。①

（四）理念隔阂

“世界遗产”虽普受各国欢迎，但其基本概念和建制运作也因地域、民族、文化、宗教等不同因素的影响，产生许多理念上的出入，造成世界遗产地保护和管理工作的困难，这些理念差异不少，诸如：

1. 遗产地能否得到由衷的认同。“世界遗产”应是全人类共有资产，但遗产地因所在位置固定，必有其地域或文化的代表性。个别国家、民族和宗教对于不同国家、民族和宗教领域下的遗产地之认同和接受度却不一致。特别是敌对冲突中的双方，有无可能认同和接受对方遗产地的全球性价值，而愿意在敌对行动中主动协力保护，或至少不加以破坏，从各地冲突事件的实际经验来看极不乐观。

2. 遗产地属于国家民族的荣耀或人类共有资产。由于遗产地登录《世界遗产名录》代表已经通过世界遗产建制认可而具世界级价值，因此为国家和民族争光也成了大部分国家申报“世界遗产”的主要动因之一，甚至为了遗产地的归属权引发纠纷。如柬埔寨于2007年申报的“柏威夏神庙”（Temple of Preah Vihear）由于位处泰柬边境，两国都曾宣称拥有这座印度教神庙的主权，国际法庭虽已于1962年判定庙宇属于柬埔寨所有，但实际上只能从泰国境内的道路进入神庙，而且周边仍有4.6平方公里是两国国境重叠的区域，边界仍未勘定。结果在获登录成为世界遗产地后，竟成为两国领土争议的导火线，双方在边境多次兵戎相向，互有重大伤亡，并一度造成数千人流离失所。然而此举实已脱离“世界遗产”强调和平共享之原旨，并与世界遗产地应为人类共有资产的理念有所抵触。

3. 遗产地的一致性和特殊性，全球化和在地化。“世界遗产”的构想源起于欧美国家的保护意识，主要精神基本上还是以反映欧洲国家的观点为主轴。但其他地区国家陆续加入世界遗产建制后，因为对于遗产地的观念与价值评估差异而产生争议。例如在欧洲观点中，决定建筑物类型遗产地能否认定为真实遗产，一般会强调其物体的原真程度，但此与其他地区国家强调“真实性”主要应来自遗产的形式、功能和传统的观点并不一致，因而时生争论。如对于东亚地区的木构古建筑之维护整修工作，欧洲

① 刘红婴：《世界遗产精神》，第200—201页。

与亚洲专家的看法不同，世界遗产委员会亦曾多次对此进行探讨。[①] 所以在世界遗产地的评估审议中，目前“欧洲中心主义”的标准是否仍具普世价值的全球一致性，或者应允许各地区因应不同环境、文化和生活习惯，以及不同遗产所在地所可能产生的在地特殊性，一直都是世界遗产建制中持续讨论的重点。[②]

（五）发展失衡

“世界遗产”既然是以全球为涵盖范围的建制，理所当然在参与、运作和保护等各方面，都要顾及各层次的多样性与多元化。除了鼓励各国踊跃成为《世界遗产公约》缔约国之外，在评选《世界遗产名录》遗产地时，尤须兼顾遗产类型、地域、国家、文化和历史等方面的均衡性。所谓类型均衡系指“世界遗产”在分类数量上的平衡；地域均衡指的是避免遗产地过度集中于某地区；国家均衡则是基于各国平等参与的权利，希望各缔约国皆能有代表性的遗产地列入《世界遗产名录》；文化均衡乃源于文化多元性和平等性，期盼遗产地的分布能充分代表全球各种文化形式；至于历史均衡则是要求遗产地的评定需考虑历史发展脉络，减少特定时间阶段的遗产地过多，其他时间阶段却无代表性遗产地的断裂现象。[③]

然而从1978年第一批登录《世界遗产名录》的遗产地公布以来，遗产地发展失衡的现象就一直存在，而且在某些方面日益严重，逐渐形成难以扭转的负面趋势。这些失衡现象主要包括：

1. 类型失衡

截至2007年，登录《世界遗产名录》的遗产地以文化遗产最多，数量达660处，占全部遗产地的比率为77%；自然遗产次之，数量为166处，比率20%；文化和自然双重遗产最少，数量仅有25处，比率只有3%；类型比重详见图2－6。三者之间的数量相差太大，造成遗产地类型的严重失衡。

其实在1979年第三届世界遗产委员会中已发现了这项失衡现象，虽然当年《世界遗产名录》中仅有57处遗产地，但从各国提出的预备清单

---

① UNESCO, *Decisions Adopted At The 31st Session of The World Heritage Committee* (Paris: UNESCO, 2007), p. 99.

② 侯志仁：《来/去ICOMOS：站在世界遗产门前的台湾文化资产》，见《2003年文建会文化论坛系列实录——世界遗产》，2003年，第2—103页。

③ 刘红婴：《世界遗产精神》，第223—229页。

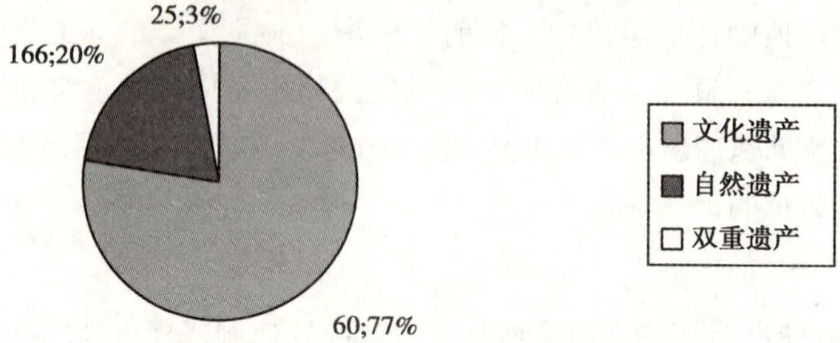

图 2－6　2007 年世界遗产类型及数量比较图

中已经预见类型失衡的严重性，因此当届会议中许多决定系针对遗产地的类型平衡而来。但经过近 30 年的发展，此项失衡不但未有稍减，反而愈形扩大。以实际的数据为例，文化遗产、自然遗产和双重遗产的数量（比率）比在 1978 年为 8：4：0（67%：33%：0%），1983 年时为 115：41：7（71%：25%：4%），1988 年时为 229：70：15（73%：22%：5%），1993 年时为 305：88：18（74%：22%：4%），1998 年时为 444：116：21（76%：20%：4%），2003 年时为 582：148：24（77%：20%：3%），2007 年则如上述。将近 30 年来之数量和比率成长差距情况，如图 2－7 所示。

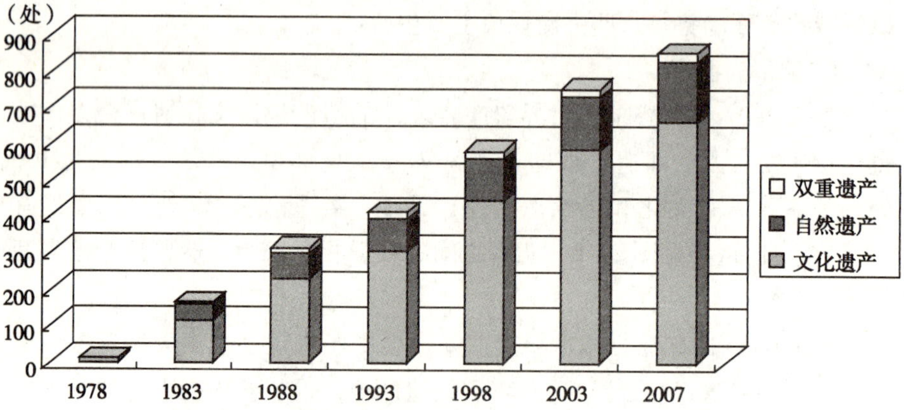

图 2－7　各类型世界遗产数量累增比较（1978—2007 年）

从上图和相关数据来看，可知文化遗产、自然遗产和双重遗产的登录，从一开始就处于相当不平衡的状态，尤其文化遗产的数量和比率一路攀升，但双重遗产的数量却一直在低处徘徊。造成此结果的原因主要是各遗产类型的定义和要求标准不同所致。在上一节讨论过的遗产地定义和标准中，文化遗产以文物、建筑群和遗址为主要项目，自然遗产则主要为物质和生物结构自然面貌、动物和植物生境区和天然名胜或自然区域。但文物、建筑群和遗址通常为历史和文化残址或遗迹，所占面积和范围有限，相较下不需要花费庞大资源特意整治即可申报。但申报自然遗产的处所，通常涵盖面积辽阔且影响范围甚广，并需以科学研究为基础，深入了解其自然生态及进行规划维护，耗费人力物力皆巨。两者无论在范围、规模、保护要求等方面皆有极大差异，难以相提并论。因此从申报过程的难易程度看，文化遗产一般较自然遗产容易着手进行。而双重遗产由于需要同时符合文化和自然两种定义和标准，更属不易。所以各国申报文化遗产多、自然遗产与双重遗产少，也是必然的现象。但各国申报各类型的数量差异却直接影响到登入名录的遗产地类型均衡性，终成为目前难以解决的大问题。

2. 遗产地所在之国家失衡

虽然“世界遗产”概念普受欢迎，但各国申报遗产地并获登录《世界遗产名录》的国家，迄 2007 年为止仅有 141 个国家，与总数达 184 的缔约国仍有相当大的差距，显示各国条件、环境和情况不一，并非每个国家都有同等能力进行遗产地的管理和保护工作，更不是每个国家皆能顺利申报“世界遗产”成功。有关 1978 年至今登录《世界遗产名录》的遗产地所在国之历年新增情况，整理如表 2－7。

表 2－7　　历年世界遗产地新增所在国统计表（1978—2007 年）　　单位：个

年度	非洲	阿拉伯	亚太	欧洲北美	拉丁美洲	合计	年度	非洲	阿拉伯	亚太	欧洲北美	拉丁美洲	合计
1978	2			4	1	7	1993			3	2	3	8
1979	3	3	2	9	1	18	1994	1			4		5
1980		1	1	3	3	8	1995			2	1	2	5
1981	2	1 *	1		1	5 *	1996				2	1	3
1982	1	2	1		2	6	1997	1			2	1	4
1983			1	2	2	5	1998			1	1		2
1984	2	1		1	1	5	1999	2		1		1	4
1985	1	2	1	1		5	2000			1	1	2	4

续表

年度	非洲	阿拉伯	亚太	欧洲北美	拉丁美洲	合计	年度	非洲	阿拉伯	亚太	欧洲北美	拉丁美洲	合计
1986				3		3	2001	1			1		2
1987	1	1	1	1	2	6	2002			1			1
1988	2					2	2003	1	1	2			4
1989	1	1				2	2004	1		1	2	1	5
1990	1		2	2	1	6	2005		1		2		3
1991	2		2	3		7	2006	1					1
1992			1	2		3	2007	2					2
备考	*不含约旦代申报之“耶路撒冷旧城及其城墙”。												

资料来源：World Heritage Centre，http：//whc. unesco. org/，作者自行统计。

以表2－7和表2－2（世界遗产公约缔约国历年统计表）相较，可知《世界遗产公约》缔约国数量和《世界遗产名录》中的遗产地所在国数量，从第一批“世界遗产”公布至今就一直有所差距。以历年缔约国和遗产地所在国实际的数据相较，1978年时缔约国为42，遗产地所在国为7，差距为35，拥有“世界遗产”的国家仅占全部缔约国的16.7%；1983年时缔约国77，遗产地所在国49，差距为28，遗产国比率63.6%；1988年缔约国105，遗产地所在国70，差距为35，遗产国比率66.6%；1993年缔约国136，遗产地所在国96，差距为40，遗产国比率70.6%；1998年缔约国155，遗产地所在国115，差距40，遗产国比率74.2%；2003年缔约国177，遗产地所在国130，差距为47，遗产国比率73.4%；2007年的差距则为43，遗产国比率76.6%。二者历年差距情况显示如图2－8。

从图2－8和相关数据得知，公约缔约国和《世界遗产名录》中列名的遗产地虽然逐年递增，但缔约国和“世界遗产”所在地国家的数量差距却几乎一直维持在40以上，且遗产还有高度集中于少部分国家的倾向。如图2－9所示，2007年《世界遗产名录》名列前10名的遗产地国家拥皆有20处以上遗产地，但同一年却还有43个缔约国连1处世界遗产地都没有。而且前10国家的世界遗产地总数共计303处，达全球“世界遗产”总数的35.6%，已超过全数851处世界遗产地的1/3以上，显见在遗产地申报及遗产地管理保护工作上，不同国家无论在实力与能力上皆有极大差距，已成为遗产地所在国家失衡的主要原因。

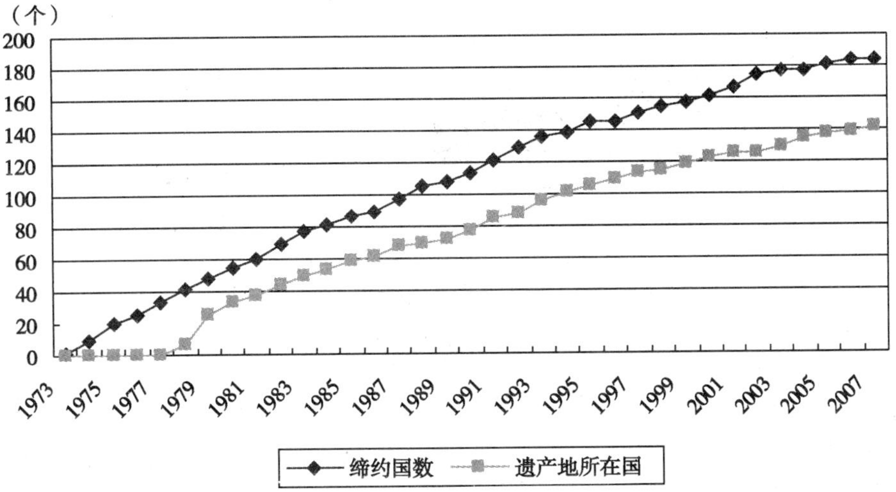

图 2－8　《世界遗产公约》缔约国与遗产地所在国比较

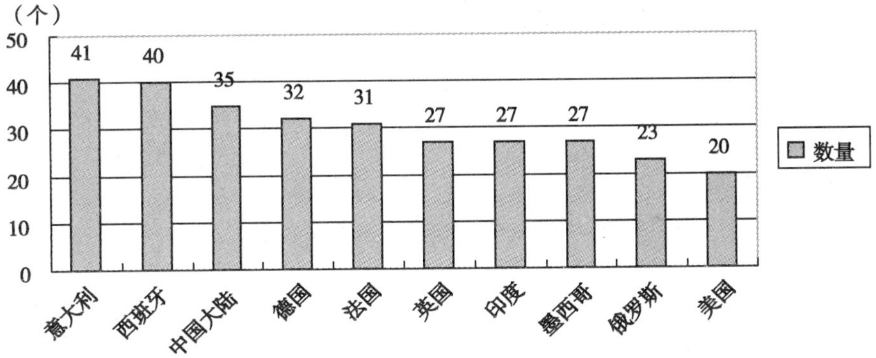

图 2－9　2007 年登录世界遗产前十名国家

3. 遗产地分布地域失衡

《世界遗产名录》中出现的第三种失衡现象，是世界遗产地的分布地域失衡。对原本应当平衡代表不同文化形式、宗教信仰和地域分布的“世界遗产”来说，遗产地的地域失衡，不但形同漠视不同地域和文化的价值平等，也将失去世界遗产建制普适全球人类的崇高目标。以 2007 年总数 184 的公约缔约国分布来看，非洲地区为 43 国，占全球缔约国数的 23%；阿拉伯地区为 18 国，占全球比率 10%；亚太地区为 40 国，占全球比率 22%；欧洲北美地区为 51 国，占全球比率 28%；拉丁美洲地区为 32 国，占全球比率 17%，如图 2－10。

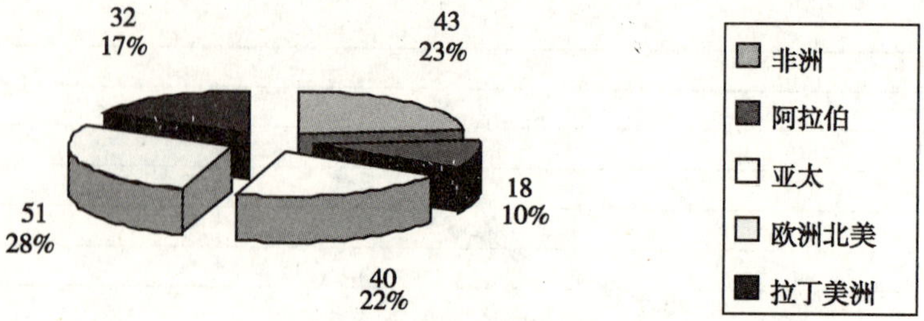

图 2－10　2007 年《世界遗产公约》缔约国分布比较

但同时间《世界遗产名录》中遗产地的分布，则为非洲 74 处，仅占全部名录的 9%；阿拉伯地区 63 处，比率占 7%；亚太地区 174 处，比率为 20%；欧洲北美地区 423 处，比率达 50%；拉丁美洲地区 117 处，占比率 14%，如图 2－11。

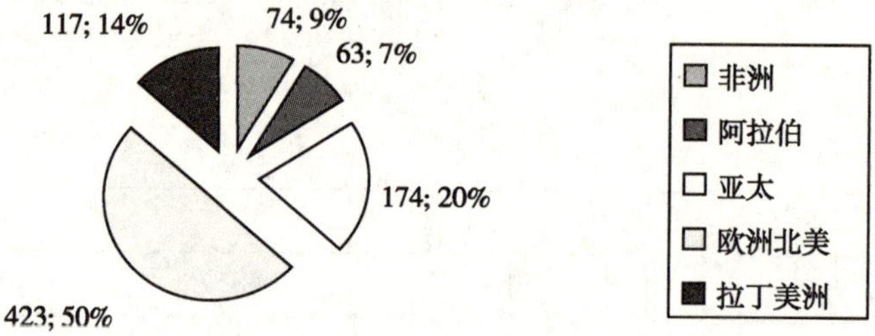

图 2－11　2007 年世界遗产地分布比较

以上述两项数据相较结果，显示各地区缔约国占全部缔约国的比率和已获登录世界遗产地占全部名录之比率不成正比。欧洲北美地区仅有 28% 的缔约国，却拥有全球一半的世界遗产地，非洲有全球 23% 的缔约国，世界遗产地则仅占 9%，其他三个地区虽然缔约国比率和世界遗产地比率之间的差距较小，但世界遗产地比率均低于缔约国比率 2%—3%，显示遗产地过度集中欧洲北美地区的现象所造成的负面影响。各地区缔约国与遗产地之数量和所占比率之不平衡状况比较，分别如图 2－12 和图 2－13 所示。

造成世界遗产地之地域分布失衡的原因，一方面与各地区普遍的国家环境和条件有关，欧洲北美地区以发达国家居多数，在推动“世界遗产”意识和保护世界遗产地等相关工作上起步较早，在世界遗产建制中居于优势地位，列入《世界遗产名录》中的遗产地占全球半数并不意外。而非

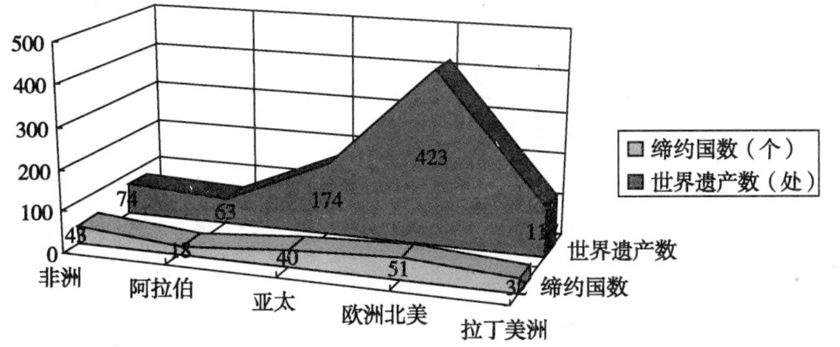

图 2－12　2007 年世界遗产与公约缔约国分布数量比较

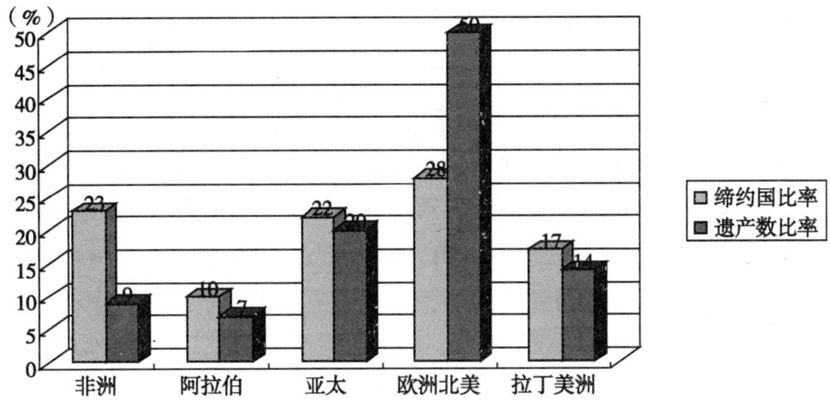

图 2－13　2007 年世界遗产与公约缔约国分布比率比较

洲地区无论在所处环境和本身条件上，大部分国家仍有所不足，“世界遗产”相关工作的推动普遍遭遇较多困难，因此占遗产地录之比率远落于占全球缔约国比率之后。另一方面，世界遗产建制系由欧美国家保护文化遗址和自然环境的意识兴起后逐渐推动而形成，“世界遗产”的遗产定义、登录标准和实际评估审查的条件要求一直难脱“欧洲中心主义”的议论，而相关协力咨询国际组织中的专家中亦多数为欧美人士，加上申报相关资料现仍要求以英文和法文为主，因此欧美地区的遗产地在评估和审查过程中，确实较其他地区来说有更多的优势和便利。

以上所述之五大方面负面效应，联合国教科文组织、世界遗产委员会、世界遗产中心与相关组织及国家，一直希望通过两大层面的努力来加以解决。

第一个层面的努力主要是就世界遗产建制本身的规范加以改善。包括三个方面：其一，改进《世界遗产名录》本身的完善性，对已列入名录的世界遗产地加强监测，及时检讨补列《濒危世界遗产清单》；并对现有遗产地严予管控，一旦遗产地无法改善保护管理不力现况而失去“突出的普遍价值”时，则可能依规定程序将其从《世界遗产名录》中除名。其二，协助仍未有遗产地列入名录的缔约国申报遗产地，强化评选时的地域和文化考量，让名录更具平衡性和代表性。其三，鼓励跨国申报，激发国际合作和协力保护遗产地之意识。

首先，在加强监测已列入名录的世界遗产地的具体作为上，依照《世界遗产公约》的相关规定，委员会本应在必要时制订、更新和出版一份《濒危世界遗产清单》，将《世界遗产名录》中已遭遇严重或特殊的危险威胁，需要采取重大行动加以保护并给予国际援助的遗产地均予列入。依据公约本文所言之危险，包括：蜕变加剧、大规模公共或私人工程、城市或旅游业迅速发展计划造成的消失威胁；土地的使用变动或易主造成的破坏；未知原因造成的重大变化；随意摒弃；武装冲突的爆发或威胁；灾害和灾变；严重火灾、地震、山崩；火山爆发；水位变动；洪水和海啸等。而且委员会在紧急需要时无须待年度世界遗产委员会会议召开，可随时在《濒危世界遗产清单》中增列新的濒危遗产地并立即予以发表。①

依世界遗产会员会通过的《操作准则》，为列入《濒危世界遗产清单》的遗产地列出了四项基本要件：②

（1）该处遗产地必须列名于《世界遗产名录》中。

（2）该处遗产地必须已遭严重的特殊危险威胁。

（3）对该处遗产地需采取必要的重要保护行动。

（4）该处遗产地需依照公约规定申请援助，此项申请不以遗产所在国为限，得由世界遗产委员会委员国或公约秘书处提出。

而《濒危世界遗产清单》的具体列名标准，按照《操作准则》的规定，具以上基本要件的遗产地若符合以下各项标准之一者，即得列入：

---

① 《世界遗产公约》第 11 条第 4 款。

② World Heritage Center, *Operational Guidelines for the Implementation of the World Heritage Convention* 2005, pp. 46 - 47.

（一）文化遗产部分：①

1. 确认危险

（1）材质遭重大损坏。

（2）构造或装饰外观遭重大损坏。

（3）建筑或城镇规划一致性遭重大损坏。

（4）都市或乡村空间，或者自然环境遭重大损坏。

（5）历史真实性严重损失。

（6）文化意义重大损失。

2. 潜在危险

（1）遗产地法定地位改变，保护程度减低。

（2）保护政策措施欠缺。

（3）地区开发计划引致威胁。

（4）城镇规划引致威胁。

（5）武装冲突的爆发或威胁。

（6）地质、气候或其他环境因素的渐次变化。

（二）自然遗产部分：②

1. 确认危险

（1）濒临绝灭物种或遗产地中明文保护之其他具突出普遍价值的物种数量剧减，无论出于自然因素——如疾病，或出自人为因素——如猎捕。

（2）自然美景或具科学意义之遗产地遭各种重大损害，如人类聚落、集水区兴建于遗产地重要保护区域，工业和农业开发—包括农药和肥料使用，大规模公共活动、采矿、污染、伐木、薪柴采集等。

（3）人类侵入遗产地的边界或上游地带，致威胁其完整性。

2. 潜在危险

（1）该区域的法定保护地位改变。

（2）遗产地内的移居规划或开发计划，引发对遗产地的影响性威胁。

（3）武装冲突的爆发或威胁。

（4）管理计划或管理体系欠缺、不适宜或未完全施行。

---

① World Heritage Center, *Operational Guidelines for the Implementation of the World Heritage Convention* 2005, pp. 47 – 48.

② Ibid., pp. 48 – 49.

无论如何，建立《濒危世界遗产清单》并非为了惩罚缔约国和遗产地之管理当局管理不善，或认为该遗产地已遭损害到不可挽救的程度。其主要目的还是要通告全球：某处世界遗产地已遭受严重威胁，并请求各界采取有效措施，协助遗产地所在国家和管理当局改善现有状态，达到积极保护的目标。不过现实情况则是，对于境内有遗产地被列名《濒危世界遗产清单》的国家来说，虽然部分国家确实寄望能借此得到国际注目，获得实质性的财政支援和专业援助。但更多国家仍将遗产地名列《濒危世界遗产清单》视为极不光彩之事而力求避免。① 不管是哪一种情况，《濒危世界遗产清单》的存在，对有关国家来说还是具有相当正面的意义——亦即为了避免境内遗产地被列入濒危清单，所以将会激发其采取更多有效的先期保护措施，同时也重视世界遗产建制中的定期报告和监测作为，对监测发现的相关缺失也会力予改进。而这些过程和行动对世界遗产地来说，都是相当必要且颇具积极性的机制。②

被列入《濒危世界遗产清单》的遗产地，数量时增时减，许多被列入濒危清单的遗产地在经过相关国家采取必要行动努力维护和补救，且经评估和审查确有改善之后将会由清单中除名。其历年增减情形如表 2－8。

表 2－8　　历年濒危世界遗产统计表（1980—2007 年）　　单位：处

1980	1	1994	16
1981	1	1995	17
1982	1	1996	18
1983	2	1997	22
1984	2	1998	24
1985	5	1999	23
1986	6	2000	27
1987	7	2001	30
1988	7	2002	33
1989	7	2003	35
1990	7	2004	35
1991	8	2005	34
1992	9	2006	31
1993	15	2007	30

资料来源：World Heritage Centre，http：//whc. unesco. org/，作者自行统计。

① 晁华山：《世界遗产》，第 233 页。

② World Heritage Centre，http：//whc. unesco. org/en/158.

在2007年所有的30处濒危遗产地中，非洲地区有12处，阿拉伯地区有5处，亚太地区有6处，欧洲北美地区有3处，拉丁美洲为4处。[①]显示受威胁的遗产地和所在地区的发展程度有关，发展程度越高者，保护意识亦高，对改善历年监测中所发现的缺失较为积极；发展程度较低者则遗产地亦较易遭到破坏和威胁，对监测所列之缺失较无余力改善。以国家来看，其中以刚果有5处位居首位，阿富汗和象牙海岸各2处居次，此三个国家的遗产地皆因遭到战乱影响或难民流窜而受到破坏，显见战争所造成的祸乱确实对遗产地构成了重大威胁。另以类型言，文化遗产有17处，自然遗产有13处，比率虽为57%：43%，但如与所有遗产地总数中文化遗产占77%、自然遗产占20%的比率相较，自然遗产遭受威胁的程度显然偏高。

至于名列《世界遗产名录》中的现有遗产地如何认定已丧失资格而予除名，依据《操作准则》的规定，遭除名的遗产地需符合两项要件：[②]一是遗产地的保护管理恶化扩大，已丧失其登录《世界遗产名录》时所具备的特色；二是遗产地在提名当时原所拥有的本质已遭人为威胁，以及缔约国在当时曾提列的必要改善措施未在规划时间内执行。

若已符合上述两项条件后，遗产地所在国即有义务通知公约秘书处加以处理。此外，公约秘书处如接获来自遗产地所在国以外的举报时，应尽一切可能查证举报内容，并与遗产地所在国协商及要求说明。公约秘书处另亦须将相关情况送请协力咨询国际组织进行专业评估。相关各造的所有资讯，最后则送达世界遗产委员会，在经过与遗产地所在国进一步商议后，即可对此遗产地是否应予除名进行正式审议，如经三分之二委员国出席且经三分之二参与表决者投票同意，就可将该处遗产地从《世界遗产名录》中剔除。除名的决议除通知遗产地所在国之外，并将由世界遗产委员会公开通报，以示警惕和表达遗憾。[③]

不过，除名的规定虽然已存在多年，但毕竟"世界遗产"名号得之不易，各遗产地所在国在接受监测评估之后，多半会努力配合改善被发现的疏失，避免落入《濒危世界遗产清单》中，更不用提若遭遇除名的威

① World Heritage Centre, http://whc.unesco.org/en/danger.

② World Heritage Center, *Operational Guidelines for the Implementation of the World Heritage Convention* 2005, p. 51.

③ Ibid., pp. 51－52.

胁时，一定极力补救，所以一直未有遗产地除名的情况发生。直到 2007 年，第 31 届世界遗产委员会终于打破前例，决议将阿曼的“阿拉伯羚羊保护区”（Arabian orxy Sanctuary）从《世界遗产名录》中予以剔除。主要的原因是该保护区面积已骤减 90%，且阿拉伯羚羊数量剧减，目前仅存 65 只，其中更仅余 4 对具繁殖能力而即将在当地灭绝，因此在世界遗产委员会激烈讨论后同意将其除名，成为全球第一处遭开除的世界遗产地。①

此处遭首开先例开除的“阿拉伯羚羊保护区”，此前虽已是连续第三年被世界遗产委员会要求就监测提出说明，但最终经评估结果认定此一保护区已名存实亡，不再符合“世界遗产”的标准，因此在未经列入《濒危世界遗产清单》的程序下即直接予以除名。此项决定也宣告了并非只有濒危清单中的遗产地才有可能被除名，而是所有的世界遗产地都要努力改善保护管理缺失，时时注意维护保存其原有的价值，否则都有惨遭开除命运的可能性。

其次，针对尚无遗产地列入名录的国家，世界遗产建制一方面协助其改进并积极申报遗产地，另一方面则采取强化评选时之地域和文化考量，让名录能更具充分的文化和地域代表性。前所述及的 1979 年第 3 届世界遗产委员会中已对遗产地类型失衡的严重性作出不少决定。但随着《世界遗产名录》中的遗产地数量增多，遗产地所在国家失衡和遗产地分布地域失衡两项问题也逐渐凸显，因此在历届公约缔约国大会和世界遗产委员会中对这些失衡现象均多所关注及讨论。经过多次召开相关专家会议及进行多年研究后，世界遗产委员会终于在 1994 年第 18 届世界遗产委员会通过“全球策略”（Global Strategy），成为强化世界遗产地均衡性的主要工作重点。②“全球策略”的目的是促进《世界遗产名录》的代表性、均衡性和可信性，并希望有更多缔约国皆能有世界遗产地获得登录。③ 为了落实这项策略，2000 年于澳大利亚凯因斯举行的第 24 届世界遗产委员会，对于“全球策略”的施行提出具体方案并获得通过，这项方案被称

① World Heritage Centre，http：//whc. unesco. org/news/362.

② 葛蓝・艾波林：《文化遗产鉴定、保存与管理》，刘蓝玉译，五观艺术管理公司 2005 年版，第 269 页。

③ World Heritage Center，*Operational Guidelines for the Implementation of the World Heritage Convention* 2005，p. 15.

为“凯因斯决定”（Cairns Decision），其主要内容为：（1）限制各缔约国每年仅得提名1件遗产地申请列入《世界遗产名录》，唯尚无世界遗产地登录之国家则可不受限制。（2）每年受理世界遗产地的申报提名总件数不得超过30件。[①]

施行这项决定的目的，主要是平衡遗产地所在国家不均和遗产地分布地域不均等两项失衡现象，同时也避免《世界遗产名录》的过速成长，形成遗产地管理和保护工作上的新难题。不过在2004年于中国大陆苏州举行的第28届世界遗产委员会，经过中国大陆和阿根廷提议，会议又同意将“凯因斯决定”作部分修正，新的规定被称为“苏州决定”，修正内容为：[②]（1）自2006年起，各缔约国每年提名遗产地申请列入《世界遗产名录》之数量由1件放宽为2件，但其中1件必须为自然遗产。（2）每年受理世界遗产地的申报提名总件数不得超过45件。（3）遗产地之受理顺位为：现仍无遗产地登录的缔约国之提名申报；任何缔约国提名之现仍无具体代表或较少具体代表之文化和自然遗产类型；其他提名申报。

再者，“全球策略”也鼓励跨国共同申报遗产地，以激发国际合作和协力保护意识。由于文化遗产出于历史因素，其遗迹位址所散布的地域可能跨越两国或多国；或自然遗产之组成地形、地貌或地理特质跨越多国且具有不可分割之特性，因此由相关国家共同提名，不但更能有效保护遗产地，亦能加强相邻国家采取共同措施，增进密切合作关系，所以也逐渐为世界遗产建制所积极重视并加以倡导和鼓励。[③] 截至2007年为止，登录《世界遗产名录》的跨国遗产地共有20处，其中有19处为跨两国遗产地，1处为跨十国遗产地，如以类型来看，跨国文化遗产为9处，跨国自然遗产亦为10处，跨国双重遗产则为1处。

为了应对上述多项“世界遗产”申报提名的新措施，不少缔约国对于年度提名世界遗产地的做法也加以调整，目前的主要趋势有三：其一，增加现已登录遗产地之扩展项目申报（唯此做法仍受每年受理总件数限额之限制）。其二，强化大型综合性遗产地、跨国遗产地、双重遗产地或

① 郭万平：《世界自然与文化遗产》，第11—12页。

② World Heritage Center, *Operational Guidelines for the Implementation of the World Heritage Convention* 2005, pp. 16 - 17.

③ 刘红婴：《世界遗产精神》，第203页。

文化景观之提名申请。[1] 其三，加强自然遗产之提名申报。

关于改进各种负面效应的第二层面的努力范围则更为广泛，主要从缔约国与相关国际组织着手，针对“世界遗产”概念与相关保护作为予以积极强化，包括世界遗产管理、世界遗产教育、世界遗产旅游以及世界遗产法制等方面，均因应时势需要，配合缔约国与相关国际组织加以改进。

在世界遗产管理方面，着重要求各缔约国成立遗产主管机构，指导和监测遗产地管理当局的相关措施，包括建设规划、遗产保护、灾害防治、人才训练和社区共生发展等，并通过经验交流和研习，使各地遗产地的保护和管理都能步上正轨。[2]

在世界遗产教育方面，延续早年联合国教科文组织着重青年和青少年遗产教育规划的努力，进一步推广成人倡导教育，并由相关机构组织次第展开全球性的研究教育计划，且通过各国大学院校和研究机构进行策略联盟，培训专业师资，推展“世界遗产”理念。[3]

在世界遗产旅游方面，强调观光旅游务必以世界遗产地的永续保护为前提，对遗产地的旅游规划需同时进行环境维持、生态保育与再生再造的妥善计划，一方面实施总量管制，减少人为的观光损害和资源消耗。另一方面则安排知性的深度旅游体验，使遗产地旅游不但能达到休闲功能，而且还能深入改变游客思想观念，体会遗产地存在的重要性，并进一步参与实际的保护行动。[4]

在世界遗产法制方面，除要求缔约国依照公约规定在国内法制方面加以配合，以建立适宜的法律、科学、技术、行政和财政措施外，[5] 在国际上则通过与其他公约建制或环保体系的紧密联系，构成健全的遗产保护与生态维护网络，其合作范围涵盖同为联合国教科文组织所推动的《保护非物质文化遗产公约》（*Convention for the Safeguarding of the Intangible Cultural Heritage*）、《保护和促进文化表现形式多样化公约》（*Convention on the Protection and Promotion of the Diversity of Cultural Expressions*）、《保护水下文化遗产公约》（*Convention on the Protection of the Underwater Cultural*

① 郭万平：《世界自然与文化遗产》，第 12 页。

② 罗佳明：《中国世界遗产管理体系研究》，第 76—77 页。

③ 刘红婴：《世界遗产精神》，第 28—29 页。

④ 保罗·伊格尔斯等：《保护区旅游规划与管理指南》，张朝枝、罗秋菊译，第 62—63 页。

⑤ 《世界遗产公约》第 5 条。

Heritage）与《人类与生物圈计划》（*Man and the Biosphere Programme*, *MAB*），以及其他的重要国际公约如《国际重要湿地公约》（*Convention on Wetlands of International Importance*，简称《拉姆萨公约》，Ramsar Convention）和《生物多样性公约》（*Convention on Biological Diversity*）等。其他有利的措施还包括规划建立遗产地保护数据资料库，制止劫掠和盗卖行为。甚至将破坏遗产地行为定罪的咨询工作也已在巴米扬大佛遭炮火摧毁后展开，在可预见的未来，“反人类共同遗产罪”或将有实施的可能性，希望能借此稍阻世界遗产地再三遭人为恶意破坏的情况。①

无论如何，世界遗产建制之发展也是与时俱进的，随着时空环境改变和遗产地所受的不同威胁形式变化，而采取日新月异的执行措施和因应对策。不过世界遗产建制的主要目的却始终如一，也就是要集合所有可能的力量，妥善保护和管理全球各地的人类共有资产，让具有突出普遍价值的遗产地皆能永世流传，成为历史文明和自然演化的最佳见证。

① 刘红婴：《世界遗产精神》，第253页。

第三章　中国大陆参与世界遗产建制的过程

第一节　改革开放前后的中国大陆文化遗址与自然环境保护

中国近代由于政权更迭、战乱频仍，加上连年涝旱和饥荒，不但人民颠沛流离，文化遗址和自然环境也屡遭破坏。在18世纪列强入侵后，许多传教士、探险家与学者进入中国内陆地区，为了致富、猎奇、玩赏或研究目的，以各种方式进入文化遗址掠夺许多珍贵古物，或者采集自然资源，而毁损遗址、古迹和生态环境。较知名者如敦煌壁画和藏品大量遭外国人士偷盗出境，以及英国将茶树带到印度半岛栽植等，但国人却习以为常，浑然不觉有异。因此，中国的文化遗址和自然环境保护工作和保护意识，较诸欧美日各国来说，起步甚晚。

以文化遗址保护来说，中国真正出于保存和保护目的之系统化科学研究，起自20世纪20年代。如1922年设立于北京大学的考古学研究所，1929年创办的中国营造学社等。之后国民政府方于1930年颁布《古物保存法》和《古物保存法实施细则》，并于1932年设置中央古物保管委员会。不过却因为往后十数年战火纷扰，时局动荡，在许多方面其实力有未逮。①

国共内战之际，解放军临入北京之前曾洽请清华大学教授梁思成编写《全国重要文物建筑简目》，列出450处文物遗址及《古建筑保护须知》，要求各级军政干部对册列遗址加以保护。② 然而在中华人民共和国成立之后，对于文化遗址保护的态度和相关措施却经常发生矛盾和反复。一方面希望对遗址采取具体保护措施，所以从20世纪50年代至60年代，也曾

---

① 阮仪三：《城市遗产保护论》，上海科学技术出版社2005年版，第33—34页。

② 王景慧：《历史文化名城保护理论与规划》，中国文物研究所编：《古物·古建·遗产：首届全国文物古建研究所所长培训班讲义》，北京燕山出版社2004年版，第32页。

先后发布许多相关保护法规，如表3-1。

表3-1　中国大陆保护遗址相关法规（1949—1966年）

发布时间	法规名称
1950年	《关于保护古文物建筑的指示》
1950年	《关于名胜古迹管理的职责、权利分担的规定》
1951年	《地方文物管理委员会暂行组织通则》
1951年	《在基本建设工程中保护文物的规定》
1953年	《关于在农业生产建设中保护文物的规定》
1956年	《关于古文物遗址及古墓葬之调查发掘暂行办法》
1961年	《文物保护管理暂行条例》
1961年	《国务院关于进一步加强文物保护和管理工作的指示》
1963年	《文物保护单位保护管理暂行办法》
1963年	《关于革命纪念建筑、历史纪念建筑、古建筑、石窟寺修缮暂行管理办法》
1964年	《古建筑、古墓葬发掘暂行管理办法》

资料来源：李其荣：《城市规划与历史文化保护》，东南大学出版社2003年版，第45页。

但在另一方面，法规保护却徒具形式，难收实效。出于现实经济发展的需要，其保护工作并未全面贯彻。1955年中共中央发出对文物和遗址"重点保护、重点发掘、既对文物保护有利，又对基本建设有利"的指导方针，将文化遗址保护的范围限定在重点文物单位，因此仍以大规模经济建设为重。[①] 但更大的祸害则是出于意识形态因素和政治动员考虑，大肆破坏文化遗址和历史建筑。以北京为例，在北京成为首都后，对于北京旧城发生"原地改造"和"原地保留，易地发展"两种意见的争论，前者以苏联专家为首，认为城墙、护城河乃是封建主义的余绪；[②] 后者则是由学者梁思成和陈占祥提出的结合旧城建筑的功能性规划，被称为"梁陈方案"[③]，梁思成并以北平都市计划委员的身份致函市长聂荣臻和总理周恩来说明详情，却被许多人认为与中央"一边倒"政策背道而驰，结果

① 罗佳明：《中国世界遗产管理体系研究》，第49页。

② 博野：《现代化进程中文物建筑保护的步步为营》，萧默主编：《建筑意第二辑》，中国人民大学出版社2003年版，第27页。

③ 原题为《关于中央人民政府行政中心区位置的建议》，由梁思成、陈占祥二人合写于1950年2月，自印百份后分送有关机关参考。

原地大规模改造的方案获得采纳，北京旧城开始遭到严重破坏。① 1951—1957 年间陆续拆掉永定门及城墙，1952 年拆毁长安左门和长安右门，1954 年地安门也遭拆除，1958 年的《北京市总体规划说明》甚至提出要拆除包括紫禁城在内的所有城墙。紫禁城虽幸未遭殃，但北京外城墙终在1967 年间全被拆毁。② 梁思成本人则因其竭力主张保存传统建筑和遗址，而在日后的反浪费运动、“反右”斗争乃至“文化大革命”中屡遭批判，甚至被戴上“反动学术权威”的大帽子，难以善终。③ 另外包括正阳桥、东西长安街、东交民巷等多处明清牌楼，元代大庆寺双塔等古建筑，也在交通流畅的需求下纷纷拆除。④ 其他地方当局因此也视古建筑和遗址为累赘，于是在扫除封建的思潮下迭遭破坏，特别是大小城镇的古城墙和门楼皆在扩大城区，发展建设的需要下纷纷扫平而荡然无存。⑤

到了以“打倒一切”为目的之无产阶级“文化大革命”时期，在耸动的“破四旧”（旧思想、旧文化、旧风俗、旧习惯）口号及行动引领下，对文化遗址的破坏更为严重。各地楼阁、门墙、瓦当等传统建筑构件及寺庙中的佛像、雕塑等具有传统文化和宗教意涵的古建筑和古遗址，被砸被毁事件触目惊心，随处可见。⑥ 如颐和园佛香阁中的佛像遭红卫兵砸碎，曲阜孔庙被山东红卫兵砸烂，西藏的各处寺庙受损害更是惨重。仅以北京来说，据不完全统计，1958 年文物普查中已列管的 6843 处重点文物古迹中，竟有 4922 处在 1966 年 8—9 月的短短两个月时间内即遭砸毁。⑦ 当时在“首都红卫兵革命造反战果展”中，满地陶瓷碎片竟达一尺厚。而北京造纸总厂和 20 多个分厂所负责焚毁的文物，每天也多达 20 余吨。后来中共中央发出《关于在无产阶级大革命中保护文物图书的几点意见》

---

① 王军，“梁陈方案的历史考察”，建筑杂志（台北），第 55 期（2002 年 1 月），第 100 页。

② 何任：《城市建筑意的杰作——北京中轴线的演变》，见萧默主编《建筑意》第一辑，中国人民大学出版社 2003 年版，第 35 页。

③ 陈志华：《五十年后论是非》，王瑞智编：《梁陈方案与北京》，辽宁教育出版社 2005 年版，第 114 页。

④ 罗哲文、杨永生主编：《失去的建筑》，中国建筑工业出版社 2002 年版，第 18—28 页。

⑤ 阮仪三：《城市遗产保护论》，第 36 页。

⑥ 博野：《现代化进程中文物建筑保护的步步为营》，第 27 页。

⑦ 王年一：《1949—1989 年的中国——大动乱的年代》，河南人民出版社 1988 年版，第 70 页。

后，光北京一地捡回的瓷器、青铜器便达5万多件、古缮本书300吨。[①]远离中央之外的其他城镇，无政府状态更为严重，情况显然更加凄惨。全国各地遗址、博物馆可说全面被砸，连属于“国家重点文物保护单位”的河南洛阳龙门石窟中价值连城的无数佛头都被砸掉。事实上在文化遗址中，除少数曾获得中央明令派兵保护外，大多数皆未能在“文化大革命”中幸免于难。如沈阳和山东多处西方古典教堂，苏州多座上千年庙宇与林园，成都贡院城，丽江玉皇阁、木氏土司府署等处，虽皆大半列名“地方重点文物保护单位”，却也都难逃砸毁和拆除的命运。[②] 再如敦煌月牙泉旁的2座道观，竟被拆除并利用其木料改建成阶级教育展览馆，月牙泉更在“农业学大寨”运动中被抽干池水进行垦荒，导致缺水情况迄今难以恢复。[③] 甚至许多乡村地带的古塔也在“文化大革命”号召下，一座座遭炸药轰平。[④] 而包括考古学者和文化遗址专家在内的知识分子在“文化大革命”期间屡遭迫害，对于历史建筑和文物遗址的维护工作与经验传承，更有长远的不利影响。

改革开放后，文化遗址所面临的是另一种威胁，经济建设和社会发展所进行的工程开发，成了破坏文化遗址的主要原因。城镇化、城市更新、产业基础建设等皆造成文化遗址的大规模破坏。更由于此类破坏行为多出自政府部门主导，因此更难遏阻而有日渐加剧之势。[⑤] 举上海为例，起自1978年开始的各类城市基本建设中，通过改建和扩建方式进行的比率逐年增加，至1987年已达60%（如表3－2）。亦即当时已有接近2/3的建设是通过拆除旧建筑而重建，其中虽有不少确属不堪使用的老旧建筑物，但也不乏拥有历史价值的文化遗址或古建筑在内，都被不分青红皂白地仅为建设目的而滥拆乱建，在毫无规划下对于文化遗址的盲目破坏，实不言可喻。

① 金珠：《我对文物保护是执着的——记文物保护专家谢辰生先生》，《中国文化遗产》2004年夏季号（总第2期），第70页。

② 详参罗哲文、杨永生主编《失去的建筑》。

③ 吴良镛：《城市特色美（二）——城市保护与发展》，萧默主编：《建筑意》第五辑，中国电力出版社2006年版，第4页。

④ 赵淑静主编：《楠溪江乡土建筑研究和保护——陈志华》，云南人民出版社2004年版，第51页。

⑤ 徐嵩龄：《第三国策：论中国文化与自然遗产保护》，科学出版社2005年版，第52—53页。

表 3－2　上海市基本建设新建、改建、扩建项目投资额比较
（1978—1987 年）

年份	投资额（亿元人民币）		占投资额比率（%）	
	新建	改建、扩建	新建	改建、扩建
1978	8.21	5.95	56.8	41.2
1979	11.23	9.38	53.2	44.4
1980	19.11	6.52	74.3	25.3
1981	19.69	10.32	63.9	33.5
1982	27.49	15.62	63.0	35.8
1983	27.11	15.40	63.0	35.8
1984	28.86	17.48	60.9	36.9
1985	30.14	25.32	52.8	44.4
1986	35.71	34.70	50.5	48.6
1987	31.82	55.94	34.4	60.4

资料来源：张松：《历史城市保护学导论——文化遗产和历史环境保护的一种整体性方法》，上海科学技术出版社 2001 年版，第 2 页。

虽然国务院已在 1982 年颁布《文物保护法》，同时也公布了第一批“历史文化名城”，以及相应的《关于保护我国历史文化名城的指示的通知》和《关于加强历史文化名城规划工作的通知》，保护全国主要地域中的文化遗址虽已有正式的法律根据，但具体上却很难落实，各地政府为谋取利益而主动破坏的情事仍层出不穷。而在利益动机驱使下，另一种怪异的情况则是不知保护的具体措施为何而错乱执行，如北京 1982 年为企图恢复以前人文荟萃的琉璃厂风光，做法竟然是将琉璃厂原有的古建筑物拆光，重新翻建成全新的堂皇古式建筑。未料此举竟受到不少人称许而全国风靡，结果各地纷纷拆掉真正的历史建筑进行改建，如南京的夫子庙、承德的清风市场“清代一条街”、开封的“宋街”，都是新建的仿古建设，根本与历史文化毫无干系。① 另开封和洛阳两个古城在 1984 年也分别投入 4 亿人民币进行文化遗址改建，后来却因极少游客造访，最后只能另拨经费拆除，成为工商建设经验中的笑谈。② 以上种种夸张的开发建设行

① 赵中枢：《中国历史文化名城保护理念与规划的若干问题》，徐嵩龄、张晓明、章建刚编：《文化遗产的保护与经营——中国实践与理论进展》，第 174 页。

② 阮仪三：《城市遗产保护论》，第 63 页。

径，对于永远无法复原的文化遗址和历史建筑物来说，不啻是最严重的打击。

再就自然环境保护而言。虽说中国历朝历代的许多文人皆以向往自然为风尚，并以诗词歌赋赞咏山光水色，不过其旨趣是融入生活，期盼在自然环境中洗涤内在、修养身心以达至高无上的境界，尚难称为现代意义的环境保护意识。而对于一般平凡百姓来说，自然环境是提供生活资源的处所，取用天然资源养活性命最为重要，特别是天灾人祸不断的时期，大量采伐自然资源也是度过危难的普遍现象。此种情况在“文化大革命”期间并未有所改善，反而因为人口大幅增加而变本加厉。因此就自然环境保护的角度来观察，中国大陆在改革开放前及改革最初的一段时期的作为几近失控，毫无保护自然与维护生态的概念与作为。究其原因，部分虽出自环境条件的限制，但更多则应归因于漫无节制的人为开发和破坏所造成。

从现实地理环境来看，中国本就是一个多山的国家，山区占全国土地面积60%以上，原已不利整体农业发展，然而却有过重的人口压力造成对粮食供应的需求紧张，相对狭小的可耕地和珍贵的水资源也不得不投入经济收益最低的粮食生产，最后连不适合生产粮食的地带也不得不加以开拓垦殖。先天不良加上后天失调的结果，对自然环境产生长年不利的影响。特别是因为种种人为政策的失当，如20世纪50年代至70年代“以粮为纲”的农业生产目标，或者80年代片面诉求经济发展而无节制的滥采资源，都对各地的自然生态造成严重的破坏，终至难以挽回的地步。①

如森林方面。20世纪50年代初期，为适应经济建设需要，决定对东北、内蒙古等地的原始森林进行开发，60年代后又为应对大型建设对木材的巨量需求，再度决定将森林开发范围扩及四川、云南等地，并调集上百万人民进行砍伐。尤其在1958年社会主义总路线、生产“大跃进”和人民公社化等“三面红旗”政策和“超英赶美”口号指导下，各地进行“全民大炼钢”、办理公共食堂和农牧垦荒，大量天然林遭到掠夺式砍伐而完全摧毁。至改革开放后，人口不断增加和经济逐渐发达的结果，造成可用土地不足，于是增加山林地带的垦殖范围，80年代初期复因地方财源考量而开放林木经营，结果在发展需求下，再度加快天然林的巨大消

---

① 中国社会科学院环境与发展研究中心：《中国环境与发展评论》（第一卷），社会科学文献出版社2001年版，第276—277页。

耗，森林资源遭严重破坏，对林业生态和水土保持都造成重大负面影响。[①] 以水土保持来看，中国系全世界水土流失最严重的国家之一，20世纪50年代初期全国流失水土已达150万平方公里，而90年代初期更扩展为179.4万平方公里，由此而衍生出包括风蚀、水蚀等作用造成滑坡、土石流等现象，对山地植被和自然生态皆造成严重破坏的后果。[②]

又如沙漠化现象，中国现已称得上是全球沙漠化最严重的国家之一。虽然中国北方地区的沙漠化现象由来已久，据考证在公元10世纪以前就已逐渐出现，但20世纪以来的沙漠化却更进一步恶化，估计现有62.4%的沙漠化土地是1900年以后才形成的。70年代沙漠化的扩展速度为每年1560平方公里，至80年代竟扩增为2100平方公里，可见恶化情况系逐年加剧。[③] 沙漠化的主因是人口增加和错误的垦荒政策所致，亦即人类活动增加与自然资源的滥采，造成自然生态、原生植被和土壤结构的破坏，结果就是沙漠化现象无法遏阻。[④]

再如水资源方面。由于中国是农业大国，农业用水达总用水量的70%，但近半数农业灌溉区却位于缺水严重的黄河、淮河、海河等流域，春天农作期又逢降水稀少期，耕作缺水的结果不但影响粮食生产，也对城市和工业用水造成不利影响。由于人口增加，50年代较突出的水灾问题到70年代转为城市缺水问题，于是增加开发地表水，如当年北京、天津缺水问题就以兴建密云水库来解决。惟80年代后在经济发展和城市化的需求下，城市供水排挤农业用水，农业用水于是转向地下水源，地下水位急剧下降，破坏土层结构。[⑤] 但城市用水却仍然严重不足，在70年代黄河流域的缺水城市已有154个，至80年代倍增为300个，总缺水量达54亿立方公尺。同时出现的还有黄河局部断流现象，70年代黄河断流总天数为78天，80年代则已增加为91天。[⑥]

还有湖泊湿地方面。自50年代以来，由于经济需要与人口成长，几

---

① 中国社会科学院环境与发展研究中心：《中国环境与发展评论》（第一卷），社会科学文献出版社2001年版，第136—137页。

② 同上书，第32页。

③ 同上。

④ 同上书，第146—147页。

⑤ 同上书，第364页。

⑥ 胡筝：《生态文化：生态实践与生态理性交会期的文化批判》，中国社会科学出版社2006年版，第50—51页。

度鼓吹垦荒造田、兴修水库和开采地下水源，加上滥围、滥垦、滥捕及滥采的结果，各地的湖泊湿地大量消亡。70年代初，包括罗布泊、居延海等干旱地区的大型湖泊皆已先后干涸；其中罗布泊据考证曾达2万平方公里之广，《汉书》亦记载其"广袤三百里，其水停居，冬夏不增减"。于20世纪30年代时还有3000平方公里的面积，50年代尚余2平方公里，[①]但由于60年代兴建多座水库的影响，终导致水源断绝而于1972年寂灭。[②]而从1977年至1985年，全中国的天然湖泊水量再度减少19%，面积消减11%。另以湿地来看，[③]在40余年间，沿海湿地缩减200万公顷，红树林湿地也由5万公顷缩减至不足2万公顷，至于内陆湿地缩减速度更快，如东北地区的三江平原，自50年代开始大规模开垦后，已让300万公顷的湿地变成农田。[④]又如新疆地区的湖泊面积在50年代时仍有9700平方公里，60年代缩小为8800平方公里，80年代则再缩为5505平方公里。[⑤]

在生态资源方面，由于生态环境保护意识薄弱，在改革开放后，又片面追求经济利益，对生态资源的掠夺性开采也对自然环境造成了可怕的影响。以北方草原地带的两项特产——发菜和甘草来看，1982—1993年间，中国大陆出口发菜799吨，创汇达3126万美元，却是造成沙漠化的主因之一。甘草则在同时期也出口17万吨，采收总量超过60%，不但甘草资源本身遭到过量侵夺，同时也造成草原退化的现象。其他多项特产如天麻、杜仲、冬虫夏草等也因采收过量而濒临灭绝。更恶劣的行为则是盗采资源，如桂林附近的钟乳石连年被不法之徒割售，至1991年时估计当年仍出口达32吨以上，使当地喀斯特地形和石灰熔岩地貌严重毁损，永无恢复之日。[⑥]除此之外，优养化和外来物种的侵扰所造成的生态破坏也相当严重，如滇池在60年代以前仍有水生植物16种、水生动物68种，因优养化及外来植物繁殖，到了80年代水生植物中的大部分已相继消亡，

---

① 王炳华：《沧桑楼兰：罗布卓尔考古大发现》，浙江文艺出版社2002年版，第122—123页。

② 胡筝：《生态文化：生态实践与生态理性交会期的文化批判》，第65页。

③ 中国社会科学院环境与发展研究中心：《中国环境与发展评论》（第二卷），第33页。

④ 中国社会科学院环境与发展研究中心：《中国环境与发展评论》（第一卷），第178—180页。

⑤ 中国社会科学院环境与发展研究中心：《中国环境与发展评论》（第二卷），第298页。

⑥ 中国社会科学院环境与发展研究中心：《中国环境与发展评论》（第一卷），第241—242页。

水生动物种类也仅存一半。①

对于自然环境的种种破坏，又以西北和西部地区最为严重。西北地区原本就是广阔的高原、山区和沙土区，土地贫瘠，水土流失严重，与中国其他地区相较属于多重贫困地带。但50—70年代为了解决粮荒问题，在西北地区先后发起多次伐林毁草全力垦荒的行动，破坏森林达300万亩，草原1亿亩，自然生态破坏的结果反而形成大量土地的沙漠化。如1958年“大跃进”时期为改变“牧区无农业、牧民不种地”的传统生活形态，将全国最大的内蒙古呼伦贝尔草原列为国家垦荒重点区，先后建造25处国营农场，草原改造为耕地的面积达1000万亩，未料垦殖活动将地下土层的粉沙翻出表面，形成风沙活动区而风蚀沙化，结果短短3年即荒废226万亩土地，原来的大草原竟逐渐变成沙漠。② 然而西北和西部地区却是整个中国的主要河流发源地，沙漠化对中国大陆水流和水质的负面影响不言而喻。

综合以上所述，中国大陆的文化遗址和自然环境之所以在20世纪50—80年代屡屡出现保护不力、惨遭摧残的情况，有几项主要原因。

（一）传统思维

在中国传统思维中，基本上并无保护文化遗址和自然环境的概念。就文化遗址来说，古迹皆需累积千百年才能造就其价值，然而大部分文化遗址本来就难以长存，因为不时发生的战乱定会殃及现存的历史建筑，朝代兴替时也通常会将前朝建筑刻意毁坏重新改建，甚至承平时期也会扩建既有建筑来彰显堂皇的威势。非但皇室如此，王公贵族和民间百姓也通常持如是观，结果就是无止境的破坏与重建。而自然环境对中国官员和百姓来说，一般都认为是提供人们取用不尽的天然资源的处所，无论粮食不足或饥馑荒年之时，解决方式就是大量开发山林与辟土垦荒。惟此法在人口不多的时期尚能偶尔一采，到了50年代以后，中国大陆人口成长膨胀时就难免竭泽而渔，酿成更大的危害。

（二）意识形态

中共以无产阶级革命起家，将封建主义与帝国主义、官僚资本主义同

---

① 胡筝：《生态文化：生态实践与生态理性交会期的文化批判》，第69页。

② 中国社会科学院环境与发展研究中心：《中国环境与发展评论》（第一卷），第363—365页。

列为阻碍中国进步的“三座大山”。而文化遗址正可称得上是封建主义的残留代表，也是权贵阶级剥削平民百姓的负面遗产，留之无益，除而后快。所以从“反右”斗争到“文化大革命”，各地的文化遗址通常首当其冲，难以幸免。加上追求“多快好省”的跳跃式发展，不顾一切代价，只愿追求表面上的经济成长的做法，因此不仅文化遗址，更严重戕害自然环境。尤其人口急增的压力造成天然资源过度垦伐，使自然环境所受的伤害更为巨大。

（三）生活形态

中国人口众多，近五十年来更成长迅速，但中国适合人居的地区和可耕地都集中在东部，西部大部分地区多山少雨，人口稀疏。大量人口集中在东部的结果，人均耕地和人均资源变少，对人民生活的压迫更高。同时50—80年代人民生活形态多数停留在农渔业，极度仰赖环境条件生存。然为求众多人民的生存则需要更快速的社会发展，因此过度开发利用有限的土地资源就成为一条不归路。在此情况下，文化遗址和自然环境极易遭损坏毁弃以换取开发的便利，而同时过度的开发也会造成污染和生态破坏，影响自然环境。

（四）经济建设

经济建设是现代国家进步的发展重点，就中国大陆来说，无论是50年代的生产“大跃进”或80年代的改革开放，皆是中国大陆因应国家发展需要所提出的建设对策。不过，对以农立国的中国来说，经济建设所涉层面甚广，原需要更详尽的规划才能有效率地执行。然而中国大陆各地的经济建设，绝大多数皆属追求一时短效而不顾一切后果，只追求眼前利益的结果，就是经济建设建立在大幅牺牲文化遗址和自然环境的基础上，因之付出文化遗址和自然环境永难恢复的代价，也就难以避免了。

（五）法规制度

无论从法制体系、法规范围和法规内容来看，中国大陆在80年代以前，对于文化遗址和自然环境的保护法规实在相当欠缺，制度亦欠健全。更因为主管机关执行力度不够，即使有少数基础法规可依却也无力贯彻执法，特别是政府机关和相关官员出于各种原因的纵容，使文化遗址和自然环境保护经常流于形式，根本无法达到保护的目的。

（六）财政支援

文化遗址和自然环境的保护和维护工作，都需要耗费庞大的经费，而且要持之以恒、不予间断才能达到一定程度的保护成果。但对80年代以前的中国大陆来说，国力有限，急需要解决的现实问题又太多，文化遗址和自然环境保护议题属于施政末节而难以兼顾，其优先顺位在各级政府的施政目标中通常列在尾端，基本上无法编列太多预算可资支援保护工作的进行。长此以往，文化遗址和自然环境的保护也就难以有效进行。

（七）技术力量

50年代以后，虽曾仰赖苏联专家进行建设任务，但苏联自身对文化遗址和自然环境的保护意识基本上不如西方国家，而当时中国大陆亦无相关的保护技术需求，因此在文化遗址和自然环境保护和维护的技术力量上从苏联援助中受益不大。同时中国大陆长期以来在文化遗址和自然环境方面与西方国家交流甚少，包括人力、物力在内的西方先进保护及维护科技无法支援，造成中国大陆保护及维护技术力量始终不足，对文化遗址和自然环境保护工作的推展亦有严重的负面影响。

出于以上种种原因，中国大陆自50年代以来至改革开放前后的文化遗址与自然环境保护工作，非但乏善可陈，而且在种种人为因素的肆虐下，还造成前所未有的大破坏，损失难以估量，也成为中国大陆文化遗址和自然环境的大浩劫。

第二节　中国大陆参与世界遗产建制的过程与推动规划

随着20世纪80年代改革开放后，符合现代概念的相关政策陆续实施，中国大陆的经济与社会发展逐渐与国际接轨，许多价值观念也跟上国际潮流，而文化遗址和自然环境保护工作，在此情况下也逐渐接受西方的观念和技术而日有进展。如自80年代初期，便由中共中央主导，开始加强与文化遗址和自然环境相关的国际组织团体之合作，并派遣专家与技术人员前往国外接受训练，了解和研究国际上的先进理论与发展趋向。[①] 经

① 吕舟：《世界遗产保护与全球化思维》，《古物・古建・遗产：首届全国文物古建研究所所长培训班讲义》，第169页。

过多年的往来交流之后，“世界遗产”的概念终于有机会在中国大陆落地生根。

1984年，奉派前往美国康乃尔大学城市与区域规划学系担任访问学者的北京大学历史地理学教授侯仁之，从美国教授处得知联合国教科文组织所推动的《世界遗产公约》，对国际文化遗址与自然环境保护具有重要作用，缔约国并可因此获得资金和技术上的协助。[①]

此时，中国大陆已在1971年加入联合国教科文组织，并于1978年成立中国联合国教科文组织全国委员会（以下简称中国教科文全委会），专责与联合国教科文组织的联系合作事宜及工作整合。[②] 侯仁之于是从美国致函北京的中国教科文全委会，询问对《世界遗产公约》的看法，侯更在美国就近搜集“世界遗产”的相关资料带回北京。[③]

回国后，身兼全国政协委员的侯仁之，在1985年3月第六届全国政协第三次会议上，与同为政协委员的生物学教授阳含熙、文物保护专家罗哲文、古建筑保护专家郑孝燮导四人提出提案，建议中央早日加入《世界遗产公约》，并积极争取参加世界遗产委员会，以利重大文化和自然遗产的保存和保护工作。在提案理由中他们指出：中国为文明古国，地大物博，无论是在公约所述的文化遗产或自然遗产中所拥有的具世界性重大价值、而且应该积极保存和保护的对象，历历可数，其中为举世公认并已得到国际友人主动赞助进行维修和保护的，如万里长城和卧龙大熊猫自然保护区，即分别属于公约的文化遗产和自然遗产两大类别中，但因未参加公约，因此不能享有签约国应有的一切权益，更无助于推动这项有益于全人类的国际文化合作事业。同时因为实行开放政策，除去引进有利于四个现代化建设物质文明的各种技术、设备和资金外，也应积极参加并推动有益于国内，也有益于世界人民精神文明的国际文化科学事业，因此建议尽早参加《世界遗产公约》，并准备争取参加世界遗产委员会。[④]

事实上，中国教科文全委会早在1982年夏天就收到联合国教科文组织总部的来信，信中介绍《世界遗产公约》的概况，并期盼中国大陆加

① 慕琳：《中国第一批世界文化遗产的诞生》，《中国文化遗产》2004年夏季号（总第2期），第74页。

② 中国世界遗产年鉴编撰委员会编：《中国世界遗产年鉴2004》，第277页。

③ 王新建编：《世界遗产之中国档案》，中国青年出版社2004年版，第9页。

④ 中国世界遗产年鉴编撰委员会编：《中国世界遗产年鉴2004》，第21页。

入公约成为缔约国。中国教科文全委会虽曾为此向相关部委征询意见，但却进展缓慢。[①] 侯等四人的提案无疑对加入公约有推动作用，在中央关注下，中国教科文全委会随即展开与相关部委的积极协调。由于事权分散，必须协调的部委涵盖文化部、中国科学院、人与生物圈国家委员会、城乡建设环境保护部、林业部、外交部等，在终于获致建议加入的结论后，随即报请国务院批准。同年 11 月，国务院将加入公约的议案提交第六届全国人大常委会第十三次会议审议，并由文化部负责说明提案。在提案中，强调了公约的价值和加入的必要性，说明指出：由于自然和人为因素，在全世界的人类历史中具有重大价值的文化遗产和自然遗产，正受到损害和破坏，甚至濒临毁灭。同时认为由于经济和科技原因，国家一级对这些遗产的保护工作并不完善。因此为了更积极有效保存和保护国内丰富的文化遗产和自然遗产，促进国内在此方面与其他国家的国际合作，实有必要加入公约。全国人大常委会最后决议通过批准加入公约。[②] 12 月 12 日在向联合国教科文组织交存批准书后，中国大陆成为《世界遗产公约》的第 88 个缔约国。[③]

在加入公约次年初，中国教科文全委会已按照公约规定，着手展开世界遗产地的提名申报工作。依照分工协商，其中文化遗产部分应由国家文物局负责，自然遗产部分应由城乡建设环境保护部和林业部共同承担，中国教科文全委会则专责汇整及提名申报事宜。因为首度参加《世界遗产名录》的提名申报，所以经过讨论，相关机关对于遗产地的选定提出三点要求：第一，为便于对外宣传，首次提出的遗产地清单可优先考虑已列为国家级重点文物和动植物自然保护区域。第二，鉴于联合国教科文组织并非片面的财务援助性机构，在公约范围内的合作事项有赖双方共同努力，因之应优先考虑较具合作前景的项目。第三，需遵守国家现行文物和自然资源保护法的相关规定。除了以上三点要求，并认为各分工机关应兼顾每处遗产地需具历史、科学、艺术价值，富民族特色、允许外国人进入考察等现实因素。在这些前提下，最终由国家文物局和城乡建设环保部、林业部分别提交拟议提名的清单。

① 王新建编：《世界遗产之中国档案》，第 8 页。

② 慕琳：《中国第一批世界文化遗产的诞生》，第 75 页。

③ World Heritage Centre，http：//whc. unesco. org/en/statesparties/？ id = &region = &ordre = date_ adhesion.

1986年7月间，中国教科文全委会再度召集城乡建设环境保护部林园局、环保局以及林业部、国家文物局等单位研究遗产地申报事宜。在联合国教科文组织相关官员建议下，决定将首度提名申报的遗产地数量暂定为10处，其中文化遗产地6处，自然遗产地4处，以免提名遗产地过多，各地特色不能彰显而无法获得通过。最后在文化遗产部分由国家文物局提报“长城”、“故宫”、“敦煌莫高窟”、“秦始皇陵”、“北京猿人遗址”和“布达拉宫”等6处，自然遗产部分提报“大熊猫主要栖息地”、“天津蓟县中上元古界自然保护区”和“泰山”等3处，但“布达拉宫”后又因政治敏感性而临时剔除，于是将其他8处遗产地汇整修编后，在9月间由相关部委联合陈报国务院批准，再由中国教科文全委会将提名申报文本送交联合国教科文组织。

历经为时一整年的协力咨询国际组织之评估，以及世界遗产委员会主席团的审议之后，1987年12月世界遗产委员会正式决定通过将中国大陆所提名申报的8处遗产地之中的6处列入《世界遗产名录》（另2处——“大熊猫主要栖息地”予以缓议、“天津蓟县中上元古界自然保护区”则不予登录），第一批中国的世界遗产地于焉诞生。①

自1987年首批世界遗产地产生迄今，中国大陆在20年间已有35处遗产地获准登录《世界遗产名录》，包括文化遗产地25处，自然遗产地6处，文化与自然双重遗产地4处。世界遗产地总数名列全球第三位，仅次于意大利（41处）、西班牙（40处）。历年登录情形，详如表3－3。

表3－3　中国大陆历年登录《世界遗产名录》遗产地（1987—2007年）

登录年	遗产地	类　型	符合标准（C文化；N自然）（相关标准详见本研究第92—93页）	备　考
1987	长城	文化遗产	C①②③④⑥	
1987	泰山	双重遗产	N③／C①②③④⑤⑥	
1987	明清皇宫（北京和沈阳故宫）	文化遗产	C①②③④	2004年扩展
1987	莫高窟	文化遗产	C①②③④⑤⑥	

① 慕琳：《中国第一批世界文化遗产的诞生》，第75—78页。

续表

登录年	遗产地	类 型	符合标准（C 文化；N 自然）（相关标准详见本研究第 92—93 页）	备 考
1987	秦始皇及兵马俑坑	文化遗产	C①③④⑥	
1987	周口店北京人遗址	文化遗产	C③⑥	
1990	黄山	双重遗产	N③④／C②	
1992	九寨沟风景名胜区	自然遗产	N③	
1992	黄龙风景名胜区	自然遗产	N③	
1992	武陵源风景名胜区	自然遗产	N③	
1994	承德避暑山庄及周围寺庙	文化遗产	C②④	
1994	曲阜孔庙、孔林、孔府	文化遗产	C①④⑥	
1994	武当山古建筑群	文化遗产	C①②⑥	
1994	拉萨布达拉宫历史区	文化遗产	C①④⑥	2000/2001 年扩展
1996	庐山国家公园	文化遗产	C②③④⑥	
1996	峨眉山风景名胜区含乐山大佛	双重遗产	N④／C④⑥	
1997	平遥古城	文化遗产	C②③④	
1997	苏州古典园林	文化遗产	C①②③④⑤	2000 年扩展
1997	丽江古城	文化遗产	C②④⑤	
1998	北京皇家祭坛——天坛	文化遗产	C①②③	
1998	北京皇家园林——颐和园	文化遗产	C①②③	
1999	武夷山	双重遗产	N③④／C③⑥	
1999	大足石刻	文化遗产	C①②③	
2000	青城山和都江堰	文化遗产	C②④⑥	
2000	皖南古村落——西递和宏村	文化遗产	C③④⑤	
2000	龙门石窟	文化遗产	C①②③	
2000	明清皇家陵寝	文化遗产	C①②③④⑥	2003/2004 年扩展
2001	云冈石窟	文化遗产	C①②③④	
2003	云南三江并流保护区	自然遗产	N①②③④	
2004	高句丽王城、王陵及贵族墓葬	文化遗产	C①②③④⑤	
2005	澳门历史中心	文化遗产	C②③④⑤	
2006	殷墟	文化遗产	②③④⑥	整合后新标准
2006	四川大熊猫栖息地	自然遗产	⑩	整合后新标准
2007	中国南方喀斯特	自然遗产	⑦⑧	整合后新标准
2007	开平碉楼及村落	文化遗产	②③④	整合后新标准

资料来源：World Heritage Centre，http：//whc. unesco. org/en/statesparties/cn。

除了总数的优势之外，中国大陆现有的世界遗产地与其他国家相较，亦具有几项特点：①

（一）世界遗产地的三类型皆已齐备

如前所述，中国大陆目前在《世界遗产名录》中，三种类型——文化遗产、自然遗产、文化与自然双重遗产中均已有遗产地获得登录；另在文化景观部分，“庐山”当时在世界遗产委员会同意登录的评价中，亦赞许其系“具有极高美学价值，并与中华民族精神和文化生活紧密联结的文化景观”。②

（二）双重遗产的数量全球最多

中国大陆已有“泰山”、“黄山”、“峨眉山风景名胜区——乐山大佛”、“武夷山”等4项文化与自然双重遗产，占全球全部24处双重遗产中的1/6，且在所有缔约国中为数最多。其中于1987年列入《世界遗产名录》的“泰山”，更是全世界第一处获准登录双重遗产的世界遗产地。

（三）符合文化遗产全部标准的遗产地最多

世界文化遗产的标准共有6项，通常只要符合其中3项或4项就能列入《世界遗产名录》，如要符合全部6项标准并不容易。目前符合全部6项标准的遗产地仅有3处，除意大利的“威尼斯及其泻湖”（Venice and its Lagoon）外，另2处——“泰山”和“莫高窟”皆在中国大陆（三处同时于1987年获准登录）。

（四）拥有符合世界遗产最多标准的遗产地

到目前为止，《世界遗产名录》中的遗产地，仅有2处以符合文化遗产和自然遗产合计10项标准中达到7项之多的高水准获得登录，一处为澳洲的“塔斯马尼亚荒野公园群”（Tasmanian Wilderness），另一处是中国大陆的“泰山”。

（五）拥有世界遗产地最多的城市

自1987年以来，北京市已有“长城”、“明清皇宫”、“周口店北京人遗址”、“北京皇家祭坛——天坛”、“北京皇家园林——颐和园”、“明清

---

① 陈来生编《世界遗产在中国》，第9页。

② World Heritage Centre，http：//whc. unesco. org/en/list/778/；中国世界遗产网，http：//www. cnwh. org/cnsites/nls/ls1. htm.

皇家陵寝”等6处世界遗产地，乃是全球拥有最多世界遗产地的单一城市。

再就统计数据来分析，以2007年中国大陆三种类型——文化遗产（25处）：自然遗产（6处）：文化与自然双重遗产（4处）的比率为71.4%：17.2%：11.4%，与同时期全球的三种类型遗产比率77%：20%：3%相较，可知双重遗产的比率大幅超前，但文化遗产和自然遗产的占有率则略为偏低。

但如就遗产地数量占《世界遗产名录》中各项遗产类型的个别比率来看，中国大陆文化遗产地占全球3.79%，自然遗产地占3.61%，文化与自然双重遗产地则占16.00%，三类型合计占《世界遗产名录》总数的4.11%，较诸2006年所占的3.98%更为增加，在目前世界遗产建制积极追求世界遗产地所在国家分布均衡的趋势中，显得异军突起，特别醒目。2007年比较情形如图3-1所示。

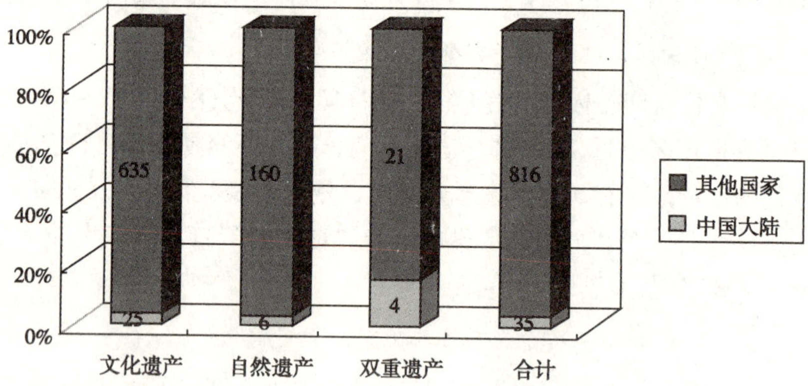

图3-1　2007年中国大陆占全球世界遗产数量及比率图

其次，就三种遗产类型的比率来看，中国大陆与其他前五名的国家相较，其遗产类型的比率显然较为均衡，如图3-2所示。

以2007年文化遗产数量（比率）：自然遗产数量（比率）：双重遗产数量（比率）来比较，全球第一名的意大利为40（97.6%）：1（2.4%）：0（0%），第二名西班牙为35（87.5%）：3（7.5%）：2（5%），第四名德国为31（96.9%）：1（3.1%）：0（0%），第五名法国则为29（93.6%）：1（3.2%）：1（3.2%）。与中国大陆的比率71.4%：17.2%：11.4%相比，其他4国过度偏重文化遗产（均超过90%）的失衡情况相当明显，中国大陆的情况相对之下较佳。

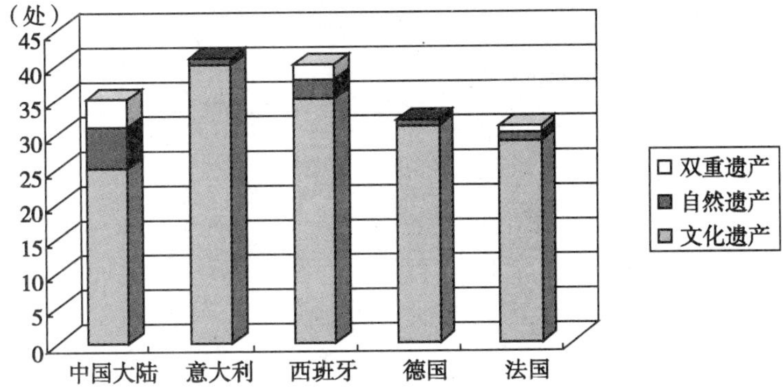

图 3－2 2007 年中国大陆与世界遗产大国之类型比较

再次，就全球前五名国家的世界遗产地之增长速度来比较，结果如图 3－3所示。

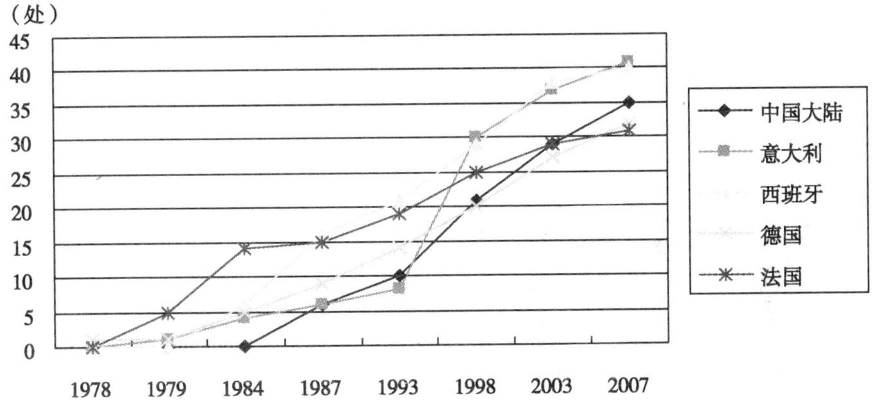

图 3－3 中国大陆与世界遗产大国登录遗产增长速率比较图

德国在 1978 年就拥有第一批世界遗产地，意大利和法国在 1979 年产生第一批世界遗产地，西班牙则是在 1984 年获得第一批世界遗产地。而中国大陆最晚，直到 1987 年才有第一批世界遗产地。但中国大陆的遗产地数量在 1998 年已超过德国，2003 年后超越法国，至今其世界遗产地总数已稳居全球第三位。

中国大陆发展“世界遗产”的成果，如果从亚太地区各国的遗产地类型和数量情况来看，其优势显然更加突出。先就中国大陆世界遗产地在亚太地区所占的比率来看，如图 3－4 所示。

按中国大陆各种遗产类型占亚太地区总数的个别比率来看，文化遗产

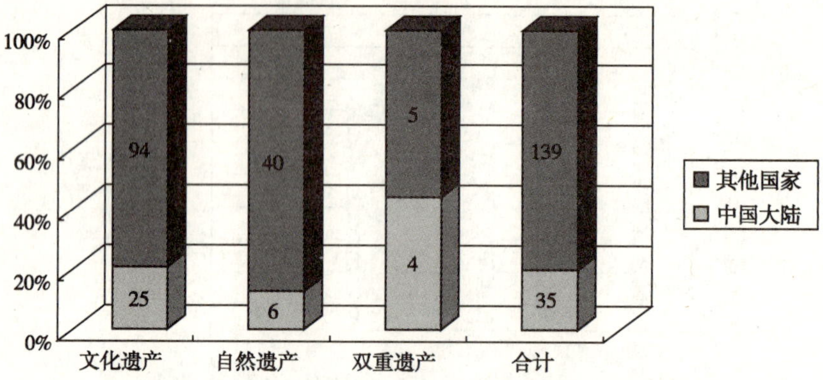

图 3－4 2007 年中国大陆占亚太世界遗产数量及比率

地 25 处，占亚太总数 119 处的 21.00%；自然遗产地 6 处，占亚太总数 46 处的 13.04%；文化与自然双重遗产地 4 处，则占亚太总数 9 处的 44.44%。三种类型合计 35 处，则占亚太总数 174 处的 20.11%，为全亚太地区世界遗产地总数的 1/5，稳居首位。

再将中国大陆的世界遗产地类型分布与亚太地区第二至第五名的国家进行比较，如图 3－5 所示。

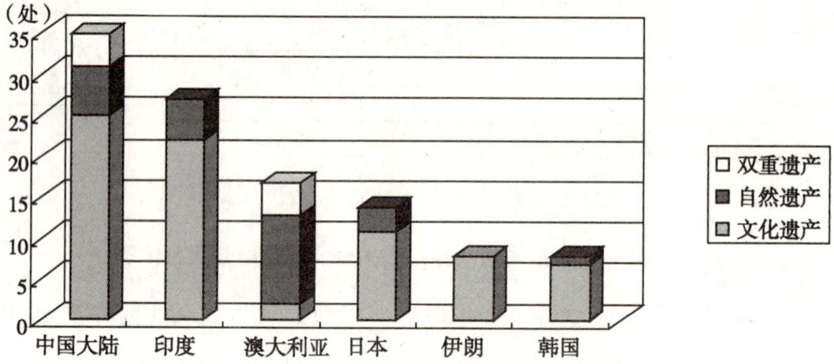

图 3－5 2007 年中国大陆与亚太国家世界遗产数比较图

亚太地区居第二位的印度 2007 年文化遗产数量（比率）：自然遗产数量（比率）：双重遗产数量（比率）为 22（81.5%）：5（18.5%）：0（0%），第三位澳大利亚为 2（11.8%）：11（64.7%）：4（23.5%），第四位日本为 11（78.6%）：3（21.4%）：0（0%），第五名伊朗为 8（100%）：0（0%）：0（0%），同列第五的韩国则为7（87.5%）：1（12.5%）：0（0%）。其中伊朗完全为文化遗产，印度、日本和韩国皆无双重遗产，澳大利亚则偏重自然遗产，而中国大陆的比率71.4%：17.2%：11.4%，与其他国家相较显得平衡许多。

中国大陆与印度、澳大利亚、日本、伊朗和韩国等国的世界遗产地增长速度加以比较，结果则如图3-6所示。

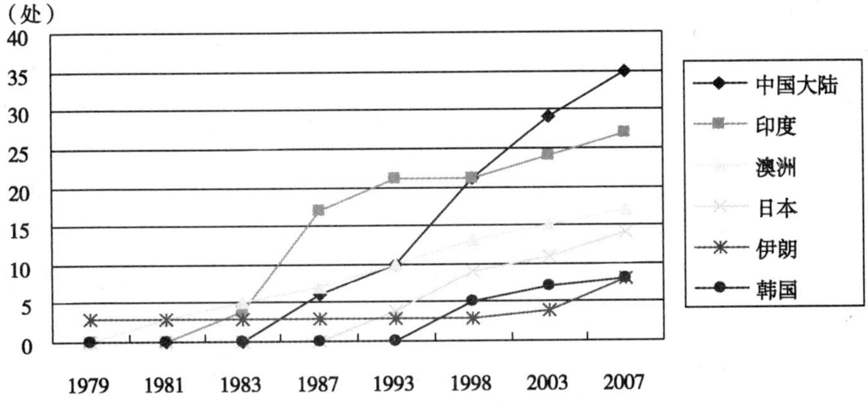

图3-6　中国大陆与亚太国家世界遗产增长速率比较

伊朗在1979年就拥有第一批世界遗产地，澳大利亚和印度的首批世界遗产地则分别在1981年和1983年产生，另外日本加入公约较晚（1992年），所以迟至1993年才有第一批世界遗产地，韩国则更晚，直至1995年才得到第一批世界遗产地。中国大陆在1987年获得第一批世界遗产地的同时，数量便超越伊朗，1993年的数量已与澳大利亚相同（10处），与印度的数量则在1998年追平（21处），此后更一路成长，迄今已远远超越其他亚太各国。

从以上各国登录《世界遗产名录》的发展结果来看，可确知中国大陆在世界遗产建制中的表现极为积极，此虽与中国幅员广大、历史悠久、文化传统博大精深有关，但也与中国大陆各界对“世界遗产”的热潮有极密切的关系。然而中国大陆之所以在近年形成风靡“世界遗产”的现象，除了国内外环境影响因素（此部分将在本研究第四章和第五章加以探讨）之外，政府有关部门在规划和推动相关工作上的努力亦不可忽视。这些规划与推动工作的成果，可就以下三大方面来分析：

第一，主管部门在业务推动上的落实。

依据《世界遗产公约》以及与公约同时通过的《关于在国家一级保

护文化和自然遗产的建议》，各缔约国均应设立一个或多个专门的公共行政部门，负责有效地执行文化和自然遗产相关职能。[①] 而中国大陆目前在政府体制上，这项工作由建设部、国家文物局和中国教科文组织全国委员会等机构分别负责，以履行国家责任。其中建设部主管自然遗产、双重遗产和文化景观，国家文物局则主管文化遗产，[②] 并由中国教科文全委会协调参与联合国教科文组织的国际活动与合作。三者之分工与业务执掌，分述如下。

（一）中国联合国教科文组织全国委员会

在上一章中曾述及，中国教科文全委会成立于 1978 年，系由教育部统筹主管的机构，并由教育部指派一名副部长兼任主任。其组成则包括以下三大类共 29 个部委和机构：[③]

1. 国务院职能部门：教育部、外交部、科学技术部、文化部、国土资源部、建设部、水利部、资讯产业部、对外贸易与经济合作部、财政部、国家广播电影电视总局、国家体育总局、新闻出版署、国家海洋局、国家文物局、国家地震局。

2. 国家级公共机构：中国科学院、中国社会科学院、新华社以及中央电视台；

3. 全国性非政府组织和机构：中华全国总工会、中华全国青年联合会、中华全国妇女联合会、中国科学技术协会、中国作家协会、中华全国新闻工作者协会、中国教育学会、中国国际文化交流中心、中国对外翻译出版公司。

从上述部委和机构的数量和业务范围的广度及复杂度，可见中国大陆对于参与联合国教科文组织的活动确实颇为重视，中国教科文全委会在文化和科学方面所进行的各种国际合作方案，也成为这些部委和机构积极争取参与的项目。

另外，中国教科文全委会的常设工作机构为秘书处，亦设在教育部下。秘书处之主管为秘书长，下设教育处、科学文化处和综合处，工作人

---

① 《世界遗产公约》第 4 条与《关于在国家一级保护文化和自然遗产的建议》第 13 条。

② 博闻：《中国世界遗产保护体制概论》，中国文化年鉴编辑委员会编：《中国文化遗产年鉴 2006》，第 29 页。

③ 中国联合国教科文组织全国委员会，http://www.unesco.org.cn/ViewInfoText.jsp?INFO_ID=150&COLUMN_ID=02。

员均由教育部任命调派。① 而在世界遗产领域中，中国教科文全委会有关的主要工作有以下四项：②

1. 协调业务主管部门遴报及提名世界遗产地项目，并负责整合国内报批和对外申报工作。

2. 负责组织、协调国内人员出席世界遗产领域的公约缔约国大会和世界遗产委员会之会议及相关研究讨论活动。

3. 组织、安排联合国教科文组织官员、协力咨询国际组织专家的评估、业务考察与监测活动。

4. 负责实施青年世界遗产教育项目。

（二）国家文物局

主管文化遗产的国家文物局，其专责业务单位是文物保护司下辖的世界遗产处，成立于2002年，主要业务项目为：③

1. 负责中国大陆文化遗产管理工作，协助有关部门进行历史文化名城、历史文化街区、村镇、风景名胜区的管理工作。

2. 负责中国大陆文化遗产项目的提名申报、遴选、指导、审核、监督、管理等工作，并起草相关规章。

3. 负责列入《世界遗产名录》中的文化遗产地之监测和报告工作。

4. 协助有关部门审定历史文化名城、历史文化街区和村镇保护的有关法规与规章。

5. 负责历史文化名城、历史文化街区和村镇保护规划的审核。

6. 负责国家级风景名胜区和城市总体规划的审核。

7. 参与历史文化名城专项保护资金项目的审核。

8. 负责首都规划建设委员会等单位的联络工作。

9. 承担中国国际古迹遗址理事会（ICOMOS/China）秘书处的日常工作。

（三）建设部

主管自然遗产、双重遗产和文化景观的建设部，由城市建设司的风景

---

① 中国联合国教科文组织全国委员会，http：//www. unesco. org. cn/ViewInfoText. jsp? INFO_ ID = 148&COLUMN_ ID = 02。

② 沈荣：《“中国联合国教科文组织全国委员会与中国世界遗产事业》，中国文化年鉴编辑委员会编《中国文化遗产年鉴　2006》，第28页。

③ 中国世界遗产年鉴编撰委员会编《中国世界遗产年鉴2004》，中华书局2004年版，第277页。

名胜处负责相关业务，该处成立于1983年，主要业务内容为：[①]

1. 负责国家重点风景名胜区和世界遗产的申报审核工作。

2. 负责国家重点风景名胜区整体规划的审核工作。

3. 负责国家重点风景名胜区近期规划和重大建设规划的审核工作。

4. 组织有关风景名胜区的政策、法规和技术等方面的专题调查研究工作。

5. 负责国家重点风景名胜区和有关世界遗产地的保护监督工作。

6. 组建国家风景名胜区的资讯数据资料库。

7. 运用卫星定位、网际网络、遥感技术等高科技资讯方法对风景名胜区实施动态监测工作。

8. 组织风景名胜区相关的科普宣传工作。

以上分属三大部委的相关机构，对于“世界遗产”业务的分工范围，无论是拟议相关法规，协调其他部委配合事项，督促各级地方政府及遗产地管理单位按照国际标准执行相关规章，近年都已渐上轨道，此亦是中国大陆“世界遗产”概念与工作得以普受认同和蓬勃发展的主要因素。教育部、国家文物局与建设部三者之间的分工、管理与协调关系，如图3－7所示。

第二，国际参与的积极进行。

中国大陆在“世界遗产”领域的各项国际参与行动，随着与世界遗产建制的往来增加和世界遗产地的数量增多而越来越活跃，主要表现为以下几点。

（一）进入世界遗产建制的决策核心

中国大陆于1991年世界遗产公约缔约国第8届大会[②]与1999年第12届大会[③]中已两度获选进入世界遗产委员会，两次任期合计长达12年（1991—1997；1999—2005），并多次当选主席团成员；复于2007年第16届大会再以第一高票第三度当选世界遗产委员会委员国，展开新的4年任期（2007—2011）[④]。由于每年举行的世界遗产委员会是决定各国提名申

① 中国世界遗产年鉴编撰委员会编《中国世界遗产年鉴2004》，第278页。

② World Heritage Centre，http：//whc. unesco. org/archive/1991/clt－91－conf013－6e. pdf.

③ World Heritage Centre，http：//whc. unesco. org/archive/1999/whc－99－conf206－7e. pdf.

④ “中国以最高票当选世界遗产委员会委员国”，新华网，http：//news. xinhuanet. com/newscenter/2007－11/09/content_ 7037617. htm。

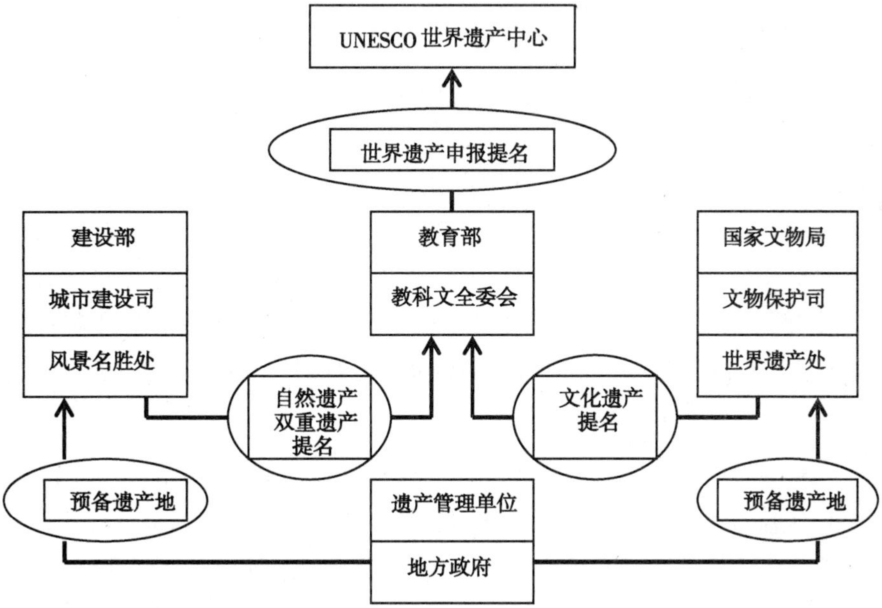

图 3－7　中国大陆世界遗产地申报提名管理图

报的遗产地是否准予登录《世界遗产名录》及《濒危世界遗产清单》的审议机构，并具有修订《操作准则》、世界遗产具体标准和相关议事规则，制订国际援助活动优先顺序，管理审议并决定世界遗产基金之使用等多项职权。因此，进入世界遗产委员会等于是进入世界遗产建制的决策核心，不但能参与并主导世界遗产建制的决策及有关规则的建立，并对中国大陆在推动“世界遗产”的相关工作上，具有多方面的助益。

（二）承办相关国际大型会议

经过多年争取，2002 年 6 月世界遗产委员会第 26 届会议决定隔年的第 27 届会议将在中国大陆苏州召开，唯 2003 年时因 SARS 风暴而临时改至巴黎联合国教科文组织总部举行，但也同意第 28 届会议仍在苏州召开，并终在 2004 年 6 月如期举行，会议主题定为“保护世界遗产，促进共同发展”。① 在中国大陆规划下，此次会议乃是有史以来时间最长、议题最多的一次会议。会中并通过中国大陆提议的“凯因斯决定”修正案即“苏州决定”，且于闭幕同时并由与会人员共同发表“苏州宣言”，呼吁国

① 中国文化年鉴编辑委员会编《中国文化遗产年鉴 2006》，第 388 页。

际社会和世界各国都要注重青年人在保护世界遗产中的作用，强化青年人的世界遗产教育。另外，2005年10月，国际遗产建制的主要协力咨询国际组织——国际古迹遗址理事会也在中国大陆西安举行第15届大会，共有来自80余国的上千位代表出席与会，大会主题为“城镇景观变化过程中的文化遗产保护问题”，最终并通过“西安宣言”，作为全球保护古迹遗址的通用原则，主张将原本着重文物本身保护的模式，进一步扩展到涵盖周边环境的保护。① 此两次大型国际会议不但对世界遗产建制相关的工作规则和原则有直接影响，同时也促进了中国大陆社会和一般民众对于“世界遗产”概念的关注，对各地的世界遗产热潮产生推波助澜的作用。②

（三）竞选国际组织领导职务

前曾述及，中国大陆教育部副部长章新胜于2005年底竞选联合国教科文组织执行局主席获得当选，其实章在此前已曾于2003年第14届大会中代表中国大陆当选世界遗产委员会主席。③ 另在西安举行的国际古迹遗址理事会第15届大会中，身兼中国国际古迹遗址理事会秘书长的国家文物局世界遗产处长郭旃也参选国际古迹遗址理事会副主席获得当选。④ 担任国际组织领导职务不但代表个别人士的荣耀，也是国际建制对与其所属国家在相关工作上的肯定，更重要的是将能参与决策，影响国际建制的政策走向，同时也更能掌握有关的资讯，对于中国大陆的“世界遗产”未来的发展，具有多方面效益。

（四）争取国际合作和援助

加入《世界遗产公约》后，中国大陆与世界遗产建制的合作关系进展极速，例如为提升遗产地保护专业科学技术的研讨会与培训班即次第展开，最早可溯及1986年与联合国教科文组织合办的“亚洲地区文物保护科学技术研讨会”，以及90年代开始举办的壁画保护、古建筑保护、石窟保护、木构建筑保护等科技培训班，由联合国教科文组织协助敦聘各国

① “第十五届国际古迹遗址大会发表西安宣言”，中国世界遗产网，http：//www. cnwh. org/news/news. asp？news =862。

② 杜晓帆：《联合国教科文组织与中国的文化遗产保护》，中国文化年鉴编辑委员会编《中国文化遗产年鉴2006》，第27页。

③ 1985—2003年大事记：《中国世界遗产年鉴2004》，第17页。

④ “ICOMOS新领导机构选出中国郭旃担任副主席”，中国世界遗产网，http：//www. cnwh. org/news/news. asp？news =864.

专家至中国大陆训练专业人员，至今则几乎每年皆举行国际研讨会与培训班期。至于国际援助方面，联合国教科文组织自1991年已开设长城保护基金专户，以专款专用的方式资助修复长城。之后又提供资金援助修复的中国大陆世界遗产地，包括黄山风景区、周口店北京人遗址、承德避暑山庄、丽江古城，以及苏州、北京、拉萨等地的传统街区保护。此外，在联合国教科文组织协助下所取得的海外资金援助，亦涵盖龙门石窟、交河故城、大明宫含元殿、库木吐喇千佛洞等地。[①] 国际合作范围和援助项目增多，对各级主管部门来说，其宣传效果不亚于资金注入，极有助于推展"世界遗产"概念与工作。而对于遗产地保护管理单位来说，则因有资金援助的直接利益，无论在财务或技术等实务管理层面，与国际接轨的意愿都会加快，对中国大陆各地来说，参与世界遗产建制也成为一项极富吸引力的诱因。

（五）合作设立国际专业研究机构

另一项让中国大陆直接受益的国际合作模式，则是在中国大陆设立国际组织直属的研究教育机构，此举不但能吸引各国专家学者前往研究讲学，而且通过频繁的国际交流，还能让该机构成为全球性的学术中心。目前中国大陆在"世界遗产"领域以此种方式进行的国际合作，包括联合国教科文组织世界遗产中心于2004年决定在苏州西南郊石湖风景区成立的"世界遗产研究教育中心"，此也是世界遗产中心首次创办的直属教育研究机构。[②] 另一项主要合作计划则是国际古迹遗址理事会于2006年10月在西安成立的"ICOMOS国际保护中心"（IICC），该中心乃是国际古迹遗址理事会首次设立的一处直属业务中心，也是西安出现的第一个国际组织分支机构。[③] 2007年5月中国大陆再度与联合国教科文组织世界遗产中心共同合作，创设"亚太地区世界遗产培训与研究中心"，并且于北京、上海、苏州三地正式挂牌运作。研究中心的总部设在北京，同时又分设北京、上海、苏州三个分中心。其中，北京研究中心设在北京大学内，负责

① 杜晓帆：《联合国教科文组织与中国的文化遗产保护》，中国文化年鉴编辑委员会编《中国文化遗产年鉴2006》，第26—27页。

② "世遗中心主任来苏州检查石湖景区将建世界遗产研究教育中心"，中国世界遗产网，http://www.cnwh.org/news/news.asp?news=416。

③ "ICOMOS国际保护中心落户西安"，中国世界遗产网，http://www.cnwh.org/news/news.asp?news=1068。

自然遗产领域之研究；上海研究中心设于同济大学，负责文化遗产领域研究；苏州研究中心则设于世界遗产地之一的耦园，以苏州大学的学术资源为基础，负责传统手工艺和技术的相关研究。① 该中心并已于2007年10月间分别送交联合国教科文组织第177届执行局会议与联合国教科文组织第34届大会正式批准在案。② 大会这些国际研究机构的次第成立，一方面代表国际组织对中国大陆的地位和相关工作推展的重视，另也将有助于推动中国大陆在世界遗产学术研究与教育等方面的进展，提升各界对于“世界遗产”的关注。

另外还有第三个方面，则是法规和制度的有效革新。不过此方面的规划与推动涉及国家政策、法律规章与体制的整体变革，牵涉范围广泛，又有诸多不同的层面值得深入探究，因此将留待下一节继续讨论。

第三节 中国大陆因应世界遗产建制的法规与制度变革

中国大陆在推动“世界遗产”工作的过程中，所发生的最大变化应属相关法令和制度的革新。法规和制度的变革并非中国大陆所独有的现象，因为依据《世界遗产公约》及与公约同时通过的《关于在国家一级保护文化和自然遗产的建议》之规定，缔约国本就有为了保护、保存和恢复遗产地而采取适当法律、行政和财政措施的义务；③ 同时也要求各缔约国应根据其司法和立法需要，尽可能制定、发展并应用一项主要政策，以协调和利用一切可能得到的科学、技术、文化和其他资源，达到确保有效保护、保存和展示文化和自然遗产的目的。④ 然而如前所讨论过的，中国大陆近现代以来，文化遗址和自然环境所受的破坏相当严重，虽然涉及历史、环境、政治和社会等诸多复杂因素，但包括法规和制度在内的法律及行政保护措施不足，无疑也是根本原因。因此在规划和推动“世界遗

① “亚太地区世界遗产培训与研究中心挂牌”，中国世界遗产网，http://www.cnwh.org/news/news.asp?news=1114。

② “亚太世界遗产培训与研究中心项目获批成立”，中国世界遗产网，http://www.cnwh.org/news/news.asp?news=1163。

③ 《世界遗产公约》第5条第4款。

④ 《关于在国家一级保护文化和自然遗产的建议》第3条与《关于在国家一级保护文化和自然遗产的建议》第18条。

产”时，法规和制度的配合革新，就成了中国大陆相关机构工作期程上的必要项目。而在历经十数年的摸索之后，其进展成果也显得相当突出而令人瞩目。以下即分别就法规和制度两个层面加以探讨。

一　法规层面

在联合国教科文组织的《关于在国家一级保护文化和自然遗产的建议》中，明文要求各缔约国应根据其本身文化和自然遗产的重要性，依照各国的法律权限和法律程序，以立法或法规单独地或集体地予以保护。① 而中国大陆对于文化遗址和自然遗产保护的法规建设工作，一开始虽与《世界遗产公约》并无直接相关，但随着参与世界遗产建制越来越深入，若干法令规章的细节却与公约相关规定内容更趋紧密结合，且以2000年以后的变化最为明显。此无疑与中国大陆的国际参与程度有关，一旦在国际建制的参与日深，国际所普遍接受的概念与要求就会对其产生影响力。易言之，中国大陆越发积极参与世界遗产建制，本身与遗产保护相关的法规，最终也必须与国际接轨，因此法规的大幅修订也是必然的结果。

事实上，自20世纪80年代至90年代，由于改革开放带动国家法制化的需要，与文化遗产和自然遗产相关的各种法规就已陆续进行修订及发布施行，举其重要者如下：

文化遗产部分：

1980年国务院发布《关于加强历史文物保护工作的通知》。

1982年全国人大通过《中华人民共和国文物保护法》。

1982年国务院发布《关于保护我国历史文化名城的指示的通知》。

1983年国务院发布《关于加强历史文化名城规划工作的通知》。

1987年文化部《纪念建筑、古建筑、石窟寺等修缮工程管理办法》。

1987年国务院发布《关于进一步加强文物工作的通知》。

1989年全国人大通过《中华人民共和国城市规划法》。

1991年国家文物局发布《中华人民共和国考古涉外工作管理办法》。

1992年国务院批准国家文物局发布《中华人民共和国文物保护法施行细则》。

---

① 《关于在国家一级保护文化和自然遗产的建议》第40条。

1993年国务院发布《关于在当前开发区建设和土地使用权出让过程中加强文物保护的通知》。

1994年国务院发布《历史文化名城保护规划编制要求》。

1997年国务院发布《关于加强和完善文物工作的通知》。

1998年国家文物局发布《考古发掘管理办法》。

2000年国家民族委员会发布《关于进一步加强少数民族文化工作的意见》。

2000年国务院发布《关于西部大开发中加强文物保护和管理工作的通知》。

自然遗产部分:

1979年全国人大通过《中华人民共和国森林法(试行)》和《中华人民共和国环境保护法(试行)》。

1982年国务院发布《中华人民共和国海洋环境保护法》。

1984年全国人大通过《中华人民共和国森林法》(其中涵盖划定自然保护区和保护有价值的野生植物与野生动物的规定)。

1985年全国人大通过《中华人民共和国草原法》(其中包括保护草原植物的规定)。

1985年国务院发布《风景名胜区管理暂行条例》。

1985年国务院发布《森林和野生动物类型自然保护区管理办法》(系根据《森林法》所制定的法规,其中规定选划森林和野生动物类型的自然保护区之范围。而多数省和自治区则根据本《管理办法》另制定了省级《森林和野生动物类型自然保护区管理办法细则》)。

1988年全国人大通过《中华人民共和国水法》(其中规范了保护植被和水生生物之相关措施)。

1988年全国人大通过《中华人民共和国野生动物保护法》和《关于捕杀国家重点保护和珍贵、濒危野生动物犯罪的补充规定》。

1989年全国人大通过《中华人民共和国环境保护法》(其中涉及自然资源保护和自然保护区的相关规范;并将自然保护区列为"影响人类生存和发展的自然因素之一")。

1993年农业部发布《中华人民共和国水生野生动物保护实施条例》。

1994年国务院发布《中华人民共和国自然保护区条例》。

1994年地质矿产部发布《地质遗迹保护管理规定》(其中对地质遗迹

类型保护区提出建设标准和管理要求）。

1995 年国家科委批准由国家海洋局发布《海洋自然保护区管理办法》。

1999 年国家环境保护局发布《关于申报和审批国家级自然保护区有关问题的通知》，转发国家级自然保护区评审委员会组织和工作制度、国家级自然保护区之评审标准。

然而，与文化遗址与自然遗产交关的法令系出多门，故造成中国大陆各地执行上难以落实的窘境。由于这些法规的主管部门不一，事权分散，即使先后公布施行，但对于世界遗产地的管理和保护工作的实质助益却相当有限，且对文化遗产和自然遗产相关工作的推动亦难收即效。因此在痛定思痛之后，2002 年 4 月 25 日经国务院统筹各方意见，下交由文化部、国家文物局、国家计委、财政部、教育部、建设部、国土资源部、环保总局、国家林业局等部委联合下发《关于改善和加强世界遗产保护管理工作的意见》作为保护管理工作的基本要求，在《意见》中指出中国大陆当前“世界遗产”保护事业所面临的问题和困难，要求各级政府务须树立“公约意识”，遵守国际规则，正确处理“世界遗产”保护与利用之间的关系，进一步加强对“世界遗产”的保护管理工作。这是中国大陆在正式法规命令中首次将“世界遗产”管理和保护当成中央重要政策来推动，也象征着“世界遗产”确实已成为国家主要的施政工作项目之一。[①]

2002 年，经国家文物局指导，由国际古遗址理事会中国国家委员会与美国盖蒂保护研究所（Getty Conservation Institute）、澳大利亚遗产委员会共同编写的《中国文物古迹保护准则》正式公布，该准则系中国第一部文物古迹保护规范，也是中国大陆在世界遗产保护领域国际合作上的一个重要成果。2002 年 10 月全国人大通过新修订的《文物保护法》，在顺应国内经济社会发展与国际规范的需求下，更新对文物保护的规定和要求，其中较重要的内容包括加强文物执法工作，落实文物检查及由国家表扬文物保护事迹等。国务院也于次年 5 月配合发布《文物保护法实施条例》，以落实贯彻文物保护。2003 年文化部亦发布《文物保护工程管理办法》，对各项文物修复工程进行有效规范，避免因工程失误而造成文物之

① “中国世界遗产保护大事记”，中国世界遗产网，http：//www. cnwh. org/news/news. asp? news = 1006。

不当损害。①

但更大的进展起于2004年2月，由国务院办公厅直接转发文化部、建设部、文物局等部门《关于加强我国世界文化遗产保护管理工作意见》的通知。针对世界遗产地管理保护工作之强化，提出更具体的要求。《意见》中指出：中国大陆若干世界文化遗产地已出现“重申报、重开发，轻保护、轻管理”的不良现象，认为某些地区对世界文化遗产进行超负荷利用和破坏性开发，且存在商业化、人工化和城镇化倾向，已根本危害世界遗产地。因此要求各级政府，应确保世界文化遗产的“真实性”和“完整性”，并召集国家文物保护的部级联席会议，负责审定世界文化遗产之保护规划，协调解决保护管理工作中发生的重大问题。在此次通知中，已明确警示各地对于世界遗产地的管理工作误失和保护力度不足等问题，并预告中央有意建立世界遗产地统合管理体制，直接介入各世界遗产地的管理和保护工作。

果不其然，在2005年12月22日，国务院正式下发《关于加强文化遗产保护的通知》（以下简称《文化遗产保护通知》），宣布国务院将特别成立由15个部委共同组成的全国文化遗产保护领导小组，将包括世界遗产地在内的文化遗产保护工作，全收由中央统筹规划，至此中国大陆的世界遗产地管理和保护终于迈入新的阶段。② 在《文化遗产保护通知》中，明确指出文化遗产保护的指导思想、基本方针，并对未来10年的总体目标进行规划。在《通知》中提出文化遗产保护阶段的目标：第一阶段，是2010年必须初步建立较完备的文化遗产保护制度，让文化遗产保护状况得到明显改善。第二阶段，是2015年须基本形成较为完善的文化遗产保护体系，将具有历史、文化和科学等价值的文化遗产全面有效保护。《通知》中所提及的另一个目标，则是要让保护文化遗产的观念深入人心，成为全社会的自觉行动。从这两项目标，可以看出《文化遗产保护通知》已经对中国大陆未来文化遗产发展方向，有更明确的期许和规划，期望借由分阶段逐步推进的计划过程，达成全民建立共识以保护文化遗产的目的。

而在实践层面上，《文化遗产保护通知》中明确指出日后应全力解决

① “中国世界遗产保护大事记”，中国世界遗产网，http：//www.cnwh.org/news/news.asp?news=1006。

② 同上。

的几大问题，包括文物调查研究，不可移动文物保护规划的制定实施，重点文物维修工程，历史文化名城（街区、村镇）保护，馆藏文物保护和展示水准，清理整顿文物流通市场等工作。更甚者，亦对中国大陆文化遗产的长期重点工作项目加以提示，例如在制度建设方面，要求建立历史文化名城重大建设项目公示制度、文化遗产保护责任制度和责任追究制度、文化遗产保护定期通报制度、专家咨询制度等；在政策制定方面，要求制定和完善有关社会捐赠和赞助的政策措施；在机构建设方面，要求成立国家文化遗产保护领导小组，统一协调文化遗产保护工作，并要求地方各级人民政府也要建立相应的文化遗产保护协调机构。至于相关部门的权责分工，《通知》也重新规范，譬如要求国务院文物行政部门统筹安排世界文化遗产、全国重点文物保护单位保护规划的编制工作，并对规划实施情况进行跟踪监测，检查落实等内容。

最值得一提的创新作为，则是在《文化遗产保护通知》中，国务院决定自2006年起，将每年6月的第二个星期六定为中国大陆的“文化遗产日”，全国各地皆须隆重举办相关活动，以唤起民众文化遗产的保护意识，促进遗产地管理工作的发展。“文化遗产日”并非中国大陆所独创，在西欧各国早有类似的节日活动，但中国大陆愿意仿效西欧国家的做法，无疑具有重大意义，因为其设立凸显了国家认为文化遗产保护工作在经济与社会发展上将能发挥更重要的作用。据相关评论指出，“文化遗产日”主要目标有二：第一是出于浓厚的民族意识，目的是增强全球华人特别是海峡两岸同胞对具有悠久历史传统的中华文明的认同感和民族凝聚力。第二则是力图强化相关的工作指导。原因是近几年来，各级政府虽已对文化遗产逐步增强保护，但是破坏、损毁文化遗产的现象仍然屡见不鲜，若干地方领导干部未按工作规范办事，加上公众关注、保护文化遗产的热情仍有待进一步提高，因此设立全国性质的“文化遗产日”，对于增强社会文化遗产保护意识，引导民众参与文化遗产保护工作，将发挥关键引导作用。除此之外，“文化遗产日”对于促进中国大陆希望建立文化遗产“国家保护为主，社会共同参与”的保护新体制之促进，亦具重要推动意义。[①] 由于中央的重视，“文化遗产日”也成为一项重要的年度活动。中国大陆各省、市、自治区无不纷纷发出通知，筹办6月的“文化遗产

① “国家文物局局长单霁翔答记者问”，中国世界遗产网，http：//www.cnwh.org/news/news.asp？news=937。

日”，并根据中央订定的年度主题，精心部署各项热闹的宣传活动。① 虽然大部分地区在“文化遗产日”的活动仍以被动式的宣传与庆祝为主，但如能长期贯彻举办，显然具有潜移默化的实际效果，不容忽视。

事实上，在《文化遗产保护通知》中还有几项创举，对未来的遗产地保护管理工作有所影响，包括：

1. 为国务院第一次以保护“文化遗产”为主题直接下发的法规文件。虽然历年来国务院就保护文物发出一系列法规文件，但从没有以“文化遗产”或“遗产”作为通知中的名称。这次以“加强文化遗产保护”作为通知名称，是1949年以来，国务院第一次以保护“文化遗产”为主题所发出的通知。

2. 第一次把文化遗产两大重要组成部分，即物质文化遗产（文物）和非物质文化遗产（民族民间文化）同置于“文化遗产”概念之下，亦即将物质文化遗产和非物质文化遗产皆列为文化遗产，并放在同等重要的地位，期待两方面的保护工作能互相结合，使文化遗产保护具有更完整的意义。

3. 第一次规范“文物”即物质文化遗产。《通知》明确规定：“物质文化遗产是具有历史、艺术和科学价值的文物，包括古遗址、古墓葬、古建筑、石窟寺、石刻、壁画、近代现代重要史迹及代表性建筑等不可移动文物，历史上各时代的重要实物、艺术品、文献、手稿、图书资料等可移动文物；以及在建筑式样、分布均匀或与环境景色结合方面具有突出普遍价值的历史文化名城（街区、村镇）。”虽然这些文物原都属于《文物保护法》中所规定保护的范围，但明确指出它们的性质属于物质文化遗产，不但是正式法规文件中的第一次，对界定文化遗产保护内容亦具有重要意义。

4. 第一次对非物质文化遗产做出界定。《通知》中明确规定：“非物质文化遗产是指各种以非物质形态存在的与群众生活密切相关、世代相承的传统文化表现形式，包括口头传统、传统表演艺术、民俗活动和礼仪与节庆、有关自然界和宇宙的民间传统知识和实践、传统手工艺技能等以及与上述传统文化表现形式相关的文化空间。”这是国务院第一次在法规中提及非物质文化遗产。同时亦规定保护非物质文化遗产的方针是：“保护

---

① “全国各地积极部属迎接首个‘文化遗产日’”，中国世界遗产网，http://www.cnwh.org/news/news.asp?news=997。

为主、抢救第一、合理利用、传承发展”。此为中国大陆加入联合国教科文组织《保护非物质文化遗产公约》之后的必然发展，也显见中国大陆在各项遗产保护管理工作上与国际建制及国际规范接轨的决心。

5. 详细规定保护责任与相关保障措施。为了加强文化遗产保护，明确责任起见，在《通知》中切实要求各级政府加强对文化遗产保护工作的领导责任及保障措施。包括“加强领导，落实责任”，除成立国家文化遗产保护领导小组，定期研究文化遗产保护工作的重大问题、统一协调文化遗产保护工作外，也要求地方各级政府建立相应的文化遗产保护协调机构，以解决跨机关协调的困难，强化文化遗产保护的组织保障。

6. 一并纳入保护自然遗产的要求。在对文化遗产保护管理做出连串重要规定后，《通知》中更明确指出：“与此同时，国务院有关部门也要切实研究解决自然遗产保护中存在的问题，加强自然遗产保护工作。”这也是国务院在文化遗产保护法规文件中第一次把文化遗产保护与自然遗产保护互相联结，强化二者之间的关联性，也等于认同国际规范中不可偏废文化遗产和自然遗产的发展与保护要求，认为只有同时做好二者的管理，才能有效落实保护工作。①

而在自然遗产方面，近年来重大的法规变革，则是国务院于 2006 年 9 月 6 日通过《风景名胜区条例》，并已自 2006 年 12 月 1 日起施行，而自 1985 年起施行的《风景名胜区管理暂行条例》则同时废止。在新修订的《风景名胜区条例》中明确规范：新设立的风景名胜区与自然保护区不得在涵盖范围上重合或者交叉；已设立的风景名胜区与自然保护区重合或者交叉者，风景名胜区规划与自然保护区规划应当进行协调。同时规定禁止在风景名胜区内设立各类开发区和在核心景区内建设宾馆、招待所、培训中心、疗养院以及与风景名胜资源保护无关的其他建筑物；现有建筑物则应当按照风景名胜区规划，逐步迁出。而且更明确要求：风景名胜区内的施工单位在施工过程中，对周围景物、水体、林草植被、野生动物资源和地形地貌造成破坏时，将由风景名胜区管理机构责令停止、限期恢复并处以罚款。② 这是对包括世界遗产地在内的许多风景名胜区，以往经常

① 李晓东：《加强文化遗产保护的纲领性文件——学习〈国务院关于加强文化遗产保护的通知〉》，《中国文物报》2006 年 3 月 3 日，第 4 版。

② “国务院 474 号令公布《风景名胜区条例》”，人民网，http：//politics. people. com. cn/GB/1026/4876515. html。

在法规灰色地带进行破坏性开发的明文禁止，也是保障自然环境的一次重要法令修订。

在法规建设上的另一项突破作为，则是针对单一遗产地订定中央法规加以保护。由于历来各地长城遭受破坏的行为与传闻不断，为统合保护管理工作，国务院于2006年9月审议通过《长城保护条例》。在国务院会议审议中认为：长城是世界文化遗产，是中华民族的象征。加强长城的保护，对于弘扬以爱国主义为核心的民族精神，发挥文化遗产在社会主义精神文明建设中的作用具有重要意义，因此有必要根据《中华人民共和国文物保护法》来制定《长城保护条例》。同时指出：要坚持科学规划、原状保护的原则，全面制定长城保护总体规划，明确长城所在地政府的责任，以调动社会各界积极性，对长城实行整体保护、分段管理，严格规范长城利用行为。[①] 事实上，《长城保护条例》出现的背景是长城保护工作在现实上出现诸般困难，包括地理上横跨多省、市、自治区，各地保护程度及要求不等，造成保护工作上的落差。而且出于历史原因，长城中有许多段目前仍未被公告为省级以上文物保护单位，所以法律规定的保护措施难以全面有效适用于全部长城。为此，《长城保护条例》统一明确规定要将长城各段均依法先公布为省级以上文物保护单位，以确保《文物保护法》规定的各项制度皆能在长城保护工作中得到有效实施。并且期盼能通过长期努力，让各段长城最终都能成为全国重点文物保护单位，得到国家性的规范保护。

有关遗产地统合管理制度的法规也在2006年陆续出现，11月14日，经文化部部务会议审议通过发布《世界文化遗产保护管理办法》，并自发布之日起施行。[②] 在此《办法》中确立中央将实施“专家咨询制度”和“监测巡视制度”，并成为中国大陆在世界文化遗产保护管理工作中的一环。亦即规定国家对世界文化遗产保护的重大事项得实行“专家咨询制度”，由国家文物局建立专家咨询机制，对世界遗产地发生的各项问题进行评估；另国家亦须对世界文化遗产之保护实行“监测巡视制度”，由国家文物局建立监测巡视机制，随时对世界遗产地进行监测管控；世界文化

① 《长城保护条例》全文，中国网，http：//big5. china. com. cn/policy/txt/2006 - 10/24/content_ 7269325. htm。

② “《世界文化遗产保护管理办法》公布实施”，中国世界遗产网，http：//www. cnwh. org/news/news. asp？news = 1080。

遗产保护专家咨询工作制度和世界文化遗产保护监测巡视工作制度，皆交由国家文物局主管并制定规范。①

同时配合2006年3月全国人大通过的《国民经济和社会发展第十一个五年规划纲要》，为明确“十一五”期间之文化遗产保护科学和技术发展的方向与任务，推动文化遗产保护重点工作与科技创新，以引领文化遗产保护工作，国家文物局也制定了《文化遗产保护科学和技术发展“十一五”规划》，并于2006年底公布施行。② 内容重点为：提出6项科技计划和5个重点科技专项，积极构建“文化遗产保护科技基础条件平台”，以进一步强化文化遗产保护科技管理、规划、标准等方面的相关工作，作为“十一五”期间文化遗产科技工作发展的指标。

除了中央法规之外，世界遗产所在地的各地方政府在保护和管理世界遗产地的法规建设上也有所进展，最新的趋势是由地方通过单行法规，以明确规范保护管理责任与范围，已发布的地方法规包括：

1998年山西省人大通过《山西省平遥古城保护条例》

2000年湖南省人大通过《湖南省武陵源世界自然遗产保护条例》

2000年山东省人大通过《泰山风景名胜地区保护管理条例》

2001年安徽省黟县人大通过《黟县西递、宏村世界文化遗产保护管理办法》

2002年四川省人大通过《四川省世界遗产保护条例》

2002年福建省人大通过《福建省武夷山世界文化和自然遗产保护条例》

2002年北京市政府通过《北京市明十三陵保护管理办法》

2002年甘肃省人大通过《甘肃敦煌莫高窟保护条例》

2003年北京市政府通过《北京市长城保护管理办法》

2003年河北省人大通过《承德避暑山庄及周围寺庙保护管理条例》

地方法规虽以保护行政区域内的世界遗产地为对象，但却对遗产地保护和管理工作提供直接的支援和保障，并与中央法规相辅相成，共同促成“世界遗产”的有效保护，对于世界遗产地来说，当亦为不容忽视的法制

① “文化部就《世界文化遗产保护管理办法》答中国政府网问”，中国世界遗产网，http：//www.cnwh.org/news/news.asp？news=1091。

② “国家文物局公布《文化遗产保护科学和技术发展“十一五”规划》”，中国世界遗产网，http：//www.cnwh.org/news/news.asp？news=1082。

力量。①

二 制度层面

中国大陆的世界遗产地并非凭空产生，以现况来说，其实来自五类保护体系，包括“全国重点文物保护单位”、“国家历史文化名城”、“国家历史文化名镇”和“国家历史文化名村”，“国家重点风景名胜区”，以及“国家级自然保护区”等五大类。其组成情况颇为复杂，单一遗产地可能同时属于其中若干类保护体系，交叉管理的情况相当常见。此五类管理体系兹分别简介如下。

（一）全国重点文物保护单位

新修订的《中华人民共和国文物保护法》规定，古文化遗址、古墓葬、古建筑、石窟寺、石刻、壁画、近代现代重要史迹和代表性建筑等不可移动文物得确定为文物保护单位，并应根据其历史、艺术、科学价值，分别划归为“全国重点文物保护单位”、“省级文物保护单位”或“市、县级文物保护单位”。② 不过此保护体系并非新的规范，文物保护单位的规定可溯及1961年国务院发布的《文物保护管理暂行条例》，③ 因此第一批“全国重点文物保护单位”早在1961年就已公布，各省市或县市政府也曾分别依据该条例规定，在40多年来划设成立各种省（自治区、直辖市）级文物保护单位和县（市）级文物保护单位。截至2006年为止，“市、县级文物保护单位”已超过6万处，“省级文物保护单位”超过7000处。而“全国重点文物保护单位”则已公布六批共2351处，其历年公布详细内容如表3－4。

表3－4 中国大陆全国重点文物保护单位（1961—2006年）

第一批重点文物保护单位		
1961年3月4日公布	革命遗址及革命纪念物33处 石窟寺14处 古建筑及历史纪念建筑物77处 石刻及其他11处 古遗址26处 古墓葬19处	合计180处

① 李晓东：《中国世界文化遗产的法律地位》，转引自赵玲主编《遗产保护与避暑山庄》，辽宁民族出版社2006年版，第115页。

② 《中华人民共和国文物保护法》第3条。

③ 《文物保护管理暂行条例》第4条。

续表

第二批重点文物保护单位		
1982 年 2 月 24 日公布	革命遗址及革命纪念物 10 处 石窟寺 5 处 古建筑及历史纪念建筑物 28 处 石刻及其他 2 处 古遗址 10 处 古墓葬 7 处	合计 62 处
第三批重点文物保护单位		
1988 年 1 月 13 日公布	革命遗址及革命纪念物 41 处 石窟寺 11 处 古建筑及历史纪念建筑物 111 处 石刻及其他 17 处 古遗址 49 处 古墓葬 29 处	合计 258 处
第四批重点文物保护单位		
1996 年 11 月 20 日公布	古遗址 56 处 古墓葬 22 处 古建筑 110 处 石窟寺及石刻 10 处 近现代重要史迹及代表性建筑 50 处 其他 2 处	合计 250 处
第五批重点文物保护单位		
2001 年 6 月 25 日公布	古遗址 144 处 古墓葬 50 处 古建筑 248 处 石窟寺及石刻 31 处 近现代重要史迹及代表性建筑 40 处 其他 5 处	合计 518 处 另 2002 年与 2003 年共增补 3 处
第六批重点文物保护单位		
2006 年 5 月 25 日公布	古遗址 220 处 古墓葬 77 处 古建筑 513 处 石窟寺及石刻 63 处 近现代重要史迹及代表性建筑 206 处 其他 1 处	合计 1080 处
		总计 2351 处

资料来源：中华人民共和国国家文物局，http：//www. nach. gov. cn/。

（二）国家历史文化名城

“国家历史文化名城”系于 1982 年由北京大学侯仁之、建设部郑孝燮和故宫博物院单士元三位学者提议而建立的保护机制。能被列入“国家历史文化名城”者皆是保存文物丰富、具有重大历史价值或重要纪念意义，而且目前仍由人民存续生活的城市，除具保护意义之外，也是由国家文物局评审报经国务院核定公布的一种殊荣，自1981年公布第一批至今，已有3批103处。①

（三）国家历史文化名镇、名村

“国家历史文化名镇”和“国家历史文化名村”，是在“国家历史文化名城”的经验和基础上发展出来的保护机制，由建设部和国家文物局负责评审，对象是保存文物丰富、具有重大历史价值或重要纪念意义，而且能完整反映某些历史时期传统风貌和地方民族特色的镇和村，实施至2006年为止皆已公布两批，其中“国家历史文化名镇”计44处，“国家历史文化名村”共36处。②

“国家历史文化名城”、“国家历史文化名镇”和“国家历史文化名村”历年公布之详细情况如表3－5所示。

表3－5　　中国大陆历史文化名城、名镇、名村（1982—2005年）

<table>
<tr><td colspan="4">国家历史文化名城</td></tr>
<tr><td>第一批历史文化名城</td><td>1982年2月8日公布</td><td>24处</td><td rowspan="4">103处</td></tr>
<tr><td>第二批历史文化名城</td><td>1986年12月18日公布</td><td>38处</td></tr>
<tr><td>第三批历史文化名城</td><td>1994年1月4日公布</td><td>37处</td></tr>
<tr><td>增补历史文化名城</td><td>2001年至2005年</td><td>4处</td></tr>
<tr><td colspan="4">国家历史文化名镇（村）</td></tr>
<tr><td>第一批历史文化名镇</td><td rowspan="2">2003年10月8日公布</td><td>10处</td><td rowspan="2">22处</td></tr>
<tr><td>第一批历史文化名村</td><td>12处</td></tr>
<tr><td>第二批历史文化名镇</td><td rowspan="2">2005年9月16日公布</td><td>34处</td><td rowspan="2">58处</td></tr>
<tr><td>第二批历史文化名村</td><td>24处</td></tr>
</table>

合计历史文化名城103处，历史文化名镇44处，历史文化名村36处。

资料来源：中华人民共和国国家文物局，http：//www. nach. gov. cn/sachwindow/。

（四）国家重点风景名胜区

1982年国务院公布第一批“国家重点风景名胜区”，复于1985年发

① 中国文化年鉴编辑委员会编《中国文化遗产年鉴2006》，第139页。

② 同上书。

布《风景名胜区管理暂行条例》，规定凡具有观赏、文化或科学价值，自然景物、人文景物比较集中，环境优美、具有一定规模和范围，可供人们游览、休息或进行科学、文化活动的地区，应当划为风景名胜区。而风景名胜区按其景物的观赏、文化、科学价值和环境品质、规模大小、游览等条件，可划分为“市、县级风景名胜区”、“省级风景名胜区”、“国家重点风景名胜区”等三级。① 另自 2006 年 12 月 1 日起正式施行的《风景名胜区条例》则将风景名胜区的级别规定修正为“处于自然景观和人文景观能够反映重要自然变化过程和重大历史文化发展过程，基本处于自然状态或者保持历史原貌，具有国家代表性的，可以申请设立国家级风景名胜区；具有区域代表性的，可以申请设立省级风景名胜区”。② 至 2006 年年底，中国大陆共有 187 个“国家重点风景名胜区”和 500 多个“省级风景名胜区”，景区总面积超过大陆国土总面积的 1%。其中“国家重点风景名胜区”历年公布情形，如表 3－6。

表 3－6　　中国大陆国家重点风景名胜区（1982—2005 年）

批　　次	公布时间	数量
第一批国家重点风景名胜区	1982 年 11 月 8 日	44 处
第二批国家重点风景名胜区	1988 年 8 月 1 日	40 处
第三批国家重点风景名胜区	1994 年 1 月 10 日	35 处
第四批国家重点风景名胜区	2002 年 5 月 17 日	32 处
第五批国家重点风景名胜区	2004 年 1 月 13 日	26 处
第六批国家重点风景名胜区	2005 年 12 月 31 日	10 处
合　　计		187 处

资料来源：中华人民共和国建设部，作者自行整理。

（五）国家级自然保护区

建立自然保护区是全球各国普遍实施的国土保护机制，也是保护生态环境、生物多样性和自然资源最重要也最有效的措施。自 1956 年中国大陆建立第一个自然保护区“鼎湖山自然保护区”至今，经过近 40 年发展，国务院终于在 1994 年 10 月 9 日发布了《中华人民共和国自然保护区条例》作为明确法律规范，将大陆的自然保护区分为三类别九种类型：

① 《风景名胜区管理暂行条例》第 2 条和第 3 条。

② 《风景名胜区条例》第 8 条。

自然生态系统类（森林、草原与草甸、荒漠、内陆湿地及水域、海洋和海岸）、野生生物类（野生动物、野生植物）、自然遗迹类（地质遗迹、古生物遗迹），分别由相关部委和各级政府主管。截至2005年底，全国共建立各级各类自然保护区2349处，面积14995万公顷，约占陆地国土面积的15%，其中国家级自然保护区243处，面积8899万公顷；大致上已将全国85%的陆地自然生态系统类型、40%的天然湿地、20%的天然林、绝大多数自然遗迹、85%的野生动植物种群、65%的高等植物群落，特别是国家重点保护的珍稀濒危野生动植物物种都纳入了保护区涵盖保护的范围。① 目前中国大陆的自然保护区分为四级——国家级、省级、市级和县级，虽然自然保护区依其性质仍各有主管部委，但1998年国务院机构改革后则交由国家环境保护局负责总体管控，其中国家级保护区必须经评审后报国务院核定。四级保护区数量与涵盖面积至2004年年底的统计如表3－7，另其逐年发展情况则如表3－8。

表3－7　　中国大陆自然保护区统计表（2004年）

地区	数量/个					面积/km^2					占地面积%
	国家级	省级	市级	县级	合计	国家级	省级	市级	县级	合计	
北京	1	11	6		18	4660	86101	36150		126911	7.5
天津	3	3	3		9	100949	50950	12644		164543	14.5
河北	7	15	2	2	26	104407	346315	8806	11585	471113	2.5
山西	4	35			39	62319	1013228			1075547	6.9
内蒙古	18	56	26	87	187	3603575	7464702	288822	4467523	15824622	13.4
辽宁	10	23	26	23	82	1157829	732117	820547	351058	3061551	12
吉林	7	17	3	6	33	559381	1602250	20564	22981	2205176	12.2
黑龙江	14	39	34	75	162	1682750	1288307	351286	922671	4245014	9.3
上海	?	4			4		93821			93821	14.8
江苏	2	9	6	8	25	455667	101319	114211	20921	692118	6.7
浙江	8	9		32	49	96449	127066		43383	266898	2.6
安徽	5	24		2	31	132764	402440		6708	541912	4.2
福建	9	28	9	44	90	160966	205953	75574	64508	507001	3.1
江西	5	24		99	128	81536	325907		423541	830984	5
山东	4	22	21	23	70	159194	252036	199867	164250	775347	4.7
河南	8	21	1	2	32	353201	401932	163	1400	756696	4.5

① 国家环境保护总局，http://www.sepa.gov.cn/eic/650772349473259520/20060621/18990.shtml。

续表

地　区	数量 / 个					面积/km²					占地面积%
	国家级	省级	市级	县级	合计	国家级	省级	市级	县级	合计	
湖　北	7	13	22	10	52	166418	313742	343466	204414	1028040	5.5
湖　南	8	34	1	41	84	353617	480704	13	193712	1028046	4.9
广　东	9	42	106	99	256	175193	589706	353778	2180281	3298958	4.5
广　西	11	40	3	15	69	208831	875383	118947	223340	1426501	5.9
海　南	8	23	9	28	68	83637	2630238	16205	77145	2807225	5.3
重　庆	3	17		28	48	185467	327383		364423	877273	10.7
四　川	18	65	23	25	131	1458130	4067793	1234055	981765	7741743	15.9
贵　州	7	3	22	95	127	214279	53590	240285	453231	961385	5.5
云　南	13	50	66	64	193	1375278	1837110	512572	362638	4087598	10.4
西　藏	7	8	1	22	38	37031230	3937979	70	1504	40970783	34.1
陕　西	5	31	6	4	46	177895	628044	134534	64142	1004615	4.9
甘　肃	8	38		4	50	5009079	3579106		114900	8703085	19.1
青　海	5	3			8	20252490	355820			20608310	28.6
宁　夏	5	8			13	362165	151575			513740	9.9
新　疆	7	18		1	26	12943646	8579621		6000	21529267	13.5
合　计	226	733	396	839	2194	88713002	42902238	4882559	11728024	148225823	14.8

资料来源：国家环境保护总局网站。

表 3-8　　中国大陆自然保护区发展（1956—2004 年）

年份	自然保护区数量（个）	面积（万公顷）	占国土面积的比例（%）
1956	1	0.1	
1965	19	64.9	0.07
1978	34	126.5	0.13
1982	119	408.2	0.40
1985	333	1933.0	2.10
1987	481	2370.0	2.47
1989	573	2706.3	2.82
1990	606	4000.0	4.00
1991	708	5606.7	5.54
1993	763	6618.4	6.80
1995	799	7185.0	7.20
1997	926	7697.9	7.64

续表

年份	自然保护区数量（个）	面积（万公顷）	占国土面积的比例（%）
1999	1146	8815.24	8.80
2000	1227	9820.8	9.85
2001	1551	12989.0	12.90
2002	1757	13295.0	13.20
2003	1999	14398.0	14.37
2004	2194	14822.6	14.80

资料来源：国家环境保护局网站。

以上五类保护体系与中国大陆现有的世界遗产地关系密切，如前所言，单一遗产地可能同时属于若干不同的保护体系，其间各遗产地所从属的保护与管理类型，兹整理如表3－9。

表3－9　中国大陆世界遗产地保护管理类型对照表

登录年	遗产地	全国重点文物单位	国家历史文化名城	国家历史文化名镇名村	国家重点风景名胜区	国家级自然保护区
1987	长城	1961			1982	
1987	泰山	1988			1982	
1987	明清皇宫（北京和沈阳故宫）	1961	1982			
1987	莫高窟	1961	1986		1994	
1987	秦始皇及兵马俑坑	1961	1982			
1987	周口店北京人遗址	1961	1982			
1990	黄山				1982	
1992	九寨沟风景名胜区				1982	1978
1992	黄龙风景名胜区				1982	2006
1992	武陵源风景名胜区				1988	1996
1994	承德避暑山庄及周围寺庙	1961	1982		1982	
1994	曲阜孔庙、孔林、孔府	1961	1982			
1994	武当山古建筑群	1961	1982		1982	
1994	拉萨布达拉宫历史区	1961	1982			
1996	庐山国家公园	1988			1982	

续表

登录年	遗产地	全国重点文物单位	国家历史文化名城	国家历史文化名镇名村	国家重点风景名胜区	国家级自然保护区
1996	峨眉山风景名胜区含乐山大佛	1961			1982	
1997	平遥古城	1988	1986			
1997	苏州古典园林	1961	1982			
1997	丽江古城	1996	1986		1988	
1998	北京皇家祭坛——天坛	1961	1982			
1998	北京皇家园林——颐和园	1961	1982			
1999	武夷山	2006			1982	1979
1999	大足石刻	1961				
2000	青城山和都江堰	1982	1994		1982	
2000	皖南古村落——西递和宏村	2001		2003		
2000	龙门石窟	1961	1982		1982	
2000	明清皇家陵寝	1961			1982	
2001	云冈石窟	1961	1982			
2003	云南三江并流保护区				1988	1983
2004	高句丽王城、王陵及贵族墓葬	1996				
2005	澳门历史中心					
2006	殷墟	1961	1986			
2006	四川大熊猫栖息地					1975
2007	中国南方喀斯特				1982	1986
2007	开平碉楼及村落	2001		2005		

资料来源：作者自行整理。

从表中可看出，除“澳门历史中心”因属特别行政区不在上述五类保护体系的规范之中，其他的世界遗产地，至少皆属于其中一类保护体系。因此这五类体系可说构成了中国大陆“世界遗产”发展的基础，经过此五类保护体系在几十年来的发展，对相关的文化遗产和自然遗产保护和管理工作至少已有基本建设，也才能让中国大陆进行世界遗产地提名申报时，能有起码的条件通过世界遗产建制的评估审议。

不过，最具革命性的制度创新，则是在五类保护体系的基础上，进行

“中国文化遗产”与“中国国家自然遗产”、“中国国家自然与文化双遗产”制度的研议。前曾述及，依照《世界遗产公约》的规定，各缔约国在加入公约后，应提出本国领土内适于列入《世界遗产名录》的各种文化和自然遗产预备清单。① 此预备清单为缔约国自认符合公约定义和具体标准，具有突出的普遍价值且未来几年内将提名为“世界遗产”的遗产处所。② 而中国大陆由于各种原因所兴起的世界遗产热潮，造成各地争相上报参选“世界遗产”提名的热门现象，结果原有的预备清单中列名者过多，至2006年1月止，据估计中国大陆全境已有上百个遗产地列入世界遗产预备清单。③

但依照世界遗产委员会新近的决定，自2006年起各缔约国每年提名遗产地申登《世界遗产名录》之数量仅限2件，其中1件还必须是自然遗产，而且每年受理各国世界遗产地的申请提名总件数亦不得超过45件，④ 因此这些预备申报的遗产地恐怕经过一个世纪也无法消化。同时各地预备申报的遗产地其实所具备的基本条件不一，准备周全的程度也有差异，实有必要先经中央主管机关进行评估筛选。另外，现已列为世界遗产地者，目前其保护和管理工作因种种原因形成的落差也颇大，对所有世界遗产地进行国家级的监测控管亦势在必行。

按照《关于在国家一级保护文化和自然遗产的建议》的规定：各缔约国均应尽快制订出其文化和自然遗产的保护清单，其中包括那些虽未达至关重要但却与其环境不可分割并构成其环境特征的遗产项目。⑤ 据此，中国大陆参照世界遗产建制的国际规范，开始研拟“中国文化遗产”与“中国国家自然遗产”、“中国国家自然与文化双遗产”制度。

在文化遗产部分，国家文物局经过公开征选和评议，在2005年8月16日先行公布采用2001年于四川成都金沙遗址出土的“太阳神鸟”金饰图案作为“中国文化遗产标志”。这是中国有史以来第一次发布全国统一

---

① 《世界遗产公约》第11条第1款。

② World Heritage Center, Operational Guidelines for the Implementation of the World Heritage Convention 2005, p. 17.

③ “中国国内申报世界遗产现状”，旅游视频，http://china.tripdv.com/news/html/20061215113627405277.html。

④ World Heritage Center, Operational Guidelines for the Implementation of the World Heritage Convention 2005, pp. 16—17.

⑤ 《关于在国家一级保护文化和自然遗产的建议》第29条。

的文化遗产标志。此标志的产生，象征“中国文化遗产”制度即将推出，也预告了无论在文化遗产保护制度或管理工作规范上，都将建立“以国家保护为主、动员全社会参与”的新体制。[①] 同时国家文物局为规范“中国文化遗产标志”的使用，另于2006年1月26日发布《中国文化遗产标志管理办法》由各界遵行。

再者，针对中国大陆上百个预备申报“世界遗产”的遗产地，国家文物局对其中的文化遗产部分也重新整顿清理，经过专家小组的评估及审议后，于2006年12月15日正式公布了《中国世界文化遗产预备名单》重设目录，全新的文化遗产预备清单计有35项遗产地专案入选，[②] 名单如表3－10。

表3－10　　2006年《中国世界文化遗产预备名单》

编号	入选遗产地专案	编号	入选遗产地专案
1	大运河	19	嵩山古建筑群
2	北京云居寺塔、藏经洞及石经	20	凤凰古城
3	中国白酒酿造古遗址	21	广东开平碉楼及村落
4	晋商大院	22	南越国遗迹
5	山陕古民居	23	灵渠
6	五台山佛教建筑群	24	花山岩画
7	明清城墙：兴城、南京、西安	25	白鹤梁古水文题刻
8	牛河梁遗址	26	古蜀文化遗址
9	元上都、中都遗址	27	藏、羌碉楼与村寨
10	瘦西湖及扬州历史城区	28	黔东南苗族村寨
11	江南水乡古镇	29	黔东南侗族村寨
12	杭州西湖·龙井茶园	30	哈尼梯田
13	良渚遗址	31	坎儿井
14	中国古瓷窑址：上林湖越窑遗址	32	苏州古典园林扩展专案
15	福建土楼	33	皖南古村落扩展专案
16	古铜矿遗址：铜岭铜矿遗址	34	曲阜孔庙、孔府、孔林扩展专案
17	临淄齐国故都与齐王陵	35	明清皇家陵寝扩展专案
18	丝绸之路中国段：陆路与海路		

资料来源：国家文物局中国世界遗产网，http://www.cnwh.org/news/news.asp?news=1087。

① 国家文物局，http://www.nach.gov.cn/publishcenter/sach/calltopic/9227.aspx。

② “中国世界文化遗产预备名单重设目录”，中国世界遗产网，http://www.cnwh.org/news/news.asp?news=1087。

表3－10中编号21的“广东开平碉楼及村落”，已经提名并于2007年获得登录《世界遗产名录》，另外2008年与2009年也已分别提名编号15和编号19的“福建土楼”与“嵩山古建筑群”参加“世界遗产”的角逐。[①] 又编号18之“丝绸之路中国段：陆路”则已规划参加2010年“世界遗产”的评选。[②] 至于其他预备遗产地预计也会视准备状况，在往后几年陆续由中国大陆提名参选。

至于在自然遗产、文化与自然双重遗产部分，《关于在国家一级保护文化和自然遗产的建议》也规定：各成员国应根据其自然遗产的清单，制订短期和长期计划以形成一套符合本国需要的保护系统。[③] 中国大陆负责主管的建设部根据此项规定及相关法规的要求，以及遗产管理的实际需要，几经研究也决定设立《中国国家自然遗产、国家自然与文化双遗产预备名录》，作为申请列入世界自然遗产、自然与文化双遗产预备名单的候选项目。[④]

2005年4月建设部发出《关于做好建立〈中国国家自然遗产、国家自然与文化双遗产预备名录〉工作的通知》，经过各地申报、专业评估，以及对申报单位资源价值、管理状况综合评审，于2006年1月12日将30处符合标准的申报单位公布为首批《中国国家自然遗产、国家自然与文化双遗产预备名录》（如表3－11）。在公布的通告中并明确指出：设立《中国国家自然遗产、国家自然与文化双遗产预备名录》的目的，是进一步完善自然遗产、自然与文化双遗产保护机制，以实现遗产资源保护管理工作可持续发展。并希望列入《中国国家自然遗产、国家自然与文化双遗产预备名录》的单位总结经验，再接再厉，认真做好国家自然遗产、国家自然与文化双遗产保护、建设和管理的各项相关工作。而各级管理部门也要积极组织开展国家自然遗产、国家自然与文化双遗产预备名录申报工作，进一步推进全国自然遗产、自然与文化双遗产资源保护和管理工

① “世界遗产委员会将派专家于8月底考察福建土楼”，新华网，http://big5.xinhuanet.com/gate/big5/news.xinhuanet.com/newscenter/2007－08/16/content_6541663.htm；“嵩山申遗申报文本20日送联合国教科文组织”，新华网，http://www3.xinhuanet.com/chinanews/2007－12/13/content_11925649.htm。

② “丝绸之路中国段申遗2008年将取得更有成效的进展”，新华网，http://news.xinhuanet.com/newscenter/2007－12/28/content_7329922.htm。

③ 《关于在国家一级保护文化和自然遗产的建议》第37条。

④ “建设部关于做好建立《中国国家自然遗产、国家自然与文化双遗产预备名录》工作的通知”，中国世界遗产网，http://www.cnwh.org/news/news.asp?news=806。

作，不断提高国家自然遗产、国家自然与文化双遗产管理水准。①而国家自然遗产预备名录编号第四的“江西省三清山风景名胜区”，并已获中国大陆提名参加2008年“世界遗产”的角逐。②

表3-11　2006年《中国国家自然遗产、国家自然与文化双遗产预备名录》

编号	国家自然遗产预备名录	编号	国家自然与文化双遗产预备名录
1	黑龙江省五大连池风景名胜区	1	山西省五台山风景名胜区
2	吉林省长白山植被及火山地貌景观	2	安徽省九华山风景名胜区
3	福建省海坛风景名胜区	3	福建省清源山风景名胜区
4	江西省三清山风景名胜区	4	江西省龙虎山风景名胜区
5	江西省武功山风景名胜区	5	江西省高岭—瑶里风景名胜区
6	河南省云台山风景名胜区	6	河南省嵩山风景名胜区
7	湖南省崀山风景名胜区	7	湖南省南岳衡山风景名胜区
8	重庆市天坑地缝风景名胜区	8	湖南省紫鹊界—梅山龙宫风景名胜区
9	重庆市金佛山风景名胜区	9	贵州省黄果树风景名胜区及屯堡文化
10	四川省贡嘎山风景名胜区	10	云南省大理苍山与南诏历史文化遗存
11	四川省若尔盖湿地	11	陕西省华山风景名胜区
12	贵州省织金洞风景名胜区	12	甘肃省麦积山风景名胜区
13	贵州省马岭河峡谷风景名胜区	13	宁夏贺兰山—西夏王陵风景名胜区
14	贵州平塘省级风景名胜区		
15	云南省澄江动物化石群保护地		
16	青海省青海湖风景名胜区		
17	新疆喀纳斯自治区级风景名胜区		

资料来源：建设部城市建设司，http://www.cin.gov.cn/zcfg/jswj/csjs/200611/t20061101_19733.htm。

与此同时，建设局也和国家文物局征选“中国文化遗产标志”的做法一致，于2005年9月公告，强调为做好“国家自然遗产”和“国家自

① 建设部，http://www.cin.gov.cn/zcfg/jswj/csjs/200611/t20061101_19733.htm。

② “联合国专家在三清山考察申遗”，新华网，http://www.jx.xinhuanet.com/news_center/2007-10/23/content_11473309.htm。

然与文化双遗产”的保护和管理工作，在遗产地设立徽志，进一步提高和增强全民族对国家历史遗产保护的意识，扩大社会影响力。决定对“国家自然遗产”和“国家自然与文化双遗产”徽志图案向社会进行公开、广泛征集。2005 年 12 月间将“国家自然遗产徽志”稿件 24 幅和“国家自然与文化双遗产徽志”稿件 26 幅公开上网征求公众评选。[①] 征选结果已于 2006 年 9 月公告并颁奖。[②]

无论“中国文化遗产标志”、《中国世界文化遗产预备名单》、“国家自然遗产徽志”和“国家自然与文化双遗产徽志”或《中国国家自然遗产、国家自然与文化双遗产预备名录》等，其真正的用意应该是为了建立中国大陆的国家遗产制度。建设部副部长仇保兴在 2005 年 9 月间即曾表示，为建全遗产申报和管理体系，国家遗产名录、世界遗产预备名单、世界遗产名录三级申报和管理体系势在必行，因此将准备建立国家遗产名录，进一步完善构建世界遗产申报和保护机制，以利在更大范围、更大程度上加强遗产地的资源管理，并提供更强力的监督和保障。[③] 所以，未来中国大陆的世界遗产地保护和管理体制，将可能成为如图 3 - 8 所示的情况。

由此体制来看，中国大陆的世界遗产地保护和管理体制，将由“国家遗产”为主体，吸纳“全国重点文物保护单位”、“国家历史文化名城”、“国家历史文化名镇”和“国家历史文化名村”与“国家重点风景名胜区”等五大保护体系，由其中符合“国家遗产”资格者列名为“中国文化遗产”、“国家自然遗产”和“国家自然与文化双遗产”，再从中选择较具优势条件且可能通过世界遗产建制之评估审议者，建立世界遗产预备名单，然后按规划期程，将清单中的遗产地逐年提名申报“世界遗产”，最终以确保更多遗产地皆能顺利登录《世界遗产名录》为目标。

建立这套世界遗产地保护和管理体制，预期对中国大陆的世界遗产工作来说，至少能达到六项作用：

---

① “国家自然遗产徽志征民意”，中国世界遗产网，http：//www. cnwh. org/news/news. asp? news = 907。

② “关于征集国家自然遗产、国家自然及双遗产徽志获奖公告”，建设部城市建设司，http：//www. fanci. cn/Visual/ShowArticle. asp? ArticleID = 1119。

③ “我国将建国家遗产名录”，《南方都市报》2005 年 9 月 23 日，http：//www. cnwh. org/news/news. asp? news = 845。

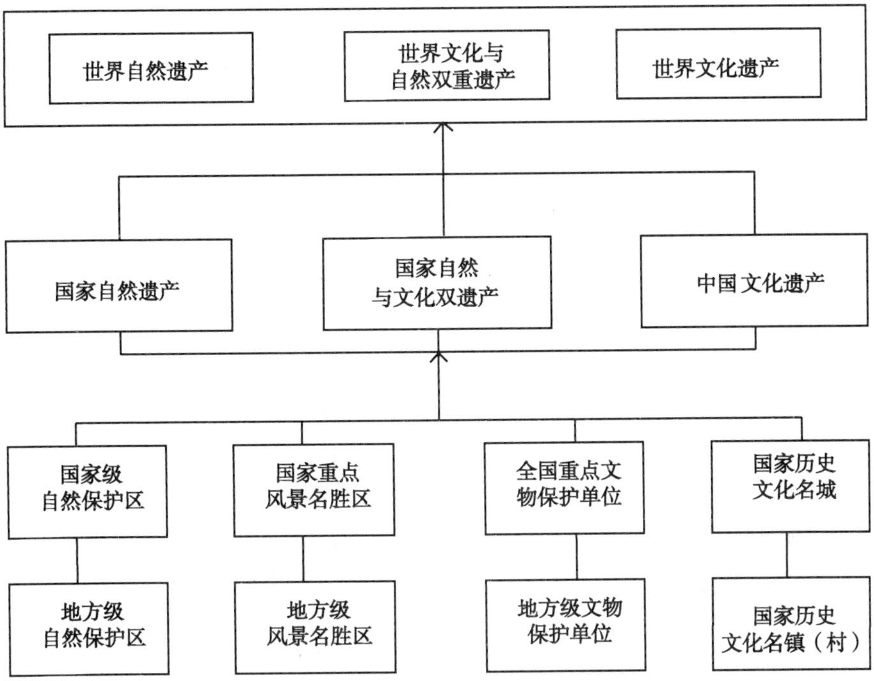

图 3－8　中国大陆世界遗产地保护管理体制图

（1）舒缓目前各地申报世界遗产的遗产地项目过多，却因每年国家提名限额与审议总额限制而无法在短期内顺利皆予提名的竞争窘境。

（2）循序渐进，让各地申报之遗产地通过专业评估审议，先成为“国家遗产”，经一定管理和保护措施后，列入世界遗产预备名单，再提名登录《世界遗产名录》，避免因准备不足而申报失利。

（3）建立国家咨询、评估、审议和监测制度，一方面使“国家遗产”适应“世界遗产”要求之保护管理标准，另一方面也能对现有世界遗产地进行国家监测，以有效保护和管理遗产地，避免遭世界遗产委员会再三监测列管，影响国家声誉。

（4）按照遗产地级别进行资源分配，以免有限的预算遭不当误用。

（5）训练和培育国内咨询、评估、审议和监测人才，不但有利国内遗产地保护管理工作，也有助于国际援助与合作的进行，并逐渐在世界遗产建制中取得优势地位，发挥影响力。

（6）达成全面的社会倡导与教育作用，唤起社会大众热情，普遍参与遗产地的保护工作。

第四节　世界遗产热潮下衍生的弊病和误失

中国大陆自加入《世界遗产公约》以来，可以说相当积极地参与世界遗产建制的相关活动，并且于《世界遗产名录》中列名的遗产地已位居全球第三位，成效显著。虽然如此，近年来在世界遗产地的保护和管理工作上，还是经常出现保护管理疏失不当的种种争议事件，兹就报章媒体曾经报道或评论过的案例，列举如表3－12。

表3－12　中国大陆近年世界遗产地保护管理争议事件

时间	遗产地	事件	简要说明	影响
1998.9	武陵源	自然环境破坏	联合国教科文组织对张家界武陵源进行监测报告指出“武陵源的自然环境已经像被围困的孤岛”。管理部门才紧急采取强制拆迁违建等行动。	景观与环境破坏
1999.10	武陵源	兴建电梯	武陵源管理部门为吸引游客观光，兴建百龙观光电梯，号称“天下第一梯”，虽几经外界议论仍兴建完成投入营运。	景观与环境破坏
2000.5	曲阜孔庙、孔林、孔府	不当清洗	曲阜三孔管理部门为迎接孔子旅游公司成立典礼而对文物全面进行清洗，并以不当工具擦刷，造成多处文物受损。	文物破坏
2000.8	泰山	兴建索道	泰山管理部门分别于1983、1993和2000年先后兴建3条索道（缆车），并不顾反对意见投入营运。	景观与环境破坏
2000.10	长城（嘉峪关段）	私自修缮	某杨姓农民未经任何单位审批，即花费90万元私自动工擅修长城480公尺，破坏原有风貌。	文物破坏
2001.2	四川各世界遗产地	合作出让开发经营权	四川省旅游局公布对外合作开发10大景区，预备将包括世界遗产地、国家级风景名胜区、文物遗址等在内之处所，出让其开发经营权给企业。	管理体制分离
2001.4	乐山大佛	复制巴米扬大佛	东方佛都公司提出再现阿富汗巴米扬大佛的规划案，而复制大佛所在地——凌云九峰之礀堡峰距乐山大佛仅约1公里，与乐山大佛背山相靠。	景观与环境破坏

续表

时间	遗产地	事件	简要说明	影响
2001. 5	皖南古村落西递	修缮古宅破坏原貌	西递某村民修缮自有房屋时，未按文物管理部门批准之方案施工，破坏古宅原貌。	文物破坏
2001. 8	布达拉宫	走马道坍塌	强庆塔拉姆坡道（即布达拉宫的走马道），因雨势过大，原有排水孔过小，部分墙体过薄等原因而发生坍塌，坍塌宽度约 10 米，高度近 20 米。	文物损坏
2002. 2	黄山	修建水库	于黄山风景区内修建水库及兴建大型宾馆等游乐设施，以容纳更多游客。	景观与环境生态破坏
2002. 5	龙门石窟	兴建宾馆	于申遗成功半年后，管理部门便于景区内兴建四星级之东山宾馆招揽游客入住，除了百余间客房外，另建有 4 幢别墅。	景观与环境破坏
2002. 12	武当山	改建宾馆	管理单位将重点文物复真观中一处古建筑改建成三星级宾馆一太子养生堂，以吸引游客。	文物破坏
2003. 1	武当山	严重火灾	因私立武术学校用电不慎，引发武当山遇真宫大火，并因消防设施不足而全部焚毁。	文物破坏
2003. 3	丽江古城	外来人口经营商业	1996 年以前古城内有原住民 3 万多人，而今仅余 6000 人且留住者大多为老年人。大量原住民搬出古城后，另有大批外地人为经营商业而搬进古城，人口组成复杂，使古城文化生态完全改变。	文化生态改变
2003. 4	都江堰	兴筑水坝	四川省相关部门原拟于距都江堰 1 公里处兴建杨柳湖水库大坝，后经中央会同联合国教科文组织认定将危害世界遗产地而停工。	景观与环境生态破坏
2003. 7	明孝陵	攀爬踩踏文物	南京为庆祝明孝陵申报明清皇陵扩展项目成功，免费开放 2 天，结果民众大批涌入，攀爬踩踏文物或站立于文物之上嬉戏照相等违规行为层出不穷，难以遏阻。	文物破坏
2003. 7	丽江古城	商业开发	连接大研古城与黑龙潭风景区的“玉河生态走廊”开发项目动工，其中包括一条全新的文化商店街与五星级酒店，引发争议。	景观与环境破坏

续表

时间	遗产地	事件	简要说明	影响
2003.8	长城（董家口段）	周围林木滥伐	村民为增加收入，乱砍滥伐长城周边的大片生态林，共有近2万棵百年松树林被毁，长城周围的生态资源遭到严重糟蹋。	景观与环境生态破坏
2003.8	周口店北京人遗址	地质危害	中国科学院进行地质危害调查，周口店遗址核心区8个化石遗址中的7个出现21处危险情况。	文物环境破坏
2003.9	三江并流	兴建水坝	为开发水电资源，促进经济建设，水电管理当局规划在怒江流域建造2座水库和多座电力站，引发各界激烈论战。	环境生态破坏
2003.9	长城（青山关段）	不合修缮程序	河北省迁西县未经省文物单位审批即自行修复青山关城堡，另外总署和民居全改为新建仿古建筑，对外开放旅游，破坏原始风貌。	文物破坏
2003.9	明清皇陵	文物盗窃	清西陵发生重大文物盗窃案件，火焰牌楼上的4尊石雕蹲龙、1颗石雕火焰宝珠深夜被盗。经警方追查后将被盗文物追回，并捕获11名犯罪嫌疑人归案。	文物破坏
2004.2	大足石刻	文物盗窃	大足石刻的石门山摩崖造像文物区内1尊石刻杨柳观音头像和1尊泥塑五通大帝头像被偷砍盗窃，至今下落不明。	文物破坏
2004.5	承德避暑山庄	票价调高	承德市文物部门召开听证会决定调高票价以限制游客人数，减少民众入园数量，引起外界议论。	影响旅游信誉
2004.8	颐和园	周围新建高压电塔	电力当局于颐和园北侧和西北侧加建几十座高压线铁塔，加上此前已有的35千瓦小高压线铁塔多处，破坏颐和园的景观和视野。	景观与环境破坏
2004.8	泰山	扩建索道	泰山管理当局不顾社会各界反对意见，再度扩建中天门——岱顶索道，引发中国社会科学院院士等14位学者公开联名抗议。	景观与环境破坏
2004.8	丽江古城	游客超量	每年游客达到数百万，估计每天接待数以万计的游客，过多的游客不但影响古城环境，亦造成严重环保问题。古城区已不堪负荷。	环境破坏

续表

时间	遗产地	事件	简要说明	影响
2004. 10	平遥古城	古城墙坍塌	平遥古城的南门甕城外侧东段城墙突然坍塌，塌陷范围长 17 公尺、高 10 公尺，复因修复资金未到位，迟迟无法修复。	文物损坏
2004. 10	敦煌莫高窟	旅客超量	黄金周假期，莫高窟游览人数将近 2 万人，其中 10 月 3 日一天曾涌进 5534 人，比合理的日容量上限超出 175%。	环境破坏
2004. 12	八达岭长城、颐和园、天坛、十三陵之长陵和定陵、武陵源等	票价调高	北京市发改委宣布：故宫、长城等 6 处世界文化遗产的参观门票价格，将在听证后调高。另外湖南省张家界市亦在同时间召开听证会，拟将张家界武陵源景区门票价格调高。	影响旅游信誉
2005. 1	庐山	兴建别墅	若干党政干部未经任何部门批准，损毁国家生态林区，违规兴建私人别墅，结果许多富商跟进，造成莲花洞景区抢建别墅成风，导致环境破坏。	景观与环境生态破坏
2005. 5	敦煌	月牙泉逐渐干涸	因敦煌地下水位逐年下降，月牙泉逐渐干涸，面积缩减至仅剩 9 亩，只能利用抽水泵管输送它处河水勉强维持景观。	景观与环境破坏
2005. 7	大足石刻	拓宽道路	拓宽县城至石刻景区之主要景点－宝顶山的沿线道路，以增加游客数量，结果原本曲径通幽的地形地貌完全改变。	环境破坏
2005. 8	长城（金山岭段）	举办狂欢派对	承租该段长城 50 年经营权的管理公司，未尽管理责任，擅将长城转租其他团体举办青年狂欢派对活动，私自在长城墙体安装多条电缆线和照明器材，并造成环境严重脏乱。	文物及环境破坏
2005. 12	丽江古城	捆绑景点强行销售游览联票	旅游主管部门自行制订“纳西文化走廊”旅游路线，将包括黑龙潭、束河古镇、白沙壁画和世界遗产公园等 4 处景点全部统一集中销售游览联票，并强迫旅行团接受。	影响旅游信誉
2006. 4	长城（八达岭段）	山林火灾	八达岭长城一侧的中国长城博物馆旁突然发生山林火灾，燃毁林木面积达 3 亩，后经判定起火原因应系游客乱扔烟头所致。	环境生态破坏

续表

时间	遗产地	事件	简要说明	影响
2006.7	三江并流	因经济开发不当而遭列入重点监测对象	经世界遗产委员会与世界自然保育联盟派出专家实地考察报告：该处规划的水电开发，改划边界适应采矿、兴建大坝等经济开发活动及旅游发展不当，已严重危害自然环境。经第30届世界遗产大会决定，将三江并流连续第三次列入重点监测保护项目。	景观与环境生态破坏
2006.10	长城（河北省卢龙县段）	拆砖盖屋长城村立知耻碑	大段长城多年来被当地村民持续拆毁，取用长城砖修盖自有房舍。特别是桃林口村356户人家，几乎家家户户都有长城砖。几经当局与专家讨论后决定保存“长城村”现有形态，但当地村民为表示知错也同意在村口刻碑铭耻，以“知耻碑”警示后人。	文物破坏
2007.3	四川大熊猫栖息地	关闭及改造污染企业	工业污染长期影响大熊猫之生态环境，四川雅安市政府为保护大熊猫栖息地，关闭十多家矿山及污染企业，并对180余家污染企业进行工艺改造。	环境生态破坏
2007.5	各大遗产地景区	遗产地游客爆满	五一黄金周第2号旅游资讯通报显示，全国大部分旅游城市和景区纷纷爆满，游客容量接近饱和，部分遗产地景区如八达岭长城、颐和园都超过单日最大游客容量，而故宫游客甚至达到单日11.48万人次的超高纪录。	环境破坏
2007.6	三江并流 丽江古城 布达拉宫 故宫颐和园天坛	6处世界遗产同时受世界遗产委员会举“黄牌”警告	由于保护不力，在新西兰召开的第31届世界遗产大会决定，包括北京故宫、天坛、颐和园、丽江古城、布达拉宫以及三江并流等6项属于中国大陆的世界遗产，被亮“黄牌”警告。如果一年之内无法改善，明年大会中无法通过验收，这6项世界遗产将遭到列入“濒危名单”的命运，甚至从世界遗产名单中除名。	景观与环境生态破坏

资料来源：老枪：《大败笔：中国风景黑皮书》（中国友谊出版公司，2006年）；谢凝高主编：《人类的财富与骄傲：中国瑰宝》（上海锦绣文章出版社，2007年）；郭万平：《世界自然与文化遗产》（浙江大学出版社，2006年）；徐嵩龄：《第三国策：论中国文化与自然遗产保护》（科学出版社，2005年）；张朝枝：《世界遗产地管理体制之争及其理论实质》，见夏林根主编《国际化进程中的中国旅游业》，上海三联书店2006年版，第11—12页；国家文物局中国世界遗产网；以及中国大陆及台湾地区各报章媒体报道资料。

从以上罗列的各种世界遗产地大小争议事件来看，可知实际上中国大陆的世界遗产地，现阶段无论在保护还是在管理工作上，都存在许多误失和弊病，导致各地的争议事件层出不穷，各类违规违法案件花样百出。如果无法针对误失和弊端及早改进或力求解决，长此以往将会衍生更大的保护和管理难题。

例如，就上表所述之2007年第31届世界遗产委员会中，就媒体关注报道的中国大陆“6处世界遗产地遭黄牌警告”一事来讨论，这件事后来还经国家文物局专门公开说明，指出世界遗产委员会本有责任就各处世界遗产地的保护提出监测和质疑，相关国家亦须就此提交报告，并回答专家的疑问。而第31届世界遗产委员会共审议了包括“三江并流”和“丽江古城”在内的100多处世界遗产地的保护状况，其中“明清故宫”、“颐和园”、“天坛”、“布达拉宫”仅是被提及而未进入审议程序。因此在现行规定上并不存在“黄牌警告”的用法，并且审议保护状况也与“濒危名单”无直接关系。①

国家文物局的解释，就制度来说并无错误。事实上在第31届世界遗产委员会中提出监测并要求世界遗产地所在国说明者共有130件，中国大陆仅占4件并涵盖6处世界遗产地（其中“故宫”、“颐和园”与“天坛”被列为同一件），如按辖有的世界遗产地数量及监测比率，与多数国家来比较，其遭监测之件数尚在合理范围。不过从2007年首遭从《世界遗产名录》中开除的阿曼“阿拉伯羚羊保护区”的前例来看，并非先列入《濒危世界遗产清单》才有可能遭到除名，如果在监测评估后发现世界遗产地已失去原有的特质和价值时都将径予开除。因之连年屡遭提列监测的世界遗产地，实际上仍存在随时遭到开除的风险。所以监测并非与除名完全无关，而是监测后是否可能遭到除名的厄运，一方面与遗产地所在国的努力改善程度有关，另一方面世界遗产委员会针对监测与说明的审议结果也就具有举足轻重的影响。

以此为前提，进一步探究第31届世界遗产委员会对于中国大陆6处世界遗产地的监测审议情况，可发现6处遗产地的审议结论并不一致，因此也不该完全相提并论。其中“北京遗产地”（即“故宫”、“颐和园”与“天坛”）受到监测的原因是东亚木构建筑的维修工法（尤其彩画部分）所产生的“真实性”争议，与保护管理失当无关，经审议后现行工

---

① “故宫‘遭黄牌警告’真相调查”，《人民日报·海外版》，2007年7月10日，7版；中国文物资讯网，http：//www. ccrnews. com. cn/100061/12312. html。

法也获原则同意。[①] “布达拉宫”因涉及都市发展计划的更新，但在遗产地扩大缓冲区范围后，基本上也受到肯定。[②] “丽江古城”则因旅游失控及开发计划可能波及遗产地“完整性”造成负面影响而遭检讨。[③] 最严重的当是“三江并流”，主因是兴建水电设施及非法采矿等行径已有危害“完整性”与遗产地价值之虞，而连续第四年遭到列管监测。[④] 如果此情况迟迟未获改善，“三江并流”或有可能成为中国大陆第一处列入《濒危世界遗产清单》甚或遭开除的世界遗产地。

无论如何，中国大陆的“世界遗产”保护和管理工作，长期出现误失和弊病是不争的事实。所有误失和弊病出现的原因很多，但主要还是因为“世界遗产”的概念是源于西方社会，中国大陆各界对于相关的保护和管理工作，无论在认知或行为上都存在局限性，对于遗产地如何合理利用也缺乏理解，以致于无法与国际通行的遗产保护管理规范完全接轨。[⑤]

这些误失和弊病虽然不一而足，不过主要可归类为保护管理实务与法令制度两大方面，分别加以评述如下。

一 保护管理实务方面之弊病

（一）观念偏差

1. 追求政绩表现

由于“世界遗产”等同国际品牌保证，可吸引全球媒体与游客目光，又有为地方带来发展与繁荣的效益，所以中国大陆各级领导干部对世界遗产地的认知，主要当非出于保护意识，而是将世界遗产地当作政绩表现。[⑥] 一方面对领导个人来说，多认为如果成功申报“世界遗产”，将属于领导者个人的重大从政经历，就有更多机会获得褒奖和升迁。另一方面对地方政府来说，为了带动整个地区的经济和社会发展，解决地方财政困难和压力，整理利用既有的文化遗址和自然环境资源申报“世界遗产”，

---

① UNESCO, *Decisions Adopted At The 31st Session of The World Heritage Committee*, p. 99.

② Ibid., pp. 98—99.

③ Ibid., p. 92.

④ Ibid., pp. 53—54.

⑤ “文化遗产保护：全国人大代表张廷皓打出组合拳”，《中国文物报》2006年3月10日，http://www.cnwh.org/news/news.asp?news=956。

⑥ 李雄飞：《历史文化名城：如何面对历史和文化》，《中国文化遗产年鉴 2006》，第282页。

不失为个人与地方发展的捷径。同时对各级官员来说，每年公布的“世界遗产”，类型和数量的增长很容易简化为指标，因此追求指标增长也成为任内的重要工作。在此种视“世界遗产”为财源，希望从中获取利益，以及将申报世界遗产地当成政绩指标的情况下，保护和管理规划工作出现偏差，实属必然。结果就是无法得到长期的关注和有效的管理，持续保护的重要性也乏人闻问。①

另一种政绩表现观念也危害着遗产地。由于对所谓现代化概念的误解，所以在进行保护和管理工作过程中，竟发生许多不该出现的过失和错误。例如某些历史文化名城的决策者把“旧城改造”当作政绩，忽略了对旧建筑应有的保护，因此在短视近利的想法驱使下，让原本历史悠久的历史文化名城遭受严重破坏。例如高楼大厦代替了传统街区，现代化建筑取代了古代民居，原本林木遍布的历史名城被砍伐得只剩下少数几株被列管的高龄巨木，仅存的文物古迹也成了现代都市中的“孤岛”，景观残破。更甚者，则是某些领导人完全不明白遗产地“真实性”的价值，认为旧建筑存在没有意义，视黄钟为瓦釜，结果竟然拆真古董，建假古董，最后还为翻建历史文物而沾沾自喜为政绩。②

所以不容讳言，在关于“世界遗产”意义与价值的基本问题上，各级领导人的认识多少都存在某种程度的偏差。在一些干部眼中，申报“世界遗产”的目的只是提高地方知名度、刺激和带动当地旅游及经济的发展，因此衍生“重申报、轻管理，重开发、轻保护”的倾向，对遗产地应有的规划、管理、保护、展示等必要工作漠不关心，反而热衷在遗产地大兴土木搞建设、大张旗鼓搞开发。这些急功近利的情况在各遗产地屡见不鲜，也给世界遗产地保护工作蒙上了许多阴影。③

2. 重申报、轻管理

由于观念上的错误，所以国家申报“世界遗产”能否成功竟成为至关重要的大事，此虽系全球各国常见的现象，但中国大陆的情形显然更为严重。因此全国上下普遍的看法竟将“申遗”视同“申奥”一般，只关

---

① 郑易生：《转型期是强化公共性遗产资源管理的重要时期》，张晓、郑玉歆主编：《中国自然文化遗产资源管理》，社会科学文献出版社 2001 年版，第 187 页。

② 王永昌，“保护历史名城应践行正确政绩观”，文汇报（上海），2006 年 6 月 8 日，http：//www. cnwh. org/news/news. asp？ news = 1010。

③ “责任重于荣耀”，人民日报（海外版），2007 年 2 月 9 日，2 版。

心是否成功，却毫无全球一体的意识和保护责任的观念。事实上，此种观念只是将“世界遗产”视为知名品牌，寄希望于获得此项殊荣以利地方扬名立万，从此身价百倍。[①] 至于遗产地保护管理的各项工作如何规划执行，根本不在考虑之列。在这种情况下，中国大陆许多地方在申报“世界遗产”前，甚至从未思考过“世界遗产”是什么，需要参照何种标准，又应该如何进行保护规划等，因此也出现许多可笑的例证。譬如曾有某些地方政府因眼见邻近县市申报“世界遗产”成功，官员因此获得表扬和晋升，所以也起而效尤，不遗余力地争取申报世界遗产地，没想到一呼百应，附近县市皆兴起一片“申遗”的热潮。又如闽南有几个城市领导为了“申遗”的顺位产生龃龉，竟然互相攻讦，彼此指责。再如西部某城市的领导，撇下日常政务不管，经常奔走于上级机关之间，目的只为求“申遗”。有的城市为了争取“申遗”的机会，更急于整顿，在未经任何评估的情况下便不顾一切先将所有的旧建筑全部拆毁。还有的地方为了接待上级视察“申遗”进度而新修一条大马路直通遗产地，破坏景观环境亦毫无知觉。[②] 这些以“申遗”为名，实际上是搞破坏的行径，不能不令人啼笑皆非。

至于真正重要的遗产地保护管理工作，则因为施政优先顺位在后，经常因缺乏经费和人力而根本难以落实，造成申报一头热、保护无人闻问的奇怪现象。事实上，遗产地管理好坏的关键仍在于地方领导干部的观念和态度，一方面牵涉其政治智慧，另一方面也关系其文化素养。地方政府对遗产地的管理具有最直接的责任，领导干部难以逃避。[③] 但遗憾的是长久以来，“重申报、轻管理”仍一直是中国大陆各地“世界遗产”发展过程中的一大问题，至今无解。

3. 重开发、轻保护

目前在中国大陆各级政府中，许多干部仍抱持着遗产保护工作与现代化建设矛盾对立的思维观念，他们通常把传统看成是落后的标志，视其为阻碍进步的象征，因此多半采取鄙视的态度，在施政上也主张加以摒弃。即使同意遗产保护政策者，在现实利益考量下，也常认为遗产保护应仅限

① 刘红婴：《世界遗产精神》，第275页。

② 阮仪三：《城市遗产保护论》，第232—233页。

③ 《文化遗产保护学术论点——文化遗产保护的问题》，《中国文化遗产年鉴2006》，第305页。

缩在某地遗址或景观本身的有限范围内，周边的环境仍应视开发需要加以改造利用。例如许多国家级文化历史名城的地方主管当局至今仍不断在旧城区内从事大规模更新改造，甚至将保护工作错当成恢复历史旧观，于是致力兴建新的旧式建筑物或传统街区，甚至为此拆掉真的历史残存建筑物，以全新的仿古建筑加以取代。① 但更多的情况则是地方当局只见眼前的利益，视遗产为地方发展的障碍，必欲除之而后快。如被誉为“万国建筑博物馆”的厦门鼓浪屿，曾有 20 栋西式楼房建筑属于 19 世纪“五口通商”后的列强领事馆，原本若干地方人士有意申报为“国家重点文物保护单位”，但地方政府却以“不利于开发利用”而决定不予申报，在引发外界关切后，地方仍公开拒绝中央有关部门的介入。②

成为“世界遗产”的处所更难摆脱开发的荼毒，因为牵涉的利益层面更广，特别是为了追求旅游发展和经济成长而从事“建设性破坏”，导致开发过度。事实上造成这种结果的原因，是因为提高当地知名度、刺激和带动当地经济发展一直是地方政府和民众希望成功申报“世界遗产”的主要目的。因此若干世界遗产地在申报成功之后，地方政府随即大张旗鼓推动开发，并大兴土木从事建设，至于原在申报之时对遗产保护管理的承诺，皆已抛诸脑后，漠不关心。此常见的现象使“世界遗产”在中国大陆许多地方的发展，似已误入歧途，舍本逐末，难以获得遗产地永续保护经营的成果。③

（二）申报过程出现的缺失

1. 过度招待

正因为“世界遗产”的诱惑实在太大，导致中国大陆各地在进行申报的过程中经常费尽心神，努力过度。若干地方在申报时，并非将焦点放在强化己身的遗产地价值、环境条件、真实性和完整性，而是根据国内工作经验将申报成功与否的关键寄托在接待工作上，于是耗费太多精力建立

---

① 张松：《中国历史文化名城保护规划的得与失》，《中国文化遗产》，2004 年秋季号（总第 3 期），第 132 页。

② 《文化遗产保护学术论点——文化遗产保护的问题》，见中国文化年鉴编辑委员会编《中国文化遗产年鉴 2006》，第 305 页。

③ 《文化部长坦承中国世遗存在建设性破坏和过度开发》，中新网，http://www.cnwh.org/news/news.asp?news=1088。

关系和交际公关，结果还是徒劳无功，甚至引发副作用而不自知。①

据许多曾至中国大陆担任评估世界遗产地提名申报的国外专家表示，他们都对受到申报地的超规格接待深感惊讶。然而过度的款待和违规馈赠不见得有正面帮助，反倒让人有异样的感受，认为此举将干扰评估工作的科学性和公正性，因此让进行评估的国外专家感觉困扰甚至反感。此外，在评估阶段依规定应禁止当地进行公开报导，但部分地方和媒体未守戒律，在“申遗”政绩需要下擅自扩大宣传有关消息，结果不但影响评估工作的正常进行，甚至留下干扰施压的不妥当印象。②

2. 准备不足

在中国大陆过往经验中，部分地方部门只知想要申报“世界遗产”，却完全不懂何谓“世界遗产”，以及相关规范和申报条件如何，更不懂其中保护管理规划的重要性，误将“申遗”当成经济发展与旅游开发计划，于是套用一般的游乐景区设计方案，实施的结果反而破坏环境，影响当地原来的风貌，使遗产地本来的价值荡然无存。③ 另外一些地方当局或者对“世界遗产”相关的条件与标准毫无概念，既对遗产地本身所具有的价值研究不够，也对相类似的国内或国外其他遗产地的对比参照不足，而且对相关的法规、准则、程序皆未深入了解，“申遗”就难免沦为空谈。例如从石林之前的申报经验来看，当地政府与中央主管部门对国外同样的地质现象基本上都未先作研究了解，无法提出明显的独特性价值，同时保护管理规划也不符合国际公认的标准，以致第一次申报失利（见表3－13）。④

此外申报世界遗产地的过程需要耗费大量资金，在全球竞争越来越激烈的情况下，如果没有足够经费支援，事实上也很难达成目标。如拉萨大昭寺在申报“世界遗产”前，对于附近违章建筑拆除和环境整治之经费就达人民币5000万元。又如龙门石窟原本拥挤脏乱的周围环境，在申报“世界遗产”之前，先后二期分别投入6200万元与5100万元人民币，才让周遭景观与石窟景区达到相互调和的目的。再如安徽黟县的西递和宏村两个小村落，甚至也需耗资600多万元人民币整治环境后，才顺利展开申

① 郭旃：《世界遗产事业与社会可持续发展战略》，见中国文物研究所编《古物·古建·遗产：首届全国文物古建研究所所长培训班讲义》，第168—169页。

② 同上。

③ 阮仪三：《城市遗产保护论》，第233页。

④ 郭旃：《世界遗产事业与社会可持续发展战略》，第168页。

报“世界遗产”的进程。[①] 这些整治环境的支出，仅是申报之前必须先支付的一小部分经费而已，后续的规划执行过程中所需的经费更为庞大，一般地方政府往往难以独力负担，因而在申报过程中如未能先准备足够的资金，势将难以顺利完成“申遗”工作。

再者，申报地的政府各单位对“世界遗产”申报缺乏整体观念，又未协调政策配套措施，也会形成申报过程中的障碍。如都江堰在申报遗产时，四川省原本的计划是申报双重遗产，但在世界遗产委员会进行评估审议过程时，竟从媒体报导中听闻当地将要修建水库，影响当地自然环境，于是自然遗产部分的资格条件便遭到质疑，而最后也仅被同意列为文化遗产，双重遗产的目标终成泡影。[②]

关于准备不足的情况，早年经常发生，直接的结果就是申报不合“世界遗产”的资格条件。因此中国大陆所曾提名申报的世界遗产地，也非全都通过世界遗产委员会和协力咨询国际组织的评估审议。自 1987 年以来，由中国大陆正式提名申报，最后却未能顺利获得登录《世界遗产名录》的遗产地，如表 3－13 所示。

表 3－13　　中国大陆提名世界遗产未获登录一览表

提名遗产地	类型	审议年	审议结果
蓟县中上元古界自然保护区	自然遗产	1987	不予登录
铜绿山	文化遗产	1990	缓议
大熊猫栖息地保护区（卧龙、王朗、唐家河）	自然遗产	1987	缓议
		1990	
路南石林风景区	自然遗产	1992	撤回提名
黄果树瀑布自然景观及历史地区	自然遗产	1992	撤回提名
交河古城	文化遗产	1994	缓议

资料来源：郭万平：《世界自然与文化遗产》，浙江大学出版社 2006 年版，页 201。

未获同意登录的遗产地，如同前一章曾讨论过的，包括经“世界遗产委员会决定不予登录”、“世界遗产委员会决定缓议”与由“中国大陆自行撤回提名”等三种结果。除了不予登录者不能再另行提名外，缓议

① 郭旃：《世界遗产在中国》，中国文化年鉴编辑委员会编，《中国文化遗产年鉴 2006》，第 14 页。

② 郭万平：《世界自然与文化遗产》，第 21 页。

和主动撤回提名者，皆可再重新提名申报。因此表中的“大熊猫栖息地保护区”虽经两次提名、两次皆被决定缓议，但在多方整理规划下，最后终于在2006年顺利通过世界遗产委员会的评估审议而列入《世界遗产名录》。另自行撤回提名的“路南石林风景区”亦经多年整顿，并纳入邻近省区类似地景重新规划，也于2007年以“中国南方喀斯特”为名获得“世界遗产”的殊荣。

（三）保护管理工作失当

1. 开发错位

争取世界遗产的殊荣，原本主要是为了确立该遗产地的重要性与进行保护的必要性；而成为世界遗产地之后所带来的高知名度，也对其他遗产地保护具有指标作用。因此在欧美许多国家的前例中，都宁可采取放弃开发、完全保护的政策，以贯彻保护遗产地的最高宗旨。[①] 但中国大陆的情况却与欧美经验迥异，真实的状况是遗产地在得到“世界遗产”荣耀后，随即在地方当局主导与市场经济诱惑下进行超负荷发展，为了牟利目的而从事破坏性开发，甚至自我降格沦为野外游乐区和综合游憩景区，大量增加人工景观，大肆破坏地形和生态，导致遗产地“人工化、商业化和城镇化”的所谓“三化”现象。[②]“三化”现象出现的原因颇为复杂，惟主因则是遗产地下放地方政府主管，而且被寄予扩大地方财源的厚望，于是遗产地管理单位必须承担多重管理目标。另为了替地方留下更多可自行运用的经费，摆脱上级政府的干涉，成立名义上独立的企业公司管理遗产地就成为一条变通的渠道。因此在遗产地管理经营上，企业经营和业务管理混合组织的管理模式相当常见，有的单位甚至根本是“一套人马、两块招牌”，有的虽然形式分开但又实质联系，这是在中国大陆经济转型过程中，直接在传统管理架构上另附加企业经营形态所形成的典型转型特征。[③] 然而成立企业公司，为的是吸引更多游客以丰富营收，结果“三化”现象也就无可避免。

在“三化”现象的不良影响中，最严重的问题是造成错位开发和超载开发。所谓超载开发，就是开发后使遗产地人满为患、物满为患，巨幅超出遗产地的承受能力。而错位开发有两种，一种是性质上的错位，即把

---

① 张习明：《世界遗产学概论》，第186页。

② 谢凝高：《保护自然文化遗产与复兴中华山水文明》，第116页。

③ 罗佳明：《中国世界遗产管理体系研究》，第52页。

自然文化遗产原应优先的精神文化功能改变成以经济为优先的功能，而成为经济开发区；另一种是空间错位，亦即原本的旅游服务设施应规划在遗产地主要景区之外，但大部分遗产地却兴建许多宾馆、饭店和游客设施，破坏了遗产地的完整性和原始风貌。例如泰山顶上现几乎可称得上是一座小城市。又如武陵源景区中也有商业街。再如黄山更成为一处大量宾馆、饭店、职工宿舍、索道、水库等人居工程林立的遗产地，较之20年前所制定的黄山景区总体规划，在旅游床位和服务人员两方面各扩增了70%和400%，高级宾馆的标准客房数、总建筑面积以及山上水库的容量更分别增加了13倍、7倍和100倍。这些开发结果都严重影响着“世界遗产”的地位和品质。然而在地方当局眼中，完全没有意识到遗产地既不可再生也不可替代，其地位是人类共有的传承资产而非经济资源，尽管确实同时具有文化和自然价值所衍生的经济价值，但无论如何遗产地的保护才是最首要也最优先的前提。如果只为了追求短期经济回报和短期政绩，随意利用遗产地进行经济发展或过度开发，最后牺牲的定是遗产地的永续价值。[①]

此外，地方由于经济建设的需要，特别是旧城改造、房地产开发和民生基础建设都需要大面积用地。在需地孔急的情况下，文物和古迹毁损，或者自然景观遭破坏的情况屡屡发生，即使已宣告保护的文化遗址和自然环境也无法幸免于难，文物古迹和生态环境在一味改造和开发的声中迅速消逝，建设性的破坏也成为破坏性的建设，让遗产地保护工作更加困难。[②] 而部分地方当局不察，将遗产地当作一般产权物和土地资源进行掠夺性利用或开发的做法，更造成遗产地的直接破坏。

总的来说，破坏遗产地“完整性”和“真实性”的过度开发行为已是中国大陆各地常见的现象。如在景区内增加人工设施，破坏景观和环境；在文物集中地兴筑大型建筑物，毁坏文物资产；在自然保护区内进行资源开发，造成生态剧变，物种减少或绝迹。又或如开挖矿产、侵占水源、污染水体、采伐山林、破坏植被、猎捕动物、盗掘文物、拆毁古建筑

① “文化是一种和谐－对话北大世界遗产研究中心主任谢凝高教授”，解放日报（上海），http：//www. cnwh. org/news/news. asp？ news＝1002。

② “文化遗产保护学术论点－文化遗产保护的问题”，中国文化年鉴编辑委员会编：《中国文化遗产年鉴2006》，第304页。

等，种种破坏行径层出不穷，迄今难以遏阻。①

2. 旅游发展过度

中国大陆各地申报“世界遗产”的首因之一，为的自然是追求此项世界品牌所可能带来的庞大经济利益，而当中最主要的利益项目就是旅游资源，希望借吸引游客让当地转型为旅游胜地而带动地方经济发展。为了达到此目标，即使耗费巨资亦在所不惜。因此在申报“世界遗产”获得成功后，便忽视游憩承载量和旅游负荷量管制，漠视遗产地永续经营的重要性，任意掠夺遗产地的旅游资源，以期早日达成回收投资的目的。②

目前中国大陆的世界遗产地正普遍面临着旅游超载的严重威胁，一言以蔽之，就是“人满为患”。遗产地旅游热方兴未艾，带来庞大的观光人潮，特别是“五一”、“十一”和春节三大黄金假期，各地无不爆满，让原本脆弱的遗产地更加不堪负荷。如最大容量为 1 万人的故宫竟在一日内涌进十余万游客。苏州园林中则人山人海、万头攒动。丽江则自 1996 年以来，年旅客量已暴增 4 倍，目前已达 400 万人之谱。③ 结果平时游客就比本地人多，城里的房舍几乎全改为店铺，当地文化内涵严重流失。蜂拥而至的游客也严重危害文物保护，破坏生态环境，造成遗产地无可弥补的损害。④

但对于旅游市场的超量需求，遗产地管理单位仍然应变不足，不少世界遗产地在导览路线和客流管理上皆已失控。然若干地方当局非但不以为意，还曾提出“把岱顶建成热闹非凡的天上城市”、“把风景的泰山，改造成经济的泰山”、“把峨眉山打造成中国第一山”等触目惊心的口号，加上前述的“三化”现象使世界遗产地的“真实性”和“完整性”遭到难以恢复的破坏。事实上，遗产地旅游在整个世界遗产教育的环节中相当重要，但应是在遗产得到妥善保护的前提下才能开始发展。不过中国大陆各地方政府对此并无概念，却仍以争取游客、增加旅游容量为优先工作，遗产地保护工作则完全流于形式，因此遗产地旅游和遗产地保护二者竟成

① 张国强：《加强国家遗产保护的若干问题》，张晓、郑玉歆主编《中国自然文化遗产资源管理》，第 124 页。

② 张习明：《世界遗产学概论》，第 186—187 页。

③ 《文化遗产保护学术论点 - 文化遗产保护的问题》，中国文化年鉴编辑委员会编《中国文化遗产年鉴 2006》，第 304 页。

④ 马自树：《用科学发展观指道文化遗产的保护管理工作》，《中国文化遗产》2005 年第 1 期（总第 5 期），第 6 页。

为遗产地管理中最主要的矛盾根源。[①]

3. 违法商业承租

遗产地保护和管理本应是一项人类文明行为的表现，是属于整体国家和全体人民的公益活动，因此由代表公众利益的政府进行最为适当，而保护管理工作实际上也应是政府依据法规进行维护公众利益的行政管理活动。但中国大陆若干地方政府为了私利，却错将遗产地当成地方资产，认为可由地方随意使用开发以创造经济利润。例如许多地方政府将遗产保护和旅游管理设在同一部门，其职能名为保护，实则为开发创汇，结果其保护成效如何也就不问可知。[②]

在此种错误观念引导下，不少遗产地所在的地方政府和管理单位为了牟取更大利益，也就毫无顾忌地公开出让风景资源和景区土地，转由私人承包开发，分段经营，并将景区改换成上市公司出让股权，使遗产地资源企业化、股份化和私有化，原本的公益财产变成仅为少数人营利的工具，却让其他民众增加不必要的负担，违反遗产地所具有的文化作用和社会公益性质。此举非但有违法之嫌，也违背《世界遗产公约》的相关规定和义务，并多次遭其他国家的专家学者批评和抵制，甚至从根本上怀疑中国政府的世界遗产地管理能力和专业保护水准。[③]

事实上，地方政府出让遗产地资源进行商业承租的行径，特别是将遗产地所在土地当成一般土地承租或转让给开发商、外商、合资企业进行工商活动，或把景区资源低价甚或无偿拨归亏损企业利用以填补其资金缺口，或将遗产地的门票专营权出让给企业进行股票上市等行为，皆是出于谋取私利的目的。[④] 这些行径躲在违反国家法规限制的灰色地带进行，强占并改变遗产地原来的公有产权性质，不但破坏遗产地的“完整性”，也同时架空了国家权益，从长远来看，地方政府必将得不偿失。

4. 保护资金缺乏，未专款专用

目前中国大陆各处世界遗产地的保护管理，从政府取得的财政支援非常之少，政府拨用的保护管理经费增长幅度远落于保护管理需求之后。如

---

① 罗佳明：《中国世界遗产管理体系研究》，第 23 页。

② 阮仪三：《遗产保护任重道远》，《中国文化遗产》（北京），2004 年夏季号（总第 2 期），第 6 页。

③ 谢凝高：《保护自然文化遗产与复兴中华山水文明》，第 116 页。

④ 张国强：《加强国家遗产保护的若干问题》，第 124 页。

山西、陕西、河南等省份虽是古中原文化根源地，也是文化遗址最丰富的省份，但因地方财源有限，却也是维护文化遗址最艰困的地区。加上古迹和遗址过多，地方能运用的资金更为缺乏，维修和保护工作也就更形困难。[①] 因此在地方上普遍而奇怪的现象，是属于公共资产的遗产地保护和管理经费，在政府预算上无法足额编列，结果仅能依靠遗产地的门票和附加经营收入来维持。[②] 根据统计，现阶段在中央一级每年拨给为数 119 处国家风景名胜区的预算总金额只有 1000 万人民币，亦即平均每处仅能分配 8.4 万元，经费窘迫的情况可见一斑，也导致不少遗产地管理单位不得不多方利用开发遗产地来创收，才能维持正常运作。[③]

同时由于旅游收入扩增，世界遗产地所在的地方政府对遗产地的仰赖也日深，往往在面临财政困难、就业问题、教育经费不足等问题时，直接的应对之道就是从遗产地榨取更多财源，因此遗产地收入所得转为他用的情况也已是各地的常见现象。[④]

造成这些现象的原因，从体制言，是因目前世界遗产地实施分权化管理体制所造成的结果，亦即实际上世界遗产地现仅由层级甚低的区县（市）政府直接管理所致。由于在法律上并未明确规范中央和地方的事权与财产权，所以迄今的遗产地管理体制，就出现中央基本上只给政策、不给经费的奇特现象。靠门票及附加经营收入自给自足就成为世界遗产地管理上极普遍的现状。非仅如此，起于 80 年代的中央地方分权化过程长期欠缺公开化与透明化，擅自挪用遗产地的营收往往是地方政府常见的行为。许多遗产地的营收已被纳入地方政府的财政收入，甚至转为企业和上市公司的经营所得。以北京市的世界遗产地来说，长城八达岭的门票收入中有 40% 被纳入延庆县财政收入，明十三陵的门票收入中有 30% 被纳入昌平区的财政收入。又如重庆大足石刻年收入 2000 多万元人民币中，亦约达一半（900 多万元）成为地方财政收入。另以黄山和峨眉山为例，两

① 李雄飞：《历史文化名城：如何面对历史和文化》，中国文化年鉴编辑委员会编：《中国文化遗产年鉴 2006》，第 280 页。

② 罗佳明：《中国世界遗产管理体系研究》，第 50 页。

③ 董耀会：《中国世界遗产的保护与开发》，见赵玲主编《遗产保护与避暑山庄》，第 264 页。

④ 郑易生：《转型期是强化公共性遗产资源管理的重要时期》，张晓、郑玉歆主编：《中国自然文化遗产资源管理》，第 187 页。

地50%的门票收入则皆被转归入上市公司的经营所得。[1] 此外，武当山每年门票收入1000多万元人民币，全部转用于武当山特区1800名职工的工资支出和扶贫工作，用于遗产地本身保护的金额竟为零。[2] 更夸张的则如金山岭长城改由公司经营管理后，除了8年间的所得收入全由公司接收，用于长城维护的经费不足30万人民币之外，甚至将社会捐助的30万元人民币保护资金也径直转为公司本身的收入，公然侵吞公益捐款。[3]

深究遗产地收入大部遭挪用，以致保护管理经费严重不足的原因，有的是因为遗产地参与申报时耗资过多，已积欠上亿元的银行贷款，急需还贷。另大部分则是地方政府将遗产地视为摇钱树，要求遗产地的营收必须按相当比例上缴地方政府挹注财源，承担了原不该承担的义务所致。然而遗产地管理毕竟与一般经济资产的经营有别，其营收使用应当与遗产地本身的非盈利性相一致，也要坚守遗产地保护经费优先之原则，将遗产地营收优先投入遗产地工作开展，而非转用于地方建设需要或其他与遗产地无涉的项目。[4]

5. 保护人才和技术不足

遗产保护和管理是一项高技术性的专业工作，如果各级政府未能设立权威机构，也缺少技术专家和管理人员，对遗产地的损害不言可喻。[5] 遗产地保护可分为科学调查研究和保护科技运用等范围，除了运用适宜的保护科技，也要做好相关的科学调查研究。然而科学调查研究耗费大量人力和时间，但现阶段中国大陆因研究人员待遇仍普遍偏低，缺乏工作诱因，导致高素质科技人才严重不足。另外在引进先进保护科技方面，更需要投入庞大经费，此举对许多遗产地来说，事实上也很难做到。同时在理论层次方面，也因缺乏可信的普遍科学调查资料而无法全面创新研究成果，让关键技术和操作标准无法进一步发展，这些原因都使遗产地保护技术严重

---

① 张晓：《自然文化遗产地门票性质与功能辨识》，张晓主编：《加强规制：中国自然文化遗产资源保护管理与利用》，第89页。

② “别让世界遗产成为世界遗憾”，中国世界遗产网，http://www.cnwh.org/news/news.asp? news=388。

③ 成大林：《脆弱的长城》，《中国文化遗产》（北京），2005年第5期（总第9期），第67页。

④ “别让世界遗产成为世界遗憾”，中国世界遗产网，http://www.cnwh.org/news/news.asp? news=388。

⑤ 阮仪三：《遗产保护任重道远》，《中国文化遗产》（北京），2004年夏季号（总第2期），第6页。

滞后。①

对中国大陆的遗产地而言，保护人才缺乏是普遍的问题，许多遗产地维护工程的专业人才不足极为严重，现有的专业队伍和人员非但不能满足保护工程需要，许多单位和人员也得超负荷工作，② 更无时间施以必要的在职训练，于是无法和国际保护科技发展同步成为常态。

另外，遗产地现代管理人才的缺乏则是另一项大问题。遗产管理需要专业的知识和能力，因此理论上应由国家或地方遗产地主管部门及直属的遗产地管理单位承担。这种管理责任绝不能听任旅游部门甚或企业乃至私人代为行使。但目前许多遗产地仍延续传统的人事管理形态，对遗产地管理的国际规范和现代管理思想缺乏了解，意识封闭，对相关变革的敏感度也很低。③ 主因出在中国大陆的世界遗产管理工作者中，有相当一部分是非依专业性的就地任命，结果遗产地所需的高品管与管理者的低素质之间极不相称。另一个原因则是管理单位层级过低，通常仅及县市政府下属的二级或三级单位，职级与薪俸无法提高，导致管理、保护和研究人才招募不易，留任也很困难，因此出现人力流失的大问题。例如名列中国五大石窟之一的世界遗产地——“大足石刻”，当中的主要单位大足石刻博物馆尽管具有高度艺术价值与国际声誉，但在管理层级上仅隶属大足县政府，因行政层级过低影响人员进用，在 100 多个专职管理人员中仅有 11 名专业保护人员，并由 1 名副研究员领导保护工作，其专业保护人力严重缺乏的窘境可见一斑。④

6. 保护缺乏整体性

中国大陆各地对遗产地的保护，一般仍缺乏整体意识，也影响遗产地的管理工作。依世界遗产建制所强调的“完整性”原则来看，遗产地与其所处环境应是同时存在、相辅相成的。例如地处偏僻的古村落，在独特的封闭地理环境中造就其特有的建筑形式。然而各遗产地管理单位未见及此，通常保护工作仅及于建筑本体而忽略周遭环境的保护。于是开辟道

---

① 《文化遗产保护学术论点——科技研究》，中国文化年鉴编辑委员会编：《中国文化遗产年鉴 2006》，第 301 页。

② “2004 年：中国文物保护工作科学发展——访国家文物局副局长张柏”，《中国文化遗产》（北京），2004 年冬季号（总第 4 期），第 67 页。

③ 罗佳明：《中国世界遗产管理体系研究》，第 51 页。

④ “别让世界遗产成为世界遗憾”，中国世界遗产网，http：//www. cnwh. org/news/news. asp？news =388。

路、设置旅游设施等行为层出不穷，都使遗产地失去原来的整体景观价值。另一种值得关注的现象则是遗产地原有居民大量流失，特别是具有地方文化特殊性的古城和古村落尤为严重。复因遗产地为发展旅游或进行招商开发而造成大量外来人口流入，如丽江目前已有过半人口皆属外来从商民众，让古城生活形态与文化特质完全改变。①

再者，由于人口密度过高，生活用地相对狭小，为求进一步建设，大多数城镇皆已开发过度，过于饱和的环境对处于城镇内及其周边的遗产地构成严重的威胁，使保护和管理工作更加困难。② 加上遗产地保护管理欠缺全面意识，在促进发展的施政目标下，保护遗产地的整体完整性更为不易。许多名列“历史文化名城”的城市，其主管当局的工作重点往往仅立足于“文物保护单位”本身的保护，而对“历史文化名城”的整体景观保护毫无作为，最终使古城中文物形同现代化都市中的“海中孤岛”，价值顿失而令人扼腕。

二　主管当局之误失

（一）法令方面

1. 法规系出多门无从依循

就“世界遗产”有关的法规来说，中国大陆在相关方面的总体立法迟滞，现有的法规、规章和行政命令尚不足以规范世界遗产地的保护和管理工作，③ 在遗产地保护上存在诸多问题，主要包括：

（1）关于国家遗产地的保护，现有包括建筑、文物保护、森林、地质、风景名胜区等法规和管理办法等，虽都有所涉及，但其本质却都是其他范围的专业法令，并非针对世界遗产地保护管理的特别法规，同时在法规中也各行其是，并未将遗产地保护的精神加以贯彻。各种法规之间规范不同所出现的法律竞合问题，也制约了遗产地保护工作的发展。

（2）《文物保护法》和《风景名胜区条例》可说是目前国家层级中对于世界遗产地保护方面较新也较为全面具体的法律规范，但其涉及的保护对象只限于“重点文物保护单位”和“风景名胜区”，根本无法满足现在

---

① 阮仪三：《城市遗产保护论》，第149页。

② 李雄飞：《历史文化名城：如何面对历史和文化》，中国文化年鉴编辑委员会编：《中国文化遗产年鉴2006》，第281页。

③ 刘红婴：《世界遗产精神》，第275页。

和将来全面保护自然和文化遗产地的整体要求。①

因此，中国大陆的世界遗产地，多年来之所以出现许多保护不力负面案例的主因，就是遗产地法律保护不足所致，使许多违反保护和管理规定事项的行为处罚无法可依。同时与“世界遗产”保护有关的法律零星而滞后，也无从解决层出不穷的新问题。例如《文物保护法》不能涵盖自然生态的保存，《自然保护区条例》未触及历史、考古和建筑，《风景名胜区管理条例》的界定又与“世界遗产”有所不同。即使在众多法律交错并存的混乱情况下，却仍然有不少缺乏法律保障的漏洞存在。所以，曾有某些学者讥讽，现行法律规定会出现偷走一个兵马俑的头可被判死刑，但将泰山的月观峰顶部炸掉三分之一，竟然找不到处罚依据的荒谬情况。②

2. 有法不依、执法不严

不严格依照有关法令规定加以执法，则是遗产地遭受破坏的另一个重要原因。中国大陆各地以经济利益为导向的遗产地不当开发和旅游超负荷等事件，莫不是因为地方当局漠视法律规定，将法律规范束之高阁所致。例如业者企图在乐山大佛旁按全比例重新建造阿富汗已遭摧毁的巴米扬大佛之事件，虽然有严重影响环境景观之虞，但主其事者无疑已得到地方当局的支持而显得有恃无恐。所以在许多地方政府有法不依、执法不严的情况下，遗产地保护工作根本没有落实的希望，遗产地管理的法制化也就更加遥遥无期。可预见的是，如果此种情况不见改善，未来破坏遗产地的行径仍将层出不穷，而且破坏者基本上也多半将继续逍遥法外，不可能遭到法律追诉。③

另外，根据现行规定，虽然遗产地的开发利用都要先经地方文物部门审批，然而实际上地方文物部门不善于执法，或者不敢执法的现象却普遍存在，特别是经当地政府领导批定或主持的违法开发和工程项目。例如山东省章丘市七星台旅游度假区直接用混凝土、金属和玻璃等现代建材随意改建长城，大段长城受到毁灭性破坏，然因开发案系由地方政府主导，省政府文物部门竟未对任何地方领导加以究责。又如河北省滦平县政府违法

① “别让世界遗产成为世界遗憾”，中国世界遗产网，http://www.cnwh.org/news/news.asp? news=388。

② 刘红婴、王健民:《世界遗产概论》，第209—210页。

③ 董耀会:《中国世界遗产的保护与开发》，见赵玲主编《遗产保护与避暑山庄》，第263页。

将金山岭长城转让给企业时，县文物主管部门竟连上报省文物部门的勇气都没有。再如迁安市红峪口和白羊峪两段长城都因不当开发遭毁损，却只有执行开发案的企业被罚款10万人民币，文物主管被平调其他单位，除此之外的决策干部竟无一人遭依法追究。

在所有遗产地违法行为中，最严重的就属政府当局知法犯法。再举河北省政府为例，省政府已于2002年11月下发《进一步加强长城保护管理工作》的通知，但次年省政府本身为了广泛利用观光资源，又投入建设完成一条长城旅游公路，随即在公路沿线出现许多大规模旅游景区开发，使原本处于深山远郊的古老长城，涌入众多的游客，也出现许多破坏行为，根本违背省政府自己在前一年所发通知中的规定。更令人难以忍受者，是这些长城旅游的开发案，大部分皆由地方政府直接规划实施，而且当中仅有少数按照规定报经省文物主管部门审批同意，绝大多数均由县政府或者层级更低的当地旅游主管部门越权审批，甚至连乡镇政府在无法律授权下即自行同意进行开发。①

（二）制度方面

1. 管理体制多元

中国大陆现行的遗产地管理体制，尚未针对“世界遗产”的特质构建一套专门的组织管理体系，基本上仍沿用国家风景名胜区管理和文物保护单位管理的既有模式，即仅在原有的管理组织形态上再另加一项“世界遗产”品牌及业务，也就是在原有的机构基础上另叠加一项额外的工作而已，完全未能体现“世界遗产”的保护管理要求。因此多数世界遗产地可能同时集“国家风景名胜区”、“国家重点文物保护单位”、“国家自然保护区”、“历史文化名城（镇、村）”等国家保护资格为一身，却无法承担“世界遗产”所要求的整体责任。虽然此种错综复杂的多元管理体系有历史渊源，但此种缺乏统合的管理模式与国际遗产地管理规范无法接轨的问题，在世界遗产地数量剧增后显然日益严重。② 即使已在研议中的“国家遗产制度”，能否改善体制混杂的现状，恐怕亦难以乐观。

管理体制多元混乱的现象随处可见。由申报过程来看，依据现行分工规定：申报文化遗产的工作由国家文物局进行，自然遗产和双重遗产的工

---

① 成大林：《脆弱的长城》，第66页。

② 罗佳明：《中国世界遗产管理体系研究》，第21—22页。

作由建设部负责，联合国教科文组织的联络协调工作则由中国教科文全委会统筹，但重大问题又由外交部出面进行，旅游问题则另由国家旅游局研究解决。多头马车的遗产地申报模式不时造成权责不清的情况，不但使地方政府无所适从，也徒增申报工作中的困扰。①

再就遗产地管理架构来看。一方面“国家风景名胜区”、“国家自然保护区”和“重点文物保护单位”等保护单位都要接受上级主管部委的监控，此即所谓的“条条控制”。这些部委作为政府业务主管机关，专门行使规划、法规颁布及执行监督等职责。但另一方面，所有的遗产地管理单位却又直属于地方政府，受到地方当局的直接指挥和监督，即所谓“块块管理”。“条条控制”和“块块管理”交错进行是在改革开放后，中央不断向地方放权让利的结果。② 但此种错综复杂的情况对遗产地管理来说，非但无益，还经常形成矛盾和困扰。

条块分割的管理架构无疑已造成遗产地管理部门的全面混乱。目前就体制看，与世界遗产地有关的主管部门，分别是建设部、国家文物局、国家林业局、国家海洋局、国家环境保护局和中国科学院等部委机关负责相关法规管理和业务指导，但具体的管理措施以及规划和建设决策权力等，又下交地方政府及其管理部门手上。此外还有若干看似无关的部门（如宗教事务）和企业事业机构也有相当程度的管理使用权。加以部分资金又由旅游部门掌控。因此造成政出多门、决策和管理规范不一的矛盾现象，以及管理和保护工作无法协调和人力物力的浪费。结果遗产地内机构林立，各有主管业务，事权无法统一，谁也不听谁的号令，任何工作都难以推展。

由此衍生的体制缺失则是遗产地管理单位行政层级过低，在层层节制下无法按照规定进行管理保护事务的协调，亦无法贯彻保护管理工作的要求。由于管理体制和保护机制不良，导致职能弱化，遗产地管理单位经常无权无责，形同虚设。③ 部分遗产地在某些方面实际上还可能处于毫无任何保护的法规真空状态下。④ 再者，由于实行属地管理的结果，遗产地由

① 郭旃：《世界遗产事业与社会可持续发展战略》，第 169 页。

② 张昕竹：《现代组织理论与自然遗产资源管理体制改革》，张晓、郑玉歆主编：《中国自然文化遗产资源管理》，第 212 页。

③ 张国强：《加强国家遗产保护的若干问题》，第 125 页。

④ 章建刚：《文化遗产的真确性价值与遗产产业的可持续性发展》，徐嵩龄、张晓明、章建刚编：《文化遗产的保护与经营——中国实践与理论进展》，社会科学文献出版社 2003 年版，第 5 页。

地方政府就地管控，于是若干地方政府在无法规依据下逃避上级监督，私自将管理权、经营权通过各种途径移交给企业公司，危害遗产地的产权和管理。所以现行体制基本上已无法达成有效保护和管理的需求。因此虽然某些观点认为，管理体制多元化的现况更适应中国大陆国情的管理形态，重点是必须责由各部门加强业务监督和管理要求即可。但客观言之，由于政出多门，令相违背，此种交叉管理的模式确已造成各遗产地管理水准参差不齐的现象，尤其是将遗产地交由公司经营的行为更已遭到多方反对。为了改善这种错综混乱的情况，目前已有不少学者专家呼吁，应即由国家设立专门机构对散布各地的“世界遗产”统一进行管理为宜。

2. 管理体系职能冲突

由管理体制多元化所衍生出来的另一个大问题，就是管理职能必然会产生矛盾与冲突。举在性质上属于“历史文化名城”的世界遗产地来说，其保护和管理工作由于体制的多元化，而可能出现不同主管部门各自坚守业务立场的职能冲突情况。因为“历史文化名城”业务管理范围牵涉名胜古迹、环境保护、观光旅游等许多层面，与此相关的部门涵盖建设、文物、旅游、园林、文化、城管、工商管理等机构，其中有的主保护，有的主利用，有的主开发，所以不同部门出于职司有别，职能冲突引发体制上的不相容，结果政策上的相互矛盾和对抗也因此屡见不鲜。特别在某些涉及若干部门管理权限交叉的保护对象时，往往造成遗产地保护的批可权责不清、利益冲突、管理混乱等局面，严重阻碍遗产地保护和管理工作的进展。[①]

除了同一层级的不同部门因业务需求有异所出现的互相妨碍情况之外，不同管理体系之间各自指挥、各自为政的混淆情形亦不容忽视。在中国大陆的“世界遗产”保护管理工作的现行体制当中，最重要者为遗产管理、景区经营和行政体系等三大政令系统，这三者之间各有其主管体制，各有其政策目标、行政规范和决策程序。仅以政策目标来说，遗产管理体系以保护为主，景区经营体系以营利为主，行政体系则以政令执行为主，三者之间看似各有所司，但其决策与施政交互影响，因职能不同所导致的政策矛盾亦时常发生。举“黄山”为例，“黄山”作为一个世界遗产地，其管理并非单纯由地方政府与遗产地管理单位完全负责，其所涉及的遗产管理、景区经营、行政体系等三个不同管理体制的个别影响情况相当

① “文化遗产保护：全国人大代表张廷皓打出组合拳”，《中国文物报》（北京），2006 年 3 月 10 日，第 2 版。

复杂，如表3－14所示。

表3－14 黄山世界遗产地管理体系与影响力分析

影响单位	遗产管理	景区经营	行政体系
黄山景区管委会	一般影响力	一般影响力	
黄山市政府	一般影响力	主要影响力	一般影响力
安徽省政府	一般影响力		主要影响力
民政部			次要影响力
建设部	主要影响力		
世界遗产中心	次要影响力		

资料来源：徐嵩龄：《第三国策：论中国文化与自然遗产保护》，第226页。

从表中可看出，在遗产管理方面，虽由建设部和联合国教科文组织世界遗产中心主导，并由黄山景区管委会、黄山市政府、安徽省政府执行。但在景区经营上，其实是由黄山市政府和黄山景区管委会决定。但在行政体系上，却又由安徽省政府决策，并接受民政部指导，及交由黄山市政府执行。[①] 三个不同管理体系加上不同层级在不同问题上的决策影响力，导致令出多门，管理混乱、各自为政的情况并不少见。此现象非“黄山”一地所独有，而是大陆各遗产地普遍遇到的困境，且在短期内似仍无顺利解决的迹象。长此以往，对中国大陆世界遗产地的保护和管理工作，将有相当不利的影响。

第五节 中国大陆发展世界遗产的优劣势分析

中国大陆的“世界遗产”发展迄今，不但类型兼备，数量更已经位居全球第三位，其兴盛的景况其实是加入公约当时始料未及的结果。然而由于世界遗产建制和相关规则都随时配合实际需要而进行更新和修正，加上其他国家对“世界遗产”的鼓吹和投入亦有增无减，争取“世界遗产”已是全球各国普遍追求的目标，竞争因此更为激烈。所以中国大陆将来能否维持目前领先绝大部分国家的局面，无疑需要持续投入更多的心力才可能达成。事实上，如果要继续保持现有世界遗产大国的地位，对于现阶段中国大陆本身在世界遗产工作上的良窳和可能的际遇，运用理性的方式比较

① 徐嵩龄：《第三国策：论中国文化与自然遗产保护》，第226—227页。

分析，客观地了解其间的得失，或才有可能因势利导，使中国大陆未来在世界遗产建制中发挥更关键的影响力，并协助其“世界遗产”工作更上层楼。

有关现阶段中国大陆“世界遗产”发展的优劣势分析，参采 SWOT 分析法，亦即“强弱机危综合分析法”加以进行应是可信度较高的途径。SWOT 分析法原系一种针对组织团体竞争态势的分析方法，也是在决策者进行策略规划前经常采用的分析方法之一。此法通过评价组织团体本身的的优势（Strengths）、劣势（Weaknesses），以及竞争的机会（Opportunities）和威胁（Threats），对其所面临的竞争态势加以客观定位，并得参考其分析结果制定组织团体未来可行的发展策略。①

SWOT 分析法应用极广，不但适用于营利事业（如企业），也适用于非营利之机关和机构（如政府机关和文教机构），甚至范围小至个人决定前程计划、大至国家拟定政策时都能参采利用。② 其分析模式可分两部分酌作说明如下。③

（一）本身能力的优势和劣势分析

1. 首先了解本身的优势条件何在。优势条件通常是组织团体在执行某方面工作时所具有的长处、优点或筹码，这些长处、优点或筹码都是与其他同等或类似的组织团体相互比较之后所得知的竞争优势。其可能来自内部成员的能动性、文化、资源或其他能力条件。当获知这些优势后，要了解其特性，充分加以发挥，以利为组织团体创造发展契机。其做法有三：（1）扩大领先差距；（2）善加利用优势；（3）创造新优势。

2. 其次，要知道自身的劣势条件为何。劣势条件通常是组织团体无法顺利执行某方面工作时所遇到的障碍、弱点或问题症结，这些劣势条件的来源与优势条件相同，但对组织团体的未来发展却具负面作用甚至造成致命伤害。组织团体应当尽力掌握这些限制因素，找到方法力求改进，才能设计出有利于己的最佳发展策略。其做法有：（1）寻找替代方案；（2）将劣势的影响中性化，使其逐渐无足轻重；（3）进行互补式的合作；

① 史蒂芬·罗宾斯等：《现代管理学》，林建煌编译，华泰文化事业公司 2002 年版，第 102 页。

② 方至民：《企业竞争优势》，（三重：前程企管公司，2000 年），第 379 页。

③ 克鲁佛：《彼得杜拉克管理研究所教你学策略》，洪瑞璘译，培生教育出版集团 2005 年版，第 111—113 页。方至民：《企业竞争优势》，第 380—386 页。

（4）补强劣势，降低负面影响。

3. 据此，组织团体要先认识自己的劣势条件，从而运用各种方法加以改进或减少杀伤力，然后适度发挥本身的先天优势条件加以配合，才有可能趋吉避凶，最终获得最佳的发展，争取最利于己的结果。

（二）外部环境的机会与威胁分析

1. 组织团体所面临的外在环境中，机会和威胁通常是并存的，亦即可能存在许多机会有待开发利用，但同时也可能面对许多可见和不可见的威胁，限制组织团体实现其策略目标。这些环境条件一般皆是自然的存在，所显现的乃是组织团体目前所处的环境实况。

2. 但无论是机会或是威胁，在分析外在环境特性时，都必须先摒弃本身的好恶，以客观坦然的态度公正进行，力求完全展现目前所处环境的实际情况，才能确知何为机会、何为威胁，二者之间的关联性又是如何。

3. 在得出组织团体于环境中所面临的机会和威胁之后，要尽量将所有的机会整合利用，并设法将各种威胁排除或转换，并纳入本身策略的整体规划过程之中，以利未来的发展。对于机会的可行方法有：（1）积极把握机会，扩大战果；（2）结合优势和机会，充分利用。另对于威胁的因应之道则为：（1）避开威胁；（2）采取避险措施；（3）改变不利的发展趋势。

因此通过“强弱机危综合分析法”之后的策略规划，简言之就是USED（用、停、成、御）四个重点方向，USED分别是：

How can we Use each Strength？如何善用每个优势？

How can we Stop each Weakness？如何停止每个劣势？

How can we Exploit each Opportunity？如何成就每个机会？

How can we Defend against each Threat？如何抵御每个威胁？

经过这样的理性分析，在竞争态势下的组织团体即能结合本身条件与环境条件，提出最有效的整体发展策略，创造最有利于自己的发展结果。

对于中国大陆在“世界遗产”发展上的现况，我们当可参采此种“强弱机危综合分析法”，加以客观剖析其本身的优势与劣势、所处环境中的机会与威胁。首先，对于中国大陆包括“文化遗产”、“自然遗产”和“文化与自然双重遗产”等三种类型，就内部与外部的优势、劣势、机会和威胁等四方面加以综合分析，如表3－15。

表 3-15　中国大陆世界遗产发展 SWOT 分析（遗产类型分析）

		助益 Helpful	危害 Harmful
文化遗产	内部 Internal	优势 Strengths	劣势 Weaknesses
文化遗产	内部 Internal	1. 历史悠久，文化源远流长。 2. 民族众多，文化丰富多元。 3. 古迹和遗址数量极多，分布广泛。 4. 各界重视世界遗产，反应强烈。 5. 文化遗产预备名单已重新整理建立。 6. 现有世界文化遗产之数量与比例均高，申报和管理经验丰富。 7. 文化遗产管理法令制度正在整理更新中。 8. 和谐社会思维强化民族融合，促进文化遗产的多元发展。	1. 传统上不重视古迹和遗址维护。 2. 意识形态仍对传统文化有所藐视。 3. 因经济高速建设之需要而刻意破坏。 4. 遗产地开发错位。 5. 遗产地旅游过度发展。 6. 遗产地缺乏保护资金。 7. 遗产地遭违法商业承租及利用。 8. 法令制度尚未健全，更新速度仍慢。 9. 有法不依，执法不严，破坏遗产事件屡见不鲜。
文化遗产	外部 External	机会 Opportunities	威胁 Threats
文化遗产	外部 External	1. 传统文化对周边地区具深刻影响力。 2. 西方各国对中华文化具新奇感。 3. 占全球文化遗产 3.79%，极受重视。 4. 文化遗产国际合作越来越多。 5. 在国际遗产建制中参与程度深，具关键影响力。 6. 世界遗产委员会鼓励各国联合申报跨国遗产，促进合作机会。 7. 和谐世界政策强化国际参与意愿及能力。	1. 邻近国家对历史影响的敏感。 2. 外来文化的入侵与影响。 3. 国际对中国大陆遗产保护不力之批评。 4. 世界遗产委员会对遗产地数量较多国家之增长限制。 5. 世界遗产委员会限制每年受理申报总数及管制各国提名限额。 6. 其他国家在每年文化遗产评估审议上的竞争。
自然遗产	内部 Internal	优势 Strengths	劣势 Weaknesses
自然遗产	内部 Internal	1. 幅员辽阔，各种地理类型齐备。 2. 气候合宜，各种地形景观皆具。 3. 各界重视世界遗产，反应热烈。 4. 自然遗产预备名单已重新整理建立。 5. 现有世界自然遗产数量不少，具申报和管理经验。 6. 自然遗产管理法令制度正在整理更新中。 7. 和谐社会思维强调促进少数民族和偏远地区发展，有益于强化自然遗产工作。	1. 地理区隔大，山区与沙漠地形限制多。 2. 许多地区因地理条件影响，动植物生存环境恶劣。 3. 沙漠化日趋严重，造成环境威胁。 4. 各种污染造成水源和生态危害。 5. 人口过多，过度垦殖侵占自然生态。 6. 因经济开发而滥行开林采矿，破坏自然环境。 7. 遗产地开发错位。 8. 遗产地旅游过度发展。 9. 遗产地缺乏保护资金。 10. 遗产地遭违法商业承租及利用。 11. 法令制度尚未健全，更新速度仍慢。 12. 有法不依，执法不严，破坏遗产事件屡见不鲜。
自然遗产	外部 External	机会 Opportunities	威胁 Threats
自然遗产	外部 External	1. 位居欧亚大陆与太平洋之海陆交会点，国际自然环境条件优越。 2. 占世界自然遗产 3.61%，极受重视。 3. 自然遗产国际合作越来越多。 4. 在国际遗产建制中参与程度深，具关键影响力。 5. 世界遗产委员会放宽各国每年可另加提名 1 件自然遗产地。 6. 世界遗产委员会鼓励各国联合申报跨国遗产，促进合作机会。 7. 和谐世界政策强化国际参与意愿及能力。	1. 国际对中国大陆遗产保护不力之批评。 2. 世界遗产委员会对遗产地数量较多国家之增长限制。 3. 世界遗产委员会限制每年受理申报总数。 4. 其他国家在每年自然遗产评估审议上的竞争。 5. 地球暖化及臭氧层破坏等国际环境议题对自然环境之负面影响。

续表

		助益 Helpful	危害 Harmful
文化与自然双重遗产	内部 Internal	优势 Strengths	劣势 Weaknesses
		1. 各界重视世界遗产，反应热烈。 2. 文化与自然双重遗产预备名单已重新整理建立。 3. 现有世界文化与自然双重遗产数量不少，具申报和管理经验。 4. 文化与自然双重遗产管理法令制度正在整理更新中。 5. 和谐社会思维强调文化多元及促进少数民族和偏远地区发展，有益于强化文化与自然双重遗产工作。	1. 文化古迹与遗址遭刻意破坏。 2. 自然环境与生态破坏。 3. 遗产地开发错位。 4. 遗产地旅游过度发展。 5. 遗产地缺乏保护资金。 6. 遗产地遭违法商业承租及利用。 7. 法令制度尚未健全，更新速度仍慢。 8. 有法不依，执法不严，破坏遗产事件屡见不鲜。
	外部 External	机会 Opportunities	威胁 Threats
		1. 占世界文化与自然双重遗产 16.00%，备受重视。 2. 双重遗产国际合作越来越多。 3. 在国际遗产建制中参与程度深，具关键影响力。 4. 世界遗产委员会放宽各国每年可另加提名 1 件自然遗产地。 5. 世界遗产委员会鼓励各国联合申报跨国遗产，促进合作机会。 6. 和谐世界政策强化国际参与意愿及能力。	1. 国际对中国大陆遗产保护不力之批评。 2. 世界遗产委员会对遗产地数量较多国家之增长限制。 3. 世界遗产委员会限制每年受理申报总数。 4. 其他国家在每年世界文化与自然双重遗产评估审议上的竞争。 5. 文化与自然双重遗产条件审核严苛，申报不易。

资料来源：作者自行整理。

其次，再针对中国大陆目前发展“世界遗产”的诸项条件中，包括“保护与管理”、“政治与经济环境”和“社会意识与教育”等，各依其内部与外部之优势、劣势、机会和威胁等四方面一并进行强弱及危综合分析，如表 3－16。

表 3－16　中国大陆世界遗产发展 SWOT 分析（发展条件分析）

		助益 Helpful	危害 Harmful
保护与管理	内部 Internal	优势 Strengths	劣势 Weaknesses
		1. 中央及地方政府重视世界遗产。 2. 参与世界遗产建制极为积极。 3. 主管部门推动积极。 4. 遗产预备名单已重新整理建立。 5. 现有世界遗产之数量与比例均高，申报和管理经验丰富。 6. 遗产管理法令制度正在整理更新中。	1. 重申报，轻管理；重开发，轻保护。 2. 申报过程屡有误失（过度招待与准备不足等）。 3. 管理体系多元，管理职能冲突。 4. 遗产地开发错位。 5. 遗产地旅游过度发展。 6. 遗产地缺乏保护资金。 7. 遗产地遭违法商业承租及利用。 8. 法令制度尚未健全，更新速度仍慢。 9. 有法不依，执法不严，破坏遗产事件屡见不鲜。

续表

		助益 Helpful	危害 Harmful
保护与管理	外部 External	机会 Opportunities	威胁 Threats
		1. 传统文化和地理环境使其对周边地区具影响力。 2. 占全球世界遗产 4.11%，稳居第三位，极受重视。 3. 国际合作机会和程度越来越高。 4. 在国际遗产建制中参与程度深，具关键影响力。 5. 国外专家学者和技术合作日多。 6. 世界遗产委员会鼓励各国联合申报跨国遗产，促进合作机会。	1. 遗产地保护管理体制未能与国际完全接轨。 2. 世界遗产之国际规则更动速度快，未能及时更新策略。 3. 引进国外专家学者和技术影响力尚未普及。 4. 国际对中国大陆遗产保护不力之批评。 5. 世界遗产委员会对遗产地数量较多国家之增长限制。 6. 世界遗产委员会限制每年受理申报总数。 7. 其他国家在每年世界遗产评估审议上的竞争。
政治与经济环境	内部 Internal	优势 Strengths	劣势 Weaknesses
		1. 和平与发展战略观居主流。 2. 和谐社会与和谐世界政策推展。 3. 强调少数民族和偏远地区之发展，有利进一步促进政经发展平衡。 4. 经济发展快，观念革新强，外来思想接受度日高。 5. 国力增强，参与国际组织能力提升。 6. 参与国际组织及建制之意愿增加。 7. 在以法治国要求下，法令制度正全面整理修订，法制体系逐渐成形。	1. 追求政绩表现，观念有所偏差。 2. 一味追求和谐政策概念，忽视实际问题根源。 3. 经济开发需求当道，漠视生态环境。 4. 意识形态中仍有敌视外来思想因素。 5. 整体法令制度仍欠健全。 6. 有法不依，执法不严现象普遍。 7. 地区发展落差加大，发展更为失衡。 8. 贫富差距拉大成为政经不安定因素。
	外部 External	机会 Opportunities	威胁 Threats
		1. 大国地位逐渐确立，国际政经地位日益重要。 2. 国际经贸往来频仍，于全球商贸网络中位居关键角色。 3. 地区议题已具有主导实力。 4. 在各种国际组织中均具重大影响力。 5. 对外合作行为逐渐增强，参与受到重视。	1. 国外对中国崛起仍有疑惧和排斥。 2. 共党专政及社会主义体制仍遭西方质疑。 3. 政治经济稳定性仍备受怀疑。 4. 人权、武器扩散和分离主义等仍为国际关注焦点。 5. 在国际商贸中连年出超而屡遭抵制。 6. 国际对中国大陆政经发展失衡之批评。
社会意识与教育	内部 Internal	优势 Strengths	劣势 Weaknesses
		1. 对世界遗产具新鲜感，接受度强。 2. 政府推动世界遗产日等宣传活动颇具成效。 3. 世界遗产相关宣传教育逐渐普及。 4. 世界遗产成为知名旅游品牌，吸引大量游客，也促进世界遗产地位和价值。 5. 赴国外旅游者日众，观摩国外遗产地之后，更能提升世界遗产意识。 6. 世界遗产在学校教育中逐渐落实。 7. 每年世界遗产委员会成为媒体及大众关注焦点。	1. 对世界遗产概念认识不深，缺乏保护意识。 2. 过度利用世界遗产旅游功能，忽略保护和保存作用，伤害遗产地发展。 3. 在实际的保护行动中仍难以有效贯彻和落实。 4. 城乡差距过大，世界遗产教育在广大乡间仍难以有效宣传。 5. 关注焦点仅在国家提名申报遗产地有无成功，欠缺世界观与全球意识。 6. 世界遗产沦为旅游品牌，核心精神与价值丧失。

续表

		助益 Helpful	危害 Harmful
		机会 Opportunities	威胁 Threats
社会意识与教育	外部 External	1. 国际媒体对世界遗产地较多之国家报道深入，提升教育宣传机会。 2. 与世界遗产建制相关组织团体在教育宣导活动上之合作增加。 3. 国外赴中国大陆旅游者日多，对中国大陆世界遗产地有正面宣传作用。 4. 大学院校与研究机构之跨国学术研究合作日益增多。 5. 国外文物保护与环境保护团体对中国大陆之关注加强。 6. 各种非政府组织之国际合作机会增加。	1. 国际媒体对中国大陆遗产地之负面报道。 2. 世界遗产建制相关组织团体对中国大陆遗产地保护不力之批评。 3. 为增加外国观光客而夸大渲染并过度利用遗产地资源。 4. 国外文物保护与环境保护团体对中国大陆相关工作之压力及紧张关系。 5. 非政府组织之国际联系合作，关注及干涉遗产地动向，造成互不谅解。

资料来源：作者自行整理。

从以上两张表的分析来看，中国大陆在后续的“世界遗产”发展上，无论从“文化遗产”、“自然遗产”和“文化与自然双重遗产”等三种遗产类型或“保护与管理”、“政治与经济环境”和“社会意识与教育”等三项发展条件来看，都处于相当复杂而且微妙的形势。就其内部情况而言，虽都具有相当不错的优势条件，但同时也存在不利于未来发展的劣势条件；而在外部环境上，其所面临的环境也是机会与威胁并存，稍有不慎，极可能自陷发展困境。因之，如何发挥本身的优势、改进自己的劣势，把握所有的机会、排除外在的威胁，发挥“用、停、成、御”的积极效果，以利“世界遗产”在中国大陆的永续发展，仍有赖相关决策单位在有关的法规、政策之研拟以及执行时，分别妥为因应并善加落实。

第四章　中国大陆世界遗产热潮的国内环境影响因素

第一节　影响世界遗产热潮的经济利益因素

“世界遗产”之所以能在中国大陆掀起一片热潮，主要的原因应该与经济利益有关。就实际的情况来看，许多原本未受重视的处所，由于获得“世界遗产”的头衔，结果知名度暴涨，竟能直接带动当地观光旅游业的蓬勃发展，因此，许多地方政府在经济利益的驱使下，莫不尽心竭力，精挑细选辖内具有登录潜力的处所，千方百计使其顺利成为世界遗产地，期待从此得到各种可能的经济利益。①

例如，从前鲜为世人熟知的山西“平遥古城”、云南“丽江古城”和更偏远的安徽“古村落西递和宏村”，当它们成功登录《世界遗产名录》之际，可能连许多中国人在地图上都还找不到其位置何在，更不用说外国旅客。没想到在成为“世界遗产”后竟声名鹊起，立刻成为新兴的热门旅游地点，吸引数以万计的海内外游客不远千里而来，观光收入顿时增长几十倍，也附带创造出许多意想不到的经济效益。其他的世界遗产地也多是同样的情况。例如“平遥古城”在1997年登录《世界遗产名录》之前，门票收入每年仅有18万人民币，登录后次年竟然暴增至500万人民币，全城的旅游总收入更达4800万人民币。又如“承德避暑山庄和周围寺庙”，1994年登录成为“世界遗产”后，次年的旅客也增加了十分之一。② 而拥有浓厚少数民族色彩的“丽江古城”，由于媒体青睐广为宣传报道，更普受中外欢迎，导致游客年年暴增，迄2005年，依游客每人缴交的40元人民币维护费计算，仅此项收入全年就达5300万人民币。北京附近的世界遗产地占地利之便，游人更多，如属“明清皇陵”之一的明十三陵于2004年的门票收入为1.4亿人民币，同年“颐和园”的门票收

① 张习明：《世界遗产学概论》，第50页。

② 刘红婴、王健民：《世界遗产概论》，第176页。

入更达1.6亿人民币。[1] 诸多例证皆再三显示，“世界遗产”对促进旅游业和地方经济的发展极为有利，因此无可讳言，经济利益乃引发中国大陆不分东南西北，涌现申报世界遗产热潮的首要原因。

事实上，在国际建制认证下，“世界遗产”所具有的正面形象和全球性地位，使其具有不同于其他旅游处所的魅力。对游客来说，也掺杂着提高文化、增长知识、陶冶性情、促进成长等心理作用，让世界遗产旅游更受欢迎，也吸引更多从业团体投入相关行业。[2] 简言之，由于世界遗产地具有以下几项特质，而使其综合经济利益明显高于一般的观光游览胜地：[3]

（1）不可替代性与不可再生性。世界遗产地资源通常具有独特与唯一的原生性价值，因此不可能由相同时空的其他类似处所加以取代，而且一旦毁坏也不可能人为地再生及复制，同时遗产地也会随着时间流逝发生外貌变化，及时游览的价值更为宝贵。

（2）人文价值性与公共服务性。无论文化或自然遗产，都带有当地浓厚的风土与民情气息，因此具有极高的人文价值。同时遗产地因为皆非私人所拥有，必须由政府加以管理和保护，所以也具有公共物品和公共服务的性质。

（3）未来增值性。由于遗产地的本身拥有极高的历史、美学价值，加上前述的不可替代性、不可再生性、人文价值和公共服务性，以及同类性质处所在可预见的未来势必会日益减少，因此遗产地将会随着时间的推移而越显其价值珍贵。

以形式来说，“世界遗产”的经济利益可分为潜在经济利益和直接经济利益两类，潜在的经济利益系为世界遗产所在地区带来的整体旅游服务活动的经济收入，范围广泛。直接经济利益则是从遗产地直接开发所获得的经济收入，如门票、索道、旅馆等。两者相较，潜在经济利益的收益时间较长，受益对象为整体区域的民众和社区，直接经济利益的收益时间较

---

① 郭旃：《世界遗产在中国》，《中国文化遗产年鉴2006》，第15页。

② 刘红婴、王健民：《世界遗产概论》，第228页。

③ 阮仪三：《城市遗产保护论》，第140—141页；徐嵩龄：《中国文化与自然遗产经济学：缘起·概念·主要论题》，徐嵩龄、张晓明、章建刚编：《文化遗产的保护与经营——中国实践与理论进展》，第128—129页。

短，受益对象为开发商或投资者，同时还可能为遗产地带来不同程度的破坏。① 不过就实际的情况，此两种形式的经济利益也很难明确区分，主要原因是遗产地一般还是需先经过开发，提升吸引力和便利性让大量游客持续前来观光，才能带动周边地区的旅游服务业发展，同时周边的旅游服务项目充足，则有利于游客前来遗产地留驻，旅游开发才有实质利益。因此直接经济利益和间接经济利益虽然性质上确有不同，但某种程度上则又是互补的。②

再从世界遗产地提供经济利益的方式来看，则可区分为三种：第一种是由遗产地直接为民众提供的服务，包括观赏、体验、娱乐和游憩等。第二种是遗产地成为文化产品生产的重要元素，譬如作为文化艺术创作的题材和主题，或影视作品的拍摄地点等。第三种则是遗产地对于旅游和相关服务业的带动作用，亦即前来遗产地的旅游者为获得旅游便利所需要的各项服务支出，包括住宿费、交通费、餐饮费及其他必要费用。而在此三者间，无疑第三种方式所带来的经济效益最为庞大，对遗产地与周边地区的经济利益影响也最广泛。③ 因此就经济利益范围考量，围绕着世界遗产地所能产出的经济收益相当多，绝非仅限于单纯的遗产地门票收入而已，还包括食、住、行、游、购、娱，以及通信、金融、医疗等更广泛的服务收益。依普遍同意的看法，遗产地旅游所能带动的经济收益，至少可达遗产地门票收入的 4—6 倍以上。④ 这项数额庞大的收益，无论对遗产地管理单位或者周边的社区、民众与团体来说，都具有强大的吸引力。

如从经济收益的项目来分析，单就世界遗产地管理单位本身言，因旅游而可能获得的各种经济收益项目就颇为广泛，其相关收益项目如表 4 - 1 所示。

表 4 - 1　　遗产地旅游相关经济收益项目

项目	经济收益说明	备考
门票费	允许进入遗产地的费用	

① 郑易生：《自然文化遗产的价值与利益》，郑玉歆、郑易生主编：《自然文化遗产管理——中外理论与实践》，第 3—4 页。

② 郑易生：《资源价值与利益团体》，张晓、郑玉歆主编：《中国自然文化遗产资源管理》，第 193—195 页。

③ 徐嵩龄：《中国文化与自然遗产经济学：缘起·概念·主要论题》，第 125—130 页。

④ 徐嵩龄：《第三国策：论中国文化与自然遗产保护》，第 163、304 页。

续表

项目	经济收益说明	备考
游憩费	游憩活动与服务的费用	
设施使用费	使用遗产地设施的费用，如停车、游客中心、游船、房屋使用等	
特约经销费	为遗产地游客提供服务的特约经销商支付之费用	
商品销售费	产品、供应品、纪念品的销售收入	
餐饮费	餐饮食品和便利超商的销售收入	
住宿费	遗产地经营住宿设施的收入	
许可费	准许私营公司在遗产地经营的收入，如旅行社、导游等	
税收	如客房税、机场税、汽车税等	
租赁费	遗产地设施和设备的出租收入	
公益捐款	包括企业和个人的现金、礼物和人力等捐助	
产品联合营销费	与其他商品结盟联合促销所得费用	
知识产权许可费	与遗产地有关的各种资讯和资料使用所支付之费用	
形象使用和租用费	使用遗产地外观和场所进行商业活动所支付之费用	

资料来源：保罗·伊格尔斯：《保护区旅游规划与管理指南》，张朝枝、罗秋菊译，第171—185页。

上表中所列之各种经济收益，其中较主要者如下。①

（一）门票费

遗产地管理单位一般皆对游客收取门票（入场）费用，部分按人别计算，部分则按车次收取，或者两项都要收费。而遗产地另向游客提供导游、电子导览或特殊节庆活动等特别服务项目时，还需额外收取费用。又遗产地如允许机动车辆进入，必备有停车场等设施，因此停车管理费又是遗产地的一项重要收入来源。游客所交付的门票和停车等费用在剔除成本开支之后，一般均会移作他用。

（二）住宿费

住宿通常是游客在遗产地旅游中花费最多的支出项目，除非就住家在遗产地附近，否则远道而来的游客一定要付出住宿费用。如果遗产地本身经营旅馆、小木屋或宿营地时，也可能是遗产地最大宗的收入来源。住宿

① 保罗·伊格尔斯：《保护区旅游规划与管理指南》，张朝枝、罗秋菊译，第171—173页。

费用一般依等级与设施不同而有不同收费。但因住宿管理工作较为庞杂，无论是遗产地管理单位直接管理或委托经营，都需要较专业的经营流程控管与员工培训。

（三）设施使用费和餐饮费

遗产地的休闲活动受限于场地因素，一般都会要求使用管理单位提供的专门设施和设备，因此在遗产地出租或出售设施和设备，就成了遗产地管理单位创收的另一渠道。餐饮食品也是遗产地游客必要的消费支出，无论游客是在餐馆就食或于便利超市购买，也无论这些餐馆或便利超市是直营或委托经营，餐饮食品的收入无疑是遗产地直接获利的项目之一。

（四）商品销售费

遗产地直接销售相关的特制产品和纪念品，如衣帽、饰物、文具、餐具、书籍、影音产品等，已成为遗产地最有潜力的创收项目。这项收入不但能为游客带来乐趣，而且更能带动遗产地周边社区的工艺创造、制造和经济发展，因此越来越多遗产地管理单位开始运营此经济收益项目。

（五）产品联合营销费与形象使用费

遗产地所具有的知名度和正面形象，本身可说就是一种具极高价值性的产权，例如其“世界遗产”地位和名称因具相当吸引力，所以许多企业都愿意赞助遗产地的相关活动，结合遗产地的形象促进商品的营销。同时遗产地内的著名景点，也能成为许多广告和影视作品前去取景的处所。因此遗产地通过结盟出租或出售其形象及名称使用特许权，也能获得大笔收益。

这些遗产地的经济利益又可划归为两部分：一部分是具有公益性质者，即由遗产地管理单位所经营的活动收入；另一部分则是由遗产地管理单位和相关的企业与事业机构共同创造的商业性质活动收入。

不过讨论经济利益不能仅限于遗产地管理单位本身，因为还有更大的一部分经济效益则是来自遗产地周边的社区和民众所一起提供的旅游观光活动资源。此部分的活动虽属于社会性质和商业性质，基本上与遗产地的公益性质无涉，但却是遗产地所能带动的最大经济利益来源。①

① 任余：《自然文化遗产保护与地方经济发展》，张晓、郑玉歆主编：《中国自然文化遗产资源管理》，第298页。

遗产地能为周边社区和民众所带来的经济发展机会非常多，其利益涵盖范围也相当大，其中重要者包括如下几项：[①]

（1）为当地居民增加就业机会。

（2）增加当地居民收入。

（3）提高居民生活水平。

（4）鼓励新的旅游企业出现，刺激地方经济发展并促进当地经济多元化。

（5）鼓励地方特产之制造及贩售。

（6）开拓附近新的市场并促进各类交易。

（7）促进当地雇员学习新知能和新技术。

（8）增加当地的保护基金和社区基金。

（9）增加地方税收。

除了周边社区之外，遗产地还能带动层面更广大的地方经济收益，包括相邻地域的地区经济，并可再往上延伸至涵盖县市辖区范围的经济发展，以及相关行业与基础建设的更新等。范围更广的相邻地区和县市区域获得经济收益的来源，有三个方面：第一是地方相关服务业之发展与获利，如遗产地所在县市生产的工艺品和强化旅游产业。第二是间接通过遗产地的名声和吸引力，引进外来投资，使地区经济形态更加开放。第三是扩充县市税收，某些遗产地所在的县市政府基于收益庞大，为了管理遗产地的便利，常另组公司经营遗产地，通过更改遗产地门票等项目之收入性质，使其从公益收入转变为营业收入，变相成为县市政府不公开的财源；或者从中征收营业税和所得税，扩充县市政府的税基和税收，这些结果都使遗产地直接经营的获利由管理单位上转到县市层级政府。[②]

以上探讨的遗产地、社区和地方三个层级的经济收益与受益对象，兹整理如表4－2。

① 保罗·伊格尔斯：《保护区旅游规划与管理指南》，张朝枝、罗秋菊译，第33—34页。

② 郑易生：《评价风景名胜区管理体制的理论框架》，张晓主编：《加强规划：中国自然文化遗产资源保护管理利用》，第60—61页。

表 4 - 2　　遗产地的经济收益与受益对象

收益范围	经济收益	受益对象				
		遗产地管理单位	营利事业公司	社区居民	地方经济	地方政府
遗产地直接之收益	门票收入	○	○			○
	其他设施经营收入	○				
	交通工具		○			
	食宿设施		○			
社区之收益	社区提供旅游服务		○	○	○	
	社区相关设施促进		○	○	○	
地方之收益	促进地方相关产业				○	
	增进地方经济形态开放				○	
	扩充税收					○

资料来源：郑易生：《评价风景名胜区管理体制的理论框架》，见张晓主编《加强规划：中国自然文化遗产资源保护管理利用》，第 59 页。

从上表来看，遗产地管理单位可能从门票和经营其他设施上获得直接收益；转投资或委托经营的营利公司则能从门票、交通工具、食宿设施、社区旅游服务项目和其他社区相关设施促进中获取各项利益；社区居民则是通过社区收益在旅游服务和相关设施促进上得到利益；地方经济则从社区收益层面的旅游服务和相关设施促进，以及地方收益层面的地方产业和地方经济形态开放上汲取利益；而地方政府系由间接的门票收入与直接的税收扩充中得利。

举“峨眉山与乐山大佛”这处世界遗产地为实例来说。四川省乐山市所管辖的峨眉山风景名胜区与乐山大佛两地于 1996 年结合为同一遗产地申报登录《世界遗产名录》后，其旅游收入即逐年增加，包括游客人数和门票收入的历年旅游情况详如表 4 - 3。

表 4 - 3　　峨眉山与乐山大佛景区旅游情况

年份	峨眉山景区		乐山大佛景区	
	游客人数（万人）	门票收入（万元）	游客人数（万人）	门票收入（万元）
1991	113	1684	139. 3	498. 4
1992	148	2783	250	1020
1993	150	3031	243	1021

续表

年份	峨眉山景区		乐山大佛景区	
	游客人数（万人）	门票收入（万元）	游客人数（万人）	门票收入（万元）
1994	141	4134	130	1958
1995	139	4773	115	1146
1996	120	5932	90	1392
1997	120	7489	45	1585
1998	100.73	7518	68.90	1759
1999	134.56	8677.5	87.44	2250.7
2000	128.43	9613.5	119.51	2737.77
2001	165.80	11556	140	2900
2002	174.60	16188.64	163.73	3520.39

资料来源：罗佳明：《中国世界遗产管理体系研究》，第234页。

从上表来分析，无论峨眉山景区或乐山大佛景区，在1996年成为世界遗产地之后，即使游客人数因门票涨价而时有增减，但却又因门票价格上涨而直接获取更多利润，因此两处景区的门票收入均呈逐年递增之势，以2002年的数据来计算，峨眉山景区的门票收入是1995年尚未成为世界遗产地时的3.39倍，乐山大佛景区的门票收入则是1995年的3.07倍，

其次，由于峨眉山和乐山大佛是前往乐山市旅游必到的最主要两处景点，同时峨眉山与乐山大佛所带动的不仅是景区本身和周边社区的旅游业发展，更牵动整个乐山市相关的旅游服务与其他观光产业，因此峨眉山与乐山大佛对整个乐山市的经济影响，可从乐山市整体旅游收入占乐山市的GDP比率来做进一步观察，其统计详如表4－4。

表4－4　　　　旅游业对乐山市经济的影响

项　　目	1998	1999	2000	2001	2002
乐山市GDP（亿元）	131.29	140.41	146.02	161.08	179.80
乐山市旅游收入（亿元）	17.32	25.34	21.77	26.43	31.80
旅游占GDP比率（%）	13.20	18.00	14.90	16.40	17.68
乐山大佛景区收入（万元）	1759	2251	2738	2900	3520
峨眉山景区收入（万元）	7518	8678	9614	11556	16188.64

资料来源：罗佳明：《中国世界遗产管理体系研究》，第225页。

从此表来看，乐山市的整体旅游收入在峨眉山与乐山大佛两处景区旅

游收入逐年增加的带动下，基本上也随之扩增。以整体旅游收入占全市GDP比率来说，虽稍有起伏，但显然是呈现增加的趋势。在1998年时占13.20%，1999年时占18.00%，2000年时占14.90%，2001年时则占16.40%。到了2002年时，乐山市的整体旅游收入与1998年相较已增加183%，乐山市的GDP与1998年相较也增加137%，而整体旅游收入则占全市GDP的17.68%。可知以峨眉山与乐山大佛的世界遗产地为主的旅游业，对整个乐山市经济发展确实发挥了重要作用。

前面两表统计的2002年之乐山市游客人数和旅游收入等情况与四川省及全国的旅游收益进行互相比较，其数据则如表4－5。

表4－5　　乐山市与四川省、全国旅游收益比较（2002年）

项　　目	国内游客（万人次）	国内旅游收入（亿人民币）	入境游客（万人次）	入境旅游收入（亿美元）	旅游综合收入（亿人民币）
乐山市	549.5	30.97	6.5	0.1043	31.80
四川省	7217	363.6	66.7	2.012	383
全中国大陆	87800	3878	9791	203	5566
乐山占四川省比率	7.61%	8.52%	9.75%	5.18%	8.3%
乐山占全国比率	0.63%	0.80%	0.067%	0.05%	0.57%
四川省占全国比率	8.22%	9.38%	0.68%	0.99%	6.88%

资料来源：罗佳明：《中国世界遗产管理体系研究》，第217页。

以2002当年来说，虽然四川省除了峨眉山与乐山大佛属于世界遗产地之外，另又有于1992年登录的“九寨沟风景名胜区”与“黄龙风景名胜区”，以及2000年登录的“青城山与都江堰”等世界遗产地皆是赴四川旅游的热门景点。即使如此，至乐山旅游的国内游客仍占全四川省游客的7.61%，旅游收入占全省的8.52%；而入境游客（包括外侨、港澳台胞）占全四川省的9.75%，入境旅游收入占全省的5.18%。仅乐山一地的整体旅游收入即占全省整体旅游收入的8.3%，其旅游收益无论在游客人数或收入金额两方面极为显著。由此可知世界遗产地旅游的确较一般风景名胜区来得更有号召力，因之所产生的经济效益也远远超越后者。

至于对周边社区经济利益的影响，我们也可由世界遗产地附近的农村居民收入增减来做对照。举邻近两处世界遗产地——长城八达岭与明十三陵风景区的农村近年的实际调查数据为例，其中延庆县八达岭镇岔道村1960年代人均年收入仅65元人民币，然而从1983年开始通过景区销售土产商品，经济收益大增，1985 年由村委会成立岭西旅游公司正式投入旅游服务，全村 1000 人口中有 200 人参与旅游接待，50 人在停车场服务，至 2003 年全村人均年收入已高达 18400 元人民币，成为延庆县人均收入最高的村落。而同属长城八达岭与明十三陵风景区附近的昌平区长陵镇也雨露均沾，2003 年时人均收入为 4964 元人民币，2004 年又增为 5478 元人民币，亦呈逐年递增的情况。长陵镇中最靠近景区的麻峪房村在 1997 年发展旅游服务业以前，人均年收入仅 798 元，但自从以“农家乐”为主题吸引大量游客前来游览后，2003 年时人均年收入竟超过 9000 元人民币。① 相对于一般农村人力凋敝、生活困顿的窘境，世界遗产地能为当地社区所带来的经济利益，也无可限量。

事实上自改革开放以后，整个中国大陆的国际入境旅游发展，基本上也是呈扩增的局面。从 1978 年迄 2006 年，每年的入境旅游人数和旅游收入，除了 1989 年“政治风波”和 2003 年 SARS 风暴曾受波及而暂时减少之外，其他的年度均是逐年直线上升，入境旅游人数于 2004 年破 1 亿人次，入境旅游收入则分别于 1996 年突破 100 亿美元，2002 年突破 200 亿美元，2006 年破 300 亿美元，增长幅度和速度越来越快。其数据统计如表4 –6。

表 4 –6　　中国大陆入境旅游人数与收入统计（1978—2006 年）

年份	入境旅游人数	入境旅游收入（亿美元）	年份	入境旅游人数	入境旅游收入（亿美元）
1978	1809221	2. 63	1993	41526945	46. 83
1979	4203901	4. 49	1994	43684456	73. 23
1980	5702536	6. 17	1995	46386511	87. 33
1981	7767096	7. 85	1996	51127516	102. 00
1982	7924291	8. 43	1997	57587923	120. 74
1983	9477005	9. 41	1998	63478401	126. 02
1984	12852185	11. 31	1999	72795594	140. 99
1985	17833097	12. 50	2000	83443881	162. 24
1986	22819450	15. 31	2001	89012924	177. 92
1987	26902267	18. 62	2002	97908252	203. 85

① 钱薏红：《北京市风景名胜区与当地农村社区的关系：现状与案例》，张晓主编：《加强规制：中国自然文化遗产资源保护管理与利用》，第 284—287 页。

续表

年份	入境旅游人数	入境旅游收入（亿美元）	年份	入境旅游人数	入境旅游收入（亿美元）
1988	31694804	22.47	2003	91662082	174.06
1989	24501394	18.60	2004	109038218	257.39
1990	27461821	22.18	2005	120292255	292.96
1991	33349757	28.45	2006	124942096	339.49
1992	38114945	39.47			

资料来源：中国旅游统计年鉴；国家旅游局中国旅游网，http：//www.cnta.gov.cn/。

以2006年的入境旅游人数（包括外侨、港澳台胞）来看，全年已达12494万人，为1978年181万人的69倍；2006年整年的入境旅游收入339.49亿美元，更是1978年2.63亿美元的129倍。旅游观光为中国大陆创造的整体经济产值不得不令人侧目。

造成此现象的原因，一方面与中国大陆经济发展有关，商务旅游人数随之增加；另一方面也与旅游目的地的发展有关，包括世界遗产地在内的各种旅游建设持续增加，足以吸引更多境外游客前来游览。在此同时，为了分享旅游所带来的广大经济利益增长，除中央政府的推动外，各地方政府也无不使尽各种方法，促进当地旅游观光业的发展，而基于“世界遗产”所具有的高知名度和正面形象，申报世界遗产地无疑是促进旅游观光快速发展最直接也最有效的途径。由此产生席卷大江南北的世界遗产热潮，也就不足为奇了。

第二节　影响世界遗产热潮的遗址和环境保护因素

影响中国大陆“世界遗产热潮”的第二项主要原因是出于对遗址和环境保护的关怀，不过此又与文化遗址与自然环境保护工作迟滞有直接的关联。

虽然中国大陆的文化与自然遗产资源丰厚，无论是文明发展、民族并存等文化模式，或地质、地理、生物、生态等自然特征，都让中国大陆拥有丰富、独特与多样化的文化与自然遗产类型。① 而且在保护体系上与

① 徐嵩龄：《第三国策：论中国文化与自然遗产保护》，第305页。

“世界遗产”有关保护体系多达五类，包括“全国重点文物保护单位”、“国家历史文化名城”、“国家历史文化名镇”和“国家历史文化名村”与“国家重点风景名胜区”等，保护对象的数量既多且类型复杂，但实际上的保护成效却仍相当有限，当前所面临的文化遗址与自然环境保护形势依然恶劣，相关的问题与缺失已在上一章作过深入探讨。然而这些情况在近年来也开始发生些不一样的变化，由于人民与国际接触日多，教育和生活水准逐年提升，文化和精神层面的需求也迅速增长，加上文化与自然遗产确实具有满足文化升华与精神慰藉层面需求的功能，皆使文化遗址与自然环境保护的呼吁和要求，也越来越受重视。①

事实上，不管“世界遗产”或中国大陆其他各类保护体系，都具有如下几项明显的作用：②

（1）保护自然资源，改善生态，防灾减害的环境防护功能。

（2）维护古迹遗址，展现历史文明，增强德育和智育，寓教于乐的文化启发功能。

（3）树立国家和地区形象，美化景观，创造健康优美生存空间的景观审美功能。

（4）培育欣赏山水景胜、豁达心胸，促进人与自然协调发展的功能。

（5）提高生活品质，带动社会文明全面提升的功能。

从这些作用来看，可知文化与自然遗产对于人类来说，确实具有相当大的正面价值。文化与自然遗产的重要性，也体现在它们可呈现具体的景象，而成为文化与自然的载体，使当代人类能通过欣赏文化与自然遗产，感受到祖先的璀璨文明和大自然的宏伟创造力。这些相关的概念在遗产保护思维较为发达的西方国家中早已为各界所普遍接受，因之政府和社团也经常鼓励民众通过观察自然环境来感受造物主的伟大和万能，以及通过观赏历史遗址来体验过往的历史和思想经验。在此前提下，继续保持文化与自然遗产所具备的重要价值，使之足以永世流传，早已成为西方社会的共识。③

---

① 郑玉歆：《中国自然文化遗产的保护正处于关键期》，郑玉歆、郑易生主编：《自然文化遗产管理——中外理论与实践》，第15—16页。

② 张国强：《加强国家遗产保护的若干问题》，张晓、郑玉歆主编：《中国自然文化遗产资源管理》，第121页。

③ 史鹤凌：《规制中国遗产管理：协调保护与开发的矛盾》，郑玉歆、郑易生主编：《自然文化遗产管理——中外理论与实践》，第114页。

对于中国大陆来说，“世界遗产”与相关保护工作本属外来的概念，因此关于遗产地的主要保护思维与理论也大半由西方引进，但中国大陆长期闭锁，所以初始之时，对“世界遗产”的理解曾出现许多欠缺完整的现象，例如在理论层次出现许多不足之处，主要包括：①

（1）不完整：自80年代以来西方“世界遗产”保护思维理论发展迅速，加以相关的国际组织强化活动范围，几乎每年都会发表更新的重要文件，由于数量太多、更新太快，其中许多文件和革新的概念并未在中国大陆得到完整的介绍和评论，更未受到应有的重视和引用。

（2）欠准确：由于“世界遗产”保护思维理论大半由西方引介而来，所以难免出现外文翻译的准确性问题，不论文件标题和内容、基础概念、关键术语乃至体系架构等都莫衷一是，加上缺乏官方统一校正版本，普遍出现漏译、偏译或错译等情况，导致各方解读不同，观念出现差异或衍生不必要的争端。

（3）少创见：引进“世界遗产”保护思想理论的同时，通常只片面强调与国际接轨，未能切合中国大陆本身环境条件的实际需要，因此不但不合用而且主动创新相当少见。

更严重的问题则出现在实际的操作层次。由于中国大陆长期以来已形成各自分立的保护体系架构，在加入《世界遗产公约》与申报《世界遗产名录》之后，只是将新登录的文化与自然遗产又笼统地纳进不同的管理体系之中，在保护工作、管理思维、法律规范、社会教育等各方面并未因应世界遗产建制的需要作适度的修正，而时常出现格格不入的情形。加之改革开放以来的社会、经济情势变化剧烈，相关政策又经常反复及矛盾，使文化遗址与自然环境保护工作不时发生利益冲突与见解争论，使遗产地保护管理工作雪上加霜。不过吊诡的是，却也正因为这些利益冲突与见解争论，吸引了更多学者专家、组织团体、政府官员与传播媒体对相关议题的注意，并不时加入评议和讨论，反而使“世界遗产”以及各类文化遗址与自然环境保护，开始成为社会各界关注的焦点。②

由于各界对文化遗址与自然环境保护的问题投以更多的关注，所引起的共鸣也随之加大，于是志愿投入文化遗址与自然环境保护议题之倡议和实践的各方人士就越来越多，其中虽不乏出于利益动机者，但大多数志工

① 徐嵩龄：《第三国策：论中国文化与自然遗产保护》，第24—25页。

② 罗佳明：《中国世界遗产管理体系研究》，第20页。

则仅本于对相关议题的认同与热情。姑且不论其原始目的为何，只要有越多的人愿意加入讨论和参与，无疑会让整个社会对遗址和环境保护工作有更积极正面的认识，并吸引更多人一起加入保护行列，然后又促进传播媒体的扩大报导，结果就可能形成一套正向的循环作用而深入人心，并逐渐在整个社会达成共识。而在所有的保护对象中，具有国际殊荣地位的“世界遗产”，由于通过全球最高水准的严格评估审查，因此在整个文化遗址与自然环境保护工作中更处于龙头地位，成为指标性的保护和评论对象，所以与之有关的政策、管理和保护动向也都随时受到瞩目，动见观瞻。①

事实上经过近年来多方的教育和宣传等行动，中国大陆无论在“世界遗产”或各类文化遗址与自然环境保护理论、观念与行动等各方面，都已有不少的具体进展。而曾为这些教育宣导和实际行动付出努力的机关团体与个人很多，如世界地遗产所在的地方政府和管理单位为积极保护遗产地资源，通过法律与行政程序制订相关保护法规；又如遗产地的当地社区和民众，为保有永续发展的相关利益，通过各种途径主动保护遗产地；② 再如传播媒体和一般民众投入关注，促进遗产地的保护管理得以依常轨运作。不过其中最主要的宣导者与行动者，应当是与“世界遗产”议题相关的学术机构和非政府组织，这些机构组织不间断地关注遗产地，利用调查研究和资料数据提供政策参考，并运用各种方式唤起社会保护遗产共识。通过这些机关团体与个人的努力，除了对世界遗产热潮有推波助澜功效之外，在这些机构组织穿针引线下，无疑对纵向联系或横向协调都发挥具体作用，并构成世界遗产地在地保护的整体效果，如图 4－1 所示。

因此，在中国大陆整个世界遗产地的在地保护体系中，学术机构与非政府组织团体可说处于承上启下的关键地位，更由于其组成全部来自专业者和志愿者，具有相当高的共同专业与奋斗目标，所以在整合之后所能发挥的功用更大。除了个别遗产地的在地保护之外，由于学术机构与非政府组织团体成员的身份与社会地位一般皆较高，其对中央政府相关主管部委的决策也具有相当程度的影响力，所以他们在促进世界遗产地的保护成效上，确实扮演着重要的关键角色。

① 郭旃：《中国世界遗产工作评论》，张晓，郑玉歆主编：《中国自然文化遗产资源管理》，第 94 页。

② 张晓主编《加强规制：中国自然文化遗产资源保护管理与利用》，第 284 页。

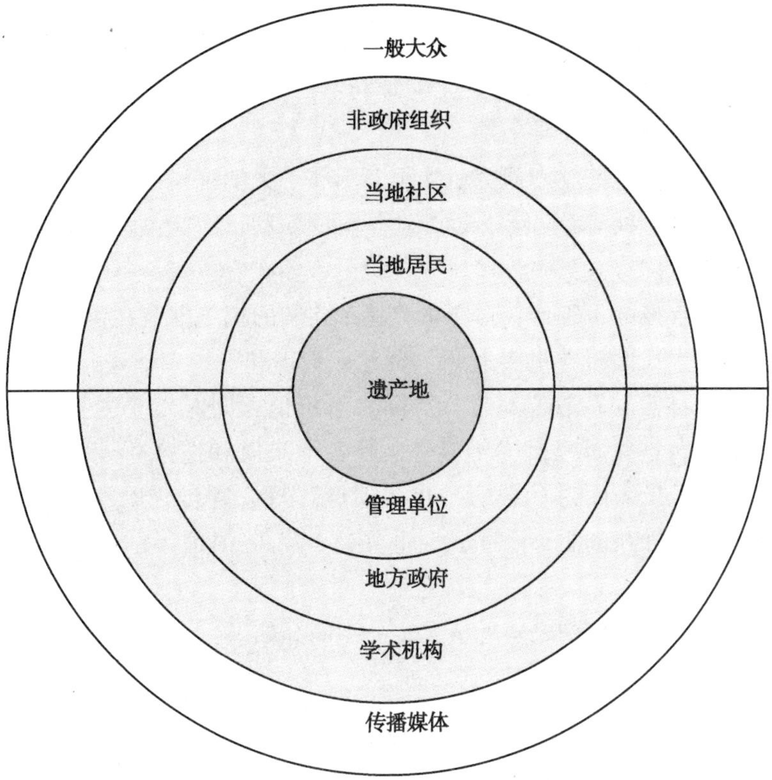

图 4－1　世界遗产地的在地保护

目前与“世界遗产”相关的学术机构与非政府组织团体其实不少，兹就二者分述如下。

一　学术机构

中国大陆加入《世界遗产公约》，原就是由侯仁之、阳含熙、罗哲文与郑孝燮等学术界人士所发起，因此学界与“世界遗产”在中国大陆的引介及发展一直密不可分，更是推动“世界遗产”发展最积极的主要力量。1998 年北京大学正式成立世界遗产研究中心，成为全中国大陆第一个“世界遗产”专门研究机构，更象征着以“世界遗产”为首的文化遗址与自然环境保护工作进入全新阶段。之后，包括中国文物学会成立世界遗产研究委员会，复旦大学成立文化遗产研究中心，南京大学成立文化与自然遗产研究所，西北师范大学成立世界遗产中心，乐山师范学院成立世界遗产研究所等，相关的研究机构如雨后春笋般相继成立。这些新设立的

“世界遗产”专门研究机构与既存的相关专业领域研究机构，如中国社会科学院考古研究所、同济大学国家历史文化名城研究中心、敦煌研究院等，都对“世界遗产”以及文化遗址与自然环境保护工作在中国大陆的发展，发挥着极大的主导效能。

以体制言，这些学术研究机构虽多附属于大学院校或研究机构，但由于在研究基础上拥有整合多方面专业学科的便利，因此也具科际合作的研究能力和学术优势。当中许多研究机构更曾多次应邀参与中国大陆多处世界遗产地的申报准备工作，对于世界遗产建制的相关规范和程序有深入了解，同时由于长期对“世界遗产”资源、管理和保护工作进行调查分析，其研究成果对各世界遗产地也具实际参考价值。同时出于爱护“世界遗产”的热情，这些研究机构不但是监督各地政府和遗产管理单位的中坚力量，也积极投入面对社会的“世界遗产”理念宣传，以及提高公民保护遗产地意识等互动上。① 对于“世界遗产”在中国大陆的发展，功不可没。

其中部分学术机构之实际情况，分别简介如下：

（一）北京大学世界遗产研究中心

北京大学世界遗产研究中心前身是风景研究室，改制成立于1998年12月，是专门进行“国家级风景名胜区”和“世界遗产”调查、鉴定、评价、利用、研究与保护的机构，通过北京大学的学科整合，涵盖风景、地理、建筑、园林、考古、植物、生态、历史、文学、卫星遥测、地质、水文、气候等专业领域，具科际合作研究之便利和优势。1998年改制前曾参与“泰山”、“浙江楠溪江”、“广西花山”、“河南王屋山”、“荔波樟江”、“秦皇岛北戴河”、“浙江仙居”等7处国家级风景名胜区的总体规划，1988年曾因此获颁建设部科技进步一等奖，同时参与“泰山”申报世界文化与自然双重遗产获得成功。改制后转向涵盖范围更广的“世界遗产”研究，并参与“雁荡山”、“云南石林”、“广东开平碉楼”等多处“世界遗产”之申报整备作业和资料编撰。另外，世界遗产研究中心也担负北京大学内的教学工作，并指导与培育与“世界遗产”专业领域相关

① 郭旃：《中国世界遗产事业的回顾与展望》，中国世界遗产年鉴编撰委员会编：《中国世界遗产年鉴2004》，第5页。

的硕博士。[1]

（二）复旦大学文化遗产研究中心

复旦大学文化遗产研究中心于2000年开始筹备，2003年正式成立，是从事文化遗产研究的专业学术机构，在复旦大学文物与博物馆学系的基础上，整合相关学科进行学术研究。主持过多项国家与省部级研究课题，包括“中国文化遗产保护与利用”、“国家文化遗产保护中长期科技战略”等，并与国外进行“中国古村落文化遗产研究”和“18世纪中日瓷器交流互动”等研究项目。文化遗产研究中心并和上海古籍出版社合作发行《文化遗产研究集刊》，引介文化遗产专业论著。另外又与日本方面合作成立中日合作书法与文物研究中心，下设有中国古村落文化遗产研究小组。[2]

（三）南京大学文化与自然研究所

南京大学文化与自然研究所成立于2003年5月，以南京大学历史系、考古教研室和环境学院之教师为主所组成，并聘请遗产保护专家共同加入，涵盖专业领域包括文物、考古、古建筑、民俗、旅游、博物馆、环境、地质、风景名胜等。曾参与南京市文物局和中山陵园管理局主办的“南京明孝陵”申报“世界遗产”工作，并主持国家文物局的“江苏六朝帝王陵寝调查研究”，江苏省文化厅的“江苏世界遗产保护体系调查研究”、“泗州城文化遗产调查研究”，江苏省规划设计院的“宜兴市历史文化遗产综合调查”等。另亦负责主编及出版《长江文化论丛》，专供各界发表与文化遗产有关的论述。[3]

（四）同济大学国家历史文化名城研究中心

同济大学国家历史文化名城研究中心是由建设部于1996年指定设立于同济大学之中的学术研究机构，专事中国历史文化名城和文化遗产等之保护、研究、对外交流、宣传教育和专业咨询等工作，目前已与联合国教科文组织世界遗产中心、联合国区域开发中心、法国文化部及国外多所大

---

① 《北京大学世界遗产研究中心》，中国世界遗产年鉴编撰委员会编：《中国世界遗产年鉴2004》，第280—281页；中国文化年鉴编辑委员会编：《中国文化遗产年鉴2006》，第320页。

② “复旦大学文化遗产研究中心”，中国世界遗产年鉴编撰委员会编：《中国世界遗产年鉴2004》，第281—282页；中国文化年鉴编辑委员会编：《中国文化遗产年鉴2006》，第320页。

③ “南京大学文化与自然研究所”，中国世界遗产年鉴编撰委员会编：《中国世界遗产年鉴2004》，第282—283页；中国文化年鉴编辑委员会：《第中国文化遗产年鉴2006》，第323页。

学建立合作关系，曾进行的国际合作项目包括中日合作的“中国丝绸之路历史城市保护调查”，中加合作的“中国历史城市保护与旅游开发研究”，中法合作的“中国城市历史地段保护研究”，中德合作的“世界文化遗产保护与继承合作培养计划”等。另早在研究中心成立之前，同济大学的若干教授自1980年起即参与“平遥古城”的保护规划，最终更促成其于1997年列入《世界遗产名录》。中心成立后并参与苏州、扬州、绍兴、安阳、潮州等数十处国家历史文化名城的保护规划工作。①

（五）西北师范大学世界遗产研究中心

西北师大世界遗产研究中心成立于2002年5月，是专门从事西部地区尤其是西北地区的“风景名胜区”、“国家遗产”和“世界遗产”调查、鉴定、评价、利用、研究与保护的机构。研究中心本着“立足西北，面向西部”的精神，积极参与西部地区的“世界遗产”研究、调查和申报工作，对西北特别是甘肃地区的潜在世界遗产地进行评估论证，提供各级政府作为申报参考。曾参与的调查研究项目包括2002年甘肃省的“甘肃增列世界遗产规划研究”，2003年甘肃省的“甘肃潜在世界遗产价值发掘与初步评估”，另在“世界遗产”申报部分，研究中心曾实际参与“天水漫积山”和“丝绸之路”等规划工作。②

（六）乐山师范学院世界遗产研究所

乐山师院世界遗产研究所是由乐山市委、乐山市政府与乐山师范学院所共同设立，隶属于乐山师范学院旅游学院，以乐山师范学院各学系之教师为基础，并纳入乐山市政府文物、建设、宗教、文化、环保、园林等部门的专业管理和研究人员，加上乐山大佛管委会和峨眉山管委会等管理保护实务人员，以大学院校、政府部门、景区三方合作模式，对“世界遗产”进行深入论证。世界遗产研究所的主要任务是对“世界遗产”基础理论与实务进行研究，并提供遗产地所在政府与相关部门作为决策参考。参与的工作包括峨眉山建设“中国第一山”的研究，印行《世界遗产研

① “同济大学国家历史文化名城研究中心”，中国世界遗产年鉴编撰委员会编：《中国世界遗产年鉴2004》，第283—284页；中国文化年鉴编辑委员会编：《中国文化遗产年鉴2006》，第321页。

② “西北师范大学世界遗产研究中心”，中国世界遗产年鉴编撰委员会编：《中国世界遗产年鉴2004》，第285—286页；中国文化年鉴编辑委员会编：《中国文化遗产年鉴2006》，第321—322页。

究》期刊，以及编辑出版世界遗产研究丛书等。①

(七) 敦煌研究院

敦煌研究院集敦煌石窟（莫高窟、榆林窟、西千佛洞）的管理单位，敦煌文物和博物展示单位，以及敦煌学术研究的科学研究单位等多重身份于一身。前身是成立于1944年的敦煌艺术研究所，1950年改制成立敦煌文物研究所，1984年扩充为敦煌研究院迄今。其下设有各专业部门，包括石窟保护研究所、美术研究所、考古研究所、文献研究所、石窟文物保护陈列中心、资料中心、编辑部、摄录部、接待部等，另在兰州设有分院。多年来，对于以敦煌学为主的“世界遗产”研究之保护与推广教育具有相当大的贡献。②

(八) 中国社会科学院环境与发展研究中心

环境与发展研究中心是中国社会科学院内部的一个跨所际研究组织，挂靠于数量经济与技术经济研究所，并结合其他科研单位与大学院校的研究人员共同参与。其宗旨以推动生态环境、文化与自然遗产发展等为研究主体，致力于“世界遗产”、生态、环境、永续发展等各项问题的科际整合学术研究和对策研究。研究领域涉及环境经济学和生态经济学等理论基础，部门经济（制造业、农业、服务业、能源、资源）中的环境政策，社会发展中的环境问题（人口，脱贫，“三农”问题，城市化），历史生态环境问题，文化与自然遗产资源管理和经营等。研究中心属于非盈利研究机构，研究课题多来自国际和国内研究基金支持，同时接受国内政府部门、企业和国际组织的委托研究。负责编辑出版《中国环境与发展评论》，近年来多次召开与“世界遗产”保护管理有关的国际研讨会。③

二　非政府组织团体

中国大陆非政府组织的发展，与改革开放以来政府体制改革和相关职能改变有关。在进行体制改革之后，国家权力开始自我限缩，从计划经济体制中政府对社会的高度管治，逐步下放权力给下级政府与民间社会。其权力限缩范围不但体现在政府退出市场领域以及企业取得更多自主权，也

① “乐山师范学院世界遗产研究所”，中国世界遗产年鉴编撰委员会编：《中国世界遗产年鉴2004》，第287—288页；中国文化年鉴编辑委员会编：《中国文化遗产年鉴2006》，第322页。

② “敦煌研究院”，中国文化年鉴编辑委员会编：《中国文化遗产年鉴2006》，第322页。

③ 中国社会科学院环境与发展研究中心，http：//iqte. cass. cn/read. asp？id = 14。

表现于原对公民提供服务的资源亦渐向社会和民间组织分散。同时在市场经济体制引入和单位制度瓦解之后，使一般民众对于教育、养老、医疗、环境等社会福利保障的需求扩增，而在政府资源稀少且不患寡而患不均的情况下，为了保有既得利益和争取更多权益，非政府组织就成为民众取得自我权益保障的有效方式。另一方面，由于政府亦逐渐丧失对公益性资源的垄断，而且再也不能完全掌控社会公益领域，非政府组织于是通过填补政府退出所产生的社会真空，获取日益有利的成长空间和资源。以上种种原因皆为中国大陆非政府组织日渐蓬勃发展的主要原因。

在中国大陆现行有关法律中，非政府组织可分为三种类型：社会团体、民办非企业单位与基金会，三者被统称为民间组织。[①] 在 1998 年国务院机构改革后，民政部社团管理司改组为民间组织管理局，同时也象征此三类型民间组织业已取得合法性，正式获得官方认可的地位，[②] 所以民间组织自此之后即迅速发展，截至 2005 年底，向民间组织管理局登记立案的社会团体达 171150 个，民办非企业单位共 147637 个，基金会则有 975 个。[③]

不过从实际的组成方式来看，中国大陆的非政府组织其实包括两种性质完全不同的组织模式。其中一种仍具有政府性质，是由政府发起的非政府组织，这种特殊现象也是体制改革所导致的直接结果，原因是由于大量原属于政府的职能工作，在体制改革的同时被释出，但民间社会事实上却无能力也无意愿承接，于是政府只能借由机构改组和公务人力转移，组建成半官半民、非官非民的组织来承担这些被释出的职能工作。另一种组织模式则纯属民间性质，是出于社会需要，由下而上逐渐发展出来的自发性草根性组织。但不论是哪种性质的组织，当中有许多组织除了国内范围的合作之外，也受到国际非政府组织和机构的影响及其所提供的资金和技术支援。[④]

中国大陆与“世界遗产”有关的非政府组织也涵盖这两个层面，带

① 参见《社会团体登记管理条例》、《民办非企业单位登记管理暂行条例》与《基金会管理条例》之相关规定。

② 中国社会科学院环境与发展研究中心：《中国环境与发展评论》第二卷，第 419 页。

③ 国家民间组织管理局中国民间组织网，http：//www. chinanpo. gov. cn/web/listTitle. do? dictionid = 2201。

④ 中国社会科学院环境与发展研究中心：《中国环境与发展评论》第二卷，第 418—419 页。

有政府性质的组织包括1979年成立的中国环境科学协会，1983年成立的中国野生动物保护协会，1992年成立的中国可持续发展研究协会，1993年成立的中国古迹遗址保护协会与中华环保基金会，2001年成立的中国文物学会世界遗产研究委员会等。这些组织都明显保有政府主导的特点，除了上开所述职能工作无法移转的原因外，政府成立这些组织系出于四项目的：第一，基于国际参与的需要。如1972年在斯德哥尔摩联合国环境大会后，中国大陆需要有非官方的团体负责与相关的国际非政府组织对口，所以才成立中国环境科学协会以为因应；又如，为了与国际古迹遗址理事会进行非政府间的合作联系，才成立中国古迹遗址保护协会专责其事。第二，为了便于接受国际非政府组织的援助。由于过去与中国大陆的政府间合作曾出现负面效应，不少国际组织的援助目标转向中国大陆的非政府组织；或者政府出面接受国际非政府组织援助在名义上不对等也不方便，于是成立这类带有政府性质的非政府组织与援助方接洽。第三，利用非政府组织的非官方学术交流形式，广泛取得国际专家与专业资源的支援与协助。第四，安置退休政府官员，便于他们仍具适当身份进行各种相关活动。因此这类仍由政府主导的组织无论在经费和编制上都得到官方不同程度的安排，也可说是政府在国内外“世界遗产”等相关活动中的分身。①

而中国大陆由下而上的自发性非政府组织目前虽有越来越多的趋势，不过其中以“世界遗产”为主要活动宗旨者尚少，与之相关者则多和环境保护议题有密切关系。其中第一个自发性的环境保护非政府组织，是1994成立的“自然之友”，随后北京地球村环境文化中心与绿家园志愿者等亦于1996年相继出现至今皆有频繁的活动。

无论是政府主导性质或自发性质的各种组织，在与“世界遗产”相关的活动中，至少能产生如下几项作用：（1）成为世界遗产相关概念的倡导者和宣传者：鼓励社会大众培养保护意识，并投入保护工作。（2）成为世界遗产信息的提供者：掌握国内外动态与评估研究报告，搜集和传播相关国际组织的活动信息。（3）成为遗产建制的推动者：呼吁参照国际建制标准，尽快建立国家遗产保护和管理规范。（4）成为全球世界遗产活动的联系者：利用国际网络及其他通讯设施与全球各地的相关

① 中国社会科学院环境与发展研究中心：《中国环境与发展评论》第二卷，第420页。

非政府组织取得联系，联合国际力量改善世界遗产地的保护与管理不善行为。[①] 因此就“世界遗产”的保护来说，也是不可或缺的重要环节。

以下分别介绍几个与“世界遗产”议题相关的主要非政府组织：

（一）中国环境科学协会

成立于1979年的中国环境科学协会，是中国大陆成立最早、规模最大，专事环境保护活动的非营利性社团。业于民政部登记注册，其业务主管部门则是中国科学技术协会和国家环境保护局。以国内外环境生态保护学术交流、调查研究与现场考察为主要工作项目，并为政府部门制定环保政策、自然保护区规划等方面提供专业咨询与报告。同时负责策划有利于环境生态保护的全国性公益活动，以及出版环保科学的普及刊物。总部设于北京，现有个人会员3.5万人，团体会员单位100余个，在环境生态活动与自然保护区规划上影响广泛。[②]

（二）中国古迹遗址保护协会

中国古迹遗址保护协会即是国际古迹遗址理事会的中国国家委员会，成立于1993年，是由从事文化遗址保护与研究的相关专家学者、管理工作者与其他志愿者所组成的全国性非营利学术团体。协会挂靠于国家文物局，业务主管单位是文化部。多次参与世界文化遗产的申报和监测工作，曾参加包括“布达拉宫”、“高句丽王城、王陵和贵族墓葬”等17处遗产地申报“世界遗产”的保护规划、环境整治和文本编撰，并加入接待国际专家学者考察并接受技术指导。[③] 在国际活动方面亦曾接受国际古迹遗址理事会，多次代表该组织对日本、朝鲜等国的世界文化遗产申报项目进行评估审查工作。亦曾参与起草《有关真实性的奈良文件》，并自1998年起担任国际古迹遗址理事会的执行委员会委员，且于2004年与2005年分别于北京和西安承办国际古迹遗址理事会的执行局会议与国际古迹遗址理事会的第15届大会。此外，曾与美国盖蒂研究所、澳洲遗产委员会合作编撰《中国文物古迹保护准则》，已成为中国大陆第一份也最重要的文

① 王杰、张海滨、张志洲主编：《全球治理中的国际非政府组织》，北京大学出版社2004年版，第310—315页。

② 中国社会科学院环境与发展研究中心：《中国环境与发展评论》第一卷，第324页。

③ “中国古迹遗址保护协会”，中国文化年鉴编辑委员会编：《中国文化遗产年鉴2006》，第318页。

物古迹保护工作指导文件。[1]

（三）自然之友

自然之友成立于 1994 年 3 月。但其实早在 1993 年之时，就曾由发起人以绿色环境文化协会的名义向国家环境保护局提出注册申请，却未获批准。后几经协调中国文化书院同意，方于次年改以中国文化书院绿色文化分院的名义向文化部申请批准并在民政部登记成立。其宗旨为“保护环境，善待自然”，所以又简称为“自然之友”，目前有个人会员 2000 人，以及 23 个以大学社团为主的团体会员。[2] 其活动为定期发行《自然之友通讯》及出版相关书籍，举办讲座课程邀请国内外专家演讲并进行交流活动，且多次向政府提交建议案，相关范围包括天然林砍伐、自然资源保护、野生动物保护等，并对飞机穿越世界遗产地“武陵源”山峡的特技飞行提出抗议。作为自发性质的非政府组织，自然之友多次应邀赴国外访问，与国际环保团体建立密切联系。[3]

（四）中国文物学会世界遗产研究委员会

世界遗产研究委员会是隶属于中国文物学会的二级研究机构，专事国家文物保护区、“国家遗产”和“世界遗产”的调查、鉴定、评价、利用、研究与保护工作。委员会的组成以中国文物学会、中国风景园林学会为基础。1998 年 1 月在苏州召开筹备大会，建设部、国家文物局、全国历史文化名城保护专家委员会、国家考古专家组等政府部委及当年中国大陆 19 处被列入《世界遗产名录》的遗产管理单位全数出席参加。2001 年 1 月于丽江正式召开成立大会暨第一届年会，推选罗哲文、周干峙为首任会长，并通过《21 世纪丽江宣言》。曾经参与的工作包括四川省文化厅协助甘孜州编撰“丹巴中路——梭坡藏寨碉群”申报世界文化遗产之相关资料；并曾召集“中国古镇保护论坛”；以及对新疆各地非物质文物遗产进行实地考察，总里程长达 9700 公里。[4]

---

① 中国古迹遗址保护协会，http：//www. icomoschina. org. cn/zggjyzbhxh/。

② “附录：中国 NGO 相关案例研究”，加恩·斯迈利、约翰·黑利：《NGO 领导、策略与管理：理论与操作》，陈玉华译，社会科学文献出版社 2005 年版，第 189—191 页。

③ 中国社会科学院环境与发展研究中心：《中国环境与发展评论》第一卷，第 325—326 页。

④ “中国文物学会世界遗产研究委员会”，中国世界遗产年鉴编撰委员会编：《中国世界遗产年鉴 2004》，第 278 页；中国文化年鉴编辑委员会编：《中国文化遗产年鉴 2006》，第 318 页。

总之，出于对文化遗址与自然环境的关怀，在政府极力推动教育宣传活动，学术机构进行调查分析与宣传，以及非政府组织的关注和号召之下，涵盖“世界遗产”在内的遗址与环境保护议题，也逐渐吸引中国大陆社会各界的注意及参与，此当亦是促成世界遗产热潮的其中一项原因。

第三节 影响世界遗产热潮的文化认同因素

无论是哪种类型的遗产地，一旦登录《世界遗产名录》，就代表已经通过世界遗产建制认可而具世界级价值，虽然在名义上被认为是属于人类共有的资产，但对遗产地所在国来说，世界遗产地正代表其地位受到国际肯定，而象征着国家和民族的荣耀。因此为国家和民族争光，早已成为大部分国家申报“世界遗产”的主要动因之一。中国大陆的世界遗产之所以受到各界重视，和其他国家一样，无疑也和民族文化认同与国家意识凝聚有绝对的关系。

就发展过程来说，文化本来是通过长时间的自然演变，在特定地域的人类经由集体生活所创造出来的结构体系，涵盖范围包含语言、传统、习惯、制度，甚至包括思想、信仰和价值。但对一个民族或国家来说，文化所具备的地域和历史特殊性，却成为自身生存发展的基础，也是与其他民族或国家区别的重要标志。因此文化虽是人类在历史发展中的创造物，但却又与政治、经济领域相互交融及相互渗透，其所能发挥的作用不仅能凝聚民族向心力、形塑民族生命力，而且也常成为国家综合力量与竞争力的重要组成部分。①

由于在国际政治上，民族国家直到目前仍是国际社会中最基本的行为主体，所以民族国家不但是其所属公民效忠的对象，组成国家的主要民族也往往与特定文化紧密关联，因此文化认同又与国家凝聚力产生难分难舍的关系。如果一个国家缺乏文化认同度，即使制度优越、资源丰富，凝聚力也难以保持久远。近年来在国际情势演变中，包括思想道德、价值观念、民族传统在内的文化因素更日趋重要，文化、民族和国家之间的紧密关系越发难以截然划分，三者之间的关联性为——文化成为民族感情的积累，又形成国家意识的重要因素；民族成为文化的载体和国家重要价值之

① 曹泽林：《国家文化安全论》，军事科学出版社2006年版，第7页。

所在；国家则保护及带动民族与文化的发展。因之对任何国家来说，文化无论对过往的历史或未来的前景，都将能形成一种整体的价值观和向心力，并且能形塑共同的理想和精神，在国家凝聚力量、动员力量和鼓舞力量等各方面，皆有不可或缺的作用。[①]

即使是由多民族所组成的国家，文化的重要性仍然不可或缺，因为如何达成不同民族之间公正公平的权力分享与利益分配，将使文化认同的重要性更为提高。以新加坡为例，源于历史原因而由不少民族共组一个国家。但原本最易引发矛盾的多民族与多文化问题，因政府倾向宽容、和谐、多元的民族政策，保留各民族传统文化，更提倡各民族文化融合，借由民族互相包容产生一种更新的文化形态，一方面在共同的国家意识之下达成不同民族之间的同化，另一方面则经由各民族间的信任和谅解而增强人民对国家的归属感，终能出现一个权力与利益共享的民族共同体。[②]

因此文化的最主要功能之一，就是在成员互相认可的文化共同体之中形成认同并且强化认同。就民族和国家的发展来说，建立文化认同具有关键性作用。认同之所以能产生作用，离不开与他者之间的对比参照，亦即对与自身不同的他者之认识越深刻，对自我的认知也会更加明确。然而，认同却非纯粹仅是理性选择的结果，而是通过智、情、意各方面的自我肯定。当一个民族对己身文化拥有较高信心时，对于外在他者的关注，包括钦佩羡慕的正面情绪和不满仇视的负面情绪，也会以各种方式转化为对自我所在的共同体的感知，进一步强化对所属共同体的认同。然而如果对他者的关注不再转变成对自我的激励与肯定，也就意味着认同功能已经失效。换言之，文化认同失效与文化自信丧失在某种程度上具紧密关联性。[③] 同时由于智、情、意作用会受到时空因素变迁的影响，文化认同因此也具有变异性，通常会经由人们的智、情、意等认知不同而发生变化。在此种前提下，文化认同于是将存在被操作与被利用的空间。虽然理论上人们一般可以通过自我判断而在认同对象与认同程度上自行转变，但这种自行转变的情况并不普遍，反而是拥有权力者经常运用各种方法，转移文化认同对象或激发文化认同程度，借此达成有利于己的权力操弄目的。

---

① 张骥：《国际政治文化学导论》，世界知识出版社 2005 年版，第 43—48 页。

② 郑维川：《新加坡治国之道》，中国社会科学出版社 1996 年版，第 196 页。

③ 周熙明、李文堂主编：《中国共产党的文化使命》，江苏人民出版社 2006 年版，第 83 页。

与其他国家相较，中国因为由56个民族所共同组成，不同民族的固有文化所形成的相互关系更为复杂。政府长久以来并未全盘放松政治、社会和思想管控，对于文化所可能产生的重要作用也有深刻了解，因此对于文化力量的掌握向来极为敏感。特别是在近二十余年来，在对内改革与对外开放过程中面临许多新兴的问题，所以通过56个民族之间的文化融合，在尊重传统的基础上重建一套各民族共遵共守的中华民族文化，并且加深各民族对整个中华民族文化的认同，乃成为凝聚国家意识与延续国家发展的重要途径。在此目标下，自第三代领导主政以来，中央越来越重视民族传统与文化思想的地位，各主要领导人无不公开倡言发扬民族精神，保持优良传统与致力文化建设，也就其来有自。

最具代表性的发展，当属2000年2月江泽民提出“三个代表”当中所主张的“代表中国先进文化的前进方向”。此外，江泽民也在2001年12月19日于中国文联大会的讲话，明白阐扬民族文化的积极作用，他说：“世界激烈的综合国力竞争，不仅包括经济实力、科技实力、国防实力等方面的竞争，也包括文化方面的竞争。世界多极化、经济全球化的深入发展，引起世界各种思想文化，历史的和现实的，外来的和本土的，进步的和落后的，积极的和颓废的，展开了相互激荡，有吸纳又有排斥，有融合又有斗争，有渗透又有抵御。总体上处于弱势地位的广大发展中国家，不仅在经济发展上面临严峻挑战，在文化发展上也面临严峻挑战。保持和发展本民族文化的优良传统，大力弘扬民族精神，积极吸取世界其他民族的优秀文化成果，实现文化的与时俱进，是关系广大发展中国家前途和命运的重大问题。”他并且强调“实现中华民族的伟大复兴，不仅需要发达的物质文明，而且需要先进的精神文明。实现这两个文明的协调发展，是我国社会全面进步的必由之路”。所以他主张“努力建设我国的先进文化，使它在全国人民乃至世界人民中间具有强大的吸引力和感召力，与努力发展我国的先进生产力，使我国加快进入世界生产力发达国家的行列，都是我们实现社会主义现代化的战略任务”。①

2002年11月8日，江泽民在中共十六大的报告中，针对民族文化的重要性再度指出：“当今世界，文化与经济和政治相互交融，在综合国力竞争中的地位和作用越来越突出。文化的力量，深深熔铸在民族的生命

① “江泽民同志在中国文联第七次全国代表大会、中国作家协会第六次全国代表大会上的讲话”，http：//tlwy. org/data/fg/00014. htm。

力、创造力和凝聚力之中。全党同志要深刻认识文化建设的战略意义，推动社会主义文化的发展繁荣。"①

而随着政经持续发展与国力继续增长，新的领导集体对于民族文化认同重要性的倡导更是有增无减。2004 年 9 月中共十六届四中全会决议通过的《中共中央关于加强党的执政能力建设的决定》中强调："把文化发展的著力点放在满足人民群众精神文化需求和促进人的全面发展上。以体制机制创新为重点，增强微观活力，健全文化市场体系，依法加强管理，促进文化事业全面繁荣和文化产业快速发展，增强我国文化的总体实力。推动中华文化更好地走向世界，提高国际影响力。"② 就 2006 年 3 月经由全国人大通过的《国民经济和社会发展第十一个五年规划纲要》也将"加强社会主义文化建设"列为专章（第四十四章），指出："发扬艰苦奋斗的优良传统，进一步增强中华民族的凝聚力和创造力，使全体人民始终保持昂扬向上的精神状态，为全面建设小康社会提供强大的思想保证和精神动力。"并且提出相关工作重点为"加强文化自然遗产和民族民间文化保护。……扩大国际文化交流，积极开拓国际文化市场，推动中华文化走向世界"。③ 同年 10 月召开的中共十六届六中全会通过的《中共中央关于构建社会主义和谐社会若干重大问题的决定》，亦将加快发展文化事业和文化产业，满足人民群众文化需求，推动文化事业和文化产业共同发展，推进文化体制改革，加强公益性文化设施建设，加强文化遗产保护等工作列为"坚持协调发展，加强社会事业建设"目标中的一个重要项目。④

在现阶段中国大陆各项民族文化工作重点中，利用"世界遗产"来作为全体人民对国家、民族与文化认同的自我肯定，无疑已是中国大陆有关机构的重要任务。虽然这种强化文化认同的做法，与"世界遗产"原始的基本概念显得格格不入，但坦言之，此举目前已是各国相当普遍的现象，实非独仅中国大陆如此。本研究第二章曾提及，其实"世界遗产"

---

① "中国共产党第十六次全国代表大会报告"，新华网，http：//www3. xinhuanet. com/newscenter/dyxjx/sldbg. htm。

② "中共中央关于加强党的执政能力建设的决定"，人民网，http：//www. people. com. cn/GB/40531/40746/2994977. html。

③ "国民经济和社会发展第十一个五年规划纲要"，人民网，http：//theory. people. com. cn/GB/41179/41232/4210880. html。

④ "中共中央关于构建社会主义和谐社会若干重大问题的决定"，人民网，http：//politics. people. com. cn/GB/1026/4932440. html。

原本构思的概念是“人类共有的资产，将不受到遗产所在地国家的绝对主权约束，利益则由国际共享”，后来经过各国折中协调后，已改采“在国家主权不受影响且仍负主要责任的情况下，其保护由国际来共同承担”的消极概念。而通过三十余年来的现实发展，“世界遗产”虽然在某种程度上具有人类共同资产的意义，但更大一部分却是各国人民寻求民族与文化认同的重要象征，并且还是各地人们迄今对“世界遗产”热情不减的主要原因之一。对于各国政府来说，世界遗产地的价值，非仅号召外国旅客到此一游的经济效益，或者引进保护资金与技术等实质协助而已，更重要的作用是在更深的意识层次，“世界遗产”无疑将能集中代表国家和民族的文化与文明，反映出国家和民族的传统精神，并激发对国家和民族更高的自豪感与认同感，并以其被世界认可的价值程度，成为国家、民族与文化成就的典范与标章。①

关于“世界遗产”对整个中国大陆的国家、民族与共同文化等意识凝聚之重要作用，从中央近年来所发出的几次相关文件中可进一步了解。2002 年 4 月 25 日经国务院统筹意见，交由文化部、国家文物局等九个部委联合下发的《关于改善和加强世界遗产保护管理工作的意见》中，就认为：“妥善保护和保存世界遗产，是一个国家法治健全、社会安定和民族团结、文明进步的标志。保护好我国的世界遗产，是对广大人民群众进行爱国主义教育和优秀传统文化教育的需要，是国家生态环境建设和可持续发展的需要，关系到我国人民特别是子孙后代的生存环境和生活质量，关系到国家与社会的整体利益和长远利益，也关系到国家与民族的国际形象。”②

2004 年 2 月由国务院办公厅转发文化部、建设部、文物局等部门《关于加强我国世界文化遗产保护管理工作意见》的通知中，也提及“加强对世界文化遗产的保护管理，对于传承中华民族的优秀文化，弘扬和培育民族精神，增强民族自豪感和凝聚力，传播科学文化知识，促进旅游事业发展，加强同世界各国的文化交流，具有十分重要的意义和作用”。③

---

① 魏小安、王洁平：《创造未来文化遗产》，中国人民大学出版社 2005 年版，第 50—51 页。

② “关于改善和加强世界遗产保护管理工作的意见”，澳门文物网，http://www.macaoheritage.net/Decree/ProHerit5C.asp。

③ “关于加强我国世界文化遗产保护管理工作意见”，澳门文物网，http://www.macauheritage.net/Decree/ProHerit6C.asp。

而国务院于2005年12月22日发出的《国务院关于加强文化遗产保护的通知》，更进一步指出："我国文化遗产蕴含着中华民族特有的精神价值、思维方式、想象力，体现着中华民族的生命力和创造力，是各民族智慧的结晶，也是全人类文明的瑰宝。保护文化遗产，保持民族文化的传承，是连接民族情感纽带、增进民族团结和维护国家统一及社会稳定的重要文化基础，也是维护世界文化多样性和创造性，促进人类共同发展的前提。加强文化遗产保护，是建设社会主义先进文化，贯彻落实科学发展观和构建社会主义和谐社会的必然要求。"① 这几项中央文件，显然对中国大陆的"世界遗产"在国家、民族与文化认同上的积极作用有最好的诠释。

所以，"世界遗产"对中国大陆而言，除能促进政治、社会、经济和文教等多方面的利益外，理所当然也具有增进国家自信、恢复民族荣光与促进文化认同的深刻意涵。因此通过政府有意无意地操作，每年的"世界遗产"申报工作与世界遗产委员会揭晓《世界遗产名录》新科名单总是备受全国各界瞩目，其受关注的程度远非其他国家所能望其项背，几乎已被当成一件攸关国家名誉与民族荣耀的重要事件来处理。

也正因为如此，对于各级官员来说，申报"世界遗产"与利用遗产地进行民族精神教育、凝聚国家意识与强化文化认同等相关工作也成为重要政绩项目之一，并被各级干部视为涉及能否顺利升迁的紧要大事。特别是在中共十六大报告、《中共中央关于加强党的执政能力建设的决定》与《中共中央关于构建社会主义和谐社会若干重大问题的决定》等历次重要中央文件已将发扬民族传统及推动文化建设的重要性提升到前所未有的程度之后，各地纷纷将发扬民族传统及推动文化建设与原来已在进行的小康社会发展等工作相互结合，许多省份纷纷提出建设"文化大省"（或"文化强省"、"特色文化大省"等）的文化建设目标，将其纳入后续的地方经济和社会发展规划中力予推动。由于"世界遗产"无可取代的重要地位具有指标作用，所以在各地的"文化大省"规划方案中，如何结合利用"世界遗产"的优势地位促进地方发展的动力，就成了协助各省文化资源开发与文化产业创新的关键途径，必由此逐渐形成一股结合文化、遗

① "国务院关于加强文化遗产保护的通知"，中国世界遗产网，http：//www.cnwh.org/news/news.asp？news=931。

产地、政经共同发展的策略及趋势。①

现阶段中国大陆各地“文化大省”相关建设发展情况，兹整理如表4－7。

表4－7　　中国大陆各省区建设文化大省（强省）概况

省区	项目	内容说明	备考
江苏省	建设目标	与经济发展相适应的文化大省	
	文化特色	1. 以苏州园林、古镇、无锡太湖和昆曲等吴文化为主的苏南文化区。 2. 以南京秦淮河、明孝陵金陵文化，扬州园林、京淮大运河维扬文化，镇江京口三山文化为主的苏中文化区。 3. 以徐州、宿迁、怀安等地徐汉文化为主的淮海文化区。 4. 以连云、连岛海港文化和南通、盐城通盐文化为主的沿海文化区。	
	发展指标（策略）	1. 一个文化发展中心：南京 2. 两个文化发展副中心：苏州、徐州 3. 四类文化发展区域：苏南文化发展区域、苏中文化发展区域、沿海文化发展区域、淮海文化发展区域 4. 五大文化发展轴线：宁沪创新文化发展轴、运河传统文化积淀轴、沿海生态文化保护轴、东陇海陆桥文化聚合轴、长江海派文化辐射轴 5. 七座国家历史文化名城：龙盘虎踞、锺山灵秀——南京，江南水乡、园林之城——苏州，淮扬古城、淮左名都——扬州，江左形胜、东吴故都——镇江，楚汉雄风、五省通衢——徐州，两淮中枢、总理故乡——淮安，虞山尚湖、昆承水泽——常熟。 6. 五十个特色文化载体。	
	世界遗产地	苏州园林，明清皇陵（明孝陵）；江南水乡古镇（预备清单），瘦西湖及扬州历史城区（预备清单）	
浙江省	建设目标	文化大省	
	文化特色	1. 悠久灿烂的史前文化——河姆渡文化、良渚文化。 2. 博大精深的越文化。 3. 各具特色的旅游文化——水乡、佛国、名湖、古镇。 4. 兼具内陆文化与海洋文化之长，洋溢着浓郁的经济脉息。	

① 安宇、沈山主编：《和谐社会的区域文化战略：江苏建设文化大省与发展文化产业研究》，中国社会科学出版社2005年版，第18页。

续表

省区	项目	内容说明	备考
浙江省	发展指标（策略）	1. 强化基层文化建设，构建公共文化服务体系；弘扬浙江精神，增强文化大省建设生命力；实施五大百亿工程，创新经济与文化环境优势。 2. 把浙江建设成为全民素质优良，社会文明进步、科技教育发达、文化发展主要指标全国领先、文化事业整体水平和文化产业发展实力走在全国前列的文化大省。	
	世界遗产地	杭州西湖·龙井茶园（预备清单），江南水乡古镇（预备清单），良渚遗址（预备清单）	
广东省	建设目标	文化大省	
	文化特色	1. 岭南文化中心地。 2. 海上丝绸之路发祥地。 3. 中国近代民主革命策源地。 4. 中国改革开放前沿地。	
	发展指标（策略）	到2010年，基本建设要适应社会主义现代化要求的文化发展格局、文化管理体制及运行机制，使广东省成为广大人民群众综合素质普遍提高，文化经济繁荣，科学实力雄厚，拥有先进配套的文化设施、充满文化体制、拔尖的文化人才、一流的文化精品、强大的文化产业、繁荣有序的文化市场、独具特色的岭南文化、丰富多彩的群众文化生活，文化发展综合实力和国际竞争力居全国前列的文化大省。	
	世界遗产地	开平碉楼及村落；南越国遗迹（预备清单）	
云南省	建设目标	民族文化大省	
	文化特色	1. 多元历史文化。 2. 民族文化。 3. 自然生态文化。	
	发展指标（策略）	立足云南，充分发掘云南民族文化资源所蕴含的市场价值和开发价值。走向全国，把具有浓郁云南特色的文化艺术产品，全面推向全国，使云南产品在全国文化市场上占有较大份额。打入世界，是云南文化产业发展的最高目标，关键是把云南文化产业的发展融入世界文化产业发展大格局中，使云南文化艺术产品在世界文化市场分工协作中占有一席之地。	
	世界遗产地	丽江古城，三江并流，中国南方喀斯特；哈尼梯田（预备清单）	
山西省	建设目标	文化强省	
	文化特色	1. 中国古代艺术的博物馆。 2. 华夏文明的公园。 3. 中国社会变革进步的思想库。 4. 中国戏曲艺术的摇篮。 5. 中国民间歌舞艺术的海洋	
	发展指标（策略）	到2010年，基本建成拥有强势文化人才，强势文化学科，强势文化活动，强势文化产业，强势文化品牌的文化强省。	
	世界遗产地	平遥古城，云冈石窟；五台山佛教建筑群（预备清单），山陕古民居（预备清单）	

续表

省区	项目	内容说明	备考
河南省	建设目标	文化强省	
	文化特色	1. 灿烂辉煌的古代文化。 2. 长期淀积形成的中原文化精神。 3. 红色革命资源和宝贵的时代精神。 4. 特色鲜明的戏曲文化。 5. 一定实力的现代文化。	
	发展指标（策略）	到2020年，建立起适应社会主义市场经济发展的思想道德体系，完善与经济社会发展要求相适应的文化发展格局，形成符合社会主义文化发展规律的文化运行机制，构筑与人民群众日益增长的文化需求相适应的文化生产服务体系，营造有利于出人才、出精品、出效益的文化发展环境，提高全省人民的科学文化素质，提高城乡居民的文化生活质量，提高全社会的文明程度，努力把河南建设成为全民素质优良、社会文明进步、科技教育发达、文化发展主要指标全国领先、文化事业整体水平与文化产业发展实力走在全国前列的文化强省。	
	世界遗产地	龙门石窟，殷墟；嵩山古建筑群（预备清单）	
甘肃省	建设目标	陇原文化大省	
	文化特色	1. 中华民族和华夏文化的重要发祥地之一。 2. 黄河伏羲文化、敦煌文化、丝绸之路文化等博大精深。 3. 革命历史文化灿烂辉煌。 4. 民族民俗文化绚丽多彩。 5. 现代文化独具特色。	
	发展指标（策略）	1. 以敦煌文化为龙头，以丝绸之路文化、民族民间地域文化为重点，以面向基层、面向群众、面向全国、面向世界的文化生产和文化服务为主要内容的特色文化大省。 2. 以形成特色和强化优势为标志，以整体推进和服务中心为目的，建立和完善与全省经济社会发展要求相适应的文化发展格局，形成符合社会主义文化发展规律的文化管理运行机制，构筑与人民群众日益增长的文化需求相适应的文化生产服务体系，用先进文化全面占领城乡文化阵地，努力使甘肃特色文化项目和优势文化品牌在国内外更具有竞争力和较高知名度。	
	世界遗产地	敦煌莫高窟，长城	
山东省	建设目标	文化大省，重铸齐鲁文化的辉煌	
	文化特色	1. 中华文化重要发祥地之一。 2. 远古时代的北辛文化、大汶口文化和龙山文化灿烂辉煌。 3. 春秋以后以孔孟思想为代表的儒家文化乃是中国传统文化的核心。	
	发展指标（策略）	1. 第一阶段至2005年，为设计、策划和起步阶段。 2. 第二阶段至2015年，抓住重点项目进行文化建设，基本建成民族文化大省。 3. 第三阶段至2049年，将全面、最终、高质量地建设文化大省。	
	世界遗产地	泰山，曲阜孔庙孔林孔府；临淄齐国故都（预备清单）	

续表

省区	项目	内容说明	备考
河北省	建设目标	打造燕赵文化品牌，建设文化大省	
	文化特色	1. 中华民族的发祥地之一，文物资源丰富。 2. 文物数量众多，精品荟萃 3. 燕赵文化源远流长。 4. 传统文化艺术活动突出。	
	发展指标（策略）	1. 加强文化管理。 2. 打造文化品牌。 3. 活跃群众文化。	
	世界遗产地	承德避暑山庄，明清皇陵（清东陵、西陵），长城	
湖南省	建设目标	文化强省	
	文化特色	1. 中国古代文化发达地区，有着悠久的人文历史和文化艺术传统，蕴藏着丰富的文化艺术资源，活跃著千姿百态的文化艺术形式。 2. 春秋时期楚国的传统文化是当时我国南方文化的代表。 3. 湖南的文学、音乐、舞蹈、美术等艺术形式，渊源久远，流淌着楚文化的血脉，洋溢着湘风楚韵，不仅形式丰富、作品众多，而且特色浓郁。	
	发展指标（策略）	1. 完善文化产业发展规划。 2. 创新文化产业发展体制。 3. 鼓励国有文化事业单位改制。 4. 鼓励有条件的文化产业单位跨行业跨地区经营。 5. 鼓励社会各界发展文化产业。	
	世界遗产地	武陵源；凤凰古城（预备清单）	
安徽省	建设目标	打好徽字碑，唱想黄梅戏，建设文化强省	
	文化特色	1. 中国史前文明的重要发祥地。 2. 黄梅调以抒情见长，优美动听，如行云流水，富于韵味。 3. 徽州文化在器物文化层面、制度文化层面与精神文化等各层面皆有深厚的底蕴和杰出的创造，是中华传统文化中的奇葩。	
	发展指标（策略）	1. 深化体制改革。 2. 加强行业管理。 3. 繁荣文化事业。 4. 发展文化产业。 5. 营造良好文化环境。	
	世界遗产地	黄山，皖南古村落	

资料来源：安宇、沈山主编：《和谐社会的区域文化战略：江苏建设文化大省与发展文化产业研究》，中国社会科学出版社 2005 年版，第 128—168、185、202—203 页。

上表所列的各地“文化大省”建设，虽然建设目标、发展指标各有不同，但对于各省现有的世界遗产地与世界遗产预备清单中的处所，均列为地方优势项目，希冀借这些具有国际高知名度的遗产地，带动地方文化建设发展，并为争取更多资源与上级支持提供更多便利。

除上表所列之外，目前已提出“文化大省”建设的省份还有辽宁、湖北、陕西等地。其中辽宁省借着特殊的地理与文化条件，以满族文化和世界遗产地“高句丽王城、王陵及贵族墓葬”打造“文化大省”。湖北省则启动“文化精品工程”，运用世界遗产地“武当山古建筑群”，协助推动文化事业和产业发展，创造“文化强省”。陕西省更充分运用其丰富的周、秦、汉、唐等朝代史迹文物优势，以涵盖“秦始皇及兵马俑坑”世界遗产地在内的西安为中心，建设“西部文化大省”。[①] 当然必须指出的是，各省提出这些“文化大省”建设的目的，显然并非仅在复兴民族文化及强固国家意识而已，恐怕包括能同时促进地方整体发展的利益动机。

因此，文化认同因素在中国大陆世界遗产热潮中的作用显得较为复杂。一方面经由“世界遗产”相关活动与利用世界遗产推行各项文教建设，皆有助于当局促成民族文化自信的提升，民族凝聚力的加强，还能保持民族文化的传承，连接民族情感纽带，增进民族团结；而且通过文化认同的加强，更有促进社会稳定、强化政治合法性、带动经济发展和达成财政收益等多重效益。同时在另一方面，这些多方面的效益也会反过来提高人们对“世界遗产”的关注，不但将增强人们由“世界遗产”带来的荣誉感与文化认同感，也强化了人们对地方争取“世界遗产”与维护现有遗产地的要求，更造成中国大陆各地对“世界遗产”的热情潮持续不退的现象。

第四节　影响世界遗产热潮的制度变迁因素

“世界遗产”理念原本来自西方，相关的保护思维与制度体系也绝大多数由国外引进，以一套全属外来的概念架构，竟能在短短 20 年间于广阔的中国大陆各地掀起狂热，除了经济利益、古迹和生态保护、文化认同等因素外，制度环境变迁所造成的潜在影响，毋宁是一个颇值得探讨和观察的重点。事实上近年来世界遗产建制的发展早已成各界讨论的焦点，但对于中国大陆“世界遗产”发展的制度环境却仍缺乏足够理解。特别是原本缺乏完整制度有效保障的遗产地管理工作，何以能得到与遗产地行政

---

① 安宇、沈山主编：《和谐社会的区域文化战略：江苏建设文化大省与发展文化产业研究》，中国社会科学出版社 2005 年版，第 166 页。

管理层级显不相当的关注，并且取得在世界遗产建制中高度参与以及世界遗产地名列前茅的优异表现，实在是殊堪玩味的问题。虽然至今这方面的研究甚少，但如从理论研究上来说，制度变迁的比较分析抑或是可以参采借鉴的有效途径。

自20世纪70年代以来，美国社会科学界出现一个重要的理论流派——新制度学派，而且在经济学、政治学和社会学等学门中都引起了广泛的注意和讨论，并因此使许多学者着手于制度和组织变迁的研究。制度和组织变迁研究的兴起，与西方新古典经济学的困境有关。新古典经济学认为市场经济应是最有效率的经济组织形式，且将会依市场需求自行演化，达到最佳的成果。但后来一系列的研究却发现，市场其实有其局限性，经济的运作仍需其他制度设施加以保障，无论是政治权力、社会文化等，均对经济形态有关键性的制约作用。因此，组织和市场的重要性不相上下。[①]

依照新制度学派的观点，普遍认为市场与政治并非简单对立的关系，一方面市场经济的运转需要制度设施的保障，另一方面这些制度的建立与运行则又与政治制度、政治运作有关，因此政治与市场之间的互动乃是一种相互演化的过程，且皆成为制度变迁时的主要动力，而制度变迁的结果，最后又会回过头来影响政治与市场，造成政治发展与市场发达的进一步成功或者失败。而在制度变迁的过程中，市场经济无疑是最后的目标，但是在市场经济尚未完全自由化之前，原有的制度不见得应该完全毁弃，其通过局部的制度调整，也可能有促进改革和增进效率的过渡作用。

诺斯在《制度、制度变迁与经济成就》一书中，提出了制度与组织间的关系。他认为制度（institution）是一个社会中的游戏规则，更严谨地说，制度是人为制定的限制，用以约束人类的互动行为。因此制度构成了人类交换的动机，包括了政治的、经济的以及社会的行为。[②] 制度界定并且限制了个人选择的范畴。制度限制包括了两种：一种是什么行为个人不准去做，另一种则是何种条件下个人可以从事哪些行为。因此制度通常指的是稳定重复的符号或行为规范，包括正式组织、规章制度、规范、期

---

① 周雪光：《西方社会学关于中国组织与制度变迁研究》，涂肇庆、林益民编：《改革开放与中国社会——西方社会学文献述评》，牛津大学出版社1999年版，第140—141页。

② North, Douglass C., *Institutions, Institutional Change and Economic Performance* (New York: Cambridge University Press. 1990), p. 7.

待和社会结构等。①

制度也是人们交换活动和发生联系的行为准则，由生活在其中的人们来选择和决定，并且将会反过来规定人们的行为，最后决定人们行为的特殊方式和社会特征。它包括正式的规则、非正式的规则以及执行（enforcement）的形式与成效，三者共同决定了制度的性质。而制度的实行是否成功，则端视监督的成效与处罚的轻重是否能约束行为者来判定。②

其中正式的规则指的是某些人或组织有意识地制订的法律、法规、政策、规章、运行架构等，它由权威机构发布，具有强制力和约束性，由国家权力保障其执行，规范何者可行、何者不可行，如果违犯将遭受惩罚。非正式规则是在社会发展与历史演进过程中自发形成的文化传统与行为习惯，如观念认知、伦理规范和道德习惯等。从某种意义上来说，非正式规则比正式规则更重要，因为不少正式规则起源于非正式规则，正式规则的完善更受到非正式规则的制约。

从某种程度看，制度更是社会发展与经济成长的基础，制度不健全将会成为社会和经济的障碍。诺斯将制度定义为“一个社会的博弈规则，也是决定人们的相互关系而人为设定的若干制约”，他并认为“国家的存在是经济增长的关键，然而国家又是人为经济衰退的根源”。国家目标有二：一是界定形成产权结构竞争和合作的基本规则，使统治者能获得最大收益。二是降低交易费用使社会产出最大化。不过实际上，统治者企图通过规则的确立来增加收益，这个目的却与建立一套能让社会产出效益急增的目标之间存在着基本矛盾，这个矛盾现象被称为“诺斯悖论”（North's Paradox）。

同时制度又具有可移植性，尤其是那些具有国际惯例性质的正式规则，经常能从一个国家移植到另一个国家。然而非正式规则，由于其内在的传统性和历史渊源，可移植性相对较小。但是正式规则在移植后，也只有在社会认可与非正式规则相容的情况下，才能发挥作用。制度的移植与相互影响，是造成制度变迁的原因之一。制度变迁则有两种类型——诱致性变迁和强制性变迁，前者是指个人或群体在因应制度不均衡引发获利机会时，所进行的自发性变迁；后者则是政府借助行政、经济、法律等手段，自上而下组织实施的制度创新。

---

① 周雪光：《西方社会学关于中国组织与制度变迁研究》，第141页。

② North, Douglass C., *Institutions*, *Institutional Change and Economic Performance*, pp. 8—9.

而组织则是制度的一个重要的组成部分，其亦和制度类似，也提供了人们一组互动的结构。[①] 组织包括了政治体、经济体、社会体和教育体。它是人们按照一定目的、任务和形式联合而成的集体或结成的同盟，是由生活在其中的人们选择和决定的，同样也会制约人们的行为。组织的出现与演变受到制度的影响，同时组织形态与其变化一样也会反过来影响制度的演变。

制度和组织的区别则在于，制度强调规则及其制约作用，组织强调主体及其行为能力。[②] 诺斯认为制度是社会游戏的规则，是人类创造的、用以限制人们相互交换行为的框架；而组织是社会游戏的角色，是为一定的目标所组成，用以解决一问题而存在。[③]

另一个必须探讨的问题是与制度有关的交易成本、监督成本与执行成本。科斯（Ronald Coase）在 1937 年的《企业的性质》中提出了交易成本的概念。科斯的理论认为，任何契约都有交易成本，制度的存在虽然不符合完全竞争的条件，但其目的恰是在降低交易成本，更借此促进市场运作。[④] 制度在此所起的最关键性作用，乃协助澄清财产权的归属，并保证其稳定性，使交易得以进行。[⑤]

诺斯首先采纳科斯的交易成本和财产权理论，并引进经济史的观点，来形塑其主张的理论。他认为交易的成本包括衡量交换事物之价值成分的成本及保护权利、监督与执行合约的成本。这些衡量和执行成本乃是社会、政治和经济制度的来源。[⑥] 另外讯息成本也在交易成本中扮演关键的角色，它包括用于衡量物品和劳务之有价值特性以及工作表现之各样特性的成本。[⑦] 而人与人之间更存在着信息不对称的情况（如买方和卖方，卖方一定拥有比买方更多的讯息），形成个人与制度间特殊的意义。

---

① 周雪光：《西方社会学关于中国组织与制度变迁研究》，第 142 页。

② 张曙光：《制度、主体、行为——传统社会主义经济学反思》，中国财政出版社 1999 年版，第 125 页。

③ ［美］道格拉斯·诺斯：《制度变迁理论纲要》，《中国社会科学季刊》1995 年夏季卷，第 39 页。

④ 张曙光：《制度、主体、行为——传统社会主义经济学反思》，第 25 页。

⑤ 石之瑜：《新制度主义建构理性中国的成本》，《问题与研究》（台北）第 36 卷第 11 期，1997 年 11 月，第 2 页。

⑥ North, Douglass C., *Institutions, Institutional Change and Economic Performance*, p. 37.

⑦ Ibid., p. 41.

此外，在人具理性的经济学假设下，如果监督需要付出的代价大于它所能带来的收益，监督势将难以实行。这是解释人们在选择是否要开展监督之前的理性计算，以此决定是否要将监督付诸行动。① 成本高只是监督失败的原因之一，组织是否能接受体制内的监督、在制度上如何安排，也都是监督能否成功的主要原因，在监督时的成本高低亦是组织中对于监督制度的安排是否成功的关键。

而就中国大陆来说，制度变迁的结果显然与其他同样实施体制转型的社会主义国家完全不同。在90年代初苏联和东欧国家纷纷解体之际，当时的经济学家多认同从计划经济过渡到市场经济的要件，乃是在政治自由的前提下，达成全面稳定的自由化和民主化。而后来大部分的前苏联和东欧国家，也确实因为无法达成这个要求而导致转型失利。但中国大陆的改革，同样也是在未完全自由化、无私有化与民主化欠缺的情况下展开，却能获致经济的持续发展和稳定。② 因此，对于中国大陆的体制转型，似乎不能将焦点完全置于稳定的自由化与民主化，而忽略了既有制度微幅调整的成效和影响力。

制度论者通常再三强调制度面上的法律保护、财产契约、司法独立、市场竞争、政府效率和财政透明，且以美国等已开发国家的市场体系和持续性来建构最佳的市场经济制度之实行要件，然后以此要件来衡量所有国家的经济发展水平并断定其成败。然而事实上，这些要件或许可反映大部分发达国家的经验，并提供给多数发展中国家作为借鉴，却无法充分解释发展中国家的经济运作与改革进程如何顺利进行或者为何无法持续进行。③ 因此对大部分发展中国家和市场经济转型国家来说，完全推翻既有制度，另外重新建立一套全新的制度不见得是唯一及最佳的选择。相反地，在完全未符合市场经济条件下，去做有利于经济成长的局部制度改变，反而可能是另一条比较可行的道路。

对于中国大陆的改革开放来说，改革转型下的制度变迁，具有两个同等重要的目标：（1）追求有效率的改革持续增长；（2）促使改革的成果仍能与既有的权力架构相容。事实上，中国大陆近年来的经验也显示，当经济增长的速度够快、效益够大，进行改革者不但能继续推动制度改造，

① 张静：《制度背景下的监督作用》，《战略与管理》1996年第6期，第94页。

② Qian, Yingyi, *How Reform Worked in China*, A Working Paper, 2002. p. 3.

③ Ibid., pp. 7—8.

且同时能维持其权力和利益。所以制度创新在中国大陆，实具有经济和政治两方面的双重考量，也就是促进有效率的经济增长并能维持利益和权力相适应。然而这两个目标的同时达成，其实并不容易，因为中国大陆的改革工作是在毫无先例、没有可供完全参考对象的情况下摸索前进，加上原来实施市场经济条件的欠缺和扭曲，更使制度变迁的发展过程益加混乱。所以，中国大陆在市场经济转型中的制度变迁，基本上是难有任何标准形态可言的。[1]

为了追求有效率的经济增长以及利益与权力相容这两项目标，而且在实施市场经济条件极度不完备的情况下，中国大陆在市场经济转型中，如何找到合适的制度变迁道路去同时达成此两项目标是一项严苛的挑战。由于发达国家的组织制度与过往的社会发展经验不见得可供完全参考，或许只有在虽不完美但却能与自身政经条件相适应的制度变迁下，才有可能缓步达成目标。中国大陆的改革经验，与其他发展中国家或市场经济转型国家相较是相当独特的，但至少到目前为止，还能在欠缺完备但更具理性的制度变迁中，获得令人惊讶的成果。[2] 在这方面，诺斯在论及组织和制度之间的互动关系时，也曾提出“调适效率”的问题。诺斯认为一个社会愿不愿意鼓励创新，有没有求知向学的动力，都影响到这个社会将来可能的演进模式；另一个重点是能不能随时间变化，在产生新的社会问题时以正面的态度来面对和解决，也都会影响到整个社会突破瓶颈、创新规则的能力。

回到世界遗产建制的讨论上，由上述论述可知，制度环境的作用，在于“向人们提供一个日常生活的结构来减少不确定性”。因此，完善的制度环境对于中国大陆世界遗产体制的发展来说，也具有关键性的作用。因为中国大陆接受世界遗产概念，相对于其他欧美国家起步较晚，人们逐渐了解世界遗产，承认世界遗产价值并认识其潜在影响力都是早晚的事，然而欧美国家在遗产保护与管理工作上早已形成一套完整的运作模式体系。尽管中国大陆世界遗产地的数量逐年激增，但由于存在许多根本的制度性缺失，因此世界遗产的发展难免仍受到许多干扰与阻碍。

在许多制度性缺失之中，最主要的制度欠缺因素仍与从计划经济向市

---

① Qian, Yingyi, *How Reform Worked in China*, A Working Paper, 2002, pp. 11—12.

② Qian, Yingyi, *How Reform Worked in China*, p. 49.

场经济转型过程中所发生的冲突有关。由于既有的制度、政策与规章，原本均仅从行政管理部门的视野和利益出发，因此整个世界遗产体制的范围、规定、功能、政府对遗产资源及其收益分配上都存在严重缺失，自然无法符合转型过程中所强调的公共性、公正性和公平性等的多面要求。同时在制度转型的过程中，原有的遗产管理政策和规则，并未因机构改革或行政主管部门合并而失去制度基础，在某些领域还是继续发挥着极大的既有影响力，因此对整个世界遗产建制的改革形成许多制度障碍，造成后续发展的瓶颈。①

然而基于“世界遗产”确实具有多方面的效益，所以在国家相关部门强力主导下，对于遗产地的管理保护工作，自中国大陆加入《世界遗产公约》后就展开逐步摸索与适应的微调进程，并且在近年多次展开多项牵涉制度性的改造。总的来说，中国大陆在这些遗产地制度的改造，主要体现在几个层面的变迁上：

（1）中央部委：针对遗产地管理和保护工作，重新进行总体制度规划与法令更新，为遗产地的永续发展奠立基础。

（2）地方政府：创制地方性法制以规范遗产地的发展方向，并对地区内遗产地进行直接的保护管理与监督工作。

（3）遗产地管理部门：在地方政府仍拥有管理主导权的前提下，允许遗产管理部门改组走向公司化并推动股票上市，筹集管理资金，且以经济利益动因诱发管理保护意愿。

（4）旅游事业：遗产地大规模结合旅行业、旅馆业、运输业、广告传媒及其他商业，以世界遗产品牌发挥宣传效果，吸引观光人潮，扩大经济效益。

（5）当地社区民众：对于遗产地附近的社区民众，提供生活补贴与就业保障，通过遗产地发展提升当地经济规模，并间接促使社区民众的观念和行为转变，愿意与遗产地共生共荣。

这些制度性的变迁形态同时包括诱致性变迁与强制性变迁两类。其中遗产地制度规划、法令更新、地方法制创制、允许公司化管理属于强制性变迁，旅游商业开发、当地社区民众的观念行为变化则属于诱致性变迁。但不论属于哪一种变迁模式，国家在遗产地管理保护工作上，仍不脱离中

① 王仲尧：《中国文化产业与管理》，中国书店2006年版，第37—38页。

国大陆在其他制度改革转型上的两大目标：追求有效率的改革，以及使改革结果仍能与既有权力架构相容。

除此之外，“世界遗产”概念的发扬，对于中国大陆在现代化遗产地管理保护观念的启发，也有十足的效果，这一方面归因于对世界文明标准的遵循，另一方面则仍归功于经济效益的驱使。由于在全球层次的实践上，世界遗产建制已经为人类文化和自然遗产的保护与管理确立了一套文明国家必须共同遵守的标准，使各地人类皆能以全球角度重新认识自我的文化，也使遗产保护有了更具体的规范，促进各界共同进行遗产地的保护和管理工作。而在中国大陆，许多世界遗产地在申请登录《世界遗产名录》之前，多是管理不善、破旧不堪的景况，然而在“申遗”大目标的前提下，所有筹备整合与规划治理工作在“申遗”大目标下竟能因此顺利推展，并且在全面整治的过程中，许多久悬未决的老问题竟也能迎刃而解。特别是在平遥、丽江等古城以及西递、宏村等古村落申遗成功带来广大利益的示范效应下，加上扩大吸引旅游观光所能带来的经济诱因刺激，各地政府莫不重新审视并发掘地区内的古老遗产。让过去鲜为人知的云南建水、四川阆中、湖南洪江等古城，浙江西塘、南浔与湖南黔阳等古镇，以及江西流坑、浙江诸葛、湖南高椅等古村竟在埋没数十年后纷纷现世。而一些原本面临改建的古城、古村落因此得以在地方当局对后续利益的期待下，幸免于即遭拆毁的命运。①

总之，以中国大陆发展的现况来说，虽然“世界遗产”是始源于西方理念所发展出来的建制，但是由于多方面的利益因素，使这套理念建制竟得以逐渐顺利移植到中国大陆，即使基本上并未因此全面改造相关的遗产地保护和管理机制与层级，然而通过局部的制度缓步调整，加上遗产地保护管理观念逐渐获得启迪，以及融入在地化的若干制度创新作为，却也让整个国家足以在耗费最小的情况下获得最大的效益。更重要的是，从而促成世界遗产建制在中国大陆得到更多的认同和普遍发展，这也是中国大陆能从原本发展滞后的状况，一跃成为位居全球第三的世界遗产大国的原因之一。

---

① 区冠杰：《我国世界遗产保护的回顾与思考》，《光明日报》2006 年 2 月 6 日，版 6。

第五节 发展世界遗产对和谐社会政策概念的意义

被胡温体制视为最重要对内政策的构建和谐社会，目前已成为中国大陆各层面施政的最高准则。依照中共十六届六中全会通过的构建和谐社会决定，“和谐社会”的目标和主要任务是希望“到2020年，构建社会主义和谐社会的目标和主要任务是：社会主义民主法制更加完善，依法治国基本方略得到全面落实，人民的权益得到切实尊重和保障；城乡、区域发展差距扩大的趋势逐步扭转，合理有序的收入分配格局基本形成，家庭财产普遍增加，人民过上更加富足的生活；社会就业比较充分，覆盖城乡居民的社会保障体系基本建立；基本公共服务体系更加完备，政府管理和服务水准有较大提高；全民族的思想道德素质、科学文化素质和健康素质明显提高，良好道德风尚、和谐人际关系进一步形成；全社会创造活力显著增强，创新型国家基本建成；社会管理体系更加完善，社会秩序良好；资源利用效率显著提高，生态环境明显好转；实现全面建设惠及十几亿人口的更高水准的小康社会的目标，努力形成全体人民各尽其能、各得其所而又和谐相处的局面”。①

为了达成这些施政目标，其具体作为则是认定要“按照民主法治、公平正义、诚信友爱、充满活力、安定有序、人与自然和谐相处的总要求，以解决人民群众最关心、最直接、最现实的利益问题为重点，着力发展社会事业、促进社会公平正义、建设和谐文化、完善社会管理、增强社会创造活力，走共同富裕道路，推动社会建设与经济建设、政治建设、文化建设协调发展”。②

其中所强调的民主法治、公平正义、诚信友爱、充满活力、安定有序、人与自然和谐相处等六大内容，就是当中国大陆“和谐社会”形塑完成之后所期待出现的社会基本特征。依据中共中央党校的诠释，所谓民主法治，是让“社会主义民主得到充分发扬，依法治国基本方略得到切实落实，各方面积极因素得到广泛调动”。公平正义，则是“社会各方面

---

① “中共中央关于构建社会主义和谐社会若干重大问题的决定”，人民网，http://politics.people.com.cn/GB/1026/4932440.html。

② 同上。

的利益关系得到妥善协调，人民内部矛盾和其他社会矛盾得到正确处理，社会公平和正义得到切实维护和实现”。所谓诚信友爱，就是“全社会互帮互助，诚实守信，全体人民平等友爱，融洽相处”。另所谓充满活力，乃是“能够使一切有利于社会进步的创造愿望得到尊重，创造活动得到支持，创造才能得到发挥，创造成果得到肯定”。而安定有序，则是“社会组织机构健全，社会管理完善，社会秩序良好，人民群众安居乐业，社会保持安定团结”。至于人与自然和谐相处，即是“生产发展，生活富裕，生态良好”。而此六大特征并非各自独立，而是具有彼此联系的相互作用，需要在社会发展建设的进程中加以全面照应。①

“和谐社会”之所以出现，主因是中国大陆内部有许多不和谐因素，出现许多矛盾难题需要予以克服解决。除了政治领域的结构性问题之外，于经济、社会层面中包括贫富不均、地区发展失衡、城乡结构二极化、环境污染与资源破坏等多项失衡现象特别值得关注，如未能及时得到妥善解决，必然在未来造成经济与社会发展的重大灾难。为了解决这些现实中的难题，中央所提出的相应解决之道就是追求社会和谐，亦即力求在各项施政决策中必须达到和谐，各项政策亦应符合有协调、融洽、配合得当等目标要求。在此前提下，“和谐社会”当必须在整体的经济、政治、文化等各方面领域谋求整体共同发展。因此，其基本理念论点被归纳为：②

（1）人与社会和谐：人是社会发展的主体，社会发展是人的自觉活动的结果，人与社会在发展中实现良性互动，协调共进，包括在经济生活、政治生活和文化生活等各方面皆实现与社会的和谐。

（2）人与自然和谐：自然环境是人类生存的前提和条件，人类社会的发展与自然环境密不可分。人类开发利用自然资源，满足自身和社会发展的需要，但过度开发势必引发自然界“反扑”，给人类带来灾难和威胁，对社会发展造成破坏。因此人与自然必须平等相处，尊重自然规律，维持自然生态与环境，此亦为社会和谐的基础条件。

（3）人与人的和谐：社会是人的社会，也是人的各种关系所组合的社会。人与社会和谐以及人与自然和谐，关键都在人与人之间是否达成和谐，因此人与人的和谐是和谐社会的核心。人与人关系协调融洽，对社会

① 中共中央党校：《建构社会主义和谐社会若干重大问题学习问答》，第14—17页。

② 周振国、梁世和：《构建社会主义和谐社会的基本理论研究》，第128—133页。

发展具有共识，就能促成社会进步发展的动力。

但理论终归只是理论，最主要的关键还是该如何达成和谐的目的。依据《建构和谐社会决定》的设想："社会要和谐，首先要发展。社会和谐在很大程度上取决于社会生产力的发展水准，取决于发展的协调性。必须坚持用发展的办法解决前进中的问题，大力发展社会生产力，不断为社会和谐创造雄厚的物质基础。同时，更加注重解决发展不平衡问题，更加注重发展社会事业，推动经济社会协调发展。"① 由此而落实在经济社会发展政策方面，依规划则须推动如下七项重点工作：②

第一，扎实推进社会主义新农村建设，促进城乡协调发展。相关措施包括加快建立有利于改变城乡二元结构的体制机制，推进农村综合改革，促进农业不断增效、农村加快发展、农民持续增收。积极稳妥地推进城镇化，发展壮大县域经济。加大扶贫力度，完善扶贫机制，加快改善贫困农民生产生活条件。调整优化农村经济结构，各级政府要把基础设施建设和社会事业发展的重点转向农村，国家财政新增教育、卫生、文化等事业经费和固定资产投资增量主要用于农村等项目。

第二，落实区域发展总体战略，促进区域协调发展。相关措施包括继续推进西部大开发，振兴东北地区等老工业基地，促进中部地区崛起，鼓励东部地区率先发展，形成分工合理、特色明显、优势互补的区域产业结构，推动各地区共同发展。鼓励东部地区带动和帮助中西部地区发展，扩大发达地区对欠发达地区和民族地区的对口援助，加大对欠发达地区和困难地区的扶持。中央财政转移支付资金重点用于中西部地区，尽快使中西部地区基础设施和教育、卫生、文化等公共服务设施得到改善，逐步缩小地区间基本公共服务差距。加大对革命老区、民族地区、边疆地区、贫困地区以及粮食主产区、矿产资源开发地区、生态保护任务较重地区的转移支付，加大对人口较少民族的支持等项目。

第三，实施积极的就业政策，发展和谐劳动关系。相关措施包括将扩大就业作为经济社会发展和调整经济结构的重要目标，实现经济发展和扩大就业良性互动。大力发展劳动密集型产业、服务业、非公有制经济、中小企业，多渠道、多方式增加就业岗位。深化户籍、劳动就业等制度改

---

① "中共中央关于构建社会主义和谐社会若干重大问题的决定"，人民网，http://politics.people.com.cn/GB/1026/4932440.html。

② 同上。

革，逐步形成城乡统一的人才市场和劳动力市场，完善人员流动政策，规范发展就业服务机构。扩大再就业政策扶持范围，健全再就业援助制度，着力帮助零就业家庭和就业困难人员就业。强化政府促进就业职能，统筹做好城镇新增劳动力就业、农村富余劳动力转移就业、下岗失业人员再就业工作，加强大学毕业生、退役军人就业指导和服务。维护劳动者特别是农民工合法权益等项目。

第四，坚持教育优先发展，促进教育公平。相关措施包括明确各级政府提供教育公共服务的职责，大力实施科教兴国战略和人才强国战略，全面实施素质教育，深化教育改革，提高教育品质，建设现代国民教育体系和终身教育体系，保障人民享有接受良好教育的机会。坚持公共教育资源向农村、中西部地区、贫困地区、边疆地区、民族地区倾斜，逐步缩小城乡、区域教育发展差距，推动公共教育协调发展。普及和巩固九年义务教育加快发展城乡职业教育和培训网络，落实农村义务教育经费保障机制，先在农村并逐步推及城市免除义务教育学杂费，全面落实对家庭经济困难学生免费提供课本和补助寄宿生活费政策，保障农民工子女接受义务教育等项目。

第五，加强医疗卫生服务，提高人民健康水准。具体措施包括坚持公共医疗卫生的公益性质，深化医疗卫生体制改革，强化政府责任，严格监督管理，建设覆盖城乡居民的基本卫生保健制度，为群众提供安全、有效、方便、价廉的公共卫生和基本医疗服务。实施区域卫生发展规划，整合城乡医疗卫生资源，建立城乡医院对口支援、大医院和社区卫生机构双向转诊、高中级卫生技术人员定期到基层服务制度，加强农村医疗卫生人才培养。大力扶持中医药和民族医药发展等项目。

第六，加快发展文化事业和文化产业，满足人民群众文化需求。具体措施包括坚持将社会效益放在首位，坚持把发展公益性文化事业作为保障人民文化权益的主要途径，推动文化事业和文化产业共同发展。推进文化体制改革，形成富有活力的文化管理体制和文化产品生产经营机制。加强公益性文化设施建设，鼓励社会力量捐助和兴办公益性文化事业，加快建立覆盖全社会的公共文化服务体系。完善文化产业政策，培育国有和国有控股之骨干文化企业，鼓励非公有资本依法进入文化产业，以重大文化产业项目带动发展。提供价格合理、形式多样的文化产品和服务，增强文化产品国际竞争力。加强文化遗产保护等项目。

第七，加强环境治理保护，促进人与自然相和谐。具体措施包括加快建设资源节约型、环境友好型社会。实施重大生态建设和环境整治工程，有效遏制生态环境恶化趋势。统筹城乡环境建设，加强城市环境综合治理，改善农村生活环境和村容村貌。加快环境科技创新，加强污染专项整治。完善环境保护法律法规和管理体系，严格环境执法，加强环境监测，定期公布环境状况资讯，严肃处罚违法行为。强化企业和全社会节约资源、保护环境的责任等项目。

以上琳琅满目的工作项目还仅是经济社会发展政策方面的要项，尚未包括法制建设、道德建设、社会管理、社会团结、党的领导等其他方面的必要工作项目。而这么多的工作指标要在一时之间具体达成，事实上极不容易。然而涵盖各方面、各层级的工作项目，也正代表着中央对“和谐社会”的至高期望，同时显示了“和谐社会”现阶段在中央领导视野中，确然已成为最重要也最独具特色的对内综合性战略政策。

事实上，由国际建制推动的“世界遗产”虽属外来观念，但却与“和谐社会”政策概念在许多方面具有相互呼应的效果。先从理念上来说，“世界遗产”所强调的是在不同国家与民族之间互相尊重“文化多元化”，在全球各地的生态与环境中维护“生物多样化”，并且希望能在世界各地的政治、经济、社会、文化等领域达到友善平衡的发展状态，其所追寻的最终目标就是一个和平、均衡、协调、和谐的地球。因此，从理念来说，“世界遗产”与“和谐社会”所追求的人与社会和谐、人与自然和谐，人与人的和谐等理想社会形态，在观念上其实并无二致。从这个角度出发，中国大陆提倡发展“世界遗产”，无形中也有助于“和谐社会”的理念阐扬。

而从实际的经济和社会生活上来说，“世界遗产”所带来的各种实质利益相当庞大，还能有效促进中国大陆的各项和谐发展指标。基本上由于世界遗产地大多数散布在乡村地域，加上“世界遗产”桂冠能立即吸引大量旅游人潮，带来庞大的商业利益，促成地方观光产业发展，让地方剩余劳动力获得充分就业、转业机会，并且提高当局财政收入，提供更多资源以利地方建设。所以“世界遗产”的经济与社会效益不但显而易见，而且明显对“和谐社会”绝对有积极正面的意义。例如以上列“和谐社会”在经济社会发展的七项重点工作而言，不论在“推进农村建设，促进城乡协调发展”、“落实区域发展，促进区域协调发展”、“积极就业，发展和谐劳动关系”、“教育优先发展，促进教育公平”，还是“加强医疗卫生服务，提高人民健康水准”等工作项目，“世界遗产”的推展，都能为所在偏远地域及周围村镇带来相当大的发展促进作用。此外，由于“世界遗产”的宗旨系在强化文化遗址和自然环境的保护管理工作，因此，在“发展文化事业和文化产业，满足人民群众文化需求”与“加强环境治理保护，促进人与自然相和谐”等方面，更具有相辅相成的直接效果。

事实上，中国本就是一个民族文化多元的社会，民族结构由 56 个民族共同组成，虽然以汉族为主体，但其他少数民族也具有文化意义的重要性和代表性。而不同的民族各有其起源、历史、文化、传统和风俗习惯，表现在各自的文字、艺术、宗教、道德准则和宗法上，也表现在各自的言谈举止、衣食住行中，所以多元并存本系中华文化的主要特色。以宗教来说，不同的民族通常有不同的宗教信仰，某些民族仅信奉一种宗教，另有些民族则信仰多种宗教，即使同一种宗教在不同民族的信仰上也有不一样的呈现方式，因此显现出不同民族宗教的多元化。这种多元化也别具文化意义，不容互相抹杀。

然而出于历史、文化和风俗等背景的差异，或彼此间缺乏了解、尊重与信任，或出于利益冲突等因素，不同民族间常会产生矛盾及摩擦，万一处理不当就会酿成影响民族团结和社会稳定的灾祸。[①] 加上少数民族生活的地域，多半在偏远的西部边疆与山野地区，占中国大陆人口总数不到 10% 的少数民族散布在全国 64% 的土地面积上。由于近三十年来市场经济发展与体制改革，少数民族原享有的优惠政策陆续失效，对少数民族的生活造成极大的冲击，加上政策失调，使贫富不均、地区发展失衡、城乡结构二极化、环境污染与资源破坏在内的失衡现象在少数民族地区更为严重。而其他诸如文化风俗、历史积怨、宗教信仰、自治权力分配等问题也使部分地区的民族关系在近年来不时出现紧张。[②]

不过文化的多元化其实也是一项巨大的资产。以文化的本质来看，不同文化之间具有互相对比参照的意义，只有从与自己不同的文化形态中，才能了解本身文化形态的特殊性，也才能体会出本身为何会如此生活和生存，所以不同文化形式之间的相互尊重和理解非但重要，而且文化的兼容并蓄，也能让生活和生命更丰富多彩。同时另一项重点是，多元文化并存

① 谢舜主编：《和谐社会：理论与经验》，第 115—116 页。

② 同上书，第 218—220 页。

的地域环境，将因民族风情多样化而更具旅游资源开发的条件。

以中国大陆多民族的结构来看，在经过漫长的历史发展阶段，通过不同民族互相尊重、互相渗透、互相影响，并不一定只会造成冲突对立，也有可能形成存异致和、众多文化并存的融合现象。例如在许多少数民族聚居的云南，就是一个极佳的例证。云南省面积38.3万平方千米，山地达84%（33万平方千米），多数地区海拔皆在1500—2000米之间，生产条件极差。但在有限的生存地域中聚居的民族竟有25个，少数民族居全省人口的1/3。在长期历史演进过程中，逐步形成民族杂居、小聚落彼此交错的融合状况。虽然生活条件不良，却因山区限制多，开发少，自然环境相对保持完整，风景秀丽，独树一格。于是各民族通过各自语言、服饰、饮食、信仰等民俗特色，把握独特的文化环境，利用民族特色的优势发展民俗旅游，配合优美的山水风光，遂吸引庞大观光人潮，促进地方的繁荣发展。其中又以已登录《世界遗产名录》的“丽江古城”、“三江并流”地区及“路南石林”（属“中国南方喀斯特”一部分）等地所获得的效益最为明显。

云南的成功经验吸引着中国大陆其他省区的钦羡，也让其他省区纷纷起而效尤。而在“和谐社会”政策推出后，急于表现的地方领导干部，更汲汲于着手开发当地旅游资源，希冀借此得到更多经济收益，以促进地方发展，达成和谐使命。在此种情况下，享誉国际的“世界遗产”在无形中也成为各地更加热烈追求的目标。

非但地方官员如此，中央主管部委历年在规划与推选世界遗产地时，除了能否顺利登录《世界遗产名录》的考量之外，也未尝不在地区、省区、民族地域等方面的和谐与平衡进行慎重考虑，而且这种考虑方向在近年来似乎更为明显。虽说“和谐社会”是在2002年提出，并于2004年以后才正式推出的政策，但“世界遗产”的发展显然更早注意到和谐问题，然后在近几年又顺应“和谐社会”政策的需求，对遗产地的分布以更细腻的方式平衡处理。以1987年迄今中国大陆提名并获得登录的各世界遗产地来观察，其追求和谐均衡发展的趋势就颇值得注意。

目前中国大陆在行政区上共划分为31个省、市、自治区，另有2个特别行政区。按照各省区所在地理位置及传统区划方式，则可区分为东北、华北、西北、华中、华东、华南与西南等七大地区，其中西北地区最大，华北地区次之，西南地区第三，华东地区最小，见表4-8。

表 4 – 8　　中国大陆省区分布表

地区	省市自治区	面积 km²	备考
东北	辽宁省、吉林省、黑龙江省	790000	
华北	北京市、天津市、河北省、内蒙古自治区、山东省、山西省	1617578	
西北	陕西省、甘肃省、宁夏回族自治区、青海省、西藏自治区、新疆维吾尔自治区	4166000	
华中	安徽省、河南省、湖北省、湖南省、江西省	840000	
华东	上海市、江苏省、浙江省	205800	
华南	福建省、广东省、广西壮族自治区、海南省（另有香港、澳门 2 特区）	600925	
西南	重庆市、四川省、云南省、贵州省	1112300	

资料来源：孙建华编：《漫步世界遗产》，中国社会科学出版社 2005 年版，第 10—11 页。

而自 1987 年中国大陆首批登录《世界遗产名录》的遗产地诞生以来，至 2007 年为止中国大陆共有 35 处世界遗产地，针对其所在地区、省区、主要民族、沿边或内陆、城镇或乡村等性质分类进行比较对照，结果则如表 4 – 9 所示。

表 4 – 9　　中国大陆世界遗产地性质分类对照表

登录年	遗产地	地区	省区	沿边 内陆	城镇 乡村
1987	长城	华北 西北	辽宁北京 河北山西 内蒙古陕西 宁夏甘肃	内陆	乡村
1987	泰山	华北	山东	沿边	乡村
1987	明清皇宫（北京和沈阳故宫）	华北 东北	北京 辽宁	内陆	城镇
1987	莫高窟	西北	甘肃	内陆	乡村
1987	秦始皇及兵马俑坑	西北	陕西	内陆	乡村
1987	周口店北京人遗址	华北	北京	内陆	乡村
1990	黄山	华中	安徽	内陆	乡村
1992	九寨沟风景名胜区	西南	四川	内陆	乡村
1992	黄龙风景名胜区	西南	四川	内陆	乡村

续表

登录年	遗产地	地区	省区	沿边 内陆	城镇 乡村
1992	武陵源风景名胜区	华中	湖南	内陆	乡村
1994	承德避暑山庄及周围寺庙	华北	河北	内陆	城镇
1994	曲阜孔庙、孔林、孔府	华北	山东	沿边	城镇
1994	武当山古建筑群	华中	湖北	内陆	乡村
1994	拉萨布达拉宫历史区	西北	西藏	沿边	城镇
1996	庐山国家公园	华中	江西	内陆	乡村
1996	峨眉山风景名胜区含乐山大佛	西南	四川	内陆	城镇
1997	平遥古城	华北	山西	内陆	城镇
1997	苏州古典园林	华东	江苏	沿边	城镇
1997	丽江古城	西南	云南	沿边	城镇
1998	北京皇家祭坛－天坛	华北	北京	内陆	城镇
1998	北京皇家园林－颐和园	华北	北京	内陆	城镇
1999	武夷山	华南	福建	沿边	乡村
1999	大足石刻	西南	重庆	内陆	乡村
2000	青城山和都江堰	西南	四川	内陆	城镇
2000	皖南古村落－西递和宏村	华中	安徽	内陆	乡村
2000	龙门石窟	华中	河南	内陆	乡村
2000	明清皇家陵寝	华北东北 华东华中	北京辽宁 河北江苏 湖北	内陆	乡村
2001	云冈石窟	华北	山西	内陆	乡村
2003	云南三江并流保护区	西南	云南	沿边	乡村
2004	高句丽王城、王陵及贵族墓葬	东北	吉林	沿边	乡村
2005	澳门历史中心	华南	澳门	沿边	城镇
2006	殷墟	华中	河南	内陆	乡村
2006	四川大熊猫栖息地	西南	四川	内陆	乡村

续表

登录年	遗产地	地区	省区	沿边 内陆	城镇 乡村
2007	中国南方喀斯特	西南	云南 重庆 贵州	沿边	乡村
2007	开平碉楼及村落	华南	广东	沿边	乡村

资料来源：作者自行整理。

在以上35处世界遗产地所在地区中，华北地区为9.25处①居首，西南地区以9处居次，华中地区以7.25居第三，西北地区3.5处居第四，华南地区3处居第五，东北地区1.75处居第六，华东地区1.25处居末。而依表4-8所列的各地区面积来看，华北地区和西南地区面积皆在前列，世界遗产地较多亦属当然；华东地区最小，世界遗产地少亦不意外。然华南地区在2003年以前仅有1处，而东北地区甚至连1处都没有，则显得极不协调。惟到2004年以后，东北地区接连新增遗产1项和扩展遗产2项，华南地区新增遗产2项，终于获得较均衡的发展状况。此情况说明，近年来中国大陆当局侧重提名位于东北与华南地区的遗产地，其目的很难说不是为了寻求地区之间的平衡和谐。如果若此趋势不变，那么下一波新提名遗产地之重点，或许将来自占地最辽阔，目前仅有3.5处世界遗产地的西北地区，此趋势值得进一步观察。

由世界遗产地所在的省区来分析，依据表4-9统计出的各省区遗产地数量，则如表4-10所示。

表4-10　　中国大陆各省区世界遗产地数量（2007年）

省区	遗产地数量	省区	遗产地数量	省区	遗产地数量
北京	3.825	宁夏	0.125	浙江	0
天津	0	青海	0	福建	1
河北	1.325	西藏	1	广东	1
内蒙古	0.125	新疆	0	广西	0

① 各地区之世界遗产地数量计算方式为单独位于某一地区者计为1处，跨越地区者则以跨越地区数均分之，如长城同时位于华北和西北地区，则华北和西北地区各计为0.5处；明清皇陵因陆续增加扩展遗产项目而散布4个地区，则每地区各计为0.25处。以下所述之各省区世界遗产地数量计算方式亦同。

续表

省区	遗产地数量	省区	遗产地数量	省区	遗产地数量
山东	2	安徽	2	海南	0
山西	2.125	河南	2	重庆	1.33
辽宁	0.825	湖北	1.2	四川	5
吉林	1	湖南	1	云南	2.33
黑龙江	0	江西	1	贵州	0.33
陕西	1.125	上海	0	香港	0
甘肃	1.125	江苏	1.2	澳门	1

资料来源：作者自行统计。

从表4－10的比较结果看，世界遗产地最多的省区是四川，共有5处。其次是北京的3.825处，再次为云南的2.33处，其他省区则皆多在2到1处之间，分布状况堪称平衡。其中在2004年后才新增世界遗产地的省区则包括吉林、贵州、广东及澳门特区，于2004年至2007年间中国大陆获得登录的全部6处世界遗产地中即占2/3之多，似可观察出当局在提名新遗产地时，确然有省区平衡的考量在内。因此由此趋势来分析，目前仍无世界遗产地的8个省区（天津、黑龙江、青海、新疆、上海、浙江、广西、海南）和香港特区，或许将是未来几年内规划和推选世界遗产地的重点省区和地区。

同时，在全数35处世界遗产地中，除却2处文化遗产的性质属于上古文明者外，其所在地域以少数民族为主或其渊源与少数民族有关者就有15处，另还有1处属葡萄牙殖民风格以及1处侨乡建筑群落。特别自2003年以来，新增7处世界遗产地中，除殷墟为上古文明之外，以少数民族文明或聚居地域为主者多达4处，加上葡萄牙殖民风格者1处和侨乡建筑群落1处，等于全部都非属汉族文化为主体的遗产地。此情况显示中国大陆近年提名世界遗产地的规划方向，开始转趋关注不同文化形态，其目的一方面或许是为了适应世界遗产建制尊重文化多元化的要求，以及具文化特殊代表性者优先入选登录的原则，另一方面也意在加强照顾少数民族，并兼顾特区发展与联络港澳同胞、侨胞的感情。

如再就世界遗产地所在省区属于沿海、边境地带或内陆地带加以观察，35处世界遗产地位于内陆省区者为24处，位于沿海、边境地带省区者为11处。但从2003年以来，7处新增世界遗产地其中有5处位于沿海、边境地带省区，显见沿海、边境地带省区的遗产地在近年备受重视而且有优先提名之势。其原因则多少是希望借由“世界遗产”的确立来强调边境地带的和平与和谐性质，一方面具有安抚邻近国家的靖边作用，另一方面也有寻求跨国共同促进发展的目的。

最后，就世界遗产地坐落位置属于城镇或乡村地域来看①，于全部35处世界遗产地间，坐落于城镇地域者为12处，坐落于乡村地域者达23处，明显以乡村地域的世界遗产地居绝大多数。此现象与城镇开发破坏较剧烈，乡村地域的文化遗址和自然环境保持状况相对较佳有关，同时也与位于乡间的遗产地无论周边环境、视野和景色都较占优势相关。虽然是否位于乡村可能并非当局规划和推选世界遗产地的重要考虑因素，但无可置疑地，“世界遗产”所在地坐落于乡村地域，对于当地社区和居民来说，仍有开发观光旅游、强化地方建设、促进城乡协调发展等积极功效。事实上对于中国大陆的“和谐社会”政策目标极具正面效益，因此似也能为“世界遗产”发展与“和谐社会”政策概念两者之间的相辅相成作用，下一个最好的注脚。

① 此处世界遗产地坐落城镇或乡村地域的分类，系以遗产地位置所在的具体情况来划分，而非以行政区划为依归。例如秦始皇陵及兵马俑坑、龙门石窟在行政区划上分属西安市、洛阳市，但遗产地坐落位置明显为城市之郊野，故予归入乡村地域。

第五章　中国大陆参与世界遗产建制之国际环境因素

第一节　理性主义理论观点下的国际环境因素

“世界遗产”源自西方近代以来的文化遗址与自然环境保护观念，虽属外来的概念，但在联合国教科文组织及相关国际组织的推动下，除了遗产地的保护管理规范外，由国际体系的整体角度来看，这套外来的思维对于中国大陆来说，还具有若干特殊的意义：

（1）追求和平安全与多元文化：“世界遗产”的推动，与联合国教科文组织希冀通过全球参与，达成不同文化和文明之间的相互尊重和交流，以及增进知识和教育普及，最终实现世界永久和平与共同安全的伟大理想息息相关。对追求崛起目标的中国大陆而言，亦与其现阶段的“和平与发展”战略观与“和谐世界”政策等不谋而合。

（2）不涉意识形态争议：与其他许多来自欧美的思想观念最大的不同之处，是“世界遗产”本身所牵涉的范围主要限定在文教与科技层面，与一般西方思想观念经常可能碰触的政经体制与意识形态并无直接相关。其相关的争议一般具专业性质，也较不易被渲染扩大为跨国政治议题，所以较易为中国大陆各界所接纳。

（3）具多方面实质效益：如之前所讨论的，“世界遗产”具有包括文化、经济、社会、教育、环保、科技、财政等多层面的效益，与目前中国大陆在各方面的发展需求不谋而合，因此其思维主张对中国大陆各界具较高吸引力。

（4）有助于提升国家形象与威望：由于“世界遗产”的保护管理诉求，具有普世价值的正当性与合作性，同时又不具强势的外侵性格，在“世界遗产”工作上获得具体成果的国家亦有助其塑造温和积极的国际形象，对国家威望的提升自有助益。由于国力迅速增长，其他国家对中国大陆崛起产生的忧心和焦虑，经由中国大陆“世界遗产”的参与表现将产生缓冲作用，或有减轻疑惧的效果。

（5）中国大陆在“世界遗产”发展上具有先天优势：基于幅员、地理、历史、环境、资源等先天条件不同，各国发展“世界遗产”成果也有程度不一的差异。然而中国由于幅员辽阔，历史悠久，地理、环境和资源形态多样化，因此与其他国家相较，“世界遗产”的发展本具有相当的优势条件，而中国大陆如能妥善运用此方面的优势，当有助其发挥多方面的实际效益。

如就此理论而言，从理性主义国际关系理论之观点来说，新现实主义和新自由主义对于中国大陆参与世界遗产建制的国际环境因素，也都各有合理的诠释，分别讨论如下。

以新现实主义的论点来看，中国大陆热烈参与世界遗产建制，可说就是一个国家积极培养本身权力的过程。新现实主义者通常认为在一个无政府状态的国际社会中，各国追求自助自利的结果，会导致扩张国家权力的倾向。虽然国家追求的最终目标应是安全，权力并非最终目的而仅是实现国家目标的手段，但无疑只有通过权力的扩张，才能保证国家安全的存在。权力在传统的现实主义者眼中所代表的是军事力量，然则在新现实主义的观点中，则经济力量亦有举足轻重的地位。而“世界遗产”所带来的多层面效益，特别是观光旅游资源的开发、财政收入增加与地方经济的发展，皆同具有提升国家经济力量的作用。经济力量提升，国家可运用的权力随之增加，因此对于目前积极追求崛起的中国大陆，参与世界遗产建制乃是一个颇为有利的工具。

当然，权力的使用并非漫无限制，可随国家任意行之。如回到国家使用权力三层次的观点来分析，国家在使用权力上必须兼顾三个层次的问题，包括国际体系、行为国本身与目标国的相对关系、与行为国本身。如前所述，以此三个层次来看，中国大陆如果在现阶段要使用国家权力，条件尚欠完备。然而通过参与世界遗产建制的过程，却让中国大陆在此三层次皆能收到程度不一的正面效果。

在第一个层次上，就整个国际体系来看。现今国际环境相对和缓，让文化力量较诸以往更具重要性与实用性，“世界遗产”的蓬勃发展趋势，说明了世界各国对人类文明与自然环境的保护管理具有普遍共识，而参与世界遗产建制的程度也代表一个国家的文明开化程度与文化成熟程度。中国大陆在世界遗产建制的积极参与，当有助其形塑热心参与文化与文明领域国际建制的形象，而且能在此类国际建制中发挥更具体的影响力。这种效果不见得能在其他国际建制中取得。

在第二个层次上，就中国大陆与其他相关大国的关系来说。由于“世界遗产”本身的特质，让世界遗产建制成为一个讲求和平互动与文化交流的活动空间，中国大陆通过远离政经议题的多元接触，有助于降低与其他国家的潜在冲突，减少彼此间的认知错误，促进相互间的沟通协调，以利更广泛的交往。此也是经由世界遗产建制才能得到的活动场域。

而在第三个层次上，就国家自我认知而言。中国大陆现阶段仍自视处于复兴之前的酝酿期，虽然国力持续大幅提升，但无论对内对外都还有不少实质问题尚待解决，离真正复兴仍有大段距离，因此更需要长期的和平内外环境。对于“世界遗产”的参与及发展，一方面在国际上有助中国大陆建立积极负责的大国形象，降低对抗形势；另一方面则可以改善国内各项发展失衡问题，也取得更长时间的厚植国力准备期。因此积极参与世界遗产建制，对中国大陆提升未来在对外使用权力的潜力，绝对有正面的助益。

其次，由新现实主义所主张的国家安全是至上利益的论点来观察，“世界遗产”所具有的和平安全诉求与多元文化并存的特质，让各国必须暂时卸下在国际政治和世界经贸中互相角力的勇猛形象，以一种相对优雅和谐的态度参与世界遗产建制。即使各国或不免在每年《世界遗产名录》的提名审查中互相竞争，但这种竞争至少在表面上必须符合礼仪与程序，对于世界遗产委员会或缔约国大会所做的决定，不论对己有利或不利都予以充分尊重。这种过程虽与“世界遗产”未涉及国家根本安全利益有关，但经由世界遗产建制，却让参与的国家在和平与文明形象上有相当的促进效果，或多或少足以减低国家之间的猜忌与不信任感。因此在某种程度上，无疑也有间接促进国家安全的意义。

另一方面，国土中有若干遗产地列名于《世界遗产名录》之中，则确有协助促进国土安全的直接作用。因为依照《世界遗产公约》的规定：“本公约各缔约国不得故意采取任何可能直接或间接损害本公约其他缔约国领土内的文化和自然遗产的措施。”[①] 此项规定源于欧美国家在武装冲突中应保护人类文明创造成果的观念，即使如今仍不时传出各地的遗产地

① 《世界遗产公约》第6条第3款。

在战火中遭到毁损的消息，但至少“在战争中保护世界遗产地”的原则早已成为文明准则的一部分，毁损世界遗产地的行径为大多数国家所不取。尤其是在上一章中我们曾讨论过中国大陆目前约有 1/3 的世界遗产地位于沿海或边境地带省区，且近年来新增世界遗产地中亦似以位于沿海、边境地带省区者优先提名，此种迹象除了强调边境地带的和平和谐性质与寻求跨国共同发展的目的之外，若由促进国土安全的作用来观察，也似乎别具意义。

再者，如就新现实主义强调的相对利益的观点来论，由于中国在“世界遗产”发展上具有优势条件，同时目前也已位居全球第三的遗产地大国，加上世界遗产地所能带来的大量经济与社会效益，以及有助引进的保护资金与技术，因此在参与世界遗产建制的过程中，中国大陆所能获得的直接利益，事实上相对较其他大部分参与的国家来得高许多，因此就现实主义的论点来看，此原因亦为中国大陆继续参与世界遗产建制的原动力。

新自由主义的论点与新现实主义不一样，当也值得进一步分析。

首先，就全球相互依存的角度来讨论，新自由主义者认为世界经济持续发展，会导致众多性质不同的行为体出现在国际社会上，世界遗产建制无疑是这类性质有别于传统诉求的国际社会行为体之一。世界遗产建制历经三十余年的发展，至今已成为国际社会在保护文化遗址与自然环境工作中最获肯定的合作体系，也是联合国教科文组织成立以来最具成效的制度化活动之一。各国经由《世界遗产公约》所共组建的架构，建立一套永久法律建制，整合人类共同价值，超越政治界线和地理界线的藩篱限制，通过整体国际合作进行全球遗产地的保护，可说是全球相互依存论点的极佳代表。而中国大陆自改革开放以后，逐渐融入国际政治、经济和文化等体系，与其他国家的互动导致相互依存日深，国际参与程度也随着能力及意愿的提升而越来越高。在世界遗产建制方面，中国大陆汲取欧美国家在“世界遗产”方面的概念与准则，一反过去不珍视文化遗址、不爱惜自然环境的行为观念，重新学习遵守国际规范。另则引进外来资金技术，协助推动发展国内的“世界遗产”，并运用遗产地的文化与观光资源，积极参与世界遗产建制活动。就整个过程来说，对于中国大陆目前的全球依存情况不啻是最佳诠释。

其次，就国际合作机制来说，新自由主义对国际合作向持积极态度，认为其为必然正常而且经常发生的现象。世界遗产建制由于在目标和宗旨上偏重文化和科技议题，基本上与政治经济议题无甚相关，矛盾冲突的可能性减少，各国愿意全盘接受的程度较高，因而国际合作在世界遗产建制中更能顺利进行，所以运作以来的成果普受肯定。而中国大陆通过世界遗产建制主导的国际合作，在文化遗址与自然环境等遗产地的管理保护工作中获益极多，加上中国大陆现已成为世界遗产地大国，无论在实际效益或外在威望上，参与此项合作机制对中国大陆在国际社会的表现极具正面意义，相关参与工作也因此显得相当重要，无形中也促进中国大陆持续深化参与世界遗产建制，并使其尽力协助促进世界遗产建制中的国际合作和工作推广。

新自由主义另一个重要论点是讲求经济利益，认为其不容忽视或放弃，特别是在全球相互依存的情况下，经济面与技术面的合作都已逐渐取得国际往来的主导地位。对中国大陆来说，世界遗产建制所能带来的多层面效益已如前述，尤其是经济和技术上的大量效益，更是中国大陆积极发展“世界遗产”的主要目的之一。为了保有此类利益，中国大陆势必难以放弃参与世界遗产建制，反而更有可能为了增加利益而持续扩大参与。

再者，新自由主义又强调看重国家的意图应更重于国家实力，此与新现实主义认为国家的实力更甚于国家意图的看法不同。以中国大陆来说，其意图复兴为世界大国的目标应已无人怀疑，然而真正的复兴则仍受限于许多内在与外在因素，国家实力的增长因而备受考验。因此就新现实主义的论点，为了防堵中国大陆挑战世界霸权地位，现有的霸权国与其他不愿国际体系遭强力改变的国家必须共同合作，制造各种障碍，遏止或阻挡中国大陆的国家实力增长。另一方面中国大陆则需不顾一切阻挠，急剧增强国家实力，以强力方法突破霸权国的障碍，才有可能顺利复兴。

新自由主义的看法则不同，其所强调的重点是意图，既然意图才是关键，那么国家实力增长虽然重要但却非重点，真正的重点是国家的意图为何，对手国又要如何回应。因此中国大陆的意图是复兴，或者是在不违反现行国际政经秩序的前提下和缓复兴，这两种情形导致的结果必定截然不同，实有必要区分看待，国际社会的应对方式也当视此二者而有不同因应措施，否则任一方错判对方意图的结果，不但无法趋利避凶，反将酿成灾祸。由意图的观点来看，中国大陆一贯主张“和平与发展”，或者提出“和平崛起”、“和谐世界”政策，意图争取长期和平的发展时间徐谋复兴，避免遭致强力围堵对抗，也就事出有因，不足为奇。同时在此前提下，基于“世界遗产”追求和平安全与多元文化的目标，颇为契合中国大陆现阶段的对外政策与利益，因此积极鼓励发展及参与“世界遗产”活动，实属必然。最后如就新自由主义主张的绝对利益论点来说，则参与世界遗产建制，在更大的利益架构下对中国大陆实有百利而无一害，因之积极参与，何乐而不为呢。

关于中国大陆参与世界遗产的国际环境因素，另一种新兴论点的诠释也颇为适宜，即是“软权力”（soft power）论。软权力概念由约瑟夫·奈伊在1990年所提出，他认为在冷战后，国际政治已面临权力性质的全面变化，过去所强调的硬权力（hard power）——包括军事实力、核武威吓等，不应再完全居于决定性的地位。包括经济、文化、技术、教育等因素在国际关系往来的作用将日趋突出，而国家凝聚力、普世性文化和国际制度等无形力量也会更形重要，因此所有的国家都该学会通过新的权力形式，借由运用全球相互依存、管理国际体系结构、共享人类文化价值等途径实现其国家目标，此种新的权力形式就称为“软权力”。①

软权力如何发生实际效果呢？奈伊认为当一个国家可以让其他国家自愿交付该国所想所需的事物，就产生软权力作用或称为同化的权力（cooptive power）作用，而其形式将完全不同于过往以命令方式要求其他国家遵循的硬权力作用或强制权力（command power）作用。② 所以软权力乃是一个国家对其他国家的吸引力（attraction），而不是强制力（coercion），亦即一个国家通过自身吸引力而非强制力，在国际往来中实现其预设目标的能力。③ 此种吸引力之所以发生，之所以让其他国家心悦诚服，就在于“人之所欲者即为己之所欲”（others want what you want），己所能施于人者恰为人之所求，因此有两全其美的结果。所以软权力是通过劝诱他国追随，或者让他国认同己方的价值规范（norm）和制度安排（institution），进而产生己方所预想的行为的能力。④ 也就是说，软权力是通过吸引他国理解并支持本国来实现本国原先所预设的目标和效果，因而

① Joseph Nye Jr.，“Soft Power”，*Foreign Policy*，Issue 80，Fall，1990，pp. 153—171.

② Ibid.，p. 166.

③ Joseph Nye Jr.，“Hard Power and Soft Power”，*The Boston Clobe*，August 6，1999，pp. 65—67.

④ Robert Keohane & Joseph Nye Jr.，“Power and Interdependence in the Information Age”，*Foreign Affairs*，September/October，1998，p. 86.

软权力之所以显现其吸引力和同化力，所依靠的方法是示范和劝服，通过心理和情感的召唤，以理服人，以情化人。

在各种软权力的形式中，最特别的是文化的作用。奈伊指出，软权力作为一种吸引力，其意为“通过文化和意识形态的魅力来吸引对方的能力”,① 这类能力包括文化、意识形态和社会制度等各种无形的感召力量，亦即诉诸文化和意识形态所具有的吸引力，来消除恶感，增加好感，最后影响其他国家采行有利于己的政策方向。因此，从某种程度来看，软权力的诉求乃是“人的观念和文化”，从而创造若干足以影响他人价值取向的准则和制度,② 吸引他人对己方采取亲善有利的举措。就国家交往的层面来说，就是一国的文化以其独特的扩散力、渗透力，深入他国民众，感染和感动其内心，并改变其价值观念，最终使他国政府采取对本国有利的措施和行动。

奈伊虽然提出软权力的概念，且一再宣称从学派理论的观点来看，现实主义主张硬权力，自由主义主张软权力，但在实际的权力使用上，他却未将两者完全切割，而是认为两者在行为性质、力量的有形无形等方面仅有程度的差别。因此，软权力可说是硬权力的延伸和补充，而不应过分强调两者之间的差异，两者其实可说是互补互成的。③ 奈伊并进一步指出，虽然硬权力是改变他国行为的强制性力量，方式是仰赖命令和诱致来实现其目的，而软力量则是塑造他国期望的同化力量，通过文化和意识形态或议程设置等方式而吸引他国获得预想目标，但强制性力量有时也可用来创建制度，并创造出合法性力量，而所谓的合法性力量其实也将表现出软权力的性质。因此，软权力和硬权力之间并不是一种完全对立的关系，而经常是一种性质转移的关系。④ 其中的转移关系如图 5 -1 所示。

1996 年以后，由于信息科技日新月异，软权力论得到更多的重视，其研究重点也开始关注信息时代软权力所能发挥的特质和特征。奈伊在 1996 年与威廉·欧文斯（William Owens）率先提出“信息权力”的概

---

① Joseph Nye Jr.，“Redefining the National Interest”，*Foreign Affairs*，July/August，1999 p. 24.

② Robert keohane & Joseph Nye Jr.，“Power and Interdependence in the Information Age”，p. 86.

③ Joseph Nye Jr.，“The Transformation of world Power”，*Dialogue*，No. 4，1990. p. 34.

④ Joseph Nye，Jr.，“The Changing Nature of World Power”，*Political Science Quartly*，Vol. 105，No. 2，1990，pp. 177—192.

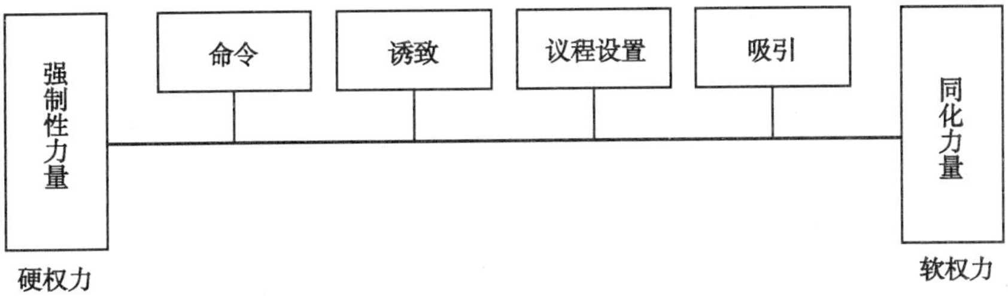

图5-1　硬权力与软权力转移关系图

资料来源：Joseph Nye, Jr.，"The Changing Nature of World Power"，*Political Science Quartly*，Vol. 105，No. 2，1990，pp. 177—192.

念，将软权力的论点扩及信息力量。他们认为由于信息革命克服了传统的疆界限制，所谓"信息即权力"的观念将普受重视，信息力量也会逐步渗透到政治、经济、文化、社会等领域，权力结构的传统束缚势将逐渐遭到冲毁。① 信息技术因此会在新世纪成为权力最重要的来源，信息也将成为国际关系的权力重心，并且以居于软权力核心的地位影响国际事务的变革。② 虽然硬权力和软权力仍将同时存在，但在信息时代，软权力的作用和影响势必将随之明显增强。所以在信息时代，"知识就是权力"这句话，无疑比过去任何时代都要更为明显。③

从以上有关软权力概念的讨论，再回过头来看中国大陆目前拥有的软权力实况。过去二十多年来，中国大陆由于经济高速发展，硬权力出现急速发展的形势，然而软权力的发展未随之增加，反而受到种种原因的限制而持续不振。中国大陆的软权力现况主要反映在三方面：第一，对于软权力的重视程度不足，投入的相关建设与硬权力相较并不均衡。第二，虽已接受软权力的观念，但仍缺乏对软权力的实证检验，以致遇到如SARS风暴时反应过迟，措手不及。第三，即使国际越来越重视中国复兴，但中国大陆的实际影响力并未随之剧增。纵然中国大陆近年来在发展软权力上逐步采取许多实质努力，例如在海外各地兴建孔子学院，加强对外援助的幅度和内容，屡次提出对外睦邻政策等，但硬权力

① Joseph Nye Jr. & William Owens，"America's Information Edge"，*Foreign Affairs*，March/April，1996，p. 21.

② Joseph Nye Jr. & William Owens，"America's Information Edge"，pp. 20—21.

③ Robert Keohane & Joseph Nye Jr.，"Power and Interdependence in the Information Age"，p. 86.

和软权力发展不同步的现象非一日之寒，目前提出的各项政策措施所产生的实际效果并不明显。①

所以，目前公认的事实是中国大陆的软权力相较于硬权力仍落后很多，即便中国大陆在经济、政治、军事等层面的硬权力持续增强壮大，但软权力建设不足，加上贫富差距、城乡二元化、环境恶化及社会不公、贪污腐化行为等举世皆知的落后状况，都将强化海外对中国大陆的负面印象，其软权力的发展都将因此遭到更大的限制和破坏。而在对外关系上，基于中国大陆在全球政经的地位日形重要，任何政策措施对国际社会都有复杂的影响，经济建设扩增带来资源需求扩张等情形，对世界各国的冲击也越来越大，因之发生的冲突摩擦也越来越多，于是全球对于中国即将崛起的议题也日益不安。为了解决此种困境，除了接受国际规则，落实协调、解决纷争之外，如何提出具体政策，尽力增强软权力的发展，逐步消解外界疑惧，无疑是中国大陆能否成为名副其实的世界性大国之关键。②

基于中国大陆软权力相较硬权力发展迟滞的现状，更由于“世界遗产”本身所具有的强调文化与文明等特质，积极参与世界遗产建制也就成为中国大陆发展软权力的良好契机之一。如同在本节开始所言，“世界遗产”概念具有不涉及政治经济矛盾及意识形态争议之特性，且其最终目标在追求全球和平安全与尊重多元文化，于是各国在参与相关活动中的良好表现，确实有助于提升国家正面形象。

中国大陆经由参与世界遗产建制，首先就可以达到宣告愿意遵守国际共同规范，创造一种主动合作，致力促进文化遗址和自然环境保护管理工作的积极形象。而在世界遗产建制的相关活动中，亦可不厌其烦地再三宣扬中国大陆协力达成全球和平安全与文化多元并存的意愿。同时基于中国大陆本来就具有发展“世界遗产”的先天优势条件，在目前成为世界遗产地大国后，在世界遗产建制中拥有更大的影响力和发言权，因而增加了在相关国际体系中设定议程与创制规则等机会。另外在参与过程中的潜移默化作用，无形中也将会扩展中国大陆的文化影响力与感召力，进而改变他国对中国大陆原有的负面印象与不良观感，使他国政府愿意改变态度，

① 王艳红：《中国的软力量建设专家座谈会综述》，上海社会科学院世界经济与政治研究院编：《国际体系与中国的软力量》，时事出版社 2006 年版，第 138—139 页。

② 同上。

逐步采取对中国大陆较为有利的措施和行动。

以上所言之过程虽较为理想化，但无一不与软权力的提升有关。所以虽然不能说中国大陆积极参与世界遗产建制的真正目的，仅是为了提升长期低迷的软权力，但是中国大陆参与世界遗产建制所建立的积极和正面形象，对于其本身的软权力发展无疑具有极正面的效益。这样通过积极参与所创造出来的正面形象与潜在影响力不容轻视。因之参与世界遗产建制不但利己利人，同时在扩展中国大陆对外影响力与感召力等各方面，更可说具有十足的实际成效。

第二节　建构主义理论观点下的国际环境因素

相较于新现实主义着重国家权力与安全，新自由主义强调利益的制度安排，建构主义更关心的是国际社会中所存在的一种文化力量，让所有的国家在一定的国际体制间通过互动分享共同利益。由以温特为代表的温和建构主义的观点来看，在国际政治研究上，建构主义虽然也运用结构作为理论基础，但其主张却不同于新现实主义所谓的物质性的结构，而是侧重观念性的结构。换言之，温特认为国际政治的主要核心结构是观念，因此，国际体系中非物质性的文化力量就具有重要意义。[①] 如从国际体系的角度来观察，由于建构主义认为国际制度是经由各行为体互动之后才被建构出来，行为体之间互动所形成的某些共通文化因而更被重视，也可成为国际体系的关键概念之一。

原本在社会学理论中，所谓的文化是一种社会性的精神产物，包括知识、信仰、风俗、道德和艺术等。而在国际关系建构主义论者眼中，文化则是指在国际体系中各行为体通过互动而形成的共有知识或集体认知，其所涵盖的范围包括规范、惯例、制度等。温特对文化虽曾简单定义为“社会共有知识”,[②] 但以更具体的陈述来说，文化应是社会成员在社会互动中所产出的共同观念，也是社会成员所共具的理解和期望。因而国际体系中的文化指的就是在国际社会中这些共同观念的形成与分配，或者更简单地说就是一种国际体系中的观念结构。温特并且指出，新现实主义的物

---

① 秦亚青:《权力·制度·文化——国际政治学的三种体系理论》,《世界经济与政治》2002 年第6 期，第7 页。

② Alexander Wendt, *Social Theory of International Politics*, p. 141.

质性结构论点只是表面性质的结构，只有他所主张的观念性的结构才是更深层的结构，也是使物质结构具备真正意义的社会性结构。他又认为，此种观念性结构是由国际体系中的各行为体经过实践活动之后所建构出来的，行为体通过交往，逐渐开始形成共同观念，最后便会产生社会性的观念结构，即所谓的文化。所以更明确地说，国际体系中的文化，是不同国家和其他行为体，经过互动和相互学习，进而共同认知的国际规范、国际制度和国际规则，包括国际法、国际建制、国际惯例和国际共识等，并且还含括信念、意愿在内的共有与相互关联的观念。① 对建构主义来说，国际体系的整个结构可以说也是一种文化概念，亦即是行为体对所处情境的共同理解。行为者在结构内的不同实践活动，将会塑造出不同的认同结果，所以行为者的认同和利益并不是发生于结构之外，而是产生自结构之间的互动。②

以中国大陆参与世界遗产建制的过程来说，即便难以否认当中具有极高的权力和经济利益算计动因，但也不容忽视其间关于国际体系文化因素对其所产生的积极影响。温特曾提出的三种不同的文化结构所形成的不同国际体系——其一是弱肉强食、你争我夺的霍布斯式国际体系；其二是运用相互尊重的主权制度及权力使用有限性原则的洛克式国际体系；其三是不以权力解决纷争、奉行集体安全的康德式国际体系。即使以理论来看，由文化结构所造成的国际体系认知本属于一体而不宜切割，但由于中国大陆在不同的议题上，经常有不同的文化认知表现，并且产生不一样的应对之道。因此如果试着以温特的三种不同文化形式的国际体系来加以说明，中国大陆在军事和主权议题上，保持的就是霍布斯文化形式，一贯奉行军事自主和主权独立原则，坚持斗争到底，毫不退让。但在经济议题上，中国大陆就通常颇能认可洛克文化形式，可以在互利的前提下，达成制度性合作。所以在若干远离政经领域的议题上，中国大陆在某些先决条件成熟的情况下，愿意采行康德文化的形式，以主动积极的方式促进利益共享。

以世界遗产建制的参与来看，中国大陆的行为表现就倾向洛克文化的形式认知。事实上由于“世界遗产”的概念原本就不涉及中国大陆最在意的主权与意识形态等争议，加上参与世界遗产建制确有不少现实利益的

① 孙溯源：《集体认同与国际政治——一种文化视角》，《现代国际关系》2003 年第 1 期，第 38 页。

② 袁正清：《国际政治理论的社会学转向：建构主义研究》，第 141 页。

诱因，所以在“世界遗产”引进中国大陆的过程中，几乎未遭到批判反对。在此前提下，世界遗产建制相关的规范和制度，也随之顺利推广而成为全社会所愿意接受的文明价值观念，并且在多年努力后，逐渐与国际通行的规范成功接轨。

但是国际体系的各种共通价值观念并非凭空产生，而是经过不同行为体之间长期积累和交流的结果。若进一步从共通的价值观念来探讨，建构主义以为，所有观念的提出并非必然出自国家、政府或其他权力机构，也有可能是由某些非政府组织甚或个人所提出，但是任何观念都有其产生的特殊文化背景，也都与一定的文化价值观相互关联。

其次，文化价值观的差异不仅会孕育出不同的观念，而且会进一步影响观念传播的方式，同时观念传播方式的不同也会反过来影响对观念本身的认识。再次，观念也可以通过文化交流而改变或修正，或者由此衍生更新的观念。虽然在不同的文化价值观和文化背景下产生了不同的观念，且不同观念可能存在差异和竞争关系，但这些不同观念却也能通过对话交流，达到互相认识的目的，甚至差异再大的观念也有互补、共存或融合的可能性。再者，促进观念认识的途径，一方面来自国家或政府的倡导，并通过相关政策加以推行，另一方面也需要各种国际组织、非政府组织推动，并获得各地民众的接受与认可，两者缺一不可。①

特别值得一提的，是由非政府组织与各地民众所集结而成的跨国倡议网络，经常在某些观念的推动上居于重要地位。因为大多数非政府组织的行动力量源于观念而非物质需求，这些非政府组织重视道德、观念和规范，因之价值观和理念决定了这些组织的立场，而以非政府组织为中心相互结合的跨国倡议网络，便成为某些观念推动的核心。尤其在若干议题上，当支持某种立场的国内团体与政府间的沟通出现状况，或者这种沟通管道无法解决纷争甚或发生冲突时，国外的压力便能成为化解纷争或冲突的重要力量之一，而与之连接的国内外相关组织乃至个人的努力，亦将让这种力量发挥出极大功效。以现阶段的发展来说，国际会议、越洋通信和电子媒介为跨国倡议网络提供了更便利的连接条件，也使其功效更为强大。不过决定跨国倡议网络成败的关键有两个：第一个关键是跨国倡议网络所关注问题的性质；如果相关问题在不同民族、国家和文化群体中较易

① 俞新天：《强大的无形力量：文化对当代国际关系的作用》，上海人民出版社 2007 年版，第 115—119 页。

形成共识，而且改善此类问题本身具有某种正当性，则议题较易成功。第二个关键是行为体的特质，包括跨国倡议网络中的行为体和与议题相关的其他行为体；如果在跨国倡议网络的参与者中有许多沟通能力、信息传播能力皆强的团体或个人存在，或者是与议题相关的其他行为体在应对上有信守公开承诺或达成协议的意愿，则议题也较有机会成功。①

就这两个关键条件来看，世界遗产建制无疑都属于较有成功机会的一方。在第一个条件上，即使各国文化渊源和文明程度有异，但保护文化遗址与自然环境的观念都跨越政治、民族、文化、宗教等藩篱，可放诸四海而为各地人民所共同接受。而在第二个条件上，参与世界遗产建制者，除各国政府外，还包括许多拥有公信力且活动力强大的国际组织和非政府组织以及专家学者。由此所构成的跨国倡议网络对“世界遗产”的推动居功至伟。因而世界遗产建制之所以能成为联合国教科文组织最成功的体制活动，也非毫无道理。“世界遗产”在中国大陆的发展，亦是如此。

以中国大陆参与世界遗产建制的相关经验来说，事实上最初提出参与建议的是部分政协委员，并在全国人大通过缔约后加入《世界遗产公约》，方逐步展开世界遗产建制内的各项活动。基本上虽是一个由上而下的决策参与过程，但在当时中国大陆的文化背景中却具有正面的效用，特别是甫自“文化大革命”的阴影下走过来，若先由国家决定公开参与，所代表的意义是中央认可这样的政策，因此所有的机构团体和个人，对此不必再有政治或其他方面的顾忌，而可放心大胆参与相关活动。但是由于长期处于对外封闭的国际环境下，加上从无保护文化遗址与自然环境的国际参与经验，中国大陆在参与国际遗产建制之初出现许多误解，包括曾天真地将参与公约与取得技术资金援助画上等号，而且在观念的传播上与欧美国家相较，也出现许多落差。但经过逐年累积经验，渐渐深入心与之后，一方面中国大陆终于了解世界遗产建制运作的真谛，另一方面由于先天条件优越加上年年积极参与，中国大陆终于掌握机会成为世界遗产地数量位居前列的国家，并且随之贡献经验，通过合作、交流、对话等方式促进相关观念的革新。当然最重要的是在参与过程中，除了政府代表参加的缔约国大会与世界遗产委员会之外，来自许多部门、组织和专家学者个人亦皆积极参与相关的国际组织、非政府组织以及国际倡议网络，经由长期往来互动和

---

① 詹奕嘉：《观念在国际政治中的作用》，《国际政治科学》2006 年第 4 期，第 117—118 页。

相互认可，如今中国大陆才有机会在世界遗产建制中享有重要地位。

再回到建构主义的论点来分析。就国内文化结构和国际体系的文化结构之间的相互关系来说，首先在全球化的环境下，国内规范与国际规范几乎不能截然划分，必定是共同发挥作用，只是有时会以国内规范为主、国际规范为辅，有时则又正好相反。其次对一个国家来说，越接近该国原有文化价值观的思想、观念和原则，越容易被其界定为具有利益，也越易为该国所接受；反之，越偏离该国文化价值观者，越难被认可为其利益，接受也越不易。再次，以全新的价值观念界定国家利益，其实也是一个国家重新学习和模仿的过程，既可能受到其他国家成功经验的启发，但也可能受到国际社会规范的引导或压力。①

就“世界遗产”的发展来说，世界遗产建制的成功，就确实有赖国内规范与国际规范共同发生作用才能产生效果。如果只依靠国内规范，则缺乏国际共同标准、跨国技术交流和资金相互援助，那么保护管理工作必将出现断裂；又如果只建立国际规范而无法落实在国内规范中，则所有的工作根本无法有效贯彻，一切保护管理工作终将落空。而对于中国大陆而言，“世界遗产”虽属外来的概念，但在固有的文化价值观念中，本存在浓厚的尊重文明意识以及崇尚自然、道法自然的传统，尽管称不上现代的文化与环境保护意识，但爱惜文化与自然的行为仍代代延续下来，因此，承接来自西方的文化遗产与自然环境的保护思想并无太多的阻碍之处。同时当中国大陆参与世界遗产建制之后，必然从其他缔约国的成功经验上得到更多启发，因此学习和遵守相关国际规范，并且尝试建立国内规范就成了必然的结果。在国内规范与国际规范同时运作的情形下，文化结构的认同作用也逐渐发生变化，参与世界遗产建制也成为具有实质认同意义的活动。

那么国家之间的认同是否将影响国际合作呢？以建构主义的论点而言，我们可从身份认同和观念认同两部分来讨论。首先谈是身份认同对国际合作的影响：第一，身份认同表明了行为体对自我与他者之间关系的认知，这种认知将影响行为者对利益的理解。第二，身份认同体现了行为体与国际体系之间的关系，以及行为体在其中的位置与可能的作用之自我理解，进而对国际合作产生影响。所以国家间正向的身份认同有利于国际合作的开展，负向的身份认同则将造成国际合作的障碍。

① 俞新天：《强大的无形力量：文化对当代国际关系的作用》，第297—300页。

接着谈观念认同对国际合作的影响：第一，从个别行为体层次上，由各自历史文化背景所建构的国家内生认同将会影响此行为体对国际合作的态度。亦即内生认同的内容和性质将决定此行为体是否具有合作的倾向，同时内生认同与国际主流价值观念之间的调和与否，也会影响国际合作的进展。第二，从行为体互动的层次上，不同国家之间的观念认同性质将会决定国际合作关系，换言之，同质或同源的文化基本上较易促成国际合作，另外行为体之间达成理解和期待知识分享的程度也会影响国际合作。反之，文化价值观相互矛盾和冲突的行为体则将导致国际冲突的诱因，阻碍国际合作的开展。第三，从国际体系的层次上，观念认同其实具有类似于结构的性质和功能，一些被普遍认同的观念因此在物质结构之外形成一种观念结构，从而由外影响和制约行为体的合作能力。①

在中国大陆对于世界遗产建制的认同上，也可以从以上这两方面的论点来谈。首先就身份认同来说，中国大陆经过二十余年来的发展，如今已是全球居第三位的世界遗产地大国，在世界遗产建制中居于重要地位，对于此地位所带来的广泛利益也有充分认识。而在与世界遗产建制中，与相关国际组织及其他缔约国的互动，乃至在建制中的权利义务等事项也有充分理解。因之种种迹象都显示出某种程度上的正向身份认同，也有助于中国大陆在世界遗产建制活动中进行持续合作。另一方面就观念认同来说，前已述及，世界遗产的理念与中国固有的文化传统背景有互相连贯之处，因此从内生认同的角度看，中国大陆在此方面与世界遗产建制的观念并无冲突，与此议题的全球主流价值也相互调和。而在与相关国际组织及其他缔约国的互动上，通过相关技术、资金与其他知识的分享，彼此在保护管理工作上已有更多合作的机会和空间。再从国际体系的层次看，虽然存在物质利益动因，但由于深入参与的结果，已逐渐形成一种超脱单纯物质层次的观念结构，对于中国大陆参与世界遗产建制的后续行为，将会产生某种程度的引导与制约作用。这些均是不容置疑的发展方向。

由上述讨论可知，建构主义强调的国际合作，无疑与国家间的互相认同有关。特别在全球化时代，国家间的相互依存日渐增加，全球领域的问题也不断涌现，大多数国家都可能共同面临若干以个别国家力量所无法解决的难题。有效解决这些问题的方法，则是通过各国的观念转变，先形成

① 夏建平：《认同与国际合作》，世界知识出版社 2006 年版，第 139—143 页。

集体认同，然后在彼此合作下通力解决。但形成集体认同并不容易，在初始之时，问题意识是形成集体认同的重要开端，需要有某些国家先面临了问题，产生问题意识，且其他国家也随之面临同样的问题，在互相都理解到合作解决的必要性之后，才会发展出解决问题的制度设计与制度化行动。然而从问题意识进展到制度化，中间最重要的过程是必须形成集体认同，也就是要经过相互依存、共同命运与同质化、自我克制等多方面的要素，加上持续不断的互动，最终才有机会形成。因此对国家体系或国家来说，集体认同可说是在文化结构上的重大转变。

如果以“世界遗产”概念的其中一项重要工作——自然环境保护管理所牵涉的“全球环境保护制度”的历程来说明，即可进一步了解集体认同进展过程之不易，如表5－1所示。

表5－1　　从问题意识到集体认同——全球环境保护体制的形成

集体认同的形成过程	集体认同的形成因素	事件与措施计划	备考
问题意识的发端	相互依存	1962年卡森女士出版《寂静的春天》 1970年美国的“地球日”活动 1972年罗马俱乐部发表《增长的极限》	问题意识首先出现在发达国家
全球观念启蒙	共同命运观与同质化	《人类环境宣言》 《里约宣言》 《世界自然宪章》 《约翰尼斯堡永续发展声明》 《永续发展问题世界首脑会议执行计划》	联合国是启蒙主要推动力量
观念冲突与整合	自我克制	《京都议定书》 《生物多样性公约》 《气候变化框架公约》	发达国家与发展中国家之间存在严重分歧
集体认同形成的组织作用	主导国家认可的示范作用	**联合国的重要措施** 1972年斯德哥尔摩联合国人类环境会议（参与国家114国） 1992年里约热内卢联合国环境与发展大会（参与国家172国） 2002年约翰内斯堡永续发展世界元首会议（参与国家192国） 成立联合国永续发展委员会 实施与非政府组织的全球契约行动	

资料来源：俞新天：《强大的无形力量：文化对当代国际关系的作用》，上海人民出版社2007年版，第217—218页。

从上表可以看出，“全球环境保护制度”并非凭空而生，其形成需要一连串的配合条件，首先必须有问题意识的发生，继之以全球为范围的观念启蒙则是第二步，而在启蒙过程中难免产生国家之间的利益冲突而必须进行整合，而在冲突整合过程中，主导认同的国家或体系中的核心国家的认可，往往能对集体认同的形成具有重大意义的示范作用。以环境保护制度来说，联合国无论在全球启蒙或主流认可示范的过程中，都处于极其关键的地位，其强力推动也促使国际社会最终形成共识，并让更多国家愿意加入“全球环境保护制度”。① 中国大陆在“全球环境保护制度”中原属于后进国家，在该制度形成之初并未意识到地球环境保护的重要性，不过在发达国家提出问题意识，联合国推动启蒙之后，中国大陆也和其他国家一样，都逐渐在体制成形的过程中，逐步认可此议题并愿意加入推动行列而出现集体认同现象，最后终在“全球环境保护制度”中为保护地球环境尽心尽力。

由世界遗产建制的发展来看，事实上也经历了这种缓步建立集体认同的过程。“世界遗产”概念起源于欧美国家对文化遗址和自然环境的保护观念，问题意识的出现是因为战乱灾祸对文化遗址的损害和人类开发活动对于自然环境的破坏，使少数有识之士开始疾声呼吁建立保护管理制度，在经过漫长的启蒙过程，特别是联合国教科文组织与其他国际组织历经多年的共同推动下，最后才有《世界遗产公约》的出现，并且通过各国政府、国际组织、非政府组织与个人的协力合作，经过不同观念的整合，终于形成共同妥善保护管理名义上共有的“世界遗产”之集体认同，才有今日世界遗产建制如此兴盛的规模。而中国大陆加入《世界遗产公约》虽较晚，但由于本身发展条件优越，且有能力及意愿积极参与，对于“世界遗产”所产生的集体认同亦未落于其他国家之后，这也是“世界遗产”未来必定还有机会在中国大陆持续推动发展的最佳保证。

以建构主义的观点来看，每个国家和国家中的人民都通过与世界上其他国家及其人民的互动，来感知本身利益所在，并了解彼此的期望。但是国家在互动的过程中却经常因为互动而改变了自我偏好，或者接受他方所预期的行为模式，这种结果也可认为此国家被所处的国际社会所同化了。在某种程度上，国际社会中每个行为体的认同是都是由社会规范、规则、个体与他者的关系等所共同塑造，这些被称为社会性本质的事物和物质性本质的事物一样，都会对行为体的行为产生程度不一的影响。然而也只有

① 俞新天：《强大的无形力量：文化对当代国际关系的作用》，第216—217页。

通过社会性本质的作用，才能让物质性本质的事物具备真正的意义。换句话说，只有社会性本质才能提供行为体使用权力和财富的目的，毕竟如果只有一个孤立的国家将无从比较权力大小或财富多寡，权力和财富也就完全失却意义。而行为体在国际社会中所面临的社会规范，则是通过互相建构而发生，因为这些社会规范虽原由行为体通过利益协调之后所产生，但却在一定程度上又重新构成、创造并修正行为体和相关利益。①

撇开可能的权力和利益考量，如果以各国批准加入《世界遗产公约》的行动来说，其实大部分国家并不是全然将缔约当成实现某种目的的手段，而是加入《公约》本身就是一种目的——希望借由肯定《公约》，表明对于普受全球肯定的世界遗产建制与国际相关规范的认同，同时告诉人民保护遗产的价值为正当，有效管理遗产的行为也合乎全球共同利益。因此，无论富国或穷国，也无论是发达国家或发展中国家，在接纳《世界遗产公约》并且随之采行有关政策措施时，不见得想到的只是会否因此而变得更富有，或者国家力量能因此而更强大。缔约国参加《公约》及采行相关政策措施之际，基本上也许只想表明一种态度——也就是他们珍视世界遗产地，也明白如何以文明的态度对待世界遗产地。而且在关于“世界遗产”这个议题上，能与其他所有的缔约国一样，都有全球共同一体的归属感和认同感。所以有许多国家，慎重设立世界遗产地保护专责机关，并非仅出于保护和管理的实际需要，同时也是借此来明确表达出对于相关国际规范的认同，以及愿意遵守这些国际规范的态度。当然这种在缔约之初只为认同《公约》价值与共同归属感的纯粹目的，在后续的各种活动中极可能掺杂其他更复杂的因素而受影响并有所偏离，但这种纯粹认同国际规范而自愿加入《公约》的初始目的，仍不应完全抹杀。

总之，中国大陆参与世界遗产建制的过程，如从建构主义的角度来讨论，可以说就是一个与国际建制相互认同和相互建构的过程。中国大陆加入《世界遗产公约》的原始目的，大体上原仅是认可《世界遗产公约》的主张，并借此行为表明作为国际社会一分子愿意遵守所有国家都该具备的文明价值标准，以及愿意服膺世界遗产建制的相关规范。不过在参与的过程中，通过文化选择的模仿和社会学习等作用，中国大陆一方面经由吸取其他世界遗产地大国的成功经验，了解如何从参与中广泛获取各种利

① 玛莉·费丽莫：《国际社会中的国家利益》，袁正清译，浙江人民出版社 2001 年版，第 150—151 页。

益，更重要的则是经由建制中的社会学习，对认同和利益产生相互建构的积极效果。亦即在世界遗产建制之中，中国大陆虽然难免有国家权力威望和经济收益等现实利益考虑之考量，但由于“世界遗产”概念本身强调全球和平与多元文化的特质，降低中国大陆以往参与国际建制的戒心，通过与相关国家与国际组织等行为体分享和实践，加深彼此信赖，终能在这个议题上建立起共存共荣的共同命运关系，在“世界遗产”概念上促进集体认同和利益共享，而不再仅是单纯的权力抗衡或利益依存关系而已。

第三节 中国大陆与世界遗产建制间之相互建构

如果分别从理性主义国际关系和建构主义国际关系的相关论述，来探讨中国大陆参与世界遗产建制的国际因素，虽各有其论据，但却也难免各有盲点，若过度严守其中一种理论立场，都将有无法全盘解释的缺憾。如仅以涵盖新现实主义和新自由主义的理性主义所强调的权力与利益考虑观点来看中国大陆参与世界遗产建制的过程，其无法充分解释之处包括：

（1）强调理性选择，忽略认同与观念等心理情感因素的积极作用。参与世界遗产建制当然与可能因此获得的权力、利益考虑等需求有关，但不能否认，也和认同、观念转化有密切关系。因此，参与相关的活动，不见得仅是在利益考量下理性选择的结果，也必须有当事国的认同为前提，其活动才具意义。同时参与世界遗产建制，绝非仅是考虑权力与利益的过程，必须同时有观念转化等因素，才足以促进相关工作的落实推动。中国大陆在参与世界遗产建制之初，以当时的中国大陆的国家能力条件和在世界遗产建制中的国际能见度，虽然确有利益考虑动因，但显然仍无法设想到在尔后的活动中，竟能获得如此优势的地位和物质利益，但仍加入公约并积极参与建制活动。因此就某种程度言，认同公约理念还是中国大陆参与“世界遗产”活动的先决条件，权力和利益考虑的理性选择反居于次。所以对中国大陆来说，认同与观念等心理情感因素对于世界建制之参与，其作用不容完全漠视。

（2）无法解释非涉权力与利益考虑关系的机构与个人的积极活动。“世界遗产”的核心概念包括文化遗址和自然环境管理保护等，除了各国政府的支持之外，牵涉到民间观念与普遍价值的建立，因之相关的工作在各国都有赖若干非营利组织、机构和个人在各阶层协力推动，基本上无法完全依靠政府或利益集团就能达成。中国大陆的情况亦然，涵盖学术界与非政府组织的活动，辅助了政府能量的不足，对“世界遗产”在中国大陆的蓬勃发展具有积极的促进作用。因此，若仅由权力与利益考虑关系去衡量，事实上并无法完全解释这些机构和个人为何愿意如此积极投入推展世界遗产建制的活动。

（3）文化和自然遗产与权力与利益考虑所得的价值并不对等。从地球演化及全球发展的角度看，“世界遗产”定义下的文化遗址与自然环境等的价值，相对来说是无限无穷的，对于全世界人类文明的重要意义也难以用量化的数据及价值加以衡量。将文化和自然遗产简单价值化，或可能出于实际权力与利益考虑量化其结果，但亦将失去保护管理这些遗产地的原意。另外，数据或价值化的衡量方式，其实也难以适用遗产地。因为根本无法去评估个别遗产地其价若干与所值多寡，更无法比较何处遗产地价值为高，何处遗产地价值为低，或无法解释其中各处遗产地是否等价或为何不能等价等问题，结果徒增错乱及混乱。对中国大陆来说，虽然各遗产地都有物质利益之争取与分配等需要，不过仍无法简单将遗产地的价值与所得物质利益之多寡画上等号，因为遗产地所得物质利益，可能另涉及遗产地位址和旅游条件、各地政府效率、各管理单位企图心、相关社区民众配合度等，这些条件基本上与遗产地本有的价值并无相关。此外，如仅一味强调权力与利益，不啻鼓励遗产地弃守保护优先的基本原则，势将造成畸形发展的结果。

（4）观念改变的效益较权力与利益的驱动更为深远。虽然不容否认地在世界遗产建制活动中，权力与利益及其分配是其中积极动因，但对于“世界遗产”的发展来说，最大的成果其实应是来自观念的普遍改变，而非经权力和利益考虑所得的结果。因为权力和利益是一时而且不确定的，然而观念的变化却更为持久并且更具深远影响力。以中国大陆来说，各地或许最初是受到权力和利益因素的驱使而投入发展工作，但在世界遗产建制相关活动中，所汲取到的概念、规范、技术和知识，以及学习到为何与如何遵守和配合国际建制的规范及秩序，还有随着过程而来的观念转变，最后终将比这些初始的权力和利益动因来得更重要，影响也更深远。

（5）物质的价值仍来自观念的转化。包括权力和利益在内的各种实质价值，都需要观念的配合才能具有真正的意义。如果观念上根本无法认同，则实质价值意义就很难存在。以中国大陆参与世界遗产建制来说，首先需认知到其相关运作确实在观念上存在意义，才能论及可得的相关权力和利益之分配。纵然最初的认同可能只及于过程中权力和利益的那一小部分，尚难称得上是对整体“世界遗产”普世价值的认可，但这种最起码的认同通过参与过程中周遭行为者持续的行为和观念影响，仍将达到转化整体认同的目的。再者，如果根本否定其观念而无法认同，则基本的参与都不可能尽心尽力，发展结果亦不问可知，又何来权力和利益可资分享。因此，实质价值仍必须建立在认同与观念的转化为基础之前提下，方具真正意义。

（6）忽略了相互建构的作用。包含世界遗产建制在内的所有国际组织和其他运作机制体系，都是由许多不同的行为体所组成。而任何行为体在组织和体系内都无法永远各行其是，一定会和其他行为体发生互动，且产生相互影响与建构的过程，彼此间仅有程度的不同而已。因此中国大陆参与世界遗产建制的活动中，不可能任由中国大陆单独进行权力、利益等利害关系考量而片面决定参与内容，在参与世界遗产建制的过程中，必然会和其他缔约国、相关国际组织乃至有关的机构、个人等发生相互建构作用，彼此影响认同与观念。即使起初参与的动因仅是权力和利益，但在过程中所发生的相互影响与建构作用，却无法被限定在权力和利益范围，在时机成熟之际就会产生溢出效果，进一步影响内在的观念和认同。理性主义理论虽未完全忽视结构体系内的互动关系，但基本上仍回到理性选择、权力与利益考量为主轴之诠释，难免有失完整。

同样，假如仅过度强调建构主义侧重的观念与认同转化等观点来看中国大陆参与世界遗产建制的过程，也存在不少解释上的限制：

（1）强调互相建构，忽视了理性选择的关键性作用。无论在国际关系往来与国际组织活动中，虽然有行为体之间的互动建构等作用，但在决定采取某项政策或措施之际，经过理性思考的权力与利益却经常是关键因素，不能视而不见。以中国大陆参与世界遗产建制的过程来看，当其同意或不同意某项决定时，必然也会考虑这项决定对中国大陆的实质影响是利是弊，能得到什么，又将失去什么，而不可能仅由整体建制的角度来考虑问题。因此，权力与利益的理性选择，确实出现在中国大陆参与“世界遗产”活动的过程中。所以在探讨相关问题时，不能只看到各缔约国、相关国际组织等行为体之间互动与建构作用，而忘记权力和利益考量常具有关键性。

（2）忽略了观念改变中的权力、利益动因。在与外界互动的过程中，观念改变对国家行为影响深远，然而单纯的观念改变，其效果却不如混杂权力、利益算计动因的观念转变来得明显。比方中国大陆参与世界遗产建制之初，虽然基本上确实是出于认同“世界遗产”普世价值而加入公约，但一开始的活动并非那么踊跃，此或能以当时对相关建制规则尚不熟悉加以解释，但那时不熟悉的范围也包含当中潜藏的实质利益。因此，“世界遗产”真正在中国大陆蓬勃发展，完全是因为几处世界遗产地带来庞大的旅游与经济发展机会，顿时让许多民众了解“世界遗产”的概念与其物质利益所在，也让一些地方干部体会到这条地方开发与个人升迁的终南捷径。而“世界遗产”所带来的地位、权力与商业利益等庞大收益对中央来说，也成了继续推动相关工作，并且使观念发生转变的一个积极因素。因此，权力与利益动因的作用，在中国大陆参与世界遗产建制过程中不容漠视。

（3）认同与观念转化等作用较为笼统，不若权力和利益等概念清晰。认同或观念属于深层的感情心理活动，其转化成效难以如同权力和利益之收益可以经由量化统计来评估。加上认同与否其实也非完全明确，口头与态度上的认同，难以证实内心上是否真实而完全无保留的认可，也难以比较个别行为体认同上的程度差异。若未具深切认同者，即使表达认同之意，但其观念却难免随时势而快速转变，这样的认同与观念能否持久有待考验。因此以认同和观念转化的角度，来看待包括中国大陆在内的各国参与世界遗产建制经过，经常只能笼统地说是因为其认同相关概念而参与建制活动，却很难论证其观念与认同深化的程度和范围。

（4）权力和利益的收益较为直接，观念与认同转化之效益有时并不明显。以中国大陆参与世界遗产的成效来看，遗产地数量、遗产地收益、遗产地旅游人数、遗产地旅游收入等攸关权力、利益算计因素的项目，都有明确的数字统计可资衡量，结果简明醒目。但在世界遗产相关观念的认同度上，却很难以量化的数据来呈现，甚至无法证明相关机构或民众必须要参与到何种程度，才算真正的认同或观念转化，因之观念与认同转化的效益经常无法彰显。

（5）忽略了理性选择的作用，而且就国家与政府的角度来说，最主要的动因通常还是权力和利益考虑。就实际的运作来观察，国家与政府参与国际组织与国际活动，最后还是会回归权力和利益为主之考量，此在大部分国家皆然。如果将参与相关国际活动的效益，区分为①能得到权力和利益的结果，但不认同其观念；②既能得到权力和利益的结果，而且认同其观念；③无法得到权力和利益的结果，但认同其观念；④既无法得到权力和利益的结果，亦不认同其观念等四类结果来看，国家与政府一般在选择顺序上，将会倾向②→①→③→④。也就是普遍来说，在正常情况下权力和利益的考量将会高过观念认同，这是国际社会现实状况中必然的现象。即便建构主义者或将主张国家决定这种选择顺序，乃是国际社会整体观念建构的结果，但在大多数国家对于现有国际政治运作观念迄未改变之前，国际社会的各行为体仍倾向通过理性选择做出如此决策。中国大陆由政府带头参与世界遗产建制，不能否认其在“世界遗产”观念上确已抱持认同的态度，但激励其在建制中积极参与的最主要因素，无疑还是出自权力和利益动因与理性选择之后的结果。

从上述的讨论中，我们可以看出若仅过度强调理性主义的权力与利益论点，或只刻意抱持建构主义观念与认同转化的立场，任何一种坚持对于中国大陆参与世界遗产建制国际因素的探讨都将失之片面，造成无法完全解释的缺憾。

其实，理性主义与建构主义的论据也并非完全对立。以温特为主要代表的温和建构主义在某些方面并未全盘排斥理性主义的主张。包括承认国家追求的对象是权力、安全和财富，国际社会处于无政府状态，国家是自私与理性选择的行为体，并且也赞同将国家作为主要分析单位等理性主义抱持的观点。[①] 不过理性主义与建构主义的主要差异，则出在对于本体论的见解不同。建构主义从含括认同与规范的文化本质出发，将利益视为一种变动不居的，且是由社会所建构出来的产物，而认同与规范则内生于国家的行为，所以会影响国家对于利益的看法；但理性主义则将认同视为外来之物，利益是既定和自然存在的，而且国家的主要利益为物质利益。因此追求权力和财富是国家永久不变的行为。[②] 由于双方出发点完全不同，彼此的论述自然发生歧异。

理性主义与建构主义的主张，其实并无孰是孰非的问题，而仅是观照面向不同所产生的差异。因之对诸如国家普遍抱持权力与利益的行为究系天生既成的事实，或是经由国际社会长期观念建构之后的产物，其看法不

① 倪世雄：《当代西方国家国际关系理论》，第223页。

② 袁正清：《国际政治理论的社会学转向：建构主义研究》，第217页。

同亦属自然。但无可否认的是，即使认可建构主义的主张，但由于长久以来的国际社会仍普遍追求自利，争夺权力与财富，同时在短时间内要改变这样的观念似不可能，其影响也就不容视而不见。因而在分析实际问题时，对于理性主义的观点亦不宜全然废弃。

所以为了进行更周全的诠释，加上认同与观念转化无论如何还是“世界遗产”发展成功与否的先决条件，因此或可以建构主义之论为基调，兼采理性主义之说，让此议题能有更完整的面貌。如此可将中国大陆参与世界遗产建制定位为一种具权力和利益动因的综合建构结果。在这样的一种综合建构中，当然有中国大陆与其他行为体——包括其他缔约国、相关国际组织、机构与个人通过认同、利益转化的互动与建构过程，但也不能忽视权力与利益动因在其中的触媒作用，其涵盖层面则包括国际政治互动、跨国经贸活动、多元文化交流、环境保护运动、世界遗产行动等广泛的范围。并表现出如下几点特征：

（1）“世界遗产”在中国大陆的发展主要起于对相关观念的认同。

（2）世界遗产建制与中国大陆之间，一直持续保有互相建构和互相影响的关系。

（3）中国大陆各地之所以兴起“世界遗产”热潮，无疑也具有权力和利益动因。

（4）在中国大陆“世界遗产”发展的许多工作推展上，仍需要依靠权力和利益的交换才能顺利进行。

（5）中国大陆发展“世界遗产”的成功经验，基本上是理性选择与互相建构共同作用所产生的结果。

导致这种特殊形态的发展过程并非经由自然选择和发展所演化的结果，反而是主观上通过文化选择的必然结果，因此，国家和政府在整个过程中也扮演主要角色。其原因为：

（1）由于“世界遗产”是纯粹外来的概念，因此不可能凭空在中国大陆自然产生，必然是先经引介，加上政府和团体的投入推动，才可能在中国大陆生根发展。

（2）“世界遗产”在中国大陆的发展，并非源于民间自发性的活动，基本上仍是先通过由上而下的引领方式，亦即由国家首肯，政府极力参与，然后相关机构、团体和个人跟进推展，才能让相关的活动顺利进行。

（3）“世界遗产”概念之所以能产生作用，与各界的文化思想观念转化相关。这种转化以中国大陆现况来说，很难自然发生，必须依靠若干机构、团体或个人作为媒介加以推动才有可能。而担任这些媒介的机构、团体或个人，在“世界遗产”领域上主要都和国家、政府有密切关系。

依据温特的主张，决定文化选择的途径有两种——模仿和社会学习。这两种途径在中国大陆参与世界遗产建制的过程中显然都曾发挥作用。一方面中国大陆通过模仿其他国家的成功经验，另一方面则经由社会学习体会全球共同一体的理念。以模仿其他国家成功经验来说，“世界遗产”在西方发展的经过与成效，特别是可能带来的权力和利益结果，必然为中国大陆所关注并且努力跟进。另在体会全球共同一体的理念方面，社会学习的效果亦让中国大陆了解到许多看似单纯的本土议题，事实上都与其他国家息息交关，因此必须依靠国际合作加以处理，不容肆意妄为。借由模仿和社会学习两种途径，中国大陆不但能够掌握“世界遗产”所带来的权力和利益机会，也在参与过程中逐渐融入全球共同体，并在世界遗产建制中发挥一个大国应有的作用。

中国大陆发展“世界遗产”过程中相关的国际权力与利益考虑，以及更重要的观念与认同转化作用，在本章前二节中已曾讨论过，但对于中国大陆在世界遗产建制中的互动建构，因为牵涉到本研究的主体论点，为进一步了解这个互动建构的内容，实有必要再详加探讨补充。从中国大陆发展“世界遗产”的综合建构来看，至少涵盖不同三个层次的互相建构。

（一）主观认知与外在环境的互相建构。基于“世界遗产”属于外来概念，除了主观认知的转变外，各方面外在环境的配合亦不可少。但除了主观观念转变会造成外在环境的变化外，外在环境的持续变化也会促成观念认知的更进一步转化，由此就构成第一层次的互相建构架构。

（二）领导阶层和一般民众的互相建构。由于“世界遗产”的推动主要来自国家和政府由上向下的推动，领导阶层对于相关概念与工作的促进因此极为重要。民众接受领导阶层在观念与实际工作的推动主张之后，更多民众的认知转换又将同时促使领导阶层更加重视相关概念与工作的推展，因此又构成第二层次互相建构架构。

（三）国内发展和国际发展的相互建构。世界遗产建制是本于《世界遗产公约》所建立起来的国际组织体系，任何国家在“世界遗产”发展上都离不开国际社会的共同规范，中国大陆亦然。又因为中国大陆加入公约，接受相关概念较其他欧美先进国家为晚，所以仰赖国际建制支援合作之处必然较多，国际建制对中国大陆的影响也因此较为深刻。然而中国大陆在逐渐发展为世界遗产地大国的过程中，对于世界遗产建制也不时有所回馈和补充，所以就建立起第三层次的互相建构架构。

在这三个层次的互相建构架构中，由国际体系互动与国际参与方面来看，尤以第三层次的中国大陆国内发展和国际建制的相互建构最为重要，兹以实例分别讨论如下。

（一）国际建制对中国大陆的具体建构

1. 法规法令

由于《世界遗产公约》的影响，并为了因应世界遗产建制的规范与保护管理要求，中国大陆近年来公布了一系列的相关法规与法令，包括2002年经国务院统筹意见、交由文化部等九部委联合下发的《关于改善和加强世界遗产保护管理工作的意见》，2004年由国务院办公厅转发的《关于加强我国世界文化遗产保护管理工作意见》的通知，以及2005年由国务院正式下发的《关于加强文化遗产保护的通知》等。

2. 组织机构

经过汲取欧美国家经验，并为了顺应国际保护管理需求，以及促进“世界遗产”成效，中国大陆在遗产地管理上已设立专业部门各司其职，例如为管理文化遗产与申报“世界遗产”等事宜，国家文物局于2002年特别设立世界遗产处，专责处理相关事宜。并与职司自然遗产与双重遗产管理与申报的建设部风景名胜处，以及中国联合国教科文组织全国委员会共同负责“世界遗产”相关业务。

3. 保护管理制度

中国大陆为了进一步与国际规范接轨，建立国内遗产保护管理体系与国家遗产制度，并参考《世界遗产公约》的相关标准及条件，分别研拟出“中国文化遗产”、“中国国家自然遗产”与“中国国家自然与文化双遗产”等制度。且于2006年正式公布《中国世界文化遗产预备名单》与《中国国家自然遗产、国家自然与文化双遗产预备名录》，积极为建全遗产申报体制，确立国家遗产名录、世界遗产预备名单、世界遗产名录三级管理体系作准备。又如“皖南古村落——西递和宏村”于2000年被通过列入《世界遗产名录》之后，中国大陆才发现对于古老村落保护管理的制度仍欠完备，于是一方面于2001年紧急将西递和宏村列入“全国重点文物单位”，另一方面则参考世界遗产建制与相关国际组织与其他国家的体例和规范，复于2003年正式建立“中国历史文化名镇（村）”之全新制度，将西递和宏村与其他古村镇纳入国家保护对象施以有效保护。

4. 非政府组织团体

对于世界遗产建制中的相关国际组织活动，对中国大陆亦有直接影响力，而中国大陆在其间的参与亦不遗余力。如为积极参与国际古迹遗址理事会，除成立中国国际古迹遗址理事会外，并指定国家文物局世界遗产处专责其秘书处业务。同时也加强与国外相关组织的联系合作，如2002年经国家文物局指导，中国国际古迹遗址理事会与美国盖蒂保护研究所、澳大利亚遗产委员共同编写《中国文物古迹保护准则》，这不但是中国大陆在世界遗产保护之国际合作上的具体成果，现也成为中国大陆文物古迹保护的重要规范。

5. 遗产教育

中国大陆在参与世界遗产建制后，受到国际潮流的影响，在相关的遗产教育与研究上也逐渐与世界同步。一方面大学院校的专业研究与教育单位纷纷设立，如北京大学世界遗产研究中心、复旦大学文化遗产研究中心、南京大学文化与自然研究所、同济大学国家历史文化名城研究中心、西北师范大学世界遗产研究中心、乐山师范学院世界遗产研究所等。另一方面参考国外大学院校的专业遗产教育，也有越来越多与“世界遗产”相关的专业课程在大学院校开设。此外，以“世界遗产”为主题的展览、电影、电视、网络等推广教育计划也有逐渐增多的趋势。[①]

6. 遗产日活动

基于1984年法国将每年9月的第三个星期六定为“遗产日”得到广泛共鸣，[②] 并在1991年扩大为48个欧洲国家共同参与的“欧洲遗产日”并获得成功。[③] 中国大陆起而效尤，在2005年的《关于加强文化遗产保护的通知》中，也决定自2006年起的每年6月的第二个星期六设为中国大陆的“文化遗产日”，每年这一天由全国各地各界隆重举办活动，以唤

① 刘红婴：《世界遗产精神》，第31页。

② 宋晓芹：《文化遗产就是民族文明的生命——法国世界文化遗产的管理与保护》，见杨巨平主编《保护遗产造福人类：世界文化遗产的保护与管理》，世界知识出版社2005年版，第51页。

③ 朱晓明：《当代英国建筑遗产保护》，同济大学出版社2007年版，第203页。

起民众文化遗产的保护意识，促进遗产地工作的发展。

（二）中国大陆对国际建制的具体建构

1. 法规法令

中国大陆在世界遗产建制的积极参与，对于“世界遗产”相关规范亦有具体贡献。如2004年于苏州召开的世界遗产委员会第28届会议，在中国大陆规划下，此次会议成为有史以来时间最长、议题最多的一次会议，并且在会中通过中国大陆提议的“苏州决定”，修正2000年的“凯因斯决定”而成为目前世界遗产建制奉行的准则之一。

2. 组织机构

中国大陆积极参与世界遗产建制的另一项作为，即是争取相关组织机构的设置，以增强在世界遗产建制中的参与力度和影响力。最近的例证为中国大陆与联合国教科文组织世界遗产中心共同合作创设的“亚太地区世界遗产培训与研究中心”，于2007年5月在北京、上海、苏州三地正式挂牌运作。

3. 保护管理制度

中国大陆参与世界遗产建制的过程中，对于建制中相关制度的变革亦有影响，如在遗产类型方面，1987年列入《世界遗产名录》的“泰山”，乃是全球第一处同时符合文化遗产与自然遗产标准的世界遗产地，而首开先例获准登录双重遗产。而在国际保护管理具体工作上，中国大陆也通过主动参与跨国合作计划，强化在国际建制的能见度与实质影响力。如已加入联合国教科文组织文化遗产保护中心所属成员单位的西安文物保护修复中心与美国、日本、蒙古等十余个国家广泛开展国际交流与合作。其他研究机构也普遍实施跨国合作项目，在遗产地保护管理的影响力上逐渐显现成效。①

4. 非政府组织团体

为全面彰显参与效果，中国大陆也积极参与国际遗产建制中的相关国际组织并作出正面的贡献。如2005年在西安举行国际古迹遗址理事会第15届大会，以及于2006年10月在西安成立“国际古迹遗址理事会国际保护中心”，都是为了协助落实国际古迹遗址理事会的业务推动和保护教

① “西安文物保护修复中心中外合作专案成效显著”，中国世界遗产网，http：//www. cnwh. org；/news/news. asp？news = 1100。

育推广等而加以推展的工作要项。

5. 遗产教育

由于积极参与，中国大陆在全球范围的世界遗产教育推广工作上，其重要性也益加明显。如中国大陆自 2001 年起，以中国联合国教科文组织全国委员会的名义，迄今每年定期办理“中国世界遗产国际青少年夏令营”，吸引各国青少年共同参与。不但落实推广世界遗产教育的义务，也为中国大陆持续扩大世界遗产建制中的多方影响力奠定更佳的基础。①

就《世界遗产公约》至今的发展来看，世界遗产建制与各国的密切合作一直是顺利推展“世界遗产”工作的主要动力。世界遗产建制需要各国参与才能发挥实效，而各国参与世界遗产建制也能从中取得包括权力与利益，以及观念与认同转化等有形和无形效益，而且在参与过程中，建制中各行为体的相互建构作用也一直存续，此也是促成“世界遗产”能够进一步推展与发展的积极因素。从中国大陆这个原本国际参与度不高，而且在遗产地保护工作上滞后的国家，最终竟能成为世界遗产建制中具关键影响力的大国的过程，对于中国大陆与世界遗产建制之间具权力和利益动因的综合建构，当能有更清楚的认识。

第四节　参与世界遗产建制对中国大陆国际角色的影响

中国大陆战略观曾历经由“斗争与对抗”到“和平与发展”的演变，其战略观的转变将影响国际参与的强度。亦即在“斗争与对抗”战略观时期，中国大陆的国际参与表现持续低落。直到 20 世纪 80 年代之后，由于中国大陆的国际参与程度持续增加，有助其地位及自信提升，心态也逐渐转向“和平与发展”战略观。另一方面，“和平与发展”战略观被长期持续强调的结果，也反过来促进中国大陆国际参与程度的不断提升。

事实上，由于经济高速发展带来国力迅速积累，也让中国大陆对于本身国际角色的期许加深。自 2002 年新一届领导人接班以来，无论国际环境、国家能力与国家参与意愿也都朝正向发展，中国大陆对国际体系的参

① “2006 中国世界遗产国际青少年夏令营活动计划预备通知”，中国世界遗产网，http：//www. cnwh. org/news/news. asp？ news =980。

与力度及表现也都继续增强。在此种情况下，证诸中国大陆于2003年所提出的“和平崛起”思维，2005年以后提倡的“和谐世界”政策，以及与之相互配套的诸项具体施政作为，都足以明白中国大陆希望在21世纪掌握时机，发展成为世界性大国的目标。

但是，如以过去几世纪以来世界性大国兴衰的历程来看，中国大陆期待复兴成为世界性大国的过程却不太可能一路平顺。除了现存霸权国的抵制与周围邻国的疑虑等外在状况，中国大陆在复兴的发展过程中，也面临许多内在问题必须先予解决。同时若以历史进程分析来说，近世以来任何一个国家要发展成为世界性大国，首先必须得同时具备以下条件。

（一）国家实力

国家实力简单来说，即是一个国家所具有的总体力量。虽然中外学者对其相关概念的划分方式不一，但其组成内容不外下列七种力量，而且就力量形式言，必须同时涵盖硬权力和软权力：①

1. 政治力：包括政权性质、政治体制、政策方针、政府素质、决策管理能力以及国家施政之执行力等，在所有的国家实力内容中居于核心地位。

2. 经济力：是国家建设和发展的基础，在国家实力中具有决定性作用。包括工业能力、商业能力、农业能力、金融能力、交通运输能力、通信资讯能力，以及经济体制、生产关系、对外经贸关系等。

3. 科技力：在国家实力发展中具有主导作用，涵盖科技体制、科技人才数量与素质、科技设备、科技投资、科技水准等范围。

4. 军事力：保护国家安全与获取国家利益的军事防务实力，包括国家安全与国防政策、武装力量之数量与素质、武器装备、国防工业、军事理论、军事编制等。

5. 文教力：亦即文化与教育质量，关系到国民素质与国家发展品质，包括文教体制、文教结构、文教规模、教育水准、文教人员之数量与素质、文化传统与文化影响力等。

6. 外交力：国家进行国际交往与对外活动的能力，包括外交政策、国际参与、对外活动、外交人员之数量与素质等。

---

① 黄硕风：《大国较量：世界主要国家综合国力国际比较》，世界知识出版社2006年版，第26—27页。

7. 资源力：涵盖资源与环境，乃是国家永续发展的物质基础，包含自然资源、国土、幅员、气候、水资源、矿藏、生态系统、环境保护能力等。

不过从16世纪至今的世界性大国的兴替来看，各种国家力量内容又可区分为硬权力和软权力两大类资源项目（如表5－2）。世界性大国虽随着时代演进而更替，但每个时代的世界性大国在发展上却都具有共通之处，也就是他们在具备强大的硬权力之外，也都拥有符合时代环境的软权力。易言之，成为世界性大国的前提是硬权力与软权力兼备，缺一不可。尤其是软权力，我们在本章第一节中已讨论过其内涵和重要性，在大国成长中的作用特别值得重视。以历史上各阶段世界性大国所具有的软权力来说，西班牙擅长于王朝交往与国际沟通，荷兰致力于维护自由贸易体制，法国以文化影响力见长，英国拥护的自由准则与美国主导的国际制度都是其之所以成为世界性大国的重要因素。因此通过软权力的强化来增强国家实力，更是世界性大国成功发展的关键。

表5－2　世界性大国及其力量资源演变

时期	世界性大国	硬权力	软权力
16世纪	西班牙	黄金、殖民地、佣兵	王朝往来
17世纪	荷　兰	贸易、资本市场、海洋力量	自由贸易体制
18世纪	法　国	人口、农业、军事力量	公共管理、文化
19世纪	英　国	工业、金融信贷、海洋力量、殖民地、岛国位置	政治凝聚力、自由准则
20世纪	美　国	经济规模、地理位置、工业实力、科技实力、军事力量	联盟、普及的文化、自由的国际体制
21世纪	美　国	技术领先地位、经济规模、军事力量	流行文化、政治价值观、外交威望、跨国沟通力

资料来源：门洪华：《构建中国大战略的框架：国家实力、战略观念与国际制度》，北京大学出版社2005年版，第345页。

（二）国家意图

国家意图包括两个方面，第一个方面为该国是否具有成为世界性大国的企图，另一个方面则是该国在成为世界性大国的过程中，是否愿意为此使用暴力手段。

就第一个方面言，世界性大国虽然具有全球性尊荣和地位，也享有其他国家所没有的权力和安全。然而作为一个大国也需要同时承担更大的国际责任，而且要成为国际社会公共财产的主要提供者。因此，世界性大国在全球范围内，必须让国际社会中有足够多的国家，愿意承认这个大国足以发挥国际政治上的主导作用，却又不能使本身的特殊地位过于正式化和明确化而引起副作用。加上这种情况将因国际社会的无政府状态而更加明显，大国因之必须在不违背本身国家利益的前提下，又负起国际政治的主要责任。亦即世界性大国的利益界定比起其他国家更为复杂，通常必须保有本身利益，但也需反映某种程度以上的国际社会要求，也就是同时承担双重责任——国际责任加上国家利益责任。① 所以成为世界性大国是责任的累加，并会随着涉入议题的增加而逐渐加重。国家对此必然需有相应的准备，且愿意成为这样的负责任大国，才有发展成世界性大国的可能性。

另一个涉及国家意图的问题，是国家在发展成为世界性大国的过程中，是否愿意尝试以暴力方法改变原有的国际权力结构和国际制度体系，或者愿意将使用武力当作解决国际冲突的有效手段。但此问题也非绝对，因为部分学者认为仍存在一种与此相反的途径，即是较为温和软性的崛起过程。国家会否使用暴力与武力的决定性因素，虽与主观意图绝对有关，但亦与包括国际权力结构、国际经济相互依存、国际制度体系和国家战略观等四项条件有关。

首先，从国际权力结构来看，指的是国际体系中主要国家之间的实力分配格局。如果一个崛起中的大国有打破国际体系权力分配格局的能力，加上也有打破格局的企图时，暴力崛起的可能性便增加。

其次，是国际经济依存度的高低，此亦与暴力使用与否相关。经济高度相互依存将使国际社会中的无政府状态弱化，同时也提高了暴力使用的成本，降低武力的效用。任何国家与国际经济体系已发生紧密的依存关系时，其经济利益就将与其他国家发生重要联系，在经济往来达到一定程度后，必然会减弱无政府状态的结构效应，也增加相关国家对于国际制度的需求。在此情况下，使用暴力的可能性便随之降低。

再次，国际制度则是指国际规则运行的体系，也是某种行为规范，足以制约国家行为，从而维持一定的国际秩序。国际制度一般有三个基本特性——权威性、制约性与关联系，这些特性使相关国家使用武力的必要性

① 郭树勇：《大国成长的逻辑：西方大国崛起的国际政治社会学分析》，北京大学出版社 2006 年版，第 15—16 页。

与可能性同时降低，而国际制度本身也可说就是一种软权力的来源。

最后，战略观也会影响国家是否倾向使用暴力。战略观就是一个国家整套的宏观战略见解与认知系统，国家决策者据此建立长期的战略选择取向。战略观大致可划分为冲突型和合作型两类，二者对战争、冲突和暴力所可能发挥的功效之认识都不太一样。冲突型战略观认为战争和武力使用是人类发展历程中所不可避免的现象，冲突具有零合性质，暴力也是有效的对外政策工具。合作型战略观的看法则完全相反，不认为暴力使用可以全盘解决冲突纷争。此两类不同的战略观可能会使国家有不同的政策途径选择，其中合作型显然会倾向减少武力的使用。①

（三）国际威望

世界性大国也要有具备与其实力相对应的国际威望，亦即拥有较强的国际号召力，能借此名望护持国际制度与国际秩序，并具有必要时革新国际制度的创造能力，在国际社会中扮演组织者与带头者的角色，为国际秩序提供制度保证以及维护核心价值观念。

世界性大国的国际威望，主要来自其言行能够反映国际社会的真实需要，并且拥有维护体制稳定发展的决心，才能对其他国家产生号召力。不仅如此，其号召力还来自该国在国际社会中的创新观念，以及具体的外交实践。只有具备国际号召力，这个国家才有机会在某个地区或全球性的国际活动中担任要角，也才能在国际社会中发生重大影响力。②

国际威望对大国来说，涉及国际社会中其他国家对该国的认同、支持、制衡、约束等正向或负向力量。③ 易言之，国际威望高的大国，得到其他国家的认同和支持较高，所受的制衡和约束较少；反之，国际威望低者，其他国家对其制衡和约束较多，认同和支持则低。而制衡和约束少、认同和支持高的国家，无疑在国际权力的运用上更为得心应手，在国际事务上更具影响力，并且在国际社会中也将享有更多优势地位，而这些因素对崛起中的世界性大国当极具重要性。

（四）国家形象

国家的形象，也就是一个国家的印象表征，乃是国际社会中其他国家

---

① 秦亚青：《无政府文化与国际暴力——大国的强行崛起与和平发展》，阎学通、孙学峰：《中国崛起及其战略》，北京大学出版社 2005 年版，第 185—187 页。

② 郭树勇：《大国成长的逻辑：西方大国崛起的国际政治社会学分析》，第 16—17 页。

③ 赵可金、倪世雄：《中国国际关系理论研究》，复旦大学出版社 2007 年版，第 139 页。

对该国的持久特征或特性的一种信念或判断。这种形象或印象，来自该国过去长期行为模式与行事态度的持久累积，其他国家据此而能对该国未来的行为加以预测、判断和应对。因此国家的形象不是凭空而来，而是长期历史行为的纪录，也涵盖国家对于各种承诺的履行程度，因此国家形象可以说就是国家的名声、信誉和可信任程度。①

世界性大国想要在国际社会中起领导作用，具备正面的国际形象极为重要，因为其形象关系到其他国家对该国的信任，从而影响其他国家是否甘愿与之协调配合。因此如何在重要事件中体现对国际社会规范与道德要求的支持，塑造良好的国际形象，提升其他国家的正面观感，对于任何想成为世界性大国的国家来说都必须加以重视，审慎以对。②

所以，一个崛起中的国家，在兼顾国家利益的前提下，积极融入国际社会，参与国际事务，建立良好声誉，减轻其他国家的敌视，就成为能否顺利成为世界性大国的关键。尤其是参与多边的国际建制，将不但有助于让其他国家减轻疑虑，更有助于表现对国际规范与道德的支持，因此能在短期内迅速累积良好声誉，提升国家形象。所以塑造国家正面形象的有效途径之一，就是积极参与国际建制。在参与国际建制的过程中，国家可主动实施一系列非互惠式、高成本与高风险的政策，虽然看似本身吃亏，但目的是向其他国家表明态度，宣告愿意致力增进彼此间的互信与合作，消除其他国家对其进行抵制或联盟抗衡的敌意，③ 长期而言将具有更大的实质收益。

（五）国际环境

能否成为世界性大国的另一项因素，则是整体的国际环境。任何国家的发展都脱离不了当时的国际社会环境，国际社会环境的特质也将影响大国崛起的途径选择。在国际往来日趋紧密的现代国际关系中，世界性大国本身可说就是国际社会往来之下的产物。大国之所以出现，也是国家参与国际社会，经过良性互动并获得国际社会认可的结果。因此没有获得其他国家的承认，大国也就不可能成为大国。大国既是国家间实力较量的结果，也是政治妥协的结果，在国际政治中的政治妥协，不仅

① 王学东：《国家声誉在大国崛起中的作用》，《国际政治科学》2005 年第 1 期。
② 郭树勇：《大国成长的逻辑：西方大国崛起的国际政治社会学分析》，第 17 页。
③ 王学东：《国家声誉在大国崛起中的作用》，《国际政治科学》2005 年第 1 期。

涉及国际间的权力显示、争夺与斗争，更是经过妥协之后的国际地位认可。①

如从近代国际关系的历程来看，国际环境的演进可划分了三个时代：第一个时代是强大主权制度下各大国武装共处的时代，始于1648年威斯特伐利亚体制建立，到第二次世界大战而逐渐衰微，此时代的特征是大国采取战争作为维护国家主权和安全的主要手段，并采取总体战的方式全面消灭敌方。第二个时代为较弱主权制度下各大国和平竞争共处的时代，起于20世纪50年代的东西集团对抗，时至后冷战的今日仍持续深远的影响。特征是将和平竞争、和平共处当成手段，大国间维持冷战或威吓状态，战争形态也转为有限战争。第三个时代是因应冷战结束所预想的未来时代，目前虽未出现，但其雏形已经出现在欧盟、北美等地区，由于国际往来频仍，国家互相依赖和集体认同增加，国家间的合作更胜竞争，因之战争已不再是解决国际冲突的主要手段，包括强调和平、多元化与互信互利等原则都将逐渐成为这个新时代的发展趋势。②

任何国家的发展，都需要顺应当时的国际环境条件。所以发展成为世界性大国，也必须符合时代的特性与要求。无论如何，在当今世界正由第二个时代向第三个时代转化的时期，大国的成长或崛起，在兼顾国家主权、权力和利益的同时，都要更加注意并因应国际社会对于和平、多元化与互信互利等需求的期待。

同时，一个世界性大国的出现，除了顺应上述五大条件之外，还必须具备以下几项基本特质：第一，世界性大国的发展必须符合国际政治文化的要求，而且仍须恪守直至现阶段仍以主权为基本原则的国际法内容。第二，世界性大国必须将软权力发展作为发展重点，而不能仅将硬权力的物质利益当成唯一目标。第三，世界性大国的国际交往必须通过适当手段，切勿经常让本身的国家利益凌驾国际法与国际社会期待之上，才能博取其他国家的尊重与配合。第四，世界性大国必须在合乎国际秩序的情形下中发展，当然也可能在融入国际秩序的过程中，运用影响力改造现有秩序。第五，世界性大国必须对国际文明的发展有所贡献。从这几项特质来看，一个世界性大国的出现，必须在扩展自身经济力量、政治力量、军事力量的同时，持续发展强大的软权力，这些软权

① 郭树勇：《大国成长的逻辑：西方大国崛起的国际政治社会学分析》，第14—15页。

② 同上书，第224—225页。

力一方面需具备民族独特性以利凝聚本国的社会和文化发展，增进政策效果，另一方面则必须能有助于其融入国际社会，通过强化本身的国际政治合法性来巩固硬权力等物质力量增长的成果。① 当然更重要的是，世界性大国必然是一个能在全球范围内承担起足够责任的国家，在更多国际议题上付出心力。

从以上的讨论中可发现，中国大陆现阶段要成为真正的世界性大国，确实还有相当遥远的距离。从国家实力来看，虽然中国大陆各方面的能力发展迅速，但短期内仍不足以撼动美国的霸权地位。从国家意图来说，中国大陆至今仍一再宣称属于发展中国家，似乎仍无意愿在短期内就承受更多的国际责任重担；对于未来如何改变现有的国际权力结构和制度体系，除和平与发展观点外，尚缺乏具体设想。就国际威望来谈，中国大陆在国际号召力、国际观念创新能力上仍有所欠缺，外交实践程度亦有不足。而在国家形象上，中国大陆仍待强化改善之处甚多，其他国家的疑惧也有待努力消减。至于对国际环境的认知，虽然中国大陆再三以和平、和谐为政策基础，但其实际效果尚待进一步观察。

所以，面对仍未成熟的诸般条件，中国大陆在试图成为世界性大国的国际角色转变过程中，除了强化国家实力的增长之外，至少还有几项重要工作必须认真体会并逐步加以落实：

（1）参与：增加对于包括国际政府组织、国际非政府组织、多边与双边国际协定等国际建制的参与力度，发挥国家的整体实力效果。

（2）学习：在国际参与中学习遵守国际规范与使用国际规则，提升国际参与能力与经验，进一步提出制度性的改进意见，强化国际观念创新能力。

（3）尊重：增进对多元化国际社会的了解，体会互利互信的重要性，尊重各国不同的意见与立场，减轻其他国家的疑虑，建立国家正面形象。

（4）负责：尽力调和国际事务，为国际秩序提供制度保证，维护国际核心价值观念，明确国家发展意图，提升国家威望。

（5）认知：认知国际环境发展的时代特性，以合作取代斗争，积极融入国际社会，除本身取得国际社会的认可之外，也要尽力协助建立国际集体认同。

---

① 郭树勇：《大国成长的逻辑：西方大国崛起的国际政治社会学分析》，第55页。

就以上这些工作来说，历经积极参与世界遗产建制二十余年，并且目前已位居世界遗产地大国之后，中国大陆无论在世界遗产建制中的地位及与其相应的权利和责任义务上，对其未来在国际社会与国际建制中所可能扮演的重要角色，无疑极具启发的作用。

所谓的世界遗产地大国，虽然因“世界遗产”工作的发展较速，而在建制中享有相对较高的地位，获得更充足的活动能力与发言权，但不论在国际或国内都必须有相应的具体责任，包括在国际范围上必须维护国家全力保护管理遗产地的整体形象，在国内范围中则应构建相关的管理保护体系。还应该主动进行对外资金、技术与人力的援助，成为其他国家在发展“世界遗产”工作上的典范，提供相关的经验以供学习借鉴。因此具体来说，世界遗产地大国至少在国际社会中需承担以下责任：[①]

（1）构建完整的世界遗产地保护管理政策和法律框架，并维护以《世界遗产公约》为主体的国际建制正常运行。

（2）在管理保护本国领土内的世界遗产地之外，必须对其他缔约国领土中的世界遗产地尽力支援及协助其维护与管理，以保证《世界遗产名录》中列名的所有遗产地都能保存其真实性与完整性，达到均衡和谐发展的保护目的。

（3）建立涵盖大学院校、专门学术机构与相关组织的科学研究体系，并定期参与国际遗产地研究体系的学术活动，提升国际和国内保护管理科技水准。

（4）强化公众宣传教育，并且支持国际性宣传教育活动，以传达正确的世界遗产理念，提高全球各地对“世界遗产”的价值认知。

（5）增加世界遗产地保护管理经费，设立“世界遗产”相关基金，并投入国际遗产基金与遗产地经费的募集工作，促进全球各地世界遗产地的保护和管理。

由于本身拥有极佳的“世界遗产”发展条件，加上国家支持推动和各级政府投入与相关机构、团体与民众的热心参与，至今中国大陆在上述世界遗产地相关工作与活动进展上相当顺利，因此，承负世界遗产地大国之责任义务的表现也颇为良好。然而与此同时，经由与世界遗产建制的积

① 刘红婴：《世界遗产精神》，第234—235页。

极互动过程，在无形中已经达到许多意料之外的实质效益，值得进一步讨论。

首先就“参与”来说，中国大陆在暂不计较权力与利害关系的前提下，先加入参与世界遗产建制，才可能让原本就具备的优良发展条件得到充分发挥的机会。其次就“学习”来论，中国大陆与世界遗产建制间的互动，中国大陆从过程中学习相关的国际规范与国际规则，有助其增进国际参与能力与参与经验。再次就“尊重”而言，基于《世界遗产公约》所具有的和平、文化多元化特性，中国大陆的积极投入有助于了解国际社会多元化的本质，尊重不同国家的发展特性，进而提升国家正面形象。复次就“负责”而论之，中国大陆近年来为世界遗产活动可谓尽心尽力，在维护“世界遗产”核心价值观念之际，也提升了其在相关议题上的国际威望。最后就“认知”来看，经由世界遗产建制的多元参与和互利共享，将有助于中国大陆体验建立国际集体认同的重要性，进一步促进认知转化，认真思考参与国际建制的真正价值与意义。

因此，参与世界遗产建制对中国大陆来说，其实具有相当程度的参与、学习、尊重、负责和认知等多项实际效益。而且对中国大陆希望在未来成为世界性大国的国际角色发展来说，无论在国家硬权力和软权力的扩充，国家意图的明确化与崛起途径选择，争取其他国家的认同支持与国际威望的建立，塑造良好的国际形象与正面观感，以及掌握国际社会环境与时代发展趋势等各方面，无疑都极具积极的正面效果。

第五节 参与世界遗产建制对和谐世界政策概念的意义

对于中国大陆成为世界性大国的期待，几乎已是举世皆知的事实。然而其他国家面对现阶段正处于崛起过程的中国大陆，却仍充满好奇与疑惧，好奇的是中国大陆将会运用何种途径对世界造成什么样的影响，疑惧的则是中国大陆崛起的负面影响是否将高到让全球无法承担的地步。

外界对于中国大陆的疑惧并非毫无道理。这些疑惧一方面来自中国大陆在经济高速扩张中所带来的发展不平衡问题，这些问题非但导致中国国内的政治、经济、社会等层面的失衡情况日渐加剧，而长期无法妥善处理的结果，其负面影响亦将波及周边邻国、区域国家乃至世界各国，造成全球性的灾难。

另一方面外界的疑惧也与中国大陆的国策与政体有关。中国大陆仍积极维护以党领政的政治体制，加上在过往曾经强调世界革命、阶级斗争与支持其他国家进行解放运动的历史，难免让外界对其是否已改变态度，真诚维护和平发展心存怀疑。特别是成为世界性大国以后，中国大陆如果仍继续坚持强硬对外政策并落实到国防用兵领域，无疑将对全球造成翻天覆地的影响。

外界的疑惧，加上体制文化差异所导致的沟通不良，让中国大陆一开始总认定是来自部分国家制造阻挠中国大陆崛起的阴谋。不过经过几番磨合，中国大陆逐渐了解并开始运用文化传播的力量，希望利用较清晰的理念说明未来的发展方向，对于近来盛传的“中国威胁”论与“中国崩溃”论加以反击，以便建立有利于崛起的发展环境，这也就是“和平崛起”思维与“和谐世界”政策在短短两三年内陆续推出的主要原因。

此外，中国大陆“和平崛起”思维与“和谐世界”政策之所以出现，还与几个原因有关。第一，在中国大陆对外关系上，意识形态因素已逐渐弱化，理性色彩渐起主导作用。从近几年的发展来看，无论是第三代领导所提出新安全观中的互信、互利、平等、协作或者周边外交的睦邻、安邻、富邻，乃至“和平崛起”与“和谐世界”政策，都不再强调意识形态差异或民族主义纠结的纷争，而是倾向于采取降低危险、增强利益的理性选择结果。第二，在中国大陆外交实践上，转趋务实与灵活。不再抱持过往的保守封闭心态，而是在对外事务上改采积极务实的态度，无论是国际参与或国际合作，都以更灵活的手腕换取更多实质性的进展并以理性计算的利益为优先目标。第三，则是中国大陆在崛起过程中对于和平稳定外部环境的期盼与需求。由于外界的疑惧，加上国内诸多发展失衡因素，中国大陆在达成世界性大国的发展目标之前，仍需要长期有利的国际环境配合。因之中国大陆未来必须学习以更谦恭的态度传达友善的信息，表现出对国际事务负责任的温和形象，这些行为不但有助于降低外来疑虑，亦将有助于建构和平稳定的国际环境。①

事实上，就中共本身的理解来分析，本质上对外的“和谐世界”政策与对内的“和谐社会”政策一样，都不认为“和谐”只是一种理想状

① 刘长敏：《和谐世界理念的现实主义思考》，梁守德、李义虎主编：《全球化与和谐世界》，世界知识出版社 2007 年版，第 215—220 页。

态的追求目标而已，反而更注重其“摆平矛盾、缓和矛盾”的过程。从中共的观点来看，所谓“和谐”并非一团和气、毫无纷争，在追求和谐的过程中一定会隐含着某些争论和矛盾。但如果要实现和谐就不能回避矛盾，而是必须从矛盾中求共识、促发展，试图消除一切矛盾的想法是不切实际的。因此实现“和谐社会”与“和谐世界”尤其不能害怕矛盾，反而要尽量发现矛盾，并且要在诸多矛盾中达成互相协调、兼容并蓄的目的，才能使和谐状态顺利到来。① 所以中国大陆所要追求的“和谐世界”并不是我们所认知的“大同世界”，更非许多理想家梦寐以求的“全球共治”之超国家政府，而是一种“和而不同”的世界。另在实践上，也并不是追求文明的规范统一，反而是希望多元文明并存，并通过各种文明的平等交流和对话，达成互助及协调发展。②

因此，对于“和谐世界”政策的基本认知，依中国大陆的想法来说，应包括如下四项：③ (1)“和谐世界”系以认知全球化时代中可能存在的各种歧异与矛盾为前提；(2)“和谐世界”是以追求全球范围的和谐共赢状态为理想目标；(3)“和谐世界”乃期望以合作主义与和平途径的思维，达到求同存异，实现共同利益；(4)“和谐世界”的达成是一种从不平衡到平衡，循环不已的消除矛盾的过程。

虽然“和谐世界”政策的具体内涵和相关推展措施，仍待后续的实际施政作为加以补充，但其一贯理念仍离不开“和平与发展”，亦即主张努力实现“和平的发展、开放的发展、合作的发展、和谐的发展”。而在基本信念上则不外乎为“和平，发展，合作”三大主轴，认为“维护世界和平”是建设“和谐世界”的主题，“促进共同发展”是建设“和谐世界”的基础，“开展国际合作”是建设“和谐世界”的途径。④

在如何达成“和谐世界”目标的具体方法上，中国大陆则极力主张从“民主，和睦，公正，包容”四方面着手进行。⑤

---

① 赵可金、倪世雄：《中国国际关系理论研究》，第255页。

② 范建中：《建设和谐世界：与西方全球主义理论不同的主张》，梁守德、李义虎主编：《全球化与和谐世界》，第249页。

③ 赵可金、倪世雄：《中国国际关系理论研究》，第255—257页。

④ 刘万文：《建设和谐世界：中国外交战略理念层次的新内涵》，梁守德、李义虎主编：《全球化与和谐世界》，第255—256页。

⑤ 国务院新闻办公室：《中国的和平发展道路白皮书》，http：//big5. xinhuanet. com/gate/big5/news. xinhuanet. com/politics/2005 - 12/22/content_ 3954937. htm。

（1）坚持民主平等，实现协调合作。强调各国应在《联合国宪章》及和平共处五项原则的基础上，通过对话、交流与合作，促进国际关系民主化。各国内政事务由各国人民自己决定，国际事务由各国平等协商解决，发展中国家应享有平等参与权与决策权。各国应互相尊重，平等相待，不将自己的意志强加于人，不将自身的安全与发展建立在牺牲他国利益基础之上。应反对单边主义，提倡和推进多边主义，发挥联合国及其安理会在国际事务中的积极作用。在处理国际关系时，应从各国人民共同利益出发，扩大利益的交汇点，增进沟通了解，加强合作，实现共赢。

（2）坚持和睦互信，实现共同安全。主张各国携手共同应付全球安全威胁。建立以互信、互利、平等、协作为核心的新安全观，通过公平、有效的集体安全机制，共同防止冲突和战争，通过合作消除或降低恐怖主义活动、金融风险、自然灾害等非传统安全问题的威胁，维护世界和平、安全与稳定。坚持以和平方式，通过平等协商和谈判解决国际争端或冲突，反对侵略别国主权的行径，反对干涉别国内政，反对任意使用武力或以武力相威胁。应按照公正、合理、全面、均衡的原则，实现有效裁军和军备控制，防止大规模杀伤性武器扩散，积极推进国际核裁军进程，维护全球战略稳定。

（3）坚持公正互利，实现共同发展。坚持以公正为基础，实现平衡有序发展，使各国普遍受益，而不是南北差距更加扩大。推动经济全球化朝着有利于共同繁荣的方向发展，发达国家应为实现全球普遍、协调、均衡发展承担更多责任，发展中国家要充分利用自身优势推动发展。积极推进贸易和投资自由化、便利化，消除各种贸易壁垒，进一步开放市场，放松技术出口限制，建立一个公开、公正、合理、透明、开放、非歧视的国际多边贸易体制，构建良好的贸易环境。进一步完善国际金融体系，为世界经济增长营造稳定高效的金融环境。加强全球能源对话和合作，共同维护能源安全和能源市场稳定。积极促进和保障人权，使人人享有平等追求全面发展的机会和权利。创新发展模式，促进人与自然和谐发展，走可持续发展之路。

（4）坚持包容开放，实现文明对话。认为文明多样性是人类社会的基本特征，也是人类文明进步的重要动力。各国应尊重彼此自主选择社会制度和发展道路的权利，相互借鉴，取长补短，使各国根据本国国情实现振兴和发展。并加强不同文明的对话和交流，努力消除相互的疑虑和隔阂，在求同存异中共同发展，使人类更加和睦，让世界更加丰富多彩。更要维护文明的多样性和发展模式的多样化，协力构建各种文明相容并蓄的和谐世界。

从中国大陆官方所正式宣示的这些主张内容，可以看出“和谐世界”政策的涵盖范围相当广泛，无论在联合国等国际组织、国际条约和相关国际合作，周边地区安全合作，国际热点问题的合作处理、对外援助以及文明交流对话等层面，都囊括成为中国大陆现阶段推展“和谐世界”所着力的对外重点工作项目，而且在《中国的和平发展道路》白皮书中，也一一列举近年来中国大陆贯彻执行这些重点工作项目的诸多成果。

不过对中国大陆乃至全世界来说，“和谐世界”政策的推出，更重要的意义还是在于中国大陆对外交往观念的转变。中国大陆在进行改革开放，历经摸索碰撞之后，目前的确正在朝符合国际社会期待的正面方向前进，从这个观点来说，“和谐世界”政策所代表的观念变化以及可能带来的对外行为改变，更是值得持续观察的重点。

其实中国大陆提出“和谐世界”这样一种完全迥异于以往“世界革命”主张的政策，而且在观念上也出现重大改变，正如同本章第三节在定位中国大陆参与世界遗产建制的过程一般，基本上都同样是一种具有权力和利益动因的理性选择思考，加上通过认同、利益转化的互动所产生的综合建构结果。从根本上来说，如果不是中国大陆希望在全球范围扮演更重要的世界性大国角色，就毫无转化认同、参与及改变国际建制和规则的必要性，正因为中国大陆对未来成为世界性大国的角色确实有所期待，所以在现阶段，改变对外行为、参与国际建制、影响国际规则，乃至转化认同，也就成为理性思考下必然的选择。

从这样的观点出发，中国大陆参与世界遗产建制的过程，对其“和谐世界”政策便具有相当大的积极意义。事实上不少有识之士再三强调，“世界遗产”并不仅是一套国际建制而已，“世界遗产”应当被视为一种属于人类共有的理念。正如同联合国前秘书长安南（Kofi Annan）在阐发联合国在国际中的角色时所言：“联合国不只是一座大楼，不仅是一种国际机制，联合国更是一种理念。这种理念让联合国体现了全世界人民的信念——也就是我们所有的人都生活在一颗小小的星球上，我们的安全，我们的繁荣，我们的权益，乃至我们的自由，都完全无法分割地联系在一起。”① 在理念建立的过程中需要多数认同，认同的结果一定会影响个别

① 安南：《“大自由”中的未来》，在宾夕法尼亚大学毕业典礼上的致词，2005 年 5 月 26 日，http：//www. un. org/chinese/aboutun/sg/sg_ upenn. htm。

的行为表现，个别行为表现又足以累积成更高层次的观念改变。因此，“世界遗产”本身的理念，反映出的正是一种休戚与共，追求和平、尊重文化多元化、维持生态多样化，以及通过全球社群共同保护共有遗产的集体价值观念。一旦开始参与世界遗产建制之际，基本上就已经加入这种理念的认同行列。而通过中国大陆在世界遗产建制的积极参与以及在理性选择的权力与利益驱动下，付出与所得到的各种有形和无形回报，对于中国大陆整体的国际参与行为与观念必皆能产生相当大的影响。亦即相关的概念会先影响类似的理念，然后又会逐渐渗透到其他层面的观念，最后更将在不断累积之后，逐渐改变中国大陆在各方面的国际参与。

因此参与世界遗产建制，对于中国大陆“和谐世界”政策的具体意义，可分为观念与实践两个层次来加以说明。

（一）观念层次

1. 认同普世价值。通过认同“世界遗产”概念的同时，已足以表明一种无涉意识形态、且非以地域为中心的共通价值观念，只要在各国相互尊重及彼此协助的前提下，将能为中国大陆所接受及履践。因此，参与世界遗产建制除了能显现出中国大陆的对外行为确具理性思维之外，对于“和谐世界”政策所提出的“维护世界和平，促进共同发展，开展国际合作”等拥有理想色彩的价值主张也具有更深的启发作用。

2. 展现和平意图。世界遗产建制本来就以追求和平与文化多元化为基本目标，中国大陆积极参与的结果，将有助其建立注重和平与尊重文化多元化的有利形象。对其在“和谐世界”政策中所倡导的协调合作、和睦互信与文明对话等观点也当有正面助益。

3. 表现参与能力。世界遗产建制系于联合国体制下以联合国教科文组织与《世界遗产公约》为主体的国际建制，中国大陆积极参与的行为，适足以表现遵守国际规则态度与认同国际合作的精神。而通过履行相关权利义务，并且经过世界遗产建制内的国际协商、全球合作与对外援助等活动内容，更能体现出大国在国际建制中应具备的积极作用与责任感。这些表现都将有助中国大陆于“和谐世界”政策下，在国际事务中发挥更大的关键作用。

（二）实践层次

1. 典范作用。中国大陆在世界遗产建制中的参与过程与所获得的成效，将能成为中国大陆在其他国际建制中参与行为中的良好典范。且为

“和谐世界”政策所强调的“民主的世界，和睦的世界，公正的世界，包容的世界”等主张提供良好的行为范式，让中国大陆在其他方面的国际参与行动，皆能有合宜的前例和规则可循，并进一步强化国际参与渠道，加深国际参与效果。

2. 溢出效果。中国大陆与世界遗产建制的互动成功经验，将足以降低中国大陆原对其他国际参与所持的疑虑态度，愿意尝试改变心态，进而积极扩大参与国际活动范围。包括在联合国等国际组织、国际多边条约与多元议题的广泛国际合作，周边地区的睦邻互信与地区安全对话，国际和地区热点问题的协商解决，援助其他发展中国家，以及促进不同文明的交流与相互包容等各方面，都愿意以更开放的心胸加入和参与。由此也才有机会逐步实现“和谐世界”政策所追求的远大目标。

总而言之，认同“世界遗产”理念，并成为世界遗产地大国，而且在世界遗产建制中表现活跃，影响力日渐扩大之后，中国大陆在与“世界遗产”有关的国际往来活动中就表现得更为主动，相关的政策措施也更为务实灵活。一方面是中国大陆发展“世界遗产”的基本条件优越，加上多年来各方努力投入的成果展现；另一方面则应归功于中国大陆与世界遗产建制中的其他行为体，在经过相互往来建构之后，已建立积极有效互动的良性循环效果——于是越积极投入越能有效互动，越能有效互动越能广收成果，越能广收成果也就越受到肯定，而越受到肯定之后就更有信心再积极投入。如此，以参与世界遗产建制为代表的良性循环之国际参与模式，对于中国大陆往后如何在国际间推展“和谐世界”政策来说，当极具启发意义。

第六章　结论

第一节　中国大陆参与世界遗产建制的前景与趋势

中国大陆自1985年经全国人大常委会决议通过批准加入《世界遗产公约》成为缔约国，并于1987年经世界遗产委员会审议通过将首批6处遗产地列入《世界遗产名录》以来，至今共有35处世界遗产地，稳居全球第三位，已成为名副其实的世界遗产地大国。同时“世界遗产”在中国大陆的发展直到今日仍方兴未艾，投入的人财物力更逐年累增，各地的参与热情亦迄未消退，因此未来的盛景殊值期待。

“世界遗产”在中国大陆之所以能够在相较其他国家为短的时间内，从一个外来的概念发展到如今兴盛的景况，与国际环境和国内环境的影响因素可说有极密切的关联。无论是国际环境方面——包括国际政治互动、跨国经贸活动、多元文化交流、环境保护运动和世界遗产相关行动等，或在国内环境方面——涵盖经济利益、政治和社会发展、文化认同、制度变迁和环境保护议题等，都有助于促成中国大陆“世界遗产”的发展。如以过程来看，这些国际、国内环境的影响因素，皆通过输入相关决策体系而达到吸收、认知及转化等作用，并在中国大陆“和平与发展”战略观、“和谐世界”与“和谐社会”政策的需要下，输出成为有利于规划及推动参选世界遗产地的结果。而这个结果又回馈过来，对输入项的各项影响因素造成冲击，并且继续在系统中形成新的输入项，且又再次影响决策的转化。于是整个不断输入、转化、输出、回馈的过程，遂带动中国大陆在“世界遗产”议题上的持续成长与发展。

同时中国大陆“世界遗产”的蓬勃发展，更得力于主客观环境中许多有利条件的配合，其中主要包括：

（1）中国大陆本身历史悠久，文化传统博大精深，幅员广大，发展

“世界遗产”的基础条件优越。

（2）“世界遗产”概念具普世价值，不涉及意识形态争议，中国大陆接受度较高。

（3）“世界遗产”具有推动旅游观光、经济发展与地方开发效益，激发参与意愿。

（4）中国大陆官方出于政治、民族、文化等因素下的支持和推动。

（5）民间出于利益与非利益原因的自发性参与和热情协助。

（6）参与世界遗产建制具有强化中国大陆国际参与范围及参与幅度的典范作用和溢出效果。

（7）参与世界遗产建制过程与相关国际组织及其他国家良性互动发挥的互相建构作用。

（8）推动“世界遗产”及参与世界遗产建制符合“和平与发展”战略观、“和谐世界”与“和谐社会”相关论点。

然而在中国大陆推动“世界遗产”的过程中，由于相关参与者的立场、观念和动机不一，也出现许多危害“世界遗产”管理保护工作的不利因素，其中较严重者，诸如：

（1）对“世界遗产”的基本价值认知不正确，对保护遗产地的认同不足，遗产教育有待强化。

（2）地方在经济利益因素驱动下发展“世界遗产”，遗产地常遭违法商业承租及利用，导致过度商业化的危害倾向。

（3）只重申报而轻管理，只重开发而轻保护，遗产地之定位错误，相关工作误入歧途。

（4）遗产地旅游过度发展，观光业过度兴盛而危害遗产地保护工作。

（5）遗产地缺乏足够保护资金，全国文化遗址与自然环境普遍缺乏有效保护。

（6）管理保护体系多元，管理机构复杂，管理职能冲突。

（7）管理保护制度与法规迄今尚未健全。

（8）各级官员将发展“世界遗产”当成政绩表现，观念偏差，政策也时生误失。

（9）对于世界遗产建制的国际参与动机过于复杂，结果本末倒置，降低参与效益。

当然，如何持续加强有利因素的积极效果，同时降低不利因素的负面影响，仍需要政府有关部门在相关的规划和推动工作上投入努力以及各界的持续参与支持，才能有效促成中国大陆“世界遗产”的永续发展。以现阶段来说，中国大陆的“世界遗产”管理保护工作，至今已先后推动三个层面的革新。

第一，主管部门在业务上的落实执行。由教育部主管的中国联合国教科文组织全国委员会，国家文物局文物保护司世界遗产处，以及建设部城市建设司风景名胜处，分工统筹世界遗产协调业务，主管文化遗产业务和自然遗产、双重遗产业务等，担负承上启下的关键角色，督促各级政府及遗产地管理单位按照世界遗产建制规范执行相关规章。

第二，国际参与的积极进行。包括进入世界遗产建制决策核心，承办国际组织大会，竞选国际组织领导职务，争取国际合作和援助，以及合作设立国际专业研究机构等，多方面参与世界遗产建制，促进与“世界遗产”有关的国际合作并发挥主导作用。

第三，国内法规与制度的不断改革。包括在法令层面，配合“世界遗产”的发展及顺应国际规范要求，近年来在法规上不断推陈出新。如2002年的《关于改善和加强世界遗产保护管理工作的意见》、《中国文物古迹保护准则》，新修订的《文物保护法》，2003年的《文物保护法实施条例》，2004年的《关于加强我国世界文化遗产保护管理工作意见》，2005年的《关于加强文化遗产保护的通知》，以及2006年的《风景名胜区条例》与《长城保护条例》等。同时在地方法规方面，世界遗产地所在地的各地方政府在保护和管理世界遗产地的法令建设上也有进展，陆续发布许多以保护世界遗产地为主的专项地方法规。在制度层面。中国大陆现已有意针对包括“全国重点文物保护单位”、“国家历史文化名城”、“国家历史文化名镇”和“国家历史文化名村”、“国家重点风景名胜区”以及“国家级自然保护区”等五大类保护体系进行整合，统一规范世界遗产地的保护管理制度。同时自2005年，陆续推出“中国文化遗产标志”、《中国世界文化遗产预备名单》、“国家自然遗产徽志”和“国家自然与文化双遗产徽志”，以及《中国国家自然遗产、国家自然与文化双遗产预备名录》，为建立涵盖“中国文化遗产”、“中国国家自然遗产”与“中国国家自然与文化双遗产”在内的中国大陆国家遗产制度作准备。希冀借此完成国家遗产名录、世界遗产预备名单、世界遗产名录之三级申报和管理体系，以期完善世界遗产申报和保护机制，并强化遗产地管理保护工作之监督和保障。

然而，由于长期以来普遍的认知观念错误及工作误失，尚难在短时间内完全纠正，遗产地的管理和保护也迟未顺利步上正轨。中国大陆在未来的“世界遗产”发展上，无论从“文化遗产”、“自然遗产”和“文化与自然双重遗产”等三种遗产类型或“保护与管理”、“政治与经济环境”和“社会意识与教育”等三项发展条件来看，事实上都处于相当复杂而且微妙的形势。因此，中国大陆“世界遗产”的后续发展既有不错的优势条件，同时存在不利的劣势条件，所处环境也是机会与威胁并存的局面。

不过，如就趋势来说，由于中国大陆各界一直相当看重“世界遗产”的发展，对于遗产地数量的逐年增加极为关切，所以有关部门未来在提名“世界遗产”时，除了持续要求遗产地主管部门做好万全申报准备，必须努力达成《世界遗产公约》与《操作准则》中的规范标准之外，亦将可能采取必要的策略，以维持现有世界遗产数居全球第三位的成果，进一步发挥既有条件优势，并持续扩大在世界遗产建制中的影响力。相关的策略分析如下：

（一）进行跨国联合申报。基于世界遗产建制“全球策略”鼓励跨国申报，且跨国联合申报不受缔约国每年申报数量之管制，故已成为新近之国际趋势。中国大陆近年亦开始关注跨国联合申报之可能性，已进行专案研究者包括“丝绸之路”、“海上丝路”等。其中“丝绸之路”以与中亚各国多次开展专题合作①及进行论证等准备工作，② 预计 2009 年初时将可正式提名参与 2010 年“世界遗产”之评选审议。③

（二）推展“细绑式申报”。即整合所在位置不同之性质类似遗产地，共同组合成单一专项进行申报，此举可延伸遗产地所具备的特殊性，提高其所拥有的价值性，亦可变相增加遗产地所在位址的数量。近两年之“四川大熊猫栖息地”与“中国南方喀斯特”皆是“细绑式申报”的明显例证。

① “中华人民共和国和哈萨克斯坦共和国联合公报”（2007 年 8 月 18 日），新华网，http：//www. gov. cn/ldhd/2007 -08/18/content_ 720813. htm。

② “丝绸之路联合申遗工作会在乌鲁木齐召开”，中国文物资讯网，http：//www. ccrnews. com. cn/100004/100005/12319. html。

③ “丝绸之路中国段申遗 2008 年将取得更有成效的进展”，新华网，http：//news. xinhuanet. com/newscenter/2007 -12/28/content_ 7329922. htm。

（三）强化“自然遗产”申报。依“苏州决定”之规定，各缔约国每年提名遗产地之数量限制为 2 件，且其中 1 件必须为“自然遗产”。因此要持续扩增遗产地数量的有效方法之一即须积极鼓励“自然遗产”的发展与申报。近两年中国大陆皆利用此方式每年提报 2 处遗产地获得成功，未来势必延续此种做法。

（四）增加“扩展项目”申报。增加现已登录遗产地之扩展项目申报，依附现有世界遗产地以增加登录之可能性，不过此做法现已受每年受理总件数限额之限制，因此是否仍继续推动尚待观察。

（五）优先重视提名沿海或边境地带遗产地。其目的主要为关注沿边地带的和平与和谐，安抚邻近国家，寻求共同发展。

（六）优先考量提名少数民族地区遗产地，包括与港、澳、侨胞有关之地区，以弘扬“和谐社会”的政策目标，展现尊重文化多元化的精神，并加强照顾少数民族，及联系港、澳、侨胞的感情。

（七）现仍无世界遗产地之省区优先提名，以促进城乡协调与省区平衡发展。此亦为贯彻“和谐社会”政策的必要措施。因此至今仍无世界遗产地的 8 个省区（天津、黑龙江、青海、新疆、上海、浙江、广西、海南）和香港特区，或将是未来几年内提名世界遗产地时的规划重点地区，殊值期待。

其实“世界遗产”不仅是一种标志或荣耀，更应该是一种理念——代表着全体人类的共同承诺，而且更是一种无可推卸的责任——即需要各方尽心尽力，善尽保护管理遗产地的天职。虽然中国大陆目前已是世界遗产地数量名列第三的遗产地大国，但无论在世界遗产建制中的国际参与，或者是国内的法令制度改革与观念革新，都还有很长的路要学习和进步。

尤其是 2007 年在新西兰召开的第 31 届世界遗产委员会，针对中国大陆“三江并流”因兴建水电设施等危害遗产地的行为，与“丽江古城”因旅游失控及开发计划不当之影响遗产地的行为等保护不利情况，在实施监测后提会公开讨论审议，另并关注“故宫”、“颐和园”、“天坛”、“布达拉宫”等四处世界遗产地的现况。特别是“三江并流”，已连续 4 次遭提交世界遗产委员会列入重点监测项目，2008 年更必须第 5 度接受保护监测审查。由于第 31 届世界遗产委员会同时触及中国大陆 6 处世界遗产地的保护管理问题，虽然事实并未如媒体所报导的“6 张黄牌”或“即将被列入濒危名单”那般耸动，[①] 但对于中国大陆的“世界遗产”管理和保护工作的实际现况来说，确然已是一个明显的警讯。正如世界遗产委员会部分专家所言：“希望中国享有世界遗产的地方政府都能从三江并流中认识到，成为世界遗产意味着承担责任和兑现承诺，远不仅是享受旅游收益，可随意开发那么简单。”[②]

因此，如何在“世界遗产”管理保护工作上发挥优势、改进劣势，把握机会、排除威胁，未来仍有赖中国大陆相关决策者与主管部门妥为因应及抉择，才能扮演好世界遗产地大国的角色，并使中国大陆顺利经营“世界遗产”的永续发展，而且以更稳健的脚步持续参与世界遗产建制。

第二节 参与世界遗产建制对“和平与发展”战略观的意义

“和平与发展”系中国大陆自改革开放以来在战略观上的一大转变，中央之所以从1949年以来长期抱持的“斗争与对抗”观转向“和平与发展”观，依据温家宝亲自撰写的《关于社会主义初级阶段的历史任务和我国对外政策的几个问题》中的说法：“是由中国国情决定的，是由中国文化传统决定的，是由中国适应世界发展潮流决定的，归根到底，是由中国共产党领导的社会主义国家的性质决定的，由中国实现社会主义现代化的目标决定的。”[③] 不过具体而言，其主要原因仍与决策阶层对国家所处的环境条件之认知不同，导致思维逻辑发生转化有关。这些环境条件则来自包括国际政治情势、国内政经时势、意识形态思想观念以及领导人主观理解等多方面的影响。

现阶段大陆领导阶层对于环境条件的认知为何？或者再以温家宝前面文章的看法来说明较为准确。温认为：中国正处于并将长期处在社会主义初级阶段。初级阶段就是不发达的阶段。不发达首先当然是指生产力的不发达。因此一定要坚持以经济建设为中心，大力发展生产力。同时必须认识和把握好两大任务——第一，是解放和发展生产力，增加全社会的物质

① “中国六世界遗产 被‘黄牌’警告”，《中国时报》，2007年6月29日，A17版。

② “三江并流 再被亮濒危黄牌”，《联合报》，2007年6月29日，A13版。

③ 温家宝，“关于社会主义初级阶段的历史任务和我国对外政策的几个问题”，http://politics.people.com.cn/BIG5/1024/5418093.html。

财富；第二，是逐步实现社会公平与正义，激发全社会的创造活力和促进社会和谐。而在国际形势发生深刻复杂变化的同时，外部环境总体仍处于有利局面，和平与发展仍将是时代的主题，因此必须争取较长时期的和平国际环境和良好的周边环境，抓住当前国际有利时机加快发展自己。[①] 也正因为如此，所以中国大陆反复强调“和平发展道路是人类追求文明进步的一条全新道路，是中国现代化建设的必由之路，是中国政府和中国人民的郑重选择和庄严承诺”。[②]

而所谓“和平发展道路”的真谛又是什么？以温家宝的见解来说，“就是争取和平的国际环境来发展自己，又以自己的发展促进世界的和平。走和平发展道路，既是外交，也是内政，因而，要统筹国内国际两个大局”。温同时进一步指出：“从国内来讲，就是把发展放在主要依靠自己力量的基点上，依靠扩大内需来促进发展，不断满足人民群众日益增长的物质文化需求。继续深化改革，扩大开放，不断消除影响发展的体制障碍，为现代化建设注入强大动力。讲清楚中国的发展主要靠自己，有利于从根本上消除外界认为中国发展到一定阶段就要对外掠夺和扩张的疑虑。”并且“从对外来讲，就是要高举和平、发展、合作的旗帜，奉行独立自主的和平外交政策。要在和平共处五项原则的基础上同世界各国友好相处。致力于推动国际政治经济秩序朝着公正合理的方向发展。这个新秩序的核心是平等、尊重、互利，最终目标是构建和谐世界。”[③]

而“和平与发展”观落实在具体的政策上，就是对外的“和谐世界”与对内的“和谐社会”两项政策，此二项政策紧密联系，分别针对国内发展与国际关系提出各项施政措施并要求落实执行。但其最终目的则是期望整合对内对外政策，提出一套涵盖政治、经济、社会、文化、生态等层面的全面性大战略，以逐步达成大国崛起的长远目标。同时在手段上，通过“和平与发展”观的引领，无论在言语或行为上，中国大陆都已扬弃动辄利用斗争对抗方式处理矛盾的粗糙方法，改采源自中华传统文化的和谐观点，正视矛盾、化解矛盾，以期达到利益协调的结果。

---

① 温家宝，“关于社会主义初级阶段的历史任务和我国对外政策的几个问题”，http：//politics. people. com. cn/BIG5/1024/5418093. html。

② 国务院新闻办公室，“中国的和平发展道路白皮书”，http：//big5. xinhuanet. com/gate/big5/news. xinhuanet. com/politics/2005 - 12/22/content_ 3954937. htm。

③ 温家宝，“关于社会主义初级阶段的历史任务和我国对外政策的几个问题”，http：//politics. people. com. cn/BIG5/1024/5418093. html。

无论是“和平与发展”观或“和谐世界”及“和谐社会”政策，按照中共自己的看法“是中国国情的必然选择，是中国历史文化传统的必然选择，也是基于当今世界发展潮流的必然选择”。[①] 但说明白了，就是认为“历史上大的发展机遇不多。机遇难得，稍纵即逝，有了就要牢牢抓住”。虽然自改革开放以来，中国大陆经济持续快速增长，国力剧增，但毕竟要成为世界性大国还有相当遥远的距离，如何在和平的国际环境中抓住机会，努力发展，顺势崛起，将是中国大陆未来最重要的课题。温家宝之所以再三强调“发展是硬道理，不仅是解决国内一切问题的基础，也是增强我国外交实力的基础”，[②] 就是这个原因。

如从中国大陆参与世界遗产建制的过程和成效，对于中国大陆推动“和平与发展”观应当具有不少参考价值和积极意义。事实上，中国大陆在参与世界遗产建制之初，以当时的国力和在世界遗产建制中的能见度，显然并无法预料到在其中将可能获得何种程度的实质利益，但仍出于观念的认同加入《世界遗产公约》并参加建制的相关活动，而在若干遗产地获登录《世界遗产名录》之后带来庞大的旅游与经济发展机会，才顿时使中国大陆各界了解“世界遗产”原来竟具有实质的利润和收益，其相关概念才开始在中国大陆各地蓬勃发展，并诱发各界热烈投入，而促使中国大陆发挥本身原就具备的优越条件，最终不但逐年累积世界遗产地数量，并且在世界遗产建制中逐渐形成影响力，成为名副其实的世界遗产地大国。

世界遗产建制参与的成功经验，正好提供了中国大陆省思国际参与途径、对外行为表现，以及如何推动“和平与发展”论点的机会。过去中国大陆的国际参与，在面对不同宗旨和目标的国际组织时会有不同的参与意愿，同时在国际组织的行为表现通常被动多于主动。之所以如此的主要原因是中国大陆长期对既有的国际组织、国际规则的不信任，同时对本身的国力成长与权力使用掌握不足，以致自信心缺乏，参与范围与程度也因而受到相当多的限制。即使“和平与发展”论点出现的部分理由乃是为了极力改善中国大陆的国际参与现况，但如果自我设限的情况未有改变，

---

① 国务院新闻办公室，“中国的和平发展道路白皮书”，http://big5.xinhuanet.com/gate/big5/news.xinhuanet.com/politics/2005－12/22/content_3954937.htm。

② 温家宝，“关于社会主义初级阶段的历史任务和我国对外政策的几个问题”，http://politics.people.com.cn/BIG5/1024/5418093.html。

想要在国际间有效推动“和平与发展”论点显然并不容易。

中国大陆加入世界遗产建制的经验，至少说明了认知、负责与行动对于国际参与的重要性。所谓认知并不一定要无条件完全认同其理念，但起码要认可其国际建制与规则的合法性，熟习建制运行与规则运作，并且愿意承担国际建制中的有关义务与责任，然后通过在建制中的各种活动累积影响力，进而发挥实力促使规则朝有利于己的方向改进。唯有如此，经由一个又一个国际建制的主动参与和积极表现，才能逐渐扩大本身在国际社会各层面的力量，逐渐成为积极、负责、受信任的世界性大国，推动“和平与发展”论点也才能发挥实际的效果。近年来，中国大陆在国际参与中的几项发展，包括主动参选国际组织领导职务，争取主办与国际组织有关的高峰会议，积极展开多边外交，对于地区性议题的关注逐渐强化并主动介入解决，以及在国际参与中配合传统文化推展和谐思维并善用文化影响力等，可说都是与国际社会之间的良性互动和正面进展，对促进日后中国大陆在国际社会中的多方面影响力，无疑都具有关键意义。

其次，现实的国际环境中，虽然基本上仍是以各行为体追求自利的理性选择为主轴，但不容否认的是，经济全球化加上行为体之间越来越高的彼此互动，让国家之间的相互依存关系越来越趋复杂。因之，除了理性主义论者所主张的国家自利因素以外，建构主义理论的相关观点也越来受重视。因此从这个角度观察，中国大陆发展“世界遗产”之所以获得成功，基本上是掺杂理性选择加上互相建构作用所共同产生的结果，具体而言就是一种具权力和利益动因的综合建构。在这样的一种综合建构中，不能忽视权力与利益算计动因在其中的触媒作用，却也有中国大陆与其他行为体——包括其他缔约国、相关国际组织、机构与个人等，通过认同、利益转化的互动与建构过程。

再次，从相关的政策效果来看，中国大陆参与世界遗产建制的过程和结果，也在观念与实践两个层次上直接或间接促进了“和平与发展”战略观的实际效益。包括在“和谐社会”方面，促进了人与人之间的和谐、人与自然之间的和谐、多元文化之间的和谐、不同民族之间的和谐、城乡与地区发展的和谐等。在“和谐世界”方面，则促进了中国大陆与其他国家政经关系的和谐、中国大陆与国际组织之间的和谐、中国大陆与其他国家民族文化的和谐、中国大陆与全球生态环境体系的和谐等。

如果以中国大陆参与世界遗产建制为例，我们或可明显观察到中国大陆在国力累积的崛起发展中，与国际社会的紧密互动和相互建构关系。由于中国大陆与其他国家的利益日趋紧密，不但中国大陆影响着世界，世界也同样影响着中国大陆，因此不但世界要认同中国大陆，中国大陆也同样必须认同世界。换言之，以现在的情况来看，中国大陆与国际社会的利益已经逐渐连接在一起，越来越无法切割，国际社会对中国大陆有一定的期许，而中国大陆对国际社会也必然负有一定的责任。因此，中国大陆不应该将“和平与发展”的论点降格当成一种只为自身崛起创造有利环境的工具，而是应该努力投入国际社会，积极创造国际社会的集体认同，建构共同价值，并且提升国际参与，承担国际责任，才是真正共谋“和平与发展”之道。

第三节　对两岸关系的启示

“世界遗产”不仅在海峡彼岸的中国大陆掀起持久未退的热潮，在海峡此岸的台湾也曾引发狂热。2001 年起在“行政院”文化建设委员会的推动下，开始积极研拟参与“世界遗产”的有关计划，包括推出“世界遗产系列讲座”，办理“世界遗产研习营”、“世界遗产进阶研习营”和相关的学术研讨会，印行与世界遗产相关的多种刊物等。一时间，“世界遗产”概念逐渐在台湾社会中流传，于是各种与“世界遗产”相关的活动与出版品也纷纷出现，吸引各界人士响应及参与。

加以“国立”文化资产保存研究中心于 2003 年获准加入世界遗产建制中的重要国际非政府组织——国际古迹遗址理事会，[①] 也添加了台湾相关部会准备申报若干遗产地登录《世界遗产名录》的希望。事实上早在 2002 年时，文建会就陆续征询岛内外专家学者、县市政府与地方文史工作室提报台湾各地具“世界遗产”潜力点名单，在召集评选会议后宣布：包括太鲁阁国家公园、栖兰山原始桧木林、卑南遗址、阿里山森林铁道、金门全岛、大屯山火山群、兰屿、淡水红毛城及其周边历史文化建筑、金瓜石聚落、澎湖玄武岩、台铁旧山线铁道、玉山“国家公园”等 12 处成为“世界遗产潜力点”。强调各管理单位应将世界遗产的准备工作纳入经

① 《由国际文献的认识与世界文化纪念物活动之参加与世界接轨》，见“行政院”文化建设委员会《2003 年文建会文化论坛系列实录——世界遗产》，第 2—93 页。

营目标，推进实力，为登录《世界遗产名录》积极热身。①

然而，台湾参与世界遗产建制所牵涉的最关键问题，就是自 1971 年退出联合国后，同时也失去联合国教科文组织会员国的身份。而非联合国教科文组织的会员国就不能无条件加入成为《世界遗产公约》的缔约国，亦即并无提名登录《世界遗产名录》的机会。除非台湾能依《联合国宪章》的规定重新加入或返回联合国，或者依《教科文组织法》的规定以非联合国会员身份经绝对多数同意后加入联合国教科文组织，又或者依《世界遗产公约》的规定在教科文组织同意邀请后获准加入公约，才有提名遗产地及登录《世界遗产名录》的可能。但不管是上述三种方式的哪一种，却都需要直接面对最现实的国际关系情势，而以台湾目前的国际政治实力来看，除非先经过与中国大陆协商并取得默契，否则这三种方式在现阶段都将注定难以行得通。

“文建会”也曾规划通过非政府组织、民间文资团体或其他友好的公约缔约国在联合国教科文组织中提案，将台湾各处“世界遗产潜力点”列入提名审查名单中，并希望通过年年提案的方法，凸显台湾无法参与世界遗产建制，也不能承担《世界遗产公约》权利义务的不公平现况。不过在经过审慎评估之后，认为相关工作难度过高，极可能耗尽心力却一无所成，文建会终于在 2004 年 6 月主动宣告，将不再追求非登录《世界遗产名录》不可的高难度任务，未来转朝引进“世界遗产”保存标准、鼓励社区共同参与、提升全民保护意识的守护计划为主。② 于是台湾由官方主导的“世界遗产”风潮逐渐消沉，并就此告一段落。

即使台湾有关部会已不再关注参与世界遗产建制的问题，但是民间对于“世界遗产”的关怀却仍延续不衰，通过旅游观光、媒体报导、资讯传播与网际网络的信息传达，台湾社会各界对于“世界遗产”的观念认知越来越深入，期盼在“世界遗产”相关活动中尽一分心力的希望亦从未减少。因此虽然还是难免触及敏感的政治现实问题，但基于“世界遗产”的理念和本质，台海两岸如何协议合作并且在世界遗产建制中共享权利义务，无疑是个值得双方省思的议题。

---

① “行政院”文化建设委员会:《2004 年文建会世界遗产进阶研习营学习手册》（“行政院”文化建设委员会，2004 年），第 89 页。

② 《文建会重大文化政策转弯　台湾世界遗产计划胎死腹中》，《中国时报》（台北）2004 年 6 月 29 日。

就“世界遗产”所代表的互相尊重并保护多元文化的理念，以及共促和平的本质来说，所有的政治纷扰与意识形态争议都应在“世界遗产”面前戛然而止。因为所有的人类不分种族、地域、国家或民族，都共居于同一个地球，都共享人类的文明成就与自然资源，因此对于所有具备资格被尊称为“世界遗产”的处所，也都负有共同保护且促进管理的神圣责任。既然对于来自全球各种不同民族、不同文化与不同地域的遗产地都应该抱持如此开放的心胸和态度，而海峡两岸人民同文同种、同根同源，还有什么理由不能同享本来就共有的文化遗址与自然环境的恩赐，所以尽管数十年来的政治争端至今未有稍解，但至少在“世界遗产”领域仍应享有相互协商及彼此合作的空间才是。

对中国大陆来说，一旦在世界遗产建制中对台湾的参与采取开放宽容的态度，自然会先联想到台湾当局或必将其当成重大突破而大肆宣扬，非但助长“法理台独”的气焰，甚至可能引发其他国际组织建制的跟进，最后造成难以收拾的局面。不过中国大陆这样的设想却可能是忧虑过度，主要的原因是“世界遗产”特重文化与和平的性质，以及两岸无论在历史、文化、传统、风俗习惯皆密不可分的事实，将因为共同参与世界遗产建制而使双方关系更加难舍难分，因此很难出现在其他国际组织中所可能产生的政治效应，反而将通过共同历史文化传统的相互认同与利益作用，导致以文化传统紧紧拉住台湾的结果。

同时中国大陆可能也得设身处地为台湾人民想一想，必须考虑到在国际空间长期闭锁之下的情感挫折和意志消沉，以及由此衍生出的怨怒心境与对抗意识。所谓“本是同根生，相煎何太急”。① 既然不可能听任台湾人民渐行渐远，就无需不时显露出倚强凌弱的态度，何妨协助安排台湾参与部分政治敏感性较低的国际建制，实现近年来大陆领导人愿意让台湾以适当名义参与国际社会的设想。因而对台湾参与世界遗产建制抱持开放态度，将能使台湾以适当名义参与国际社会的保证得到履践，并能树立中国大陆喜好和平与文化的国际形象，其效果将百倍于官方对“和平与发展”及“和谐世界”等论点之宣扬；更能经过双方在世界遗产建制中的合作与互动，建立互信互利基础，从而创造和谐的两岸关系，共谋未来的和平与发展。

① 曹植：《七步诗》。

而对台湾来说，由日益倾斜的国际现实困境中，实在很难相信对岸的居心，也难期待中国大陆还能释出何种善意。然而长期冲撞国际政治现实的结果，并未多争取到一丝一毫的国际空间，所以除了短暂的国内宣传效应之外，似乎已很难在国际社会中激起涟漪，更不必谈想要以此类方式让讲求权力现实的国际社会对台湾抱持多少同情或给予多少支援，那无异缘木求鱼。

而在长期锁岛之后，由于台湾不愿面对中国大陆国力崛起后的自身处境，并且在攫取本土意识的政治利益需要下，近年来最热烈的政治操作反倒是“去中国化”。“去中国化”无非只是政治演出，然而越演越烈的结果，无异饮鸩止渴，终将不见其利，先受大害。拒绝承认与中国的文化传承与两岸历史渊源交关的说辞，以及企图和中国文化、历史一刀两断的诉求，不但在台湾的现实社会环境中难以贯彻，也漠视“文化是加法，越加越丰富”① 的性质，忽略了在文化上只有更努力吸收才能越强化竞争力，本土也才能从中汲取滋养，获得生长的空间。刻意反对、左遮右掩、东扣西减的做法不但粗鄙无聊，而且完全未理解文化乃是通过长期自然力的演化所形成，绝非以强横的蛮力介入所能阻断。中华文化在台湾的发展源远流长、根深蒂固既是事实，运用政治力干扰的结果，终将落得支离破碎，面目全非，最后连本土都将难有立锥之地。因此所谓的“去中国化”的手段不管持续多久，恐怕终将归于徒劳。

如果能以开放的心胸来看，台湾与大陆所共具的历史、文化、传统、风俗习惯，其实将是台湾未来发展的利基，特别是中国大陆历经数十年的革命与开发破坏，中华传统文化在台湾反而被保存得最为完整，因此十数年来一直备受赞扬，还有不少大陆的团体前来取经学习。所以保有中华历史文化不仅不是包袱，反到是未来两岸和平发展的最佳基石。

事实上在强权面前，虽然不该就此屈服，但台湾更该审时度势，坦然面对力不如人的事实。国际政治是现实权势的角力场合，不是追求公理道义的感化处所，国际参与除了意愿，更重要的还是实力，这是千百年来不变的法则。如果实力已不如对手，还要横冲直撞、以硬碰硬，换得的绝非

---

① 此系曾于民进党政府中担任文建会主委的陈郁秀女士在自传中所言，她并认为“如果有人认为台湾本土化应该去中国化，那是不懂文化的政治语言”。见陈郁秀口述、于国华整理撰述《铃兰·清音：陈郁秀的人生行履》（天下远见文化公司，2006 年），第 196 页。另参见《陈郁秀自传揭开革命夫妻岁月》，《联合报》（台北）2006 年 12 月 23 日，C3 版。

同情和援助，而是讥弄和嘲讽。因此台湾的国际参与，应回归愿意为国际社会多尽义务的单纯本质，切勿掺杂过多的政治利益期待。唯有不计代价的先参与、多付出，在交流互动后才会有相应的回应和回报。如果在未能实际参与之前，就敲锣打鼓、四处宣扬，千方百计想的是从中获取少数人的利益，则不仅大陆会提高戒心增强反制，其他的国家也会对台湾的基本动机心存疑惑。届时台湾再如何努力说明及付出也将于事无补，最终仍将遭摒弃于各种国际建制的大门之外。

正如同古谚所言："行者，必先近而后远。"① 先经北京，无疑是台北参与国际建制最近的道路。特别是能由同根同源的文化本质出发，将是一个最好的试金石。而不涉及政治与意识形态争议，且追求安全和平、文化多元等普世价值的世界遗产建制或者就是一个适当的开始。台湾如果有机会与大陆在世界遗产建制中共享国际参与的权益，双方不但可以试探出相互的诚意，并能从互动过程促进彼此理解，从而降低敌意，并扩散到其他国际组织和国际建制的参与及合作，最后达成共利共荣的局面。

当然，以上所述的良性发展只是理想状况，目前这种发展对两岸来说，依旧是可遇而不可求，仍有许多现实的阻碍和困难，但却也并非绝对不可能。事实上福建漳州就曾于 2005 年 8 月主动致函澎湖县，邀请其共同建设横跨两岸的"世界地质公园"，并为日后共同申报"世界遗产"而一起努力。② 即使此议后来由澎湖县政府报经"行政院"陆委会，结果竟以"宜再研究"云云而不了了之，③ 却证明至少在"世界遗产"领域，大陆的态度也不是铁板一块，所以只要两岸都愿意敞开心胸、放大格局，未尝没有共谋合作的机会和空间。

宋代诗人陆游有云："山重水复疑无路，柳暗花明又一村。"④《周易》中亦道："穷则变，变则通，通则久。"⑤ 从这些古人的经典词句中，两岸的中国人都应能学习到更高的智慧，来解决纷扰纠缠的往事，为共同追求未来的繁荣与兴盛而竭心尽力。所谓机不可失，时不再来。就在两岸都已长期关注而且期盼"世界遗产"持续发展的今日，不如就从世界遗

① 语出《自墨子·经说下》，原句为："进行者，先敷近，后敷远。"

② 《漳州邀澎湖共设世界地质公园》，《联合报》（台北）2005 年 8 月 10 日，C6 版。

③ 《自然遗产不涉政治符码》，《民生报》（台北）2005 年 8 月 16 日，A4 版。

④ 陆游：《游西山诗》。

⑤ 《周易·系辞下篇》。

产建制的共同参与出发，在共有的中华历史文化传统之基础上，通过适切而巧妙的安排，一起为两岸的遗产地保护和管理竭心尽力，并由此继续发展出一套促进两岸互信互利的机制，创造出两岸共存共荣的和谐与和平发展契机。

参考书目

中　文

书　籍

上海交通大学世界遗产学研究交流中心编《世界文化与自然遗产手册》，上海科学技术文献出版社 2004 年版。

上海社会科学院世界经济与政治研究院编《国际体系与中国的软力量》，时事出版社 2006 年版。

肯尼恩·鲍威尔：《旧建筑改建和重建》，于馨等译，大连理工大学出版社 2001 年版。

中共中央党校：《建构社会主义和谐社会若干重大问题学习问答》，中共中央党校出版社 2006 年版。

中国文物研究所编：《文物·古建·遗产——首届全国文物古建研究所所长培训班讲义》，北京燕山出版社 2004 年版。

中国社会科学院环境与发展研究中心编：《中国环境与发展评论》（第 1—3 卷），社会科学文献出版社 2001/2004/2007 年版。

中华人民共和国建设部编：《中国的世界遗产》，中国建筑工业出版社 1998 年版。

中华人民共和国联合国教科文组织全国委员会、中国地图出版社编：《世界遗产地图集－中国卷》，2004 年版。

中华人民共和国联合国教科文组织协会全国委员会编，联合国教科文组织原著：《世界遗产与年轻人》，上海三联书店 2001 年版。

文社选编：《古玩·文物·遗产》，燕山出版社 2001 年版。

文军、王世军：《非营利组织与中国社会发展》，贵州人民出版社 2004 年版。

方长平：《国家利益的建构主义分析》，当代世界出版社 2002 年版。

水牛图书出版事业有限公司编辑部编辑：《世界文化与自然遗产》，水牛出版社 2001 年版。

王文章主编：《中国先进文化论》，文化艺术出版社 2004 年版。

王永忠：《西方旅游史》，东南大学出版社 2004 年 5 月版。

王仲尧：《中国文化产业与管理》，中国书店 2006 年版。

王杏芳：《中国与联合国——纪念联合国成立五十周年》，世界知识出版社 1996

年版。

王杰、张海滨、张志洲主编:《全球治理中的国际非政府组织》,北京大学出版社2004年版。

王治理:《庐山——一山飞峙大江边》,山东画报出版社2004年版。

王军:《日本的文化财保护》,文物出版社1997年版。

王庭玫等:《古迹的维护》,“行政院”文化建设委员会1999年版。

王景慧、阮仪三、王林:《历史文化名城保护理论与规划》,同济大学出版社1999年版。

王逸舟:《全球政治和中国外交》,世界知识出版社2003年版。

王逸舟编:《磨合中的建构—中国与国际组织关系的多视角透视》,中国发展出版社2003年版。

王传芳、余开亮:《世界文明奇迹(四册)》,大象出版社2003年版。

王新建主编:《世界遗产之中国档案》,中国青年出版社2004年版。

王新建编:《世界遗产之秘密档案》,中国青年出版社2005年版。

王瑞珠:《国外历史环境的保护与规划》,淑馨出版社1993年版。

王瑞智编:《梁陈方案与北京》,辽宁教育出版社2005年版。

王雷:《苏州园林——江南名璧》,山东画报出版社2004年版。

王庆瑜主编:《中国大足石刻》,香港珠海出版公司1991年版。

古田阳久:《世界遗产Q&A:世界遗产基础知识》,王慧贞、蔡世蓉译,“中华民国”文化台湾发展协会、“行政院”文化建设委员会2003年版。

王学理:《轻车锐骑带甲兵——秦始皇陵兵马俑发现与研究》,百花文艺出版社2002年版。

王献溥、崔国发:《自然保护区建设与管理》,化学工业出版社2003年版。

王莺:《苏州古典园林》,上海辞书出版社2003年版。

北京市古代建筑研究所、密云县文化文物局编:《司马台长城》,北京燕山出版社1992年版。

史忠新主编:《世界名城－平遥要览》,山西省新闻出版局1998年版。

田进、俞孟嘉等:《中国在联合国——共同缔造美好的世界》,世界知识出版社1999年版。

向云驹:《人类口头和非物质遗产》,宁夏人民教育出版社2004年版。

向云驹:《世界非物质文化遗产》,宁夏人民出版社2006年版。

多吉占堆、薛文献编:《拉萨布达拉宫》,广东旅游出版社2001年版。

安宇、沈山主编:《和谐社会的区域文化战略:江苏建设文化大省与发展文化产业研究》,中国社会科学出版社2005年版。

费慰梅:《梁思成与林徽因——一对探索中国建筑史的伴侣》,曲莹璞、关超等译，中国文联出版社 1997 年版。

朱晓明：《当代英国建筑遗产保护》，同济大学出版社 2007 年版。

朱耀廷主编：《中华文物古迹旅游》，北京大学出版社 2004 年版。

老枪：《大败笔：中国风景黑皮书》，中国友谊出版公司 2006 年版。

台湾文建会：《日本文化财保护法》，"行政院"文化建设委员会 2000 年版。

《法国历史文物保存法相关法令汇编》，"行政院"文化建设委员会 2000 年版。

《英美日法保存法规与制度文化资产简介》，"行政院"文化建设委员会 2000 年版。

《世界遗产进阶学习手册 – 2004 年》，"行政院"文化建设委员会 2004 年版。

《世界遗产学习手册：文建会世界遗产研习营》，"行政院"文化建设委员会 2003 年版。

《世界遗产学习手册：文建会认识世界遗产教师研习营》，"行政院"文化建设委员会 2003 年版。

何学林：《一生的旅游计划：中国世界文化和自然遗产》，江苏人民出版社 2004 年版。

何学林：《中国文化和自然遗产：中国人一生必游的 28 处景观》，江苏人民出版社 2002 年版。

余治淮、余济海编：《皖南古村落黟县西递宏村》，广东旅游出版社 2002 年版。

吴永琪主编：《秦始皇陵及兵马俑》，三秦出版社 2004 年版。

吴昭谦：《黄山探奇》，地质出版社 1983 年版。

渥尔夫刚·格拉夫·魏智通：《国际法》，吴越、毛晓飞译，法律出版社 2002 年版。

吴进书：《世界遗产潜力点》，花莲县文化局 2002 年版。

吴晓勤：《世界文化遗产——皖南古村落规划保护方案保护方法研究》，中国建筑工业出版社 2002 年版。

吕石明等编：《往来求古今——中国重大考古发现》，锦绣出版社 1989 年版。

吕建中、陈雪平：《和谐社会主义——通向共产主义的科学路径》，经济科学出版社 2006 年版。

宋秀琚：《国际合作理论：批判与建构》，世界知识出版社 2006 年版。

宋昆主编：《平遥古城与民居》，天津大学出版社 2000 年版。

李一文、马凤书：《当代国际组织与国际关系》，天津人民出版社 2002 年版。

李文生：《龙门石窟与百题问答》，河南大学出版社 2001 年版。

瑞秋·卡森著：《寂静的春天》，李文昭译，晨星出版公司 2006 年版。

李平、悦真编：《曲阜孔府孔庙孔林》，广东旅游出版社 2002 年版。

李其荣：《城市规划与历史文化保护》，东南大学出版社 2003 年版。

李宜瑜主编:《世界文化与自然遗产(六册)》,华夏出版社 2003 年版。

李庚:《长城(世界遗产之旅)》,大象出版社 2004 年版。

李东燕:《联合国》,社会科学文献出版社 2005 年版。

李军:《世界文化与自然遗产(彩图版)》,大象出版社 2004 年版。

李军主编:《世界文化与自然遗产》,北京妇女儿童出版社 2002 年版。

李振湘:《世界遗产中国行》,民族出版社 2004 年版。

李培林:《和谐社会十讲》,社会科学文献出版社 2006 年版。

安东尼·季登斯著:《社会的构成》,李康、李猛译,三联书店 1998 年版。

李智:《文化外交:一种传播学的解读》,北京大学出版社 2005 年版。

李雄飞:《城市规划与古建筑保护》,天津科学技术出版社 1989 年版。

李裕群:《山野佛光—中国石窟寺艺术》,四川人民出版社 2004 年版。

李裕群:《古代石窟》,文物出版社 2003 年版。

李铁城主编:《联合国里的中国人 1945—2003》,人民出版社 2004 年版。

沈福煦:《中国古代建筑文化史》,上海古籍出版社 2001 年版。

沈福煦:《建筑概论》,同济大学出版社 1994 年版。

乔舒亚·库珀·雷默等:《中国形象:外国学者眼里的中国》,沈晓雷译,社会科学文献出版社 2006 年版。

大卫·鲍德温:《新现实主义和新自由主义》,肖欢容译,浙江人民出版社 2001 年版。

邢雁等编:《大地精华:世界遗产在中国》,海潮摄影艺术出版社 2003 年版。

阮仪三:《中国历史文化名城保护规划》,同济大学出版社 1995 年版。

阮仪三:《平遥——保持最完整的中国古城》,淑馨出版社 1997 年版。

阮仪三:《城市遗产保护论》,上海科学技术出版社 2005 年版。

阮仪三:《历史环境保护理论与实践》,上海科学技术出版社 2000 年版。

周振国、梁世和:《构建社会主义和谐社会的基本理论研究》,河北人民出版社 2006 年版。

周熙明、李文堂主编:《中国共产党的文化使命》,江苏人民出版社 2006 年版。

周剑生:《朝觐古文明——世界遗产视觉之旅》,中国青年出版社 2004 年版。

周乐天、陈斐昌:《青城山与都江堰》,广东旅游出版社 2003 年版。

孟繁兴、陈国莹、孟琦:《中国古建筑文化之旅——河北天津》,知识产权出版社 2003 年版。

屈维丽编:《丽江古城》,广东旅游出版社 2003 年版。

易存国:《中国古琴艺术》,人民音乐出版社 2003 年版。

林保尧编:《敦煌艺术图典》,艺术家出版社 1991 年版。

林洙:《困惑的大匠——梁思成》,山东画报出版社 2001 年版。

林洙：《梁思成、林徽因与我》，清华大学出版社 2004 年版。

林叙仪等编：《大江流日月——中国名川大河》，锦绣出版社 1989 年版。

美国国家地理学会编：《大地瑰宝》，林盛然等译，锦绣出版社 1990 年版。

林碧炤：《国际政治与外交政策》，五南图书出版公司 1997 年版。

林徽因：《林徽因讲建筑》，陕西师范大学出版社 2004 年版。

法国汉学丛书编辑委员会编：《法国汉学第九辑——人居环境建设史专号》，中华书局 2004 年版。

祁庆富主编：《民族文化遗产》第 1 辑，民族出版社 2004 年版。

席梅尔等：《世界文化遗产——联合国教科文组织“世界遗产”概览》，邵思蝉、邵零侠、周何法译，京中玉国际公司 2003 年版。

城户一夫编：《世界遗产图典》，金建华、霍青满、高福进译，上海人民出版社 2001 年版。

金瑞林、汪劲：《20 世纪环境法学研究评述》，北京大学出版社 2003 年版。

金瑞林、汪劲：《中国环境与自然资源立法若干问题研究》，北京大学出版社 1999 年版。

金瑞林主编：《环境法学》，北京大学出版社 2002 年版。

门洪华：《构建中国大战略的框架：国家实力、战略观念与国际制度》，北京大学出版社 2005 年版。

约瑟夫・奈著：《硬权力与软权力》，门洪华译，北京大学出版社 2005 年版。

罗伯特・基欧汉、约瑟夫・奈著：《权力与相互依赖》，门洪华译，北京大学出版社 2002 年版。

罗伯特・基欧汉著：《局部全球化世界中的自由主义、权力与治理》，门洪华译，北京大学出版社 2004 年版。

侯仁之等编：《中国瑰宝》，锦绣出版社 1989 年版。

侯幼彬、李婉英编：《中国古代建筑历史图说》，中国建筑工业出版社 2002 年版。

俞新天：《强大的无形力量：文化对当代国际关系的作用》，上海人民出版社 2007 年版。

姜亮夫：《敦煌学概论》，北京出版社 2004 年版。

姜舜源：《故宫建筑揭密》，紫禁城出版社 1995 年版。

姚天新：《颐和园（世界遗产之旅）》，大象出版社 2004 年版。

姚亦锋：《风景名胜与园林规划》，中国农业出版社 1999 年版。

姚晓华主编：《世界文化与自然遗产》（二册），中国文史出版社 2004 年版。

姚黼霞编：《中国世界遗产》，哈尔滨地图出版社 2004 年版。

建筑创作杂志社编：《印象——建筑师眼中的世界遗产》，北京机械工业出版社 2005 年版。

洪文庆、程里尧主编：《中国建筑（卅六册）》，锦绣文化 2001 年版。

纪江红主编：《世界文化与自然遗产》，北京出版社 2004 年版。

胡平：《中国旅游人口研究——中国旅游客源市场的人口学分析》，华东师范大学出版社 2002 年版。

胡同庆、罗庆华：《敦煌学入门》，甘肃人民出版社 1994 年版。

胡宗山：《中国的和平崛起：理论、历史与战略》，世界知识出版社 2006 年版。

胡惠林：《文化产业发展与国家文化安全》，广东人民出版社 2005 年版。

胡汉生：《明十三陵——世界遗产之旅》，大象出版社 2004 年版。

胡汉生：《明十三陵》，中国青年出版社 1998 年版。

范毅舜：《法国文化遗产行旅》，积木文化 2005 年版。

郎天詠、李铮：《全彩中国雕塑艺术史》，宁夏人民出版社 2000 年版。

韦正翔：《软和平：国际政治中的强权与道德》，河北大学出版社 2001 年版。

倪世雄等著：《当代西方国际关系理论》，复旦大学出版社 2001 年版。

夏林根主编：《国际化进程中的中国旅游业》，上海三联书店 2006 年版。

夏建平：《认同与国际合作》，世界知识出版社 2006 年版。

夏发年、刘秉升编：《黄山》，广东旅游出版社 2001 年版。

孙建华主编：《漫步世界遗产》，中国社会科学出版社 2005 年版。

宫大中：《龙门石窟艺术》，人民美术出版社 2002 年增订本。

徐成芳：《和平方略——中国外交策略研究》，时事出版社 2001 年版。

徐志长：《天坛（世界遗产之旅）》，大象出版社 2004 年版。

徐怡薄：《全彩中国建筑艺术史》，宁夏人民出版社 2002 年版。

徐家国：《敦煌莫高窟》，山东画报出版社 2004 年版。

克里斯托弗·卢茨主编：《西方环境运动：地方、国家和全球向度》，徐凯译，济南大学出版社 2005 年版。

徐嵩龄：《第三国策－论中国文化与自然遗产保护》，科学出版社 2005 年版。

徐嵩龄、张晓明、章建刚：《文化遗产保护与经营——中国实践与理论进展》，社会科学文献出版社 2003 年版。

徐卫民：《地下军阵——秦兵马俑考古坑大发现》，浙江文艺出版社 2002 年版。

徐卫民：《秦公帝王陵》，中国青年出版社 2002 年版。

旅游天地杂志社：《中国世界遗产图典》，上海文化出版社 2002 年版。

晏子有：《清东西陵》，中国青年出版社 2000 年版。

晁华山：《世界遗产》，北京大学出版社 2004 年版。

彼得·卡赞斯坦等：《世界政治理论的探索与争鸣》，秦亚青、苏长和、门洪华、魏玲译，上海人民出版社 2005 年版。

亚历山大·温特：《国际政治的社会理论》，秦亚青译，世纪出版集团 2000 年版。

翁明贤：《全球化时代的国家安全》，创世文化世界出版社2003年版。

平川阳一：《世界遗产古帝国遗迹》，翁淑华译，好读出版社2005年版。

耿广思、明剑玲编：《武当山古建筑群》，广东旅游出版社2001年版。

茹勇夫：《世遗漫记——中国的世界遗产纪实》，北京交通大学出版社2006年月。

袁正清：《国际关系理论的社会学转向——建构主义研究》，上海人民出版社2005年版。

玛莎·费丽莫：《国际社会中的国家利益》，袁正清译，浙江人民出版社2001年版。

袁仲一：《秦兵马俑》，生活读书新知三联书店2004年版。

马元浩：《双林寺彩塑佛像》，艺术家出版社1997年版。

马建华、张力华：《长城》，敦煌文艺出版社2004年版。

马虹：《九寨沟》，上海辞书出版社2003年版。

马虹：《峨眉山·乐山大佛》，上海辞书出版社2003年版。

马虹、何易：《都江堰·青城山》，上海辞书出版社2003年版。

马惠娣：《走向人文关怀的休闲经济》，中国经济出版社2004年版。

高中华：《环境问题抉择论－生态文明时代的理性思考》，社会科学文献出版社2004年版。

高玉珍主编：《两岸文物保存修复会议论文集》，国立历史博物馆2001年版。

神田喜一郎：《敦煌学五十年》，高野雪、初晓波、高野哲次译，北京大学出版社2004年版。

伯纳·布立赛：《1860：圆明园大劫难》，高发明等译，浙江古籍出版社2005年版。

涂肇庆、林益民编：《改革开放与中国社会——西方社会学文献述评》，牛津大学出版社1999年版。

国家文物局教育处：《佛教石窟考古概要》，文物出版社1993年版。

国家旅游局人事劳动教育司编：《旅游学概论》，中国旅游出版社2003年修订版。

国家图书馆善本特藏部敦煌吐鲁番学资料研究中心编：《敦煌与丝路文化学术讲座第一辑/第二辑》，北京图书馆出版社2003/2005年版。

国务院法制办农业资源环保法制司、建设部政策法规司、城市建设司编：《风景名胜区条例释义》，知识产权出版社2007年版。

小约瑟夫·奈：《理解国际冲突—理论与历史》，张小明译，世纪出版集团2002年版。

美国国家地理学会编：《世界瑰宝》，张之杰等译，锦绣出版社1988年版。

张松：《历史城市保护学导论——文化遗产和历史环境保护的一种整体性方法》，上海科学技术出版社2001年版。

张玲霞、邱秋媚：《世界遗产大发现（四册）》，风景文化事业公司 2005 年版。

亚历山大・基斯：《国际环境法》，张若思译，法律出版社 2000 年版。

张翅、王纯：《世界遗产悬谜》，花山文艺出版社 2005 年版。

张淑娴、海君：《局部的意味——紫禁城建筑局部解析》，作家出版社 2004 年版。

张习明：《世界遗产学概论》，万人出版社 2004 年版。

张朝枝：《旅游与遗产保护——政府治理视角的理论与实证》，中国旅游出版社 2006 年版。

保罗・伊格尔斯等：《保护区旅游规划与管理指南》，张朝枝、罗秋菊译，中国旅游出版社 2005 年版。

张贵泉编：《平遥古城》，广东旅游出版社 2001 年版。

张广瑞主编：《生态旅游辨析与案例研究》，社会科学文献出版社 2004 年版。

张广瑞主编：《旅游规划的理论与实践》，社会科学文献出版社 2004 年版。

张晓、郑玉歆主编：《中国自然文化遗产管理》，社会科学文献出版社 2001 年版。

张晓主编：《加强规制：中国自然文化遗产资源保护管理与利用》，社会科学文献出版社 2006 年版。

张曙光：《制度、主体、行为——传统社会主义经济学反思》，中国财政出版社 1999 年版。

张涛：《秦始皇兵马俑》，艺术家出版社 1996 年版。

张骥：《国际政治文化学导论》，世界知识出版社 2005 年版。

张骥、刘中民等著：《文化与当代国际政治》，人民出版社 2003 年版。

张豔梅：《游访敦煌莫高窟——未湮没的宝藏》，上海古籍出版社 2004 年版。

曹南燕编：《世界文化和自然遗产——中国风景名胜区》，上海科学技术出版社 1997 年版。

曹泽林：《国家文化安全论》，军事科学出版社 2006 年版。

梁守德、李义虎主编：《全球化与和谐世界》，世界知识出版社 2007 年版。

梁思成：《拙匠随笔》，百花文艺出版社 2005 年版。

梁思成编：《中国建筑艺术图集》，百花文艺出版社 1999 年版。

梁思成：《图像中国建筑史》，梁从诫译，三联书店 2001 年版。

清华大学建筑学院编：《建筑师林徽因》，清华大学出版社 2004 年版。

莫大华：《建构主义国际关系理论与安全研究》，时英出版社 2003 年版。

约翰・谬尔：《我们的国家公园》，郭名倞译，吉林人民出版社 1999 年版。

郭彤：《布达拉宫・大昭寺・罗布林卡》，上海辞书出版社 2003 年版。

郭英之、刘凯、徐岩编：《颐和园》，广东旅游出版社 2002 年版。

郭万平：《世界自然与文化遗产》，浙江大学出版社 2006 年版。

郭树勇：《大国成长的逻辑：西方大国崛起的国际政治社会学分析》，北京大学出版社 2006 年版。

郭树勇：《建构主义与国际政治》，长征出版社 2001 年版。

郭树勇主编：《国际关系：呼唤中国理论》，天津人民出版社 2005 年版。

罗伯特·基欧汉：《新现实主义及其批判》，郭树勇译，北京大学出版社 2002 年 10 月。

陈文锦：《发现西湖：论西湖的世界遗产价值》，浙江古籍出版社 2007 年版。

伊恩·斯迈利、约翰·黑利著：《NGO 领导、策略与管理——理论与操作》，陈玉华译，社会科学文献出版社 2005 年版。

陈志刚：《江南水乡历史城镇保护与发展》，东南大学出版社 2001 年版。

陈来生编：《世界遗产在中国》，长春出版社 2006 年版。

陈金云编：《承德避暑山庄与外八庙》，广东旅游出版社 2001 年版。

陈从周：《中国名园》，台湾商务印书馆 1990 年版。

陈从周：《中国园林》，广东旅游出版社 1996 年版。

陈学勇编：《林徽因文存（三册）》，四川文艺出版社 2005 年版。

陶伟：《中国“世界遗产”的可持续旅游发展研究》，中国旅游出版社 2001 年版。

傅立民：《论实力：治国方略与外交艺术》，刘晓红译，清华大学出版社 2005 年版。

乔匀等：《中国古代建筑》，木马文化 2003 年版。

彭一刚：《中国古典园林分析》，中国建筑工业出版社 1986 年版。

彭澎主编：《和平崛起论——中国重塑大国之路》，广东人民出版社 2005 年版。

曾堉：《中国雕塑史纲》，南天书局民国 1986 年版。

曾萍萍等编：《群山峙千仞——中国名山》，锦绣出版社 1989 年版。

曾晓华编：《洛阳龙门石窟》，广东旅游出版社 2003 年版。

程万里主编：《中国建筑形制与装饰》，南天书局 1991 年版。

戴伦·J. 蒂莫西、斯蒂芬·W. 博伊德：《遗产旅游》，程尽能等译，旅游教育出版社 2007 年版。

云冈石窟文物研究所：《云冈石窟大事记》，文物出版社 2005 年版。

黄硕风：《大国较量：世界主要国家综合国力国际比较》，世界知识出版社 2006 年版。

黄德林等：《自然遗产保护法研究》，中国社会科学出版社 2006 年版。

黄慰文：《北京原人》，浙江文艺出版社 2005 年版。

黄泽金编：《历史名城》，北京当代世界出版社 1996 年版。

杨巨平主编：《保护遗产造福人类——世界文化遗产的保护与管理》，世界知识出版社 2005 年版。

杨永生编:《记忆中的林徽因》，陕西师范大学出版社 2004 年二版。

杨曼苏编:《国际关系基本理论道读》，中国社会科学出版社 2001 年版。

迈克·克朗:《文化地理学》，杨淑华、宋慧敏译，南京大学出版社 2003 年版。

罗杰·芬德利、丹尼尔·法伯:《环境法概要》，杨广俊、刘予华、刘国明译，中国社会科学出版社 1997 年版。

南希·阿德勒原著:《国际组织行为》，杨晓燕译，北京大学出版社 2004 年版。

万以诚、万山开选编:《新文明的路标——人类绿色运动史上的经典文献》，吉林人民出版社 2000 年版。

万霞:《国际环境保护的法律理论与实践》，经济科学出版社 2003 年版。

叶自成:《新中国外交思想：从毛泽东到邓小平——毛泽东、周恩来、邓小平外交思想比较研究》，北京大学出版社 2001 年版。

C. W. 沃特森:《多元文化主义》，叶兴艺译，吉林人民出版社 2005 年版。

保罗·鲍克斯:《地理信息系统与文化资源管理——遗产管理者手册》，董卫译，东南大学出版社 2001 年版。

董鉴泓、阮仪三:《名城文化鉴赏与保护》，同济大学出版社 1993 年版。

路秉杰:《天安门》，山东画报出版社 2004 年版。

邹统千主编:《古城、古镇与古村旅游开发经典案例》，旅游教育出版社 2005 年版。

亚历克斯·麦吉利夫雷:《改变世界的宣言——寂静的春天》，图娅译，三联书店 2005 年版。

荣新江:《敦煌学十八讲》，北京大学出版社 2001 年版。

熊炜:《庐山》，中国建筑工业出版社 1998 年版。

蒲娉:《当代世界中的国际组织》，当代世界出版社 2002 年版。

赵玲、牛伯忱:《避暑山庄及周边寺庙》，三秦出版社 2003 年版。

赵可金、倪世雄:《中国国际关系理论研究》，复旦大学出版社 2007 年版。

赵全胜:《解读中国外交政策》，月旦出版公司 1999 年版。

赵玲主编:《遗产保护与避暑山庄》，辽宁民族出版社 2006 年版。

赵淑静、吴琦、陈謇等编:《古典建筑研究和保护——罗哲文》，云南人民出版社 2004 年版。

赵贵林、赵桉:《大足石刻》，广东旅游出版社 2003 年版。

仪名海:《20 世纪国际组织》，北京广播学院出版社 2003 年版。

仪名海:《中国与国际组织》，新华出版社 2004 年版。

刘大椿、岩佐茂主编:《环境思想研究——基于中日传统与现实的回应》，中国人民大学出版社 1998 年版。

刘托:《濠镜风韵——澳门建筑》，文化艺术出版社 2005 年版。

刘沛林：《古村落——和谐的人聚空间》，上海三联书店 1997 年版。

刘东来等编：《中国的自然保护区》，上海科技教育出版社 1996 年版。

朱迪斯·戈尔茨坦、罗伯特·基欧汉编：《观念与外交政策——信念、制度与政治变迁》，刘东国、于军译，北京大学出版社 2005 年版。

刘红婴、王健民：《世界遗产概论》，中国旅游出版社 2003 年版。

刘湘溶：《人与自然的道德对话—环境伦理学的进展与反思》，湖南师范大学出版社 2004 年版。

刘临安：《中国古建筑文化之旅——陕西》，知识产权出版社 2004 年版。

葛蓝·艾波林：《文化遗产——鉴定保存与管理》，刘蓝玉译，五观艺术管理公司 2005 年版。

楼培敏主编：《世界文化遗产图典》，上海文化出版社 2002 年版。

楼庆西：《建筑摄影艺术（中国古代建筑篇）》，艺术家出版社 1994 年版。

乐嘉藻：《中国建筑史》，团结出版社 2005 年版。

欧之德：《世界瑰宝——丽江四方街》，解放军文艺出版社 2000 年版。

潘一禾：《文化与国际关系》，浙江大学出版社 2005 年版。

潘江：《中国的世界文化与自然遗产》，地质出版社 1995 年版。

滕藤、郑玉歆编：《可持续发展的理念、制度与政策》，社会科学文献出版社 2004 年版。

蒋高宸：《丽江——美丽的纳西家园》，中国建筑工业出版社 1997 年版。

蔡守秋、常纪文编：《国际环境法学》，法律出版社 2004 年版。

蔡宜中：《台湾地区古迹暨历史建筑保存修护相关研究及未来发展之探讨》，内政部建筑研究所 2001 年版。

郑玉歆、郑易生编：《自然文化遗产管理——中外理论与实践》，社会科学文献出版社 2003 年版。

郑伯庆、魏伟：《万里长城——地球上的飘带》，山东画报出版社 2004 年版。

郑易生、钱薏红：《深度忧患——当代中国的可持续发展问题》，北京今日中国出版社 1998 年版。

郑培凯主编：《口传心授与文化传承——非物质文化遗产：文献、现状与讨论》，广西师范大学出版社 2006 年版。

马尔科·卡塔尼契、雅斯米纳·特里福尼：《艺术的殿堂》，郑群等译，山东教育出版社 2004 年版。

卢风、刘湘溶主编：《现代发展观与环境伦理》，河北大学出版社 2004 年版。

温都尔卡·库芭科娃、尼古拉斯·奥鲁夫主编：《建构世界中的国际关系》，萧锋译，北京大学出版社 2006 年版。

萧魏、钱箭星：《寰球同此凉热 - 环境科学与人文》，安徽教育出版社 2002 年版。

阎文儒：《云冈石窟研究》，广西师范大学出版社 2003 年版。

阎学通、孙学峰：《中国崛起及其战略》，北京大学出版社 2005 年版。

詹姆斯・多尔蒂等：《争论中的国际关系理论》，阎学通、陈寒溪等译，世界知识出版社 2003 年 1 月。

龙宝麒：《联合国周边组织》，三民书局 1998 年版。

缪家福：《全球化与民族文化多样性》，人民出版社 2005 年版。

联合国教科文组织：《2002—2007 中期战略（中文版）》，联合国教育、科学及文化组织 2002 年版。

谢克：《中国浮屠艺术》，汉光文化事业公司 1987 年版。

谢春：《〈寂静的春天〉导读》，湖南科学技术出版社 2007 年版。

谢舜主编：《和谐社会：理论与经验》，社会科学文献出版社。

谢凝高主编：《人类的财富与骄傲：中国瑰宝》，上海锦绣文章出版社 2007 年版。

马格丽特・凯特、凯瑟琳・辛金克：《超越国界的活动家－国际政治中的倡议网络》，韩召颖、孙英丽译，北京大学出版社 2005 年版。

韩雪选编：《从多元到和谐——和谐社会的构建》，中央编译出版社 2006 年版。

谬家福：《全球化与民族文化多样性》，人民出版社 2005 年版。

魏小安、王洁平：《创造未来文化遗产》，中国人民大学出版社 2005 年版。

魏存成：《高句丽遗迹》，文物出版社 2002 年版。

魏迎春：《敦煌菩萨漫谈》，民族出版社 2004 年版。

魏伟：《天坛——皇家祭坛》，山东画报出版社 2004 年版。

魏斌主编：《寻找失落的世界遗产》，上海科学技术文献出版社 2004 年版。

罗佳明：《中国世界遗产管理体系研究》，复旦大学出版社 2004 年版。

罗哲文：《中国古园林》，中国建筑工业出版社 1999 年版。

罗哲文、杨永生主编：《失去的建筑》，中国建筑工业出版社 2002 年版。

罗哲文主编：《世界遗产在中国》（四册），和平出版社 2004 年版。

罗尉宣主编：《中国世界遗产大观》（三册），湖南地图出版社、湖南文艺出版社 2004 年版。

关越主编：《中国文化与自然遗产精华》，大象出版社 2005 年版。

严国泰：《历史城镇旅游规划理论与实务》，中国旅游出版社 2005 年版。

苏州市园林管理局编：《苏州古典园林》，上海三联书店 2000 年版。

苏明修编著：《美国之文化遗产保存与出版资料汇编》，文建会 1993 年版。

苏长和：《全球公共问题与国际合作：一种制度的分析》，上海人民出版社 2000 年版。

罗伯特・基欧汉：《霸权之后——世界政治经济中的合作与纷争》，苏长和、信强、何曜译，世纪出版集团 2001 年版。

苏新益主编：《中国的世界文化和自然遗产》，京中玉国际公司 2003 年月。

顾军、苑利：《文化遗产报告——世界文化遗产保护运动的理论与实际》，北京社会科学文献出版社 2005 年版。

期刊论文

尹章华：《文化资产保存国际立法之探讨》，《“立法院”院闻》第 29 卷第 8 期，2001 年 8 月。

尹章华：《文化资产保存国际法制之探讨——从保护世界文化和自然遗产公约谈起》，《“行政院”文化建设委员会》，《2002 年文建会文化论坛系列实录—世界遗产》2003 年。

尤・约奇勒托：《文物建筑保护的真实性之争》，刘临安译，《建筑师》1997 年第 78 期。

方长平：《国家利益分析的建构主义视角》，《教学与研究》2002 年第 6 期。

方长平、冯秀珍：《国家利益研究的范式之争：新现实主义、新自由主义和建构主义》，《国际论坛》第 4 卷第 3 期，2002 年 5 月。

王公龙：《温特建构主义理的贡献与缺失》，《世界经济与政治》2002 年第 5 期。

王世仁：《为保存历史而保护文物——美国的文物保护理念》，《世界建筑》2001 年第 1 期。

王正毅：《亚洲区域化：从理性主义走向社会建构主义？——从国际政治经济学的角度看》，《世界经济与政治》2003 年第 5 期。

王军：《梁陈方案的历史考察》，《建筑杂志》2002 年第 55 期。

王景慧：《论历史文化遗产保护之层次》，《社会科学研究》2002 年。

王逸峰：《观光部门眼中的世界遗产》，《2004 世界遗产研习讲座》，行政院文化建设委员会主办 2004 年。

王路力、王炳华：《自然、文化遗产保护事业与旅游业的相互促进》，《新疆社会科学》2002 年第 1 期。

王维周：《法国古迹与文化资产保存思考与实务操作——法国经验》，《空间》2001 年第 135 期。

王维周：《法国的世界人类遗产》，《“行政院”文化建设委员会》，《2002 年文建会文化论坛系列实录—世界遗产》，2003 年。

王莹：《中美风景区管理比较研究》，《旅游学刊》1996 年第 6 期。

王兴斌：《中国自然文化遗产管理模式的改革》，《旅游学刊》2002 年第 5 期。

王鑫：《生态旅游与永续旅游》，《推动永续生态观光研讨会实录》2000 年。

丘如华：《世界遗产沿革》，《“行政院”文化建设委员会》，《2002 年文建会文化论坛系列实录——世界遗产》，2003 年。

石之瑜：《做为艺术的政治学——兼评建构主义的科学哲学立场》，《美欧季刊》

2001 年第 15 卷第 2 期。

石之瑜：《现实主义国际政治学的知识脉络》，《问题与研究》2000 年第 39 卷第 7 期。

石之瑜：《新制度主义建构理性中国的成本》，《问题与研究》第 36 卷第 11 期，1997 年 11 月。

石雷、邹欢：《城市历史遗产保护 - 从文物建筑到历史保护区》，《世界建筑》2001 年第 6 期。

全华：《从武陵源看自然风景开发区的区域社会效应》，《经济地理》1994 年第 4 期。

西村幸夫：《发挥创意的历史纪念物活化与再利用》，《空间》第 138 期。

何传坤：《从世界文化遗产到台湾地区一级考古遗址》，"行政院"文化建设委员会，《2002 年文建会文化论坛系列实录——世界遗产》，2003 年。

吴明华：《从黄山看我国风景区管理》，《旅游学刊》1996 年第 2 期。

李光中：《自然文化景观保存与公众参与》，"行政院"文化建设委员会，2002 年文建会文化论坛系列实录—世界遗产，2003 年。

李晓东：《加强文化遗产保护的纲领性档—学习〈国务院关于加强文化遗产保护的通知〉》，《中国文物报》2006 年 3 月 3 日。

李颖：《西方建构主义国际关系理论评介》，《国际政治研究》2001 年第 4 期。

邢继盛：《试论建构主义的结构观》，《外交学院学报》2002 年第 2 期。

阮仪三：《登上世界历史文化遗产名录的平遥古城》，《城市规划汇刊》1998 年第 3 期。

阮仪三、林林：《文化遗产保护的原真性原则》，《同济大学学报》（社会科学版）2003 年第 14 卷第 2 期。

亚历山大·温特：《国际政治中的三种无政府文化》，《美欧季刊》2001 年第 15 卷第 2 期。

亚历山大·温特：《建构主义的发展空间》，秦亚青译，《世界经济与政治》2005 年第 1 期。

周俭、张恺：《历史文化遗产保护规划中建筑分类与保护措施》，《规划研究》2001 年第 25 卷第 1 期。

林育赐、胡念祖：《由国际法律文件论我国水下文化资产之保护与管理体制》，《东吴法律学报》1999 年第 11 卷第 2 期。

邵甬、阮仪三：《关于历史文化遗产保护制度的法制建设——法国历史文化遗产保护制度发展的启示》，《城市规划汇刊》2002 年第 139 期。

邱坤玄：《美国对中国崛起的认知与美中互动》，《展望与探索》2005 年第 3 卷第 11 期。

阿兰·马莱诺斯：《法国重现城市文化遗产价值的实践》，张恺译，《时代建筑》2000年第3期。

侯志仁：《文化地景保存——台湾本地之论述建构及与世界遗产体系接轨》，“行政院”文化建设委员会，《2002年文建会文化论坛系列实录——世界遗产》，2003年。

侯志仁：《来/去ICOMOS：站在世界遗产门前的台湾世界文化资产》，《2003年文建会文化论坛系列实录——世界遗产》，2003年。

姜睿：《旅游与遗产保护》，《商业研究》2001年第231期。

施子中：《从大国外交到和谐世界——中共外交战略之转变》，《展望与探索》2007年第5卷第1期。

洪惟助：《口术与无形人类遗产保存意义以〈百戏之祖〉昆曲为例》，“行政院”文化建设委员会，2002年文建会文化论坛系列实录—世界遗产，2003年。

纪俊臣：《文化资产保存法之修正与城乡文化建设》，《中国地方自治》2000年第53卷第9期。

纪俊臣：《台湾古迹管理之课题与方法》，《台湾文献》2001年第52卷第1期。

范菊华：《规范与国际制度安排：一种建构主义的阐释》，《现代国际关系》2002年第10期。

范菊华：《对建构主义的解析》，《世界经济与政治》2003年第7期。

夏铸九：《文化资产保存法民间版的意义》，《教师天地》1995年第76期。

孙溯源：《集体认同与国际政治———种文化视角》，《现代国际关系》2003年第1期。

徐嵩龄：《中国文化与自然遗产的管理体制改革》，《管理世界》2003年第6期。

徐嵩龄：《中国经济制度转型期的文物事业管理体制改革问题》，《数量经济与技术经济研究》2001年第11期。

秦亚青：《国际政治的社会建构—温特及其建构主义国际政治理论》，《美欧季刊》2001年第15卷第2期。

秦亚青：《国际体系的无政府性——读温特〈国际政治的社会理论〉》，《美国研究》2001年第2期。

秦亚青：《权力、制度、文化——国际政治学的三种体系理论》，《世界经济与政治》2002年第6期。

袁正清：《建构主义与外交政策分析》，《世界经济与政治》2004年9期。

袁正清：《国际关系理论的行动者——结构之争》，《国际政治》2003年第9期。

袁正清：《从安全困境到安全共同体：建构主义的解析》，《欧洲研究》2003年第4期。

常玉生：《坚持保护第一的科学指道方针》，《经济社会体制比较》2002年第2期。

张小明：《革命、修正和补充——评温特的〈国际政治的社会理论〉及其建构主义学说》，《欧洲》2001 年第 3 期。

张成渝、谢凝高：《世纪之交中国文化和自然遗产保护与利用的关系》，《人文地理》2002 年第 1 期。

张松：《历史城镇保护的目的与方法初探——以世界文化遗产平遥古城为例》，《城市规划》1997 年第 7 期。

张建新：《建构主义国际体系理论及其社会结构观》，《世界经济与政治》2002 年第 12 期。

张建新：《关于建构主义与其他国际关系理论的关系问题》，《世界经济与研究》2004 年第 7 期。

张晰竹：《自然文化遗产资源的管理体制与改革》，《数量经济与技术经济研究》2000 年第 9 期。

张晓：《世界遗产和国家重点风景名胜区分权化（属地）管理体制的制度缺陷》，《中国园林》2005 年第 7 期。

张晓：《国外国家公园和世界遗产管理经营评述》，《中国园林》1999 年第 5 期。

张晓：《对风景名胜区和自然保护区实行特许经营的探讨》，《中国园林》2006 年第 8 期。

张赛青：《危机与转机——近代日本文化资产保存政策发展概观》，《“国立”台湾博物馆年刊》2001 年第 44 期。

莫大华：《建构主义式的安全研究途径一哥本哈根学派与批判性安全研究学派之比较研究》，《复兴岗学报》2002 年第 74 期。

莫大华：《国际关系〈建构主义〉的原型、分类与争论——以 Onuf、Kratochwil 和 Wendt 的观点为分析》，《问题与研究》2002 年第 41 卷第 5 期。

莫大华：《国际关系理论大辩论研究的评析》，《问题与研究》2000 年第 39 卷第 12 期。

莫大华：《论国际关系理论中的建构主义》，《问题与研究》1999 年第 38 卷第 9 期。

郭树勇：《利用社会建构主义理论成果推动中国国际关系研究》，《世界经济与政治》2003 年第 4 期。

郭树勇：《试论建构主义及其在中国的前途》，《世界经济与政治》2004 年第 7 期。

郭琼莹：《世界自然资产之保育与环境规划设计——九寨沟之发展与经营策略》，北京第五届海峡两岸自然保育研讨会，2000 年。

郭琼莹：《从中国大陆之世界遗产看台湾推动文化遗产保护应有之视野》，“行政院”文化建设委员会，2002 年文建会文化论坛系列实录—世界遗产，2003 年。

傅朝卿：《世界文化遗产对台湾的启示——指定观念、修护与经营管理》，“行政院”文化建设委员会，2002年文建会文化论坛系列实录—世界遗产，2003年。

曾梓峰：《工业文化遗产再利用与地方活化——德国鲁尔区再发展的经验》，“行政院”文化建设委员会，2002年文建会文化论坛系列实录—世界遗产，2003年。

童登金：《世界自然文化遗产保护管理的思考》，《社会科学研究》2002年第3期。

黄旻华：《评〈论国际关系理论中的建构主义〉》，《问题与研究》2000年第39卷第11期。

杨娇黵：《教科文组织与少数文化遗产——中国云南丽江申报世界文化遗产历程与影响》，“行政院”文化建设委员会，2002年文建会文化论坛系列实录—世界遗产，2003年。

叶庭芬：《历史保育与文化旅游间的策略联盟——由亚洲历史名城谈起》，2002年文建会文化论坛系列实录—世界遗产，2003年。

詹奕嘉：《观念在国际政治中的作用》，《国际政治科学》2006年第4期。

汉宝德：《文化资产保存法亟待修补》，《国家政策论坛》2001年第1卷第4期。

臧振华：《考古遗址的保护：当前我国文化资产保存工作中的一个重要课题》，中研院民族学研究所集刊第89期，2000年6月。

赵中枢：《从保护文化遗产国际文献谈北京旧城保护与整治》，《北京社会科学》2000年第1期。

齐士峥：《世界自然遗产的保存与维护》，2003年文化论坛世界遗产系列讲座，“行政院”文化建设委员会主办，2003年。

刘永涛：《西方新现实主义理论与建构主义批评》，《世界经济与政治》1998年第11期。

欧阳怀龙：《庐山近代建筑史研究和世界自然与文化遗产的申报》，《建筑学报》1996年第11期。

郑端耀：《国际关系〈社会建构主义理论〉评析》，《美欧季刊》2001年第15卷第2期。

卢业中：《主要国际关系理论中新现实主要、新自由制度主义与建构主义之比较研究》，《中山人文社会科学期刊》2001年第9卷第2期。

卢业中：《论国际关系理论之新自由制度主义》，《问题与研究》2002年第41卷第2期。

萧全政：《论中共的〈和平崛起〉》，《政治科学论丛》2004年第22期。

阎亚宁：《中国大陆申报世界遗产的工作经验——以苏州园林为例》，“行政院”文化建设委员会，2002年文建会文化论坛系列实录—世界遗产，2003年。

薛琴：《推动世界遗产的策略》，“行政院”文化建设委员会，2002年文建会文化论坛系列实录—世界遗产，2003 年。

谢凝高：《世界遗产不是摇钱树》，《地理知识》2000 年第 2 期。

谢凝高：《世界遗产不等于旅游资源》，《北京城市规划》2001 年第 6 期。

谢凝高：《世界遗产的保护与利用》，《旅游学刊》2002 年第 17 卷第 6 期。

谢凝高：《国家重点风景名胜区若干问题探讨》，《规划师》2003 年第 19 卷第 7 期。

韩念勇：《中国自然保护区可持续管理政策研究》，《自然资源学报》2000 年第 3 期。

颜亮一：《从国族遗产到世界遗产—全球化时代的历史保存》，“行政院”文化建设委员会，2002 年文建会文化论坛系列实录—世界遗产，2003 年。

学位论文

王宜禛：《从建构主义的“国家利益”观分析两岸经贸互动关系之研究》，淡江大学国际事务与战略研究所硕士论文，2004 年。

王明慧：《我国世界遗产法制建立之研究》，海洋大学海洋法律研究所硕士论文，2003 年。

沈采莹：《我国古迹保存法制之现况与展望——以文化资产保存法中古迹保存规定为中心》，台北大学法律学系硕士论文，2002 年。

林森昌：《联合国教科文组织推动世界遗产公约之研究》，中兴大学国际政治研究所硕士论文，2004 年。

侯沛芸：《世界遗产推广教育策略研拟之研究》，台湾大学地理环境资源学研究所硕士论文，2004 年。

洪睿珍：《历史遗迹连结保存方式之研究》，淡江大学建筑学系硕士论文，2001 年。

范君凯：《国际法上文化财之保护与返还》，东吴大学法律学系硕士论文，2000 年。

张志铭：《美中互动下的亚太安全建构——从温特（Alexander Wendt）建构主义解析》，淡江大学国际事务与战略研究所硕士论文，2004 年。

曹清华：《冷战结束以来美国对中共关系定位调整之研究——社会建构主义之诠释》，政治大学外交学系硕士论文，2004 年。

陈士勳：《后冷战时期中共“睦邻外交”之研究——一个“社会建构主义理论”的观点》，淡江大学国际事务与战略研究所硕士论文，2004 年。

陶伟：《中国“世界遗产”的可持续旅游发展研究》，中国社会科学院地理研究所博士论文，2000 年。

黄光廷：《中国大陆城市文化遗产保护与旧城更新研究——以镇江市发展与西津渡历史街为例》，台湾大学建筑与城乡研究所硕士论文，2003 年。

黄旻华：《国际关系批判理论的重建与评论——科学实存论的观点》，中山大学政治学研究所硕士论文。1998 年。

叶定国：《论台湾的国家安全——一个国际关系建构主义观点的研究》，中山大学中山学术研究所博士论文，2003 年。

荣芳杰：《从英、美二国古迹组织探讨台南市公有古迹经营管理策略之研究》，成功大学建筑学系硕士论文，2000 年。

魏明哲：《水下文化遗产立法保护管理之研究》，海洋大学海洋法律研究所硕士论文，2000 年。

辞书年鉴

中国文化年鉴编辑委员会编：《中国文化遗产年鉴 2006》，文物出版社 2006 年版。

中国世界遗产年鉴编纂委员会：《中国世界遗产年鉴 2004》，中华书局 2004 年版。

王六喜主编：《新编国际组织词典》，贵州人民出版社 2001 年版。

北京大学世界遗产研究中心：《世界遗产相关文件选编》，北京大学出版社 2004 年版。

行政院文化建设委员会编：《2002 年文建会文化论坛系列实录 – 世界遗产》，“行政院”文化建设委员会，2003 年。

行政院文化建设委员会编：《2003 年文建会文化论坛系列实录 – 世界遗产》，“行政院”文化建设委员会，2003 年。

爱德华·露西 – 史密斯：《艺术词典》，殷企年、严军、张言梦译，生活·读书·新知三联书店版 2005 年版。

高树勋主编：《中国文化法规、机构》，文化艺术出版社 1999 年版。

国家文物局编：《中国历史文化名城词典》，上海辞书出版社 1997 年版。

国家文物局编：《中华人民共和国文化遗产保护法律文件选编》，文物出版社 2007 年版。

国家文物局法制处编：《国际保护文化遗产法律文件选编》，紫禁城出版社 1993 年版。

陈志华：《古迹保存文献与规章》，建筑情报社 2003 年版。

陈从周主编：《中国园林鉴赏辞典》，华东师范大学出版社 2001 年版。

《国际历史保存与古迹维护——宪章、宣言、决议文、建议文》，傅朝卿编译，台湾建筑与文化资产出版社 2002 年版。

单树模主编：《中国名山大川辞典》，山东教育出版社 1992 年版。

杨宇光主编：《联合国辞典》，黑龙江人民出版社 1998 年版。

联合国教科文组织世界遗产中心、国际古迹遗址理事会、国际文物保护与修护研究中心、中国国家文物局主编：《国际文化遗产保护文件选编》，文物出版社 2007 年版。

饶戈平、张献主编：《国际组织通览》，世界知识出版社2004年版。

报刊杂志

中国文化遗产

中国文物报

中华遗产

世界遗产（中文版）

联合国纪事（中文版）

英 文

书 籍

Albrigh, Horace M., *Creating the National Park Service: The Missing Year*. Oklahoma: University of Oklahoma Press, 1999.

Aplin, Graeme., *Heritage-Identification, Conservation and management*. Oxford: Oxford University Press, 2002.

Ashworsh, G. J. & P. J. Larkham (ed.), *Building a New Heritage: Tourism Culture and Identity in New Europe*. London: Routledge, 1994.

Baldwin, David., *Economic Statecraft*. New Jersey: Princeton University Press, 1985.

Baldwin, David., *Neorealism and Neoliberalism: the Contemporary Debate*. New York: Columbia university Press, 1993.

Boorsma, Peter B., Annemoon van. Hemel & Niki. ed. Wielen. *Privatization and Culture*. Dordrecht: Kluwer, 1998.

Booth, Kenneth and Steve Smith., *International Relations Today*. Cambridge: State Press, 1995.

Brown, *Harold Thinking about National Security*. Boulder, Colorado: Westview Press, 1983.

Brownlie, Ian., *Principles of Public International Law*, Oxford: Oxford University Press, 1998.

Bruttomess, Rinio (ed.), *Water and Industrial Heritage: The Reuse of Industrial and Port Structures in Cities on Water*. Venice: Marsilio Editori, 1999.

Buzan, Barry., Ole Waver and Jaap de Wilde. *Security: A New Framework for Analysis*. Boulder, Colorado: Lynne Rienner Publishers, 1998.

Carr, Edward H., *Twenty Years'Crisis*, 1919 ~ 1939: *An Introduction to the Study of International Relations*. London: Macmillan, 1948.

Cattaneo, Marco & Jasmina Trifoni., *Ancient Civilizations : World Heritage Sites*. Vercell (Italy): White Star, 2004.

Cattaneo, Marco & Jasmina Trifoni., *The Great Book of World Heritage Sites*. Vercell (Italy): White Star, 2005.

Christiansen, Thomas., Jorgensen, Knud Erik and Antje Wiener (eds.) *Social construction of Europe*. London: Sage Publications Ltd., 2001.

Cleere, Henry (eds.), *Archaeological Heritage Management in the Modern World*. London; Boston: Unwin Hyman, 1989.

Cleere, Henry., *Approaches to the Archaeological Heritage: a Comparative Study of World Cultural Resource Management Systems*. New York, 1984.

Dougherty, James E., and Robert L. Pfaltzgraff. *Contending Theories of International Relations: A Comprehensive Survey*. New York: Longman, 2001.

Dromgoole, Sarah., *Legal Protection of the Underwater Cultural Heritage: National and International Pespectivesiv*. The Hague/Boston; Kluwer Law International, 1999.

Feildon, B. M., 7 Jokilehto, *Management Guideliness for World Cultural Heritage Sites*. Rome: ICCROM, 1993.

Fierke, Karin M., and Knud Erik (eds.) *Constructing International Relations: the Next Generation*. New York: M. E. Sharpe, 2001.

Fowler, P. J., *World Heritage Series n°6 - World Heritage Cultural Landscapes* 1992—2002. Paris: UNESCO-WHC, 2003.

Frank, T. M., *Fairness in International Law and Institutions*. Oxford, 1995.

Gilpin, Robert., *War and Change of World Politics*. Cambridge: Cambridge University Press, 1981.

Groth, Paul and W., Bressi Todd (eds.) *Understanding Ordinary Landscapes*. New Haven and London: Yale University Press. 1997.

Haking, Ian., *Social Construction of What?*. Cambridge, MA: Harvard University Press, 1999

Harrison, R., *Manual of Heritage Management*. London: Butterworth-Heinemann, 1994.

Hatch, C. R., *The Scope of Social Architectural History*. New York: Van Nostrand Reinhold Company, 1984.

Hayden, Dolores., *The Power of Place: Urban Landscapes as Public History*. Cambridge, Mass.: The MIT Press. 1995.

Hillary, Annie., Marjaana Kokkonen & Lisa Max. (eds.) *World Heritage Series n°4 - Proceedings of the World Heritage Marine Biodiversity*. Paris: UNESCO-WHC, 2003.

Hockings, Marc., Sue Stalton. Dudley Nigel. and Ieff Parrish (eds.) *UNF/UNESCO/IUCN Project: The Enhancing Our Heritage Toolkit-Book* 1., United Nation: Basic Facts about the United Nation, 2002.

Hutt, Sherry., *Heritage Resources Law: Protecting the Archeological and Cultural Environment*. New York: J. Wiley, 1999

Ingerson, Alice E., *Changing Approaches to Cultural Landscapes*. LANGUAGE/HIST1. HTM. 2000.

Jackson, John Brinckerhoff., *Discovering the Vernacular Landscape*. New Haven and London: Yale University Press. 1984.

Johnston, Alastair Iain., *Culture Realism: Strategic Culture and Grand Strategy in Chinese History*. Princeton Studies in International History and Politics, 1998.

Jones, Barclay G., *Protecting Historic Architecture and Museum Collections from Natural Disasters*. Boston: Butterworths, c1986.

Kakar, Fazal Dad., *Cultural heritage*. IUCN, The World Conservation Union, 2000.

Katzenstein, Peter (eds.), *The Culture of National Security: Norms and Identity in World Politics*. NY: Columbia University Press, 1996.

Katzenstein, Peter J. (eds.), *The Culture of National Security: Norms and Identity in World Politics*. Columbia University Press, 1996.

Keohane, Robert O., *After Hegemony: Cooperation and Discord in the World Political Economy*. New Jersey: Princeton University Press, 1984.

Keohane, Robert O., (eds.), *Neorealism and Its Critics*. New York: Columbia University Press, 1986.

Kim, Samuel S. (eds.), *China and the World*. Colorado: Westview Press, 1994.

Kim, Samuel S. (eds.), *Chinese Foreign Policy Faces the New Millennium*. Colorado: Westview Press, 1998.

Kubalkova, Veedulka., Nicholas G. Onuf and Paul Kowert (eds.) *International Relations in a Constructed World*. New York: ME Sharpe, 1998.

Lapid, Yosef., and Friedrich Kratochwil, (eds.) *The Return of Cluture and Identity in IR Theory: Critical Perspectives on World Politics*. Boulder: Lynne Rienner, 1996.

Larsen, K. E. & N. Marstein (eds.), *Conference on Authenticity in Relation to the World Heritage Convention*. Norway: Tapir Forlag, 1994.

Lea, John., *Tourism and Development in Third World*. London: Routedge, 1988.

Leask, Anna & Alan Fyall., *Managing World Heritage Sites*. Oxford: Butterworth-Heinemann, 2006.

Lutyk, Carol Bittig., *Our world's heritage*. Washington D. C.: National Geographic Society, 1987.

Mathieson, Alister & Geofferey Wall., *Tourism: Economic Physical and Social Im-*

pacts. London: Longman, 1982.

Mckercher, Bob & Hilary Du Cros., *Cultural Tourism: The Partnership Between Tourism and Cultural Heritage Management.*, Binghamton, NY: Haworth Hospitality Press, 2002.

Meisner, Maurice., *Mao's China and After: A History of the People's Republic.* New York: The Free Press, 1999.

Minors, C., *Listed Buildings and Conservation Areas.* London: Longman, 1989.

Morgenthau, Hans J., *Politics among Nations: Struggle for Power and Peace.* New York: Knopf, 1948.

Murphy, J. David., *Pluneer and Preservation: Cultural Property Law and Practice in the People's Republic of China.*, HK/Oxford/NY: Oxford University Press, 1995.

Murtagh, W. J., *Keeping Time- the History and Theory of Preservation in America.* Pittstown, New Jersey: The Main Street Press, 1988.

Nathan, Andrew J., *China's Transition.* New York: Columbia University Press, 1997.

North, Douglass C., *Institutions, Institutional Change and Economic Performance.* New York: Cambridge University Press. 1990.

Nye, Joseph S., *Bound to Lead.* New York: Basic Books Inc, 1990.

O'keefe, Paterick., J, Shopwreck (eds.) *Heritage: A Commentary on the UNESCO Convention on Underwater Cultural Heritage, Leicester.*, England: Institute of Art and Law, 2002.

Oakes, Lorna., *Temples and Sacred Sites of Ancient Egypt.* London: Anness Publishing Ltd., 2003.

Oers, R. van & S., Haraguchi (eds.) *World Heritage Series n°5 - Identification and Documentation of Modern Heritage.* Paris: UNESCO-WHC, 2003.

Party, Marc (eds.), *World Heritage Series n°16 - World Heritage at the Vth IUCN World Parks Congress.* Paris: UNESCO-WHC, 2005.

Peacock, Alan. (eds.), *Does the past Have a Future: The Political Economy of Heritage.* London: The Institute of Economic Affairs, 1998.

Pedersen, Arthur., *World Heritage Series n°1 - Managing Tourism at World Heritage Sites: a Practical Manual for World Heritage Site Managers.*, Paris: UNESCO-WHC, 2002.

Phares, Jehanne & Cynthia Guttman,. *World Heritage Series n°2 - Investing in World Heritage: Past achievements, A guide to International Assistance.* Paris: UNESCO-WHC, 2002.

Pickard, Robert., *Policy and Law in Heritage Cconservation.* London ; New York :

Spon Press, 2001.

Pressouyre, Leon., *The World Heritage Convention, Twenty Years Later*. Paris: UNESCO Publishing, 1996.

Prizam, A. & Y., Mansfed. *Consumer Behavior in Travel and Tourism*. New York: The Haworth Press, 1999.

Rapopor, Amos., *The Mutual Interaction of People and Their Built Environment : a Cross-cultural Perspective*. The Hague : Mouton ; Chicago : distributed in the USA and Canada by Aldine, 1976.

Rettie, Dwight F., *Our National Park System*. University of Illionis Press, 1995.

Richardson, Tim., *The Garden Book*. London: Phaidon Press Limited, 2000.

Rizzo, Michael hutter Ilde. (eds.), *Economic Perspectives on Cultural Heritage*. London: MacMillan, 1997.

Robert, Adam & Benedict Kingsbury. (eds.), *Unided Nations, Divided World: The UN's Role in International Relations*. Oxford: Clarendon Press, 1993.

Robinson, Thomas W. & David Shambaugh. (eds.), *Chinese Foreign Policy*. Oxford: Clarendon Press, 1994.

Robinson, Thomas W. and David Shambaugh (eds.), *Chinese Foreign Policy: Theory and Practice*. Oxford: Clarendon Press, 1997.

Ross, M., *Planning and Heritage*. London: E & P. N. Spon, 1991.

Searle, John., *The Social Construction of Reality*. New York: The Free Press, 1995.

Sellars, Richard W., *Preserving Nature in the National Parks*. Ale University Press, 1997.

Serageldin, I. E., Shluger & J. Martin-Brown (eds.), *Historic Cities and Sacred Sites-Cultural Roots and urban Future*. Washington D. C. : The World Bank, 2001.

Skira Editore and UNESCO, *World Heritage - Archaeological Sites and Urban Centres*. Paris: UNESCO, 2002.

Skira Editore and UNESCO, *World Heritage - Monumental Sites*. Paris: UNESCO, 2003.

Srinivasan, Doris Meth., *The Cultural Heritage*. general editor. Published by Manohar Publications for American Institute of Indian Studies, 1989.

Steblecki, Joseph C., *International Seminar on Culture and Development : Summary of Pproceedings*. Zimbabwe: Harare, 1994.

Stierlin, Henri., *Unfolding History: Great Monuments of Ancient World*. London: Thamas & Hudson, 2005.

Strati, A., *The Protection of the Underwater Cultural Heritage: An Emerging Objective of the Contemporary Law of the Sea*. Martinus Nijhoff Publishers, The Hague, 1995

Thorsell, J. , *Review of Natural Sites included in the World Heritage List and Tentative Lists: preliminary Results*. Paris: UNESCO, 2002.

Thorsell, J. , *World Heritage Convention: Effectiveness 1992—2002 and Lessons for Governance*. Background Paper Prepared for Parks Canada Workshop on Governance of Protected Areas, World Park Congress, Durban, S. A. 2003, 2002.

Thorsell, J. , *World Heritage Natural Sites. : Some Suggestions for Conduct for Ffield Inspection and Preparation of Technical Evaluation Reports*. IUCN/WCPA, 1999.

Tofle. , Ruth Brent, *Living with History: Aninvestigation of the Experience of Living in a Historic Distric*. University of Missouri-Columbia, 2001.

Toman, Jiri, *The Protection of Cultural Property in the Event of Armed Conflict*. Dartmouth, 1996.

UNESCO, *UNESCO What it is, What it does*. Paris: UNESCO, 2003.

UNESCO, *Background Materials on the Protection of the Underwater Cultural Heritage*. Paris: UNESCO, 2002.

UNF/UNESCO/TUCN UNESCO/TUCN *Enhancing Our Heritage Project: Monitoring and Management for Success in Natural World Heritage Sites*. Initial Management Effectiveness Evaluation report: Keoladeo National park, India. July 2003, 2003.

Waltz, Kenneth N. , *Man, the State and War*. New York: Columbia University Press, 1959.

Waltz, Kenneth. , *Theory of International Politics*. MA: Addison-Wesley, 1979.

Wang, Huei-Ming and Leslie Hsieh. *Encouraging Community to Define Historic Preservation*. Manuscript. 2001.

Weinberg, N. , *Preservation in American towns and Cities*. Colorado: Westview press, 1979.

Wendt, Alexander. , *Social Theory of International Politics*. Cambridge: Cambridge University Press, 1999.

Wolfensohn, J. D. , etc, *Cultural Counts-Financing, Resources and Economics of Cultural in Sustainable Development*. , Washington D. C. : The World Bank, 2000.

World Heritage Center, *Brief Descriptions of the Properties Inscribed on The World Heritage List*. Paris: UNESCO-WHC, 2005.

World Heritage Center, *Operational Guidelines for the Implementation of the World Heritage Convention* 2005. Paris: World Heritage Center, 2005.

World Heritage Center, *Properties Inscribed on The World Heritage List*. Paris: UNESCO-WHC, 2005.

World Heritage Center, *World Heritage Series n°10 - Monitoring World Heritage*. Paris:

UNESCO-WHC, 2003.

World Heritage Center, *World Heritage Series n°12 - The State of World Heritage in the Asia-Pacific Region* 2003. Paris: UNESCO-WHC, 2004.

World Heritage Center, *World Heritage Series n°13 - Linking Universal and Local Values: Managing a Sustainable Future for World Heritage*. Paris: UNESCO-WHC, 2004.

World Heritage Center, *World Heritage Series n°7 - Cultural Landscapes: the Challenges of Conservation*. Paris: UNESCO-WHC, 2003.

World Heritage Center, *World Heritage Series n°8 - Mobilizing Young People for World Heritage*. Paris: UNESCO-WHC, 2003.

World Heritage Center, *World Heritage Series n°9 - Partnerships for World Heritage Cities*. Paris: UNESCO-WHC, 2003.

Young, Gillian., *International Relational Realtions in A Global Age*. Cambridge: Polity Press, 1999.

期刊论文

Alker, Hayward R., "On Learning from Wendt." *Review of International Studies*, Vol.26, 2000, pp.141—150.

Baldwin, David. "The Concept of Security." *Review of International Studies*, Vol.23, No.1, 1997, pp5—26.

Blake, Janet." The Protection of the Underwater Cultural Heritage." *International and Comparative Law Quarterly*, Vol.45, October 1996, pp.819—843.

Buzan, Barry. and Richard Little. "Why International Relations has Failed as an Academic Project and What to do about it." Millennium: Journal of *International Studies*, Vol. 30, No.1, 2001, pp.19—39.

Checkel, Jeffery T., "The Constructivist Turn in International Relations Theory." review article, *World Politics*, Vol.50, January, 1998, pp.324—348.

Collin, Robin Morris." The Law and Stolen Art, Artifacts, and Antiquities." *Howard Law Journal*, Vol.36, 1993, pp.17—42.

Dromgoole, Sarah. *Law and Underwater Cultural Heritage: A Legal Framework for the Protection of the United Kingdom (Shipwrecks)*, Ph. D. Dissertation, the University of Southampton, 1993.

Drost, Anne. "developing Sustainable Tourism for World Heritage Sites." *Annals of Tourism Research*, Vol.23, No.2, 1996, pp.479—492.

Farrell, Theo. "Constructivist Security Studies: Portrait of a Research Program." *International Studies Review*, Vol.4, Issue 1, Spring 2002, pp.49—72.

Finnemore, Martha. "Norms, Culture, and World Politics: Insight from Sociology's

Institutionalism." *International Organization*, Vol. 52, No. 2, Spring, 1998, pp. 325—347.

Herbert, David." Literary Places, Tourism and the Heritage Experience." *Annals of Tourism Research*, Vol. 28, No. 2, 2001, pp. 321—333.

Hopf, Ted. "The Promise of Constructivism in International Relations Theory." *International Security*, Vol. 23, No. 1, Summer, 1998, pp. 171—120.

Katzenstein, Peter. Keohane, Robert and Krasner, Stephen. "International Organization and the Study of World Politics." *International Organization*, Vol. 52, No. 4, 1998, pp. 645—685.

Keohane, Robert & Joseph Nye Jr. "Power and Interdependence in the Information Age." *Foreign Affairs*, September/October, 1998, pp. 81—94.

Mearsheimer, John J. "The False Promise of International Institutions." *International Security*, Vol. 19, No. 1, Winter, 1994/1995, pp. 5—49.

Milner, Helen V. "International Theories of cooperation among Nations." W*orld Politics*, vol. 44, No. 3 (April 1992), pp. 466—496.

Nafziger, James A. R." The Underlying Constitutionalism of the Law Goverming Archaeological and Other Cultural Heritage." *Willamette Law Review*, 581, fn a 1994.

Nye, Joseph Jr. & William Owens. "America's Information Edge." *Foreign Affairs*, March/April, 1996, p. 20—36.

Nye, Joseph Jr. "Neorealism and Neoliberalism." *World Politics*, Vol. 50, No. 1, 1988, pp. 235—251.

Nye, Joseph Jr. "Redefining the National Interest." *Foreign Affairs*, July/August, 1999 p. 22—35.

Nye, Joseph Jr. "Soft Power." *Foreign Policy*, Issue 80, Fall, 1990, pp. 153—171.

Nye, Joseph Jr. "The Changing Nature of World Power." *Political Science Quartly*, Vol. 105, No. 2, 1990, pp. 177—192.

Nye, Joseph Jr. "The Decline of America's Soft power." *Foreign Affairs*, May/June, 2004, pp. 13—21.

O'Keefe, P. J. "Protecting the Underwater Cultural Heritahe: The International Law Association Draft Convention." *Marine Policy*, 1996 (20), pp. 297—301.

Palan, Ronen P. "A World of Their Making: an Evaluation of the Constructivist Critique in International Relations." *Review of International Studies*, vol. 26, No. 4, 2000, pp. 575—598.

Palan, Ronen. "A World of Their Marking: An Evaluation of Constructivist Critique in

International Relations." *Review of International Studies*, Vol. 26, Issue 4 (Oct. 2000), pp. 575—598.

Pecoraro, Thomas W. "Choice of Law in Litigation to Recover National Cultural Property: Efforts at Harmonization in Private International Law." *Virginia Journal of International Law*, 1990 (1), pp1—51.

Ruggie, John G. "What Makes the Would Hang Together? Neo-Utilitarianism and the Social Constructivist Challenge." *International Organization*, Vol. 52, No. 4, Autumn, 1998, pp. 855—885.

Wall, G. & W. Nuryanti. "Heritage and Postmodern Tourism." *Annals of Tourism Research*, Vol. 25, No. 2, 1996, Special Issue.

walt, Stephen. "International Relations, One World, Many Theories." *Foreign Policy*, Spring, 1998, pp. 29—47.

Wendt, Alexander and Raymond Duvall. "Institutions and International Order." in Czempiel, Ernst-Otto and Rosenau, James N. (ed.) *Global Changes and Theoretical Challenges: approaches to world politics for the 1990s*. Lexington, Mass.: Lexington Books, 1989.

Wendt, Alexander. "Anarchy is What States Make of It." *International Organization*, Vol. 46, No. 2. Spring, 1992, pp. 391—425.

Wendt, Alexander. "Collective Identity Formation and the International State." *American Political Science Review*, Vol. 88, No. 2, June, 1994, pp. 384—425.

Wendt, Alexander. "Constructing International Politics." *International Security*, Vol. 20, Issue 1, Summer, 1995, pp. 71—81.

Wendt, Alexander. "The Agent-Structure Problem in International Relations Theory." *International Organization*, Vol. 41, 1987, pp. 335—370.

报刊杂志

Asian Academy for Heritage Management Newsletter

The world Heritage Newsletter

World Heritage Review

世界遗产年报（日文）

网际网络资源

中国文物信息网　http://www.ccrnews.com.cn/

中国世界遗产网　http://www.cnwh.org/

中国国际关系研究网　http://www.sinoir.com/

中国国关在线　http://www.irchina.org/

中国联合国教科文组织全国委员会 http://www.unesco.org.cn/
中华民国保护世界遗产协会 http://www.what.org.tw/
中华遗产网 http://www.cnheritage.com/
日本文化财保护艺术研究助成财团 http://www.bunkazai.or.jp/
日本文化遗产保护协力事务所 http://www.nara.accu.or.jp/
日本联合国教科文组织联盟 http://www.unesco.or.jp/
世界古迹纪念物基金（WMF） http://www.wmf.org/
世界遗产亚太管理焦点网 http://www.heritage.gov.au/apfp/
世界遗产旅游网 http://www.world-heritage-tour.org/
世界遗产教育网 http://www.unescobkk.org/culture/wheducation/
世界遗产都市联盟（OWHC） http://www.ovpm.org/
世界遗产资讯网 http://www.wcmc.org.uk/whin/
世界遗产遗址网 http://www.worldheritagesite.org/
世界环境保护监测中心（WCMC） http://www.unep-wcmc.org/
北欧世界遗产基金会 http://www.nwhf.no/
西班牙世界遗产网 http://www.cyberspain.com/ciudades-patrimonio/ihom.htm/
亚洲遗产管理学院 http://www.unescobkk.org/culture/asian-academy/
奈良文化财研究所 http://www.nabunken.go.jp/
东京文化财研究所 http://www.tobunken.go.jp/
法国建筑及遗址理事会 http://www.culture.gouv.fr/culture/da.htm/
法国国家纪念物中心 http://www.monument-france.fr/
美国国家公园网 http://nationaltrust.org/
英国自然环境网 http://english-nature.org.uk/
英国遗产网 http://www.english-heritage.org.uk/
纽西兰世界遗产网 http://www.doc.govt.nz/cons/world.htm/
国际工业遗产保护委员会（TICCIH） http://www.mnactec.com/ticcih/
国际文物保护与修护研究中心（ICCROM） http://www.iccrom.org/
国际古迹遗址理事会（ICOMOS） http://www.icomos.org/
国际自然保育联盟（IUCN） http://www.iucn.org/
国际博物馆协会（ICOM） http://icom.museum/
意大利宗教建筑遗址网 http://www.cittadinitalia.it/fec/idex_ fec.html/
欧洲遗产委员会 http://www.european-heritage.net/
欧盟自然遗产网 http://www.eurosite-nature.org/
澳洲自然环境遗产遗址网 http://www.ea.gov.au/heritage/
澳洲遗产网 http://www.heritage.gov.au/

联合国教科文组织（UNESCO） http：//portal. unesco. org/

联合国教科文组织大学和遗产论坛 http：//forumunesco. upv. es/

联合国教科文组织世界遗产中心（WHC） http：//www. whc. unesco. org/

联合国教科文组织亚太文化中心（ACCU for UNESCO） http：//www. accu. or. jp/

联合国教科文组织亚太文化网 http：//www. unescobkk. org/culture/

联合国环境规划署（UNEP） http：//www. unep. org/

后　　记

博士论文即将由中国社会科学出版社出版，深感荣幸。自从由台北的政治大学博士毕业以来，原就有将论文公开印行的计划，然囿于机缘不足，一直未能付诸实现。此次蒙中国社会科学院张晓教授与中国社会科学出版社任明主任鼎力相助，终能一偿夙愿，并且在北京首先出版，内心倍觉欣喜。

博士论文系于2008年通过，距今已五年有余。在付梓之前，念兹在兹的是，当否将全文重新修正，以呈现世界遗产体系及其在中国大陆最新的发展样貌。惟考量再三，最终仍决定暂不修订。原因一来是此举耗日费时，恐非在短期之内得以完成；二来是世界遗产的相关资料与数据随时处于变动状态，除非年年更订再版，否则根本没有保持常新的可能性。与之相较，更为关键的当是检视文本的整体结构与论述脉络是否仍能契合目前现实的发展，果若答案是肯定的，那么维持原文面世也就不成大问题。幸运的是，综观论文的结构及脉络，于今仍可用以衡酌世界遗产建制与其在中国大陆发展的实况，迄未脱节过时，对于相关的课题也还保有相当程度的参考价值。因此维持论文原貌交付印行，似无未妥，也可为斯时的发展历程留下忠实记录，惟有附录各项文件资料删略。毕竟最新的文件、数据与资料，拜全球资讯流通发达便利之赐，绝大部分可经公开方式如官方公报、新闻传媒、专书与期刊等多重管道取得，特别是运用网络等现代电子科技，即使足不出户都可印证比对各种资料，对研究者和有兴趣的读者都不是难题。

在各种资料通路中，个人最为推荐的是世界遗产中心的网站（http：//whc. unesco. org/），也就是联合国教科文组织的世界遗产官网。经过多年有心经营和资料积累，世界遗产中心网站已是全球世界遗产工作者与研究者的圣地。现存的资讯数量令人叹为观止，无论是公约文本与相关法规修订历程、各缔约国世界遗产事业发展进程、世界遗产地保护管理进展、乃至历届公约缔约国大会与世界遗产委员会的会议文书及决议文等，都巨细靡遗的置于网上，公开由全球各角落的人民无偿自由取得。近年来更于图文之外，增添生动多元的影音资讯，可谓取用不尽的大宝库。其他网络通道亦有许多参考资讯，不复赘言。

另晚近世界遗产建制的发展情形，择要补充如次。

联合国教科文组织前任总干事松浦晃一郎在2009年卸任，由保加利亚籍外交官伊琳娜·博科娃（Irina Bokova）于参选9人中脱颖而出，当选为新任总干事，成为第一个出掌教科文组织的女性。在她旺盛的企图心引领下，教科文组织的重点工作延伸至过去较少触及的教育、人权、女权与新闻保障等，表现甚为特殊。她于2013年11月已再次当选，展开第二届任期。

在《世界遗产公约》本身方面，截至2013年10月底，全球已经有190个国家签署或批准加入本公约，成为全球最完整的文史场域与自然环境之保护管理体系，也是联合国教科文组织最引以自豪的公约建制与国际合作成果。而在2013年6月间于柬埔寨召开的第37届世界遗产委员会落幕后，《世界遗产名录》已扩增至160个国家、总数达981处，《濒危世界遗产清单》也增至44处。

为了迎接《世界遗产名录》数量即将破千的时刻到来，充实世界遗产的普遍性与代表性，以及强化各国保护管理措施等，都已成为刻不容缓的议题。其中为人所诟病的世界遗产委员会与《世界遗产名录》公平性与公正性问题，近年来更是联合国教科文组织、公约缔约国与相关国际组织极力改革的重点。

起自2005年第15届缔约国大会的讨论，第16届缔约国大会于2007年决定设立工作小组，提出世界遗产委员会选举制度的改善建议，其结论已于2009年提交第17届缔约国大会审议同意，并随即修订《缔约国大会议事规则》，除重申自2001年以来，世界遗产会的委员国以自愿方式将任期由6年减为4年外，也将委员国于任期届满后再次参选的间隔，由原先的至少2年增加至4年；同时委员会中至少应优先保留一席由尚无世界遗产的缔约国出任；以及确保各选举分组皆至少有一国担任委员，以保证委员会的普遍代表性。

然因世界遗产委员会的职权与世界遗产的申报息息相关，导致委员参选日趋激烈。又鉴于尚无世界遗产列名的国家数量逐年减少，近来认为应将现行“保留一席由尚无世界遗产的缔约国出任”的规定修改为“保留一席由尚未担任过世界遗产委员会委员的缔约国出任”的呼声渐高。尽管对后项建议尚无共识，在2013年11月举行的第19届缔约国大会引发激烈讨论，但决议已触及“委员国选举应确保世界上不同区域与文化代表性的平衡”，并同意组成专案小组对相关问题进行更广泛的研究，作为下次《缔约国大会议事规则》修订的依据。

再者，鉴于文化遗产数量远多于自然遗产，以及为避免遗产集中于少数国家的失衡现象，原先对缔约国每年申报遗产数量的限制为同一国家每年仅能申报2件遗产，其中1件须与自然遗产有关。但经第31届世界遗产委员会决议，尽管强烈建议维持上开做法，“但也决定，在以4年为期的实验基础上，允许缔约国依据其国家优先顺序，历史与地理等因素考量，决定申报自然或文化遗产。”并同步修改《实施世界遗产公约操作准则》，暂时开放缔约国得在同一年申报2处文化遗产。不过这项措施届满4年期限后，已于2011年第35届世界遗产委员会复予修订为“每年至多审查每缔约国2件申报案，其中至少1件必须与自然遗产或文化景观有关”。这项规定将再待2015年视实施情况另作检讨。

此外，在第17届缔约国大会的决议下，联合国教科文组织以外聘审计人员的方式，针对世界遗产“全球战略”与“保护世界遗产合作伙伴行动”（PACT）的实施情况进行评估并提出建议，其报告书已于2011年的第18届缔约国大会提交并获批准。当中与世界遗产委员会及《世界遗产名录》的公平性和公正性有关的内容，是根据其分析，自1977年至2005年的总数314处世界遗产申报案中，有42%系因世界遗产委员会在任委员国而受惠。亦即担任委员的国家所申报的世界遗产案，获得同意通过的机会较非委员国为高。虽然报告指出这项比例于此后的变动颇大（2006年降至16.7%，2008年增至25%，2010年又扩增为42.9%），不过报告明指世界遗产委员会出于政治考量的决定，确然多于科学专业的评估，此情况明显削弱《世界遗产名录》的可信度。有鉴于这些不合理的影响因素，在报告结论中直接建议应修改委员会的议事规则：禁止委员国在任期内提出新的世界遗产申报案，并回避有关该国现有世界遗产地保护管理情况的审议，且应通过公开会议辩论过程的方式，提高其程序透明度等。关于禁止在任委员国申报新的世界遗产，以及回避与该国有关的各项审议这两项建议，事涉重大，各国原本意见分歧，但第19届缔约国大会中已通过决议：“鼓励缔约国，于志愿的基础上，在其担任世界遗产委员会委员国任期内，不提出登录《世界遗产名录》的申报案。”尽管并非强制性规范，却已跨出关键性的第一步，也说明委员会议事的公正化与公开化，似乎渐成各界共识。

在全面性的变革尚未出现之前，亦有相应的措施付诸实施。自 2012 年第 36 届世界遗产委员会起，联合国教科文组织决定开始通过网络，由线上直播全部会议过程，显然是采行上述报告的建议而实施。此举称得上是石破天惊的大突破，此前委员会议一向闭门进行，非获邀请不得入场聆听，旁人只能由官方记者会了解会议结果。同时配合网络直播，会议讨论所使用的资料文件亦提早于网上完整公布，任由公众下载取用，会议决议文也在最短时间内即于网站公告，时间与效率均出现飞跃式的进步，相较过去秘而不宣的做法，堪称创举。

惟就目前的国际情势来看，世界遗产建制至少还存在两项隐忧值得关注。

首先，是 2008 年以来金融海啸与欧债风暴持续延烧，导致全球经济前景堪忧。直接反映在世界遗产上，就是耗时费力的遗产管理与保护工作将因此缺乏足够资金来持续推展。此点从世界遗产基金的双年度总预算，已从 2010—2011 年度的 6818542 美元，下调至 2012—2013 年度的 5208205 美元，顿减近四分之一可见端倪。而原本世界遗产数量高居全球前列的意大利与西班牙，亦因身处欧债风暴核心，所受冲击更巨。至于开发中国家更因财经困难与社会不稳定，引发革命和战乱，战火直接对世界遗产地造成严重损害，如利比亚、埃及、马利与叙利亚等国皆是。事实上，世界遗产体制蓬勃发展的主因之一，是受惠于 20 世纪 90 年代勃兴的全球化所带来的经济发达与人文观念创新，如今面临可能的经济严冬，世界遗产遭受冲击势所难免，亟需及早筹划因应之道以有效缓解。

其次，世界遗产体制内的对立事件在近几年陆续发生。泰国与柬埔寨 2008 年因“柏威夏神庙”（Temple of Preah Vihear）主权争议爆发军事冲突，延至 2011 年底方有稍歇；以色列申报符合要件并获专业审议通过的“丹城的三拱门”（The Triple-arch Gate at Dan），则自 2008 年起连续四年因疆域问题而受阻于名录之外；2012 年又发生巴勒斯坦“伯利恒主诞堂”（Birthplace of Jesus: Church of the Nativity）在专业评估认为不具备条件的情况下仍申遗成功。这些事件都难免让人遗憾，毕竟在追求全人类共有共享的世界遗产议题方面，强化专业判断，淡化主权色彩，少一点政治，多一点专业，才是正道。贸然将民族纠葛和公义意识牵扯其间，乃至故意将世界遗产当成权力工具，只会治丝益棼，难以收拾。否则，各国之间的主权与领土纷争比比皆是，万一彼此都将提出世界遗产申请案当成主权争夺的手段，势将永无宁日，岂可不慎。

至于中国大陆世界遗产的发展近况，亦予一并摘要补述于下。

中国大陆自2003年起迄2013年，已连续11年，年年都有新增世界遗产上榜，且从2006年开始，有计划地逐年提报文化遗产与自然（或双重遗产）各1件，当中除2009年与2011年未能如愿外，几乎每年都双获凯旋。经年累月努力的成果，早已超德赶法，继而在2013年挤下雄踞亚军15年之久的西班牙，以总数45处成为全球世界遗产数量第二多的国家。

尽管如此，中国大陆显未以现况为满足，往后的发展规划更是充满雄心。目前已知将待第38届委员会审议的40处候选世界遗产中，中国大陆又参与了其中3项，其中除自然遗产为2007年登录的“中国南方喀斯特”扩展申报项目外，针对过去所欠缺的跨国遗产与线性文化遗产，中国大陆分别与哈萨克及吉尔吉斯共同申报“丝绸之路：起始段和天山廊道”（Silk Roads：Initial Section of the Silk Roads，the Routes Network of Tian-shan Corridor），以及独力申报“大运河”。前者横跨三国，仅在中国大陆境内就涵盖河南、陕西、甘肃、青海、宁夏与新疆等省及自治区，包括哈、吉两国全部申报的遗址区域则多达33处；后者纵贯北京、天津、河北、河南、山东、江苏、安徽与浙江等8省市境内的35个城市，申报遗址区域亦达31处。这两项申报案无论规模与难度皆可谓空前，如能顺利成功，对于世界遗产建制与中国大陆的世界遗产发展，都将开创新纪元。

此外，2006年与2009年分别由原建设部公布的第一批与第二批“中国国家自然遗产、国家自然与文化双遗产预备名录”，已在2013年10月由住房和城乡建设部全面更新，新公告的“中国国家自然遗产预备名录”28处，“中国国家自然与文化双遗产预备名录”18处，总计为46处，当中有20处已在联合国教科文组织的世界遗产预备名单中。另国家文物局于2006年所公布的“中国世界文化遗产预备名单”，也在2012年9月完成更新，总数达45处，其中已有28处业提交世界遗产委员会通过备查。合计于联合国教科文组织世界遗产中心存记有案的预备名单已高达48处，成为全球世界遗产预备名单数量最多的国家。

然而，在荣耀背后也藏着隐忧。由于世界遗产普遍能带动区域发展与经济利益，全世界各国为此均积极参与、强化提报新的世界遗产，因此申请世界遗产的难度越来越高，所需的整备时间相对增长，牵涉范围亦愈来愈广，未能一举成功的例子如今比比皆是。中国大陆近年也开始遭遇同样的问题，2009 年所申报的文化遗产“嵩山”被延至次年才在重新整理更名后获准登录；同年申报的双重遗产“五台山”则仅被同意列名为文化遗产；2011 年申报的自然遗产“五大连池”亦因专业评估结论不利而由中国大陆主动撤回。

事实上，中国大陆各地对世界遗产理念的认识并不一致，往往仅觊觎世界遗产带来的财政收益，在经济利益因素驱动下一窝蜂申遗，时常导致地方资源配置失当，又或者沾染浓厚商业气息，乃至毁弃真古迹代以假文物等事件层出不穷，甚至发生某些地方政府为此负债累累，申遗成功后的保护管理工作也难以摸着头绪，种种奇特现象早为有识之士所诟病。而在申遗只许成功不许失败的压力下，大规模迁建整治成为中国大陆申遗的常态做法，过度使用强制力量极可能埋下纷扰的种子，部分社会力量也对强硬申遗模式逐渐出现反弹的声浪，深值省思与审慎因应。

对许多人来说，世界遗产也许只是一个国际认证的标记，一个观光的品牌，甚或是一个旅游胜地的象征。但世界遗产之于我，不仅是满足人生闲暇的期待与馨沁悦怡的感官享受，其意义更为深远。回想 2004 年春夏之交，我在意大利的旅途中，第一次兴起将世界遗产当成论文主题的念头。那时我在罗马古街区的景点奔走终日，好不容易才在万神殿前门的柱廊找到机会稍歇，起身时不经意触摸到硕圆的列柱，高达 12 米的粗大花岗岩圆柱早已失亮泽而无光彩，但我的掌心竟通过冰冷的柱面感受到从石心通透出来的余温与脉动，整座万神殿因此鲜活起来，我也仿佛像置身在古罗马的市集，听闻两千年前周遭车水马龙与繁华喧闹。这种感受让我对世界遗产的生命力得到全新体验，于是我也动念将世界遗产纳入自己的研究主题。同年夏末，我又有机会在北京的晨光中，于游客稀落的时刻造访紫禁城，徘徊重重的宫殿之海，倘佯琼林玉树和雕梁画栋，安谧的氛围令人感到仪静体闲，身心从容，偶然传来的笑语音声，依稀是出自数百年前的娉婷妃嫔一般跨越时空而来。我顿时领悟到，在世界遗产地，历史与当下，现实与想象都已毫无距离，世界遗产并非仅是过往的痕迹，而是活生生的与我们共同存在于天地之间，共同历尽四季晴雨和星月流转，它们不但是累积千百万年的自然演化与人类智慧结晶，更是一个与我们同生共荣的想望。尔后每造访一处世界遗产，这个体会就再加深一层，我投身世界遗产研究的信念也随之更为坚定，终无懊悔。

学位论文即将付梓，深深感念指导教授林碧炤副校长与魏艾主任多年以来的教诲，并拨冗为新书作序，没有他们细心与热切的教导，学业和论文都不可能完成。魏老师主持的政治大学两岸政经研究中心，以及好友杨方社长主办的《世界遗产》杂志，近几年也一直提供我自由发挥的空间，衷心感恩。尤须感谢张晓教授的序文鼓励与多方面的协调帮助，张老师与我初识于2004年，也就是我刚进入世界遗产研究领域之际，她不以我这个初入门者为弃，提供许多宝贵的经验与资料，充实论文的内涵。去年底与张老师于台北再遇后，她又倾力引荐并不辞辛苦地穿针引线，这本论文才有重现天日的机会。更要感谢任明老师与其工作团队的全力协助，使出版工作终能顺利完成。当然最为感激的是家人长年的支持，我才能自在地于工作、课业与研究之间遨游。

《世界遗产公约》签订迄今已历40年，中国大陆加入公约也近30年，但世界遗产仍历久弥新，发展亦方兴未艾，同时这份普世接受的理念，显然仍将面临许多现实的考验。如何让这些千古以来，雄傲世间、动人心弦的自然环境、文化景观与历史遗址，都能得到更佳的管理和保护，使之维持原貌，代代相传留给后世子孙，让他们也能体会相同的感动，是我们这一代人无可推卸的责任，更是我们身为世界遗产研究者责无旁贷的使命。愿两岸学者，相互勉励，共同努力。

李俊融

2015年11月